高等医药院校成人函授教材

药 学 文 献 检 索

主　编　毕玉侠　于占洋

主　审　张　伟

副主编　韩丽梅　杨　兴　华晓晶

编　者　佟　岩　隋晶波　崔淑贞

刘玉明　李　芳　朱宇章

徐颖峰　金　丹　刘彩侠

东北大学出版社

·沈　阳·

图书在版编目（CIP）数据

药学文献检索 / 毕玉侠，于占洋主编 .— 沈阳 ：东北大学出版社，2014.8
（2025.6重印）
ISBN 978-7-5517-0773-2
Ⅰ.①药…　Ⅱ.①毕…　②于…　Ⅲ.①药物学—情报检索　Ⅳ.①G252.7

中国版本图书馆 CIP 数据核字（2014）第 195966 号

出 版 者：东北大学出版社
　　地址：沈阳市和平区文化路 3 号巷 11 号
　　邮编：110004
　　电话：024—83687331（市场部）　83680267（社务室）
　　传真：024—83680180（市场部）　83680265（社务室）
　　E-mail：neuph @ neupress.com
　　http：//www.neupress.com
印 刷 者：三河市天润建兴印务有限公司
发 行 者：东北大学出版社
幅面尺寸：185mm × 260mm
印　　张：15.875
字　　数：406 千字
出版时间：2014 年 9 月第 1 版
印刷时间：2025 年 6 月第 3 次印刷
责任编辑：任彦斌　刘　莹
责任校对：王艺霏
封面设计：唯　美
责任出版：唐敏志

ISBN 978-7-5517-0773-2　　　　定　　价：55.00 元

前　言

我们根据多年文献检索课教学实践的总结与体会，结合成人药学函授教学的特点，编写了这本供成人函授使用的《药学文献检索》教材。

本教材在编写过程中，考虑到教学和实践的需要，较系统、详细地介绍了药学文献检索的基本理论知识，重点介绍了药学相关学科的检索工具和检索方法，尤其对 Scifinder Scholar 检索系统进行了比较全面的介绍。

此外，在本教材的编写过程中，引用了《中国药学文摘》《中文科技资料目录》和美国《化学文摘》等检索工具，在此一并表示感谢。

由于现代信息技术发展迅速，而我们所掌握的信息有限，加之水平有限，书中错误在所难免，恳请广大读者指正。

编　者

2014 年 5 月

序

随着经济和社会的发展，人类已经步入信息时代。社会的信息化和信息的产业化程度日益提高，以知识为基础，以信息为主导的知识经济也应运而生。信息和知识经济时代的到来，使人们对信息的依赖度日趋增强，而文献检索课作为对大学生进行信息素质教育的重要课程，其教学目标就是使学生掌握文献检索的方法与技巧，能从大量的文献信息中快而准地查检到所需的知识和信息。

自教育部在1984年下达了开设《文献检索与利用》课程的文件以来，全国各地掀起了编写文检课教材的热潮。目前，关于医药文献检索的教材已达几十甚至上百种，但关于药学文献检索方面的教材并不多见，而针对成人，适于函授教育的教材几乎没有。文检课是一门实践性极强的课程，完备的实习条件是良好教学效果的有效保证。而成人函授教育往往不具备基本的实习条件，该书所附的各种检索实例恰好弥补了这一不足，使学生通过亲手演练大量的实习题，对讲授的检索工具能有更深更透彻的理解和掌握。

本书系统论述了药学文献检索的基本理论与方法，介绍了常用的中外文药学文献数据库的检索方法，Sci Finder Scholar检索系统的精解与剖析是本教材的一大特色。本教材图文并茂、案例典型，适合函授教学使用。

教材建设是文检课教学的一个关键环节，是良好教学效果的基本保证。相信该教材的出版及其使用会极大地提高成人函授学生检索文献、利用文献、获取知识的技能，为祖国药学事业的发展提供有力的信息保障。

沈阳药科大学成人教育学院

院长　张　伟

2014年5月

目　录

第一章　文献检索概述

第一节　药学文献概述

文献是记录信息和知识的载体，是人类从事科学实验和生产实践的智慧结晶，是人类精神财富的重要组成部分。它记录着人类同自然界斗争过程中无数有用的事实、数据、理论、方法、科学构思和假说，记录着许许多多成功与失败正反两方面的宝贵经验和教训。现代任何人的任何一种新的发现和发明，都是在前人或他人已取得的成果基础上进行新的探索和创造的结果，都离不开科技文献的继承和借鉴。科学研究规划和计划的制订、科研课题的提出与选定、课题研究的进行与完成、科研成果的审查与评定，以及科技教育与培训等，都需要查阅和利用古今中外的科技文献。在药学科技活动中，记录药学信息的载体被称为药学文献。

一、信息、知识、情报与文献

信息是一个极为广泛的概念，它普遍存在于自然界、生物界、人类社会和思维活动中。大到宇宙天体，小到微观世界，都在不断地发出信息和传递信息。不同特征的事物都以其特有的形式向周围互相传递信息。人类正是通过不断接收和分析来自自然界与人类社会的各种信息，才得以了解自然和了解社会，进而达到改造世界的目的。信息一般可以分为自然信息、生物信息、机器信息和人类信息四大类。

现代社会，信息已经是一个社会概念，它是人类社会共享的一切知识、学问和从客体现象中提炼出来的各种消息的总和。它具有可传递性、可存储性、可加工性和可共享性等主要特征。在现代社会中，信息已经成为除物质和能源外的第三资源；在信息社会里，信息和知识成为生产力、竞争力和经济成就的决定性因素。

知识是人类在观察和改造客观世界实践中所获得的认识与经验的总和，是对客观事物的信息进行分析、综合、加工和系统化的结果。它必须依赖于物质载体才能存在，同一知识又可以由不同的载体来记录、存储与传递，它在人类社会的文明与发展过程中，发挥着巨大的作用。知识是加工了的信息，而信息则是知识的原料。

情报的英文是“Information”，它来源于拉丁文“Informatio”，是指消息传递。它是在某一特定的时间为了解决一个特定的问题所需要的知识。因此，情报的定义应该突出三个基本要素，即特定时间(情报的及时性)、特定对象(情报的针对性)和特定需要(情报的可用性)。从上述三个基本要素可以这样定义情报：在一定时间为一定目的所需要而提供的具有使用价值的信息(或情报)。

文献是记录信息和知识的载体，这些信息和知识的载体被人们利用时，就转化为情报，因此，可以将文献看成一种重要的情报源。

二、药学文献的类型

可以根据药学文献的内容、载体形式和属性等，划分为多种类型。

（1）按照文献的内容划分

① 图书。是对科研成果和生产技术等系统的论述，是作者对大量素材进行选择、分析、综合、组合编排和全面归纳的产物。科技图书具有成熟性、可靠性、系统性、逻辑性和完整性等特点。它是一种重要的信息源。其优点是如果想对某些问题获得较全面的、一般性知识或对某些问题进行初步了解，可以参考和查阅图书。但图书的出版速度较其他文献慢，一般图书所反映的内容是3～5年以前的资料。

图书一般可以分为两类：阅读类，即教科书、文集、专著和科普读物等；参考类，即手册、百科全书、名人录、年鉴、辞典、字典和药典等。

② 期刊。是定期或不定期连续发行的出版物。期刊一般都有固定的名称和统一的出版形式，每年至少出版一期，每期刊载两篇以上不同作者的论文。期刊具有数量大、品种多、内容广、周期短、报道快和信息新等特点，能及时反映国内外的科技水平。因此，期刊作为一种信息来源，一直居于文献之首。据估计，从期刊方面获得的信息约占整个信息来源的65%。期刊可以从不同的角度来分类，按照报道内容的范围，可以分为综合性期刊与专业性期刊；从内容属性的角度，大体可以分为学术性、技术性、通讯性、消息性、检索性和资料性等类型。

③ 专利文献。是一种依法公开的出版物，它荟萃了发明创造之精华，囊括了专利技术、法律和经济三大重要信息源，包括最新颖和最系统的科技信息，是一个巨大的知识信息宝库。

狭义地讲，专利文献是指专利说明书和发明人证书；广义地讲，除上述外，还包括不公开发行的有关专利申请、审批中的各种文件及专利局出版的各种检索工具，如专利公报、专利文摘、缩微型专利文献和磁带型专利文献。

专利说明书是专利文献的主体，也是最基本和最主要的原始文献，是专利文献检索的最终目标。

④ 科技报告。是报道研究和开发成果或进展情况的文献。科技报告的内容新颖、详尽、专深、丰富，包括各种研究方案的选择与比较，成功与失败的经验，并附有大量的数据、图表、原始实验和调查记录。科技报告的出版形式比较特殊，每份报告自成一册，篇幅长短不等，具有连续编号、装订简单、发行时间不定等特点。科技报告基本属于一次文献，报道速度比其他文献要快，但科技报告一般都控制流通范围，多数科技报告属于保密文献，仅有少数公开或半公开发表。科技报告一般分为技术报告书、技术备忘录和技术通报等类型。

科技报告有许多是保密和控制发行的，但公开的解密的报告也占有一定的比例。目前，世界上科技报告每年约有70余万件，其中著名的有美国的四大报告（AD报告、PB报告、NASA报告和AEC报告）、英国航空委员会（ARC）报告和英国原子能局（UKAEA）报告、法国原子能委员会（CFA）报告和联邦德国航空研究所（DVR）报告等。

⑤ 学位论文。是指高等院校或科学研究单位的研究生或毕业生在取得博士、硕士及学士学位时所提交的论文。学位论文主要是围绕某一专题开展学术研究而获得的成果，探讨的问题比较专一，对问题的来龙去脉阐述得较为系统和详细，带有一定的独创性，它对教学和

科研工作有一定的参考价值。学位论文一般不公开出版，但也有少数学位论文印成单行本或在期刊上摘要发表。是情报资料的一个组成部分。

⑥ 会议文献。是指科技人员在国内或国际学术会议上宣读的论文或报告，并由会议主办单位将其汇编成册，印刷出版而形成的科技文献。会议文献报道科学家们的最新研究成果，探讨当时的学术问题，是交流、传递科技最新进展的信息资料。有些论文代表着某一学科或专业的国际或国内的最新研究水平。是科研人员了解各国科技水平、动态和发展趋势的重要文献。

⑦ 标准文献。是指以文件形式公布的关于标准化科技成果的规章性文献。标准是充分利用现有的科技成果，经过优选、统一、简化等过程，对产品或零部件的质量、规格、参数和检验等作出技术规定，提出技术上先进、经济上合理、内容上科学的要求和指标，经过特定的审批程序，具有明确的适用范围和一定的法律约束力。

标准是标准化的产物。标准化是我国的一项重要技术经济政策，是组织和管理现代化生产的重要措施。标准化包括产品质量标准化、产品规格标准化、产品型号系列化和产品部件通用化。

标准文献按照内容可以分为基础标准、产品标准和方法标准；按照使用范围可以分为国际标准、国家标准、专业标准和企业标准等；按照成熟程度可以分为正式标准、试行标准、指导性技术文件和标准化规定等。

⑧ 科技档案。是记录各种事实过程的技术文献，包括任务书、协议书、技术经济指标和审批文件；研究计划、方案、大纲和技术措施；有关技术调查材料、设计计算、试验项目、记录、数据、图纸等。这类文献具有重要的使用价值，并具有保密和内部控制使用的特点。

(2) 按照文献的载体形式划分

① 印刷型文献。是以纸张为载体，通过石印、铅印、胶印、静电复印等方法而产生的科技文献。读者可以不用特殊的器材和设备直接阅读文献。但由于它是以纸张为载体，其存储密度低、纸张篇幅多，因此占用空间大。

② 缩微型文献。是以感光材料为载体，以缩微照相为记录手段而产生的科技文献。它比印刷型文献缩小若干倍。如缩微胶卷、缩微平片和缩微卡片。随着激光和全息照相技术的应用，又出现了超缩微平片的特级缩微胶片。优点是成本低、体积小、便于收藏、保存期长，易于实行自动化管理和检索，但这种类型的文献在阅读时，必须借助于缩微阅读机，不便于直接阅读。

③ 机读型文献。或称为计算机阅读型文献。它以磁性材料为载体，以光学字符识别装置为记录手段，通过编码和程序设计，把科技文献变成计算机可以识别的符号，然后将它输出。它的优点是存储容量大，可以快速取出所需文献。但必须借助计算机才能使用，而且使用费用较高。

④ 声像型文献。以磁性材料或感光材料为载体，借用专用机械装置直接记录知识信息，是一种图文并存的新型文献，包括幻灯片、录像片、科技电影片、唱片和录音带等。其特点是动静交替、声情并茂、形象逼真，所以又称为直感文献，也称视听型文献。

(3) 按照文献的属性划分

① 一次文献。即原始文献，是作者以自己研制的科研成果、科学试验的总结和新产品

的设计为依据，创作或写成原始论文，作为新技术、新知识、新发明和新创造进行报道，无论是手稿、印刷品、声像制品，还是复制品，都称为一次文献。专利说明书及期刊上发表的论文一般都属于一次文献。是文献检索最终查寻的结果。

② 二次文献。又称检索工具，二次文献是将分散无序的一次文献，按照一定的规则进行浓缩、加工、整理和组织而形成的目录、索引、文摘和题录等。它能够全面、系统、广泛、完整地报道某学科、某专业或某一专题的一次文献资料，为读者了解某学科的进展和概貌，查找一次文献提供方便。读者可以通过二次文献查找一次文献(即原始文献)的出处。也就是说，一次文献发表在先，二次文献发表在后。文献检索课，主要是介绍二次文献——检索工具——的一般规律及使用方法。

③ 三次文献。又称综述文献，三次文献是在有目的地利用二次文献的基础上，选用大量一次文献的内容，进行分析、综合和评述等再度加工产生的文献。一般要求系统地综合和分析某学科、专业或专题的发展历史，已经取得的科学成就和发展趋势。通过评价和筛选，以简练的文字扼要地论述出来，内容十分概括，它是科技文献的高度浓缩。如综述、述评、信息预测、百科全书、年鉴和检索工具指南等。

科技文献的级次标志着文献加工的深度，各自具有一定的用途。一次文献为著者本人原始论文，带有创造性；二次文献是在一次文献基础上汇集而成的检索工具，带有浓缩性；三次文献是在一次文献及二次文献基础上分析概括出的成果，带有综合性。所以从一次文献到三次文献，是一个由分散到集中、由无序到系统化的过程。

第二节　药学文献检索概述

一、药学文献检索的意义与作用

21世纪，信息技术迅速发展，文献信息数字化及计算机的网络化、全球化进程加快。社会信息量呈指数级增长，知识和信息已经成为推动科技进步和社会发展的决定性因素，人类即将步入信息化社会。

形成信息社会的重要条件是人们具有强烈的信息意识和竞争意识。信息意识主要表现在人们认识信息的自觉程度，需求信息的迫切程度，获取信息的敏锐程度，利用信息的准确程度。这就需要从事科研工作的人员能够从自身的学习、工作和生活环境中捕捉有价值的信息，为我所用，而掌握收集信息的主要方法就是文献检索。

(1) 文献检索是科研工作的重要组成部分

科学研究工作部分地以利用前人的成果为条件，部分地以今人的协作为条件。前人的成果是指主要记载在文献中的前人所创造的劳动成果和研究成果。实践证明，任何一项知识创新、科学发明或新药的研制，都是查阅了大量文献信息，借鉴和继承前人经验的结果。当研究一项课题之前，应当掌握与该课题相关的资料信息。首先必须对它的历史和现状做一番调查，了解前人在这方面做了哪些工作，取得过哪些成就，现在存在的问题和今后的发展趋势与动向。信息掌握的越多，思路越广，课题考虑也就越完善。这就是说，当代的科技人员在进行未知的探索之前，必须阅读大量的科技文献，借以继承、交流和借鉴前人的成果。

(2) 文献检索可以缩短科研的过程

收集资料信息是科研工作的先期劳动。科研人员在完成一项课题的过程中，收集资料会花费大量的时间。据调查，科技人员收集资料所耗费的时间占研究时间的 30%～40%。如果能够准确地利用检索工具查阅资料，一项课题可以在几天或更短的时间内完成。另外，充分的资料可以使申报新药审批的手续简化，节省大量的时间和经费。

(3) 文献检索可以减少重复性劳动，少走弯路

文献信息汇集了人类科学试验、技术研究与生产实践中所积累的宝贵经验。通过文献检索，可以避免造成科研项目的重复投资。另外，专利的申请、成果的鉴定、项目的报批都需要利用文献检索进行查新。

二、药学文献检索的途径与方法

(一) 文献检索的途径

检索途径与文献的特征密切相关，因为文献检索所使用的检索工具都是按照文献的一定特征排列组织而成的文献集合体。一般来说，文献具有两种特征，即外表特征(如书号、标题、作者、文献号、文献出处等)和内容特征(如分类号、关键词、主题词等)。从文献的这两种特征出发，构成了两类基本的检索途径。

(1) 文献外表特征的检索途径

按照文献外表特征检索的途径有标题途径、著者途径、序号途径和引文途径。

① 标题途径。是一种利用书刊名称或文章篇名索引进行查检的途径。这种文献名称索引一般是按照文献名称的字顺排列的检索系统。检索时，如同查字典，只要知道文献名称，便可以迅速、准确地查到所需文献。但它不是将内容、主题相同的文献集中在一起，因此，除图书目录外，目前已经很少实际用于文献检索。

② 著者途径。是根据文献著者查找文献的一种途径。它主要是利用著者索引查找有关著者的文献。当代从事科学研究的个人或机构，他们的科技成果和论文一般多侧重于某一学科或专业范围，权威性作者的论文还往往反映了某一学科的先进水平和发展动向，所以利用著者途径进行检索，对于了解和掌握某一学科的发展状况，具有重要意义。

③ 序号途径。是利用文献的某些专一性序号检索文献的途径，如专利号、报告号、标准号、会议号和国际标准书号等。一般按照大类缩写字母加号码次序(由大到小)编排索引，在已知序号的情况下，利用此途径检索，比较快捷。判断与掌握序号编码的含义与规则对检索有实际意义。如“ISO 214—1976”表明是国际标准化组织 1976 年颁布的 214 号国际标准。

④ 引文途径。是一种利用引文索引通过被引论文去检索引用论文的途径。引文索引的编排方式是：被引论文按照作者排列，在被引论文之下，按照年代列出引用过这篇论文的论文。这种索引可以揭示某作者的某篇论文曾被哪些文章所参考引用，这些文章见之于何种刊物、何卷、何期。通过这种途径，以某篇较早发表的论文为起点，检索到引用这篇论文的一些文章，再以检索到的这些文章为被引论文，再去检索，如此循环，可以查到一系列彼此有一定“血缘”关系的文献。由此可以追溯某一观点或某一发现的发展过程，估量某篇文献或某个作者在学术界的影响。目前，世界上最重要的引文索引是美国《科学引文索引》(详见第五章)。

(2) 文献内容特征的检索途径

按照文献内容特征检索的途径主要有分类途径和主题途径。

① 分类途径。是一种利用分类索引查检文献的常用检索途径。分类索引是从科学分类的观点出发，以学科概念的上下左右关系反映事物的派生、隶属、平等和等级，确定文献内容在分类体系中的位置而编排的索引。只要找到待查课题的分类位置，即可在该类目下查到一系列所需文献。所以能较好地体现学科的系统性，满足族性检索要求。采用分类途径检索文献的先决条件是要熟悉分类法，以确定课题所属的学科类别，并须把有关文字、语言概念转换成检索标识(分类号)。

② 主题途径。是利用各类字顺主题索引进行检索的一种途径。所谓字顺主题途径，就是从文献索引资料中抽出的或概括出来的，能集中反映内容实质的检索标识(关键词、单元词、主题词、标题词、叙词等)，按照其字顺编制的主题索引，供主题途径检索文献时使用。由于主题索引将分散于各学科、各专业书刊中的同一主题的文献都集中在同一主题之下，所以检索时，只要按照通常规则的字顺查到既定的主题位置，即可在该主题之下获得所需的文献。所以这一途径具有直观、专指和方便的特点，尤其适用于特性检索，在当前学科交叉渗透日益发展、文献离散现象日趋明显的情况下，主题途径更显示其优越性。

③ 其他途径。根据不同学科的性质和特点的检索需要，有些检索工具还编制了某些专用索引，提供了特有的检索途径。例如，在化学方面，美国《化学文摘》的分子式索引、环系索引、杂原子索引等；在生物学方面，美国《生物学文摘》的生物体索引等，都是根据文献的内容特征提供了特有的检索途径。

(二) 文献检索的方法

检索方法是文献检索工作中一个重要的技术、技巧问题。人们在长期的文献检索实践中，积累了一套文献检索的方法，归纳起来，主要有以下四种。

(1) 常用法

常用法又叫工具法、直接检索方法，它是利用现有的各种检索工具(文摘、索引等)查找文献的方法。包括顺查法和倒查法。

① 顺查法。是以课题研究的起始年为起点，由远而近，逐年查检，一直查到最近期为止。这种方法查检比较系统、全面、可靠，一般不会漏检，而且从逐年检出的文献中可以看出该课题研究发展的全过程。但是此法费时、费力，检索年代较长的课题时，工作量很大。

② 倒查法。倒查法与顺查法相反，由近而远，逐年逐月往前检索，直到满足课题对文献的需要为止。这种方法可以较快地掌握有价值的文献，查准率较高，并且可以节省时间，但有漏检的可能，它适用于课题研究中的战术性信息检索，侧重于掌握近期文献信息，了解课题研究当前水平、动向以及早期发展概况。

(2) 追溯法

追溯法是一种传统的查找文献的方法。它主要以每篇论文后所附的参考文献为基础，进行追溯查找。采用此方法应该重视对综述与专著后所附参考文献的利用，因为这种参考文献针对性比较强，数量也较多。以此作为起点进行追溯检索，会查找到大量的相关文献。但这种检索方法的漏检可能性大。它适用于在没有检索工具或检索工具不齐备的情况下使用。

20 世纪 60 年代出现的《科学引文索引》是在追溯检索实践基础上发展起来的一种新式检索工具。只要知道(或查出) 一位有关文献的作者姓名，即可进行追溯检索，这就是前面提到的引文检索途径，它也是追溯法的一种。

(3) 综合法

综合法也叫分段法、循环法、交替法。实际上，它是常用法与追溯法相结合的综合检索方法，或两种方法互相交替使用的检索方法。它分为复合交替法和间隔交替法两种。

① 复合交替法。此法首先使用检索工具查出一批相关文献，然后利用这些文献所附的参考文献为线索追溯查找，扩大检索范围，从而获得更多的相关文献。此即为先常用法、后追溯法不断交替使用的方法；也可以首先利用已经掌握的某篇文献所附的参考文献为线索，然后利用相应检索工具进行查检，扩大检索范围，跟踪追查，获得所需文献。此为先追溯法、后常用法，不断交替使用的方法。

② 间隔交替法。此法首先利用检索工具查出一批有用文献，然后利用这些文献所附参考文献进行追溯检索，扩大检索范围。由于引用文献有一条规律，即5年之内重要文献一般都会被引用，因此可以跳过5年左右时间，再用检索工具查检一批相关文献，再次进行追溯。如此循环，间隔交替使用，直到满足课题检索要求为止。这种方法适于要求检索时间长久的课题，可以节省时间，提高效率。

(4) 抽查法

抽查法是针对某一学科发展的极盛时期或某一课题研究的高峰时期，对发表文献较多的年代进行抽查几年或十几年。这种方法花费时间少，效率高，但必须以检索者对该学科或课题研究发展的历史背景比较熟悉为前提条件。

以上几种检索方法是科技人员在检索文献时经常使用的。一般地讲，在检索工具齐备的情况下，主要采用常用法及综合法；在检索工具比较缺乏或不够齐全的情况下，可以采用追溯法等。

三、文献检索的步骤

由于课题的需求和条件各不相同，因此采用的检索方法、检索途径和步骤也不一样。但一般应该针对课题和已知条件，利用相应的检索工具，按照一定的途径和方法，才能把切题文献检索出来。通常要经过以下几个步骤。

(1) 明确检索要求

应该对检索的意图做到真正了解，对课题进行仔细分析，确定检索的范围。搞清提问的真正含义，然后决定采用何种检索工具及何种检索方法。

(2) 选择检索工具

各种检索工具均有自己的特点，应该根据检索课题的要求，检索工具的特点和检索者的外语能力，选择合适的检索工具。

(3) 选择检索途径

在选好了检索工具以后，要认真研究检索途径，确定检索提问，制定好检索策略。一般检索工具有分类、主题、著者等检索途径。可以根据条件去选择，必要时，还可以利用专利、分子式和结构式等条件去选择其他检索途径。

(4) 查找文献线索

这是将准确表达课题的检索词与检索工具中的文献标识(主题词、缩略语)进行比较后而决定切题文献，最终找出文献的出处。

(5) 找到原始文献

根据文献出处找到原始文献，可以利用馆藏目录查找本馆的资料，利用联合目录查找就近的馆藏或利用网上查找难以找到的原始文献，如专利文献等。

(6) 原始文献的获取

目前，通过手工检索、机检或 Internet 网上检索所获得的文献信息，一般是文献的题录或文摘，题录的信息量很少，根本不能满足读者的需要，即使是文摘，也不能代替原文，还需要阅读原文。就算是报道性文摘，虽然一般能代替原始文献，但有些由于摘录的内容受到限制，仍然需要阅读原始文献，才能解决问题。因此，在读者检索到文献线索后，如何更有效地获取原始文献，成为一个大问题。而解决这个问题的关键是了解哪里入藏了，这要注意以下几点。

① 注意由近及远。首先应该考虑本单位的图书情报机构是否入藏了，如未入藏，则应该考虑靠近本单位的兄弟单位是否入藏，然后考虑离本单位较远的本地区单位是否入藏；再考虑外地有关的单位是否入藏；如国内没有单位入藏，则要考虑向国外的什么地方去索取。

② 注意使用联合目录和馆藏目录。联合目录反映了各入编馆的馆藏文献信息情况，一个单位的馆藏目录则反映了该馆文献的收藏情况，两者均是获取原始文献信息不可缺少的工具，必须有针对性地选用，才能达到预想的结果。

③ 注意准确无误地记录文献线索。在查找原文的过程中，碰到有部分读者有时把文献线索抄(打印)错了，这给查找原始文献造成很大困难，要么找不到，或者找到了，也费了很多周折。所以一定要准确无误地记录下作者的姓名、文献题名、出处(刊名、年、卷、期、页码)，如果是专利，一定记下专利号或公开号，才能快速、准确地找到所需要的原文。

④ 注意各种缩写的还原。索取外文一次文献时，往往碰到刊名的缩写问题，故掌握外刊刊名的缩写规律是十分必要的。一是按照外文缩写的习惯，直接辨认。二是掌握外文刊名的缩写规则。三是拉丁语系刊名的缩写在多数检索工具中都有刊名表可供还原刊名。如“CA”的来源索引就是查化学、药学期刊缩写的最好工具。四是非拉丁语系刊名的缩写还原，首先要用缩写工具书查出拉丁文拼写全称，然后按照文种采用不同的工具书，将拉丁文拼写的刊名全称还原为原文刊名。此外，还要注意其他外文线索的还原，如在各著录项目中，缩略词、首字词等可以借助《英汉缩略语字典》之类工具书将其还原。如参考文献中常出现的缩略语“ibid”“idem”，分别表示“出处同上”“同著者”之意。

⑤ 注意向作者索取。一般作者对自己的论著保存得都比较完整，如读者在国内外，均找不到原文的情况下，可以直接向作者本人索取，一般都会得到大力支持，尽力设法满足需要，有时还可能获得若干篇同类文献。

第三节　检索语言

检索语言是表达文献主题概念的人工语言，又叫文献标引语言或索引语言。它是在自然语言的基础上，经过规范化了的可控性语言，是文献标引者和文献检索者之间的桥梁。

检索语言是文献检索的基础，是整个文献检索系统中的重要组成部分，起着非常重要的作用，它贯穿于文献存储和检索的全过程，利用检索语言，可以把各种科技文献特征标引和存储起来，又可以把存储在检索工具中的文献线索准确地检索出来。也就是说，在文献存储过程中，标引人员利用检索语言对文献进行标引，将形成文献特征的标识存储起来，编制检索工具，建立检索系统；在文献检索过程中，检索人员利用同样的检索语言，根据检索需要进行检索标引，形成检索提问标识，便可以从检索工具中检出所需文献。所以检索语言是标引人员与检索人员彼此之间的必要桥梁。显然，文献检索时如不掌握检索语言，不能利用检索语言进行检索标引，表达检索提问，就无法进行文献检索；如果检索工具的标引语言与检索者的检索提问语言不一致、不匹配，同样不能从检索工具中检出自己所需的文献。所以文献检索时必须掌握和熟练运用检索语言，使自己的检索提问与检索工具的标引语言完全一致，才能达到检索文献的目的。

一、检索语言的分类

检索语言的种类很多，由于它们在表达各种概念及相互关系时所采用的方法不同，所以检索语言的分类方法及其类型也有多种。

检索语言按照其学科专业划分，有综合性语言和专业性语言两大类。科技文献检索语言属于专业性语言；按照自然语言的通行文字划分，有单语种语言和多语种语言两类；按照表达文献的特征划分，可以分为表述文献外表特征的检索语言和表述文献内容特征的检索语言。表述文献外表特征的检索语言主要是书名、作者、文献号码、引文等，表述文献内容特征的检索语言包括体系分类语言、组配分类语言、标题词语言、单元词语言、关键词语言、叙词语言、语义代码语言和结构段语言等。

检索语言按照其组配方式划分，可以分为先组式检索语言和后组式检索语言两大类。先组式检索语言是指标引文献时，已经将索引词预先组配好了的检索语言，检索时只能直接利用给定的索引词检索文献。先组式检索语言又可以分为定组式和散组式两种。定组式是将所有索引词一一列出，将需要组配使用索引的词进行固定搭配的一种检索语言；散组式是只列出一些组配性强的基本词汇，使用时将其组配起来，表达一定概念的检索语言。先组式检索语言包括体系分类语言、标题词语言、关键词语言等。后组式检索语言是指标引文献时，不预先作固定的类目，索引词没有预先进行组配，而是以单元词或概念因子的形式出现，检索时根据实际需要，按照组配规则临时进行组配。后组式检索语言包括单元词语言、叙词语言、结构段语言和标题引文语言等。

检索语言按照其结构原理划分，可以分为分类检索语言、描述检索语言(主题检索语言)和代码检索语言三大类。

二、分类检索语言

分类检索语言也称分类法语言。它是用分类号作为标识符号系统来表达文献的各种属性的概念，并将其按照学科体系进行划分或排列而形成的检索语言。分类检索语言又分为体系分类检索语言和组配分类检索语言两种。分类语言组成的索引并不多见，它主要用于检索工具文摘题录的组织编排，但在专利文献检索中，分类索引则是检索方法中最主要的索引。

(一) 体系分类检索语言

体系分类检索语言是用等级列举的方法，层层纵横次第展开文献类目的一种人工检索语言，它是一种传统的分类语言。体系分类检索语言的依据是各种体系分类法或分类表。体系分类法是一种直接地体现知识分类的等级概念的标识系统，它以科学分类为基础，以文献内容的学科性质为对象，运用概念划分与综合的方法，按照知识门类的逻辑次序，从总体到部分、从一般到具体、从简单到复杂，进行层层划分。每划分一次，产生许多类目；逐级划分，就产生许多不同级别的类目。所有不同级别的类目层层隶属，形成一个严格有序的知识分类体系。每个类目都用分类号作分类标识，每个分类号是表达特定知识概念的词汇，从而展开成层累制的编号体系。《中国图书馆图书分类法》就是这种体系分类。例如，

A 马列主义、毛泽东思想
⋮
O 数理科学和化学
⋮
Q 生物科学
R 医药、卫生
R1 预防医学、卫生学
⋮
R9 药物学
  91 药物基础科学
  914 药物化学
    .1 药物分析
    .2 化学结构与药理作用
    .5 有机合成药物化学

体系分类检索语言由其分类法的符号系统(也叫标记符号)、语汇(在分类法中的类名)和语法(即分类配号规则)三个要素构成。其特点是按照科学、专业集中文献，有利于族性检索。但在利用体系分类检索语言查找文献时，需要一个“翻译”过程。例如，要查找“有机合成药物化学”方面的文献，首先要在分类法中查找“有机合成药物化学”这个类名(即词汇)及其标记符号，如利用《中国图书馆图书分类法》，可查得该类号为“R914.5”，则可以在分类目录“R914.5”的类号下检出所有的有机合成药物化学方面的文献。

(二) 组配分类检索语言

组配分类检索语言是在体系分类检索语言基础上发展而来的，也叫组面分类语言。它是将若干概念单元组配起来，表达一个复杂概念的分类语言，所以它打破了体系分类检索语言的等级列举式的局限性，概念分析深入，类目包罗能力较强，组配灵活，适用于多维检索。

组配分类检索语言源于组配式文献分类法。它的基本方法是按照科学范畴分为若干组面，每个组面内列出相关技术术语，即类目，每个类目表达一个简单的主题概念，用分类符号作为组面和类目的标记。检索文献时，按照文献的主题内容选择相应的组面和术语(类目)，然后将这些术语的符号按照一定的次序排列起来，构成检索文献的分类号。

三、描述检索语言

描述检索语言也叫主题检索语言。它是用自然语词作为检索标识系统来表达文献的各种属性的概念，具有表达能力强、标引文献直接、专指度深等特点。描述性检索语言包括关键词检索语言、标题词检索语言、单元词检索语言和叙词检索语言四种。是检索工具中最常用的检索语言。

（一）关键词检索语言

关键词语言是直接选用文献中能够表征文献主要内容、具有实际意义的未经规范化处理的自然语言，根据选词原则和编排原则不同，利用关键词检索语言编制的索引有以下四种。

（1）普通关键词索引

普通关键词索引中的关键词是从文献的题目、正文和摘要中抽选出来在文献中起关键作用的自然语言构成，在索引过程中，一般抽出 4～5 个词。每个关键词按照字顺或音顺轮流排在首位，作为检索词，其他关键词排列在检索词后作为限定词。检索词和限定词组成关键词短语，用来描述文献的主题内容。

例如，“工业大气中苯的测定”这样一篇文献，可以抽出四个关键词：“工业”“大气”“苯”“测定”。在关键词索引中的排列方法如下：

工业	空气	苯	测定	0143
空气	工业	苯	测定	0143
苯	工业	空气	测定	0143
测定	苯	工业	空气	0143

因为四个关键词都按照不同的顺序轮流排在首位作为检索词，于是从四个关键词中的不同角度，都可以查得同一篇文献，大大提高了文献的标引深度和检得机会。

普通关键词索引的选词不受限制，比较方便灵活，大大加深了标引深度和检出的可能性。但由于关键词是从文献著者使用的语词中抽选出来的，是未经过规范化的词汇，不如标题词或其他主题词那么严格，表达文献的主题内容不一定很完整，关键词之间没有连词、介词等语法关系，完全是自然排列关系，所以容易导致概念上的混淆，造成误检。

（2）题外关键词索引

普通关键词索引的一个主要缺点是关键词索引中的各个关键词是各自独立的并列词，关键词与关键词之间无语法关系，使其含义混淆，难以准确判断。解决这一矛盾的方法是从文献主题内容中抽选出的关键词首先按照字顺轮排，然后在每个相应的关键词下列出文献题目的全文，有时还注明文献出处，这就是通常所说的题外关键词索引。例如，

人参

人参的抗衰老作用

“中药杂志”1986 年 10 期 20～21 页

抗衰老

人参的抗衰老作用

“中药杂志”1986 年 10 期 20～21 页

题外关键词索引的特点是在关键词下列出文献题目的全文及出处，有利于准确理解文献的主题内容，不致产生误检。但大大增加了索引的篇幅，编印困难，实际很少应用。

（3）题内关键词索引

题内关键词索引又称为“上下文关键词索引”，它从文献主题内容中抽选出来的关键词按照字顺进行轮排，每个关键词分别置于中栏突出位置，作为排检的依据。同时，在每条关键词索引中保留了非关键词(如冠词、介词、连词等)，用以规定关键词的词间关系，使关键词与关键词之间发生语法上的联系，形成一个完整的短语，从而准确地表达了文献的主题内

容，克服了“普通关键词索引”含义混淆，易造成误检的缺点，又避免了“题外关键词索引”篇幅过大的弊病。

（4）保留原意索引

保留原意索引的基本特点是在标引文献时，可以保持上下文的句法关系，从而准确地表达文献内容的原意，它是“题内关键词索引”和“题外关键词索引”的改进与发展，综合了以上两种索引的优点，采用了“题内关键词索引”的轮排技术加以改进，使之更加符合逻辑，字句完整、醒目易读；采用了“题外关键词索引”保留原主题次序的办法，并用附加“作用号”等办法来规定词序，准确地表达文献的主题内容；另外，它还吸取了组配分类语言和叙词语言的一些优点，如概念分析等。但该种索引编制较为复杂、实用性较差。

关键词语言具有选词方便、灵活、采用轮排技术编制简便等优点，应用比较广泛，“普通关键词索引”和“题内关键词索引”一般应用较广，主要用于现期文摘刊物的辅助索引，如美国化学文摘、美国生物化学文摘等。“保留原意索引”质量较高，具有广阔的发展前景。

（二）标题词检索语言

标题词检索语言是将表征文献内容特征的具有独立意义的主题性词语加以规范化的语言，又称传统主题检索语言。它在标题中又称标题法。任何一篇文献总是要反映一定的主题，按照主题进行标引，能够将从不同角度、不同学科论述同一事物的主题的多种文献都集中在一起，所以它具有主题事物的集中性和专指性，便于按照专题进行特性检索。

标题词检索语言的基本构成单位包括主标题(一级主题词)、副标题(二级主题词)和说明语。主标题是表达文献主题的名词或词组，副标题是用来修饰和限定主标题的词组或短语，说明语是用来详细说明和规定主标题与副标题内容的词组或短语。

标题词语言的规范化处理主要是同义词选择、近义词合并和多义词限定。其参见系统主要包括见(see)、参见(see also)和标题范围注释。

标题词检索语言具有鲜明的特指性、直观性和灵活性，表达事物的概念准确、专一和生动。但标题词互相独立，没有任何逻辑关系，不能自由组配。

（三）单元词检索语言

单元词语言是将复杂的科技文献中的概念分解成若干个最基本的单元词汇进行标识的检索语言。分解出的单元词是最小的或最基本的词汇单位。标引中将它们分别组配轮排，各个单元词轮流作为检索词，检索文摘号，从而有利于多角度检索。

单元词具有以下特征：

① 单元词一般是从文献标题、摘要或正文中选出的简单而关键的名词术语；

② 单元词之间相互独立，所有单元词在词表和检索体系中占有同等地位，没有隶属关系或固定的组合关系；

③ 单元词具有不可分性，它表示一种在字面上不可再分的概念单元。

单元词的主要功能是作为主题的组成因素，单独使用或组配起来表达一个完整的主题或复杂概念。

单元词的概念组配以逻辑算符为基本形式，主要是以下三种：逻辑“与”(and)算符 * ，如青霉素 * 药理；逻辑“或”(or)算符 + ，如青霉素 + 链霉素；逻辑“非”(not)算符 - ，如青霉素 - 半合成。

单元词语言是一种后组式检索语言，表征文献主题内容的单元词是在检索时才进行自由组配的，具有较大的语义表达能力，有利于主题因素复杂的文献标引和多主题检索。由于单元词语言具有上述优点，所以美国的许多大型检索工具都有采用这种索引形式。如美国生物化学文摘中的概念索引(Concept Index)、美国化学专利中的单元词索引(Uniterm Index to Chemical Patents)。

（四）叙词检索语言

叙词检索语言是以规范化科技名词或代码表达文献主题，具有组配功能的动态性检索语言。

叙词语言是在分类语言、标题词语言、关键词语言和单元词语言的基础上产生的一种检索语言。它汇集了以上几种检索语言的优点，具有直观性强、专指性深、适应性广、准确性高和自由组配等优点，是一种比较理想的检索语言。

叙词也叫描述词或叙述词。也有人认为它是主题词，一般认为是主题词的一种形式。

叙词检索语言具有以下特性。

（1）概念专一性

专一性也叫单义性。每个叙词都有严格的人为性专一概念。作为检索语言用的叙词，必须使事物—概念—语言—文字四者严格对应，才能在实践中使文献的标引者和检索者在概念上有一致性，达到最优化的检索效率。

（2）人为规范性

在现实生活中，由于种种原因，使用自然语言表达同一概念会出现表达的差异，如自行车=单车=脚踏车，地瓜=红薯，阿司匹林=乙酰水杨酸等。因此自然语言必须进行规范，变成规范化检索语言。叙词语言的规范主要有四种。

① 同义规范。同义词有真同义词，如土豆与马铃薯；有近义词或准同词，如癌与肿瘤；有译名不同，如莱塞与激光等。规范时，规定正式叙词和非正式叙词。

② 词义规范。也称范围规范，包括词形相同而意义不同的词进行范围注释，一词多义的词作出限定等。

③ 词类规范。在选词时，要选实词不选虚词，一般选用名词或动名词。

④ 词形规范。主要指词序，一律整装，不用倒装；标点符号、字母、数字等作出统一规定。

（3）组配性功能

组配是指在标引和检索时，利用叙词表中的若干个叙词合理组合来表达文献主题或某一专题概念的过程，叙词的组配可以提高概念的专指深度和扩大检索途径。

叙词语言的组配采用一定的关系符号，如职能符号(职符)和联系符号(联符)，把几个叙词有机地结合在一起，以表达所要标引和检索的专指文献的主题内容。

（4）语义关联性

在整个叙词集合体中，叙词之间主要有三种语义关系，即同义关系、属分关系和相关关系。把每个叙词的这种关联性充分反映出来，就可以起到既能进行特性检索，又能进行族性检索，并可以扩大检索线索等作用。

（5）动态性特征

叙词语言的动态性是指根据叙词标引和检索的频率及适用程度，对叙词表可以经常进行规范、调整、补充新词，删去不适用的词以及调整叙词之间的语义关系等，所以叙词表是一部规范化的动态的词汇表，它主要包括叙词字顺表、叙词等级索引、叙词分类索引和叙词轮排索引。

叙词检索语言具有直观性、专指性、适应性、准确性、灵活性和多维性等特点，是目前被广泛使用的一种检索语言。但它是一种组配式语言，如果组配不当，容易产生虚假组配(交叉偶合)现象，所以还必须在逻辑组配的控制上加以改进。

四、代码检索语言

代码检索语言是在标引文献特征基础上形成的一种检索语言，是利用文献中的一些特殊符号组织排列表达文献主题概念的一种人工语言。如美国化学文摘中的分子式索引和环系索引就是利用文献涉及的化合物的分子式或环状化合物的环分析数据组成的索引，利用代码编制的索引具有排检简单，但分析检索标引困难的特点。

如：$C_{11}H_{18}N$

Benzenemethanaminium，N-ethyl-N.N-dimethyl-iodide [7375-17-9]，P 39849z

$C_{11}H_{18}N_2$

Compd.b_{12} 92-3^0，1520p

$C_{11}H_{18}N$ 与 $C_{11}H_{18}N_2$ 分子式在索引中编排是以 $C_{11}H_{18}$相同，而后者多一个 N 为先后顺序排列。但两个分子式所表达的化合物则非常复杂，需要检索者非常熟悉化合物的命名，区分异构体等来选择正确的切题文献。

第二章　计算机信息检索概述

第一节　计算机信息检索的含义及发展史

计算机信息检索是20世纪50年代出现的一门新兴学科，是计算机科学和文献检索科学相结合的产物，它开辟了人类获取信息的新纪元，创立了信息检索的新篇章。

一、计算机信息检索的含义

计算机信息检索是指人们根据特定的信息需求，利用计算机，从相关的机读数据库中识别并获取所需信息的过程。

广义的计算机信息检索包括两个过程，即信息的存储和检索。信息的存储过程即数据库的建立，是将分散的文献资料进行搜集、评价和选择，然后对收录的文献进行著录标引，形成文献特征的标识，输入到计算机中，以一定的格式存储在磁盘、磁带和光盘等介质上，建成机读数据库。这一过程是信息检索的基础。信息的检索过程即数据库的利用，就是狭义上的计算机信息检索，是指人们根据特定的信息需求，利用计算机从相关的机读数据库中识别并获取所需信息的过程。

二、计算机信息检索的发展阶段

计算机信息检索始于20世纪50年代，1954年美国海军武器实验所使用IBM-701型计算机建成世界上第一个计算机信息检索系统，开创了计算机信息检索的新纪元。到现在，大致经历了五个阶段。

(1) 脱机检索阶段(20世纪50年代中期至60年代中期)

50年代美国开始将计算机用于信息检索，为解决信息存储和检索的速度问题开创了先例。信息检索语言的出现和发展，使信息检索的自动化得以实现。自1954年美国海军军械试验中心建立了世界上第一个科技文献检索系统后，相继又有1959年美国马里兰州银泉海军军械实验室建立的系统，1960年美国西部预备大学为美国金属协会建立工作系统，1959年到1963年开设的美国武装部队技术情报局(即后来的国防文献中心)系统，1962年开设的美国国家航空和航天局NASA系统，1964年美国国立医学图书馆的医学文献分析与检索系统，这些都是脱机阶段的著名系统，对当时信息检索的发展起到重要的作用。

由于早期的计算机没有终端设备，计算机的内存、外存容量有限，主要是利用单台电脑输入输出装置进行过期文献回溯检索和新文献的定题检索。这些系统为多用途的一次输入，并且可以产生一系列产品和开展服务功能。例如，MEDLARS系统，可用于处理机读形式的引文，即查错、排序和编辑等作业，并直接联结计算机排版，通过计算机控制出版程序，编制《医学索引》。虽然这时的计算机检索有许多目前看来不尽如人意的地方，但它开创了机检的先河，与手工检索相比，有许多无可比拟的优点，如检索速度快、存储容量增大、检索手段灵活等。

(2) 联机检索阶段(20 世纪 60 年代中期至 70 年代初期)

60 年代初期，随着计算机处理功能的提高和新的大容量信息载体——磁盘和磁盘机——的出现，开始形成了一个主机带多个终端的联机系统。1964 年美国麻省理工学院的 TIP 联机检索试验系统建立。1965 年系统发展公司在高级研究计划局的支持下，进行了第一次全国规模的联机检索网表演。1966 年洛克希德公司执行 NASA 的合同，第一次采用显示器进行联机会话检索的公开表演。1967 年以后，许多联机检索系统相继出现。第一个大规模联机检索系统是 1969 年全面投入运行的美国 NASA 的 RECON 系统。1970 年美国洛克希德火箭公司的 DIALOG 系统和系统发展公司的 ORBIT 系统相继建成。美国的 MEDLARS 也于 1970 年发展了联机系统(称为 MEDLINE)。此后不久，欧洲宇航局的 ESA/IRS 系统也投入运行。

(3) 国际联机检索阶段(20 世纪 70 年代)

随着卫星通讯、公共数据通信网的发展，使得计算机信息检索冲破时间和空间，不再受到地区和国家的限制，为快速、全面地获取全球性科技信息和经济信息提供了非常方便的条件，从而极大地提高了情报资料的可得性和利用价值，充分实现了人类信息资源的共享。

(4) 光盘检索阶段(20 世纪 80 年代)

联机检索发展到 20 世纪 80 年代，随着社会对信息需求的日益增长，数据库生产和服务的市场越来越大。1985 年，出现了光盘(CD-ROM)数据库，它是一种高密度、大容量的存储介质，一张 12cm 的 CD-ROM 的存储量为(550～600)兆字节，相当于 1600 多张普通软磁盘的总存储量。光盘检索系统具有设备简单、使用方便、检索费用低等优点，被世界各地广泛使用。据 1992 年统计，全世界共发行光盘数据库达 2200 余种，医药数据库有 200 多种。

(5) 网络检索阶段(20 世纪 90 年代至今)

随着光缆通讯技术的发展，信息高速公路事业在全世界迅猛发展，计算机信息检索也走向了网络检索阶段。国际互联网(Internet)的出现，使世界变成了一个地球村，实现了全球通讯和资源共享。无数的科研机构、联机检索系统、高等院校和图书馆也都将自己的资源以 Web 方式在网上发布，供人们检索和查寻。

网上信息资源有如下特点：

① 信息容量大，内容广泛，几乎无所不包；

② 动态性好，绝大多数更新及时；

③ 免费资源丰富；

④ 界面良好，检索简单方便，不需要太多的检索技巧。

因此，网络检索已经成为广大科研工作者获取情报信息的重要手段之一，并因此而保持了旺盛的生命力和竞争力。

第二节　计算机信息检索系统的构成

计算机信息检索系统主要由三部分构成，即计算机硬件、软件及数据库。本节主要介绍数据库的基本知识。

一、数据库的含义

数据库是以特定的组织方式将相互关联的数据集合存储的总汇。它将各种数据中的信息单元经过有序处理、组织，可以按照特定的方法进行维护和检索。

计算机信息检索中的数据库是指一定专业范围内的信息记录及其索引的集合体，是计算机检索系统的核心部分，即信息资源。

二、数据库的类型

数据库按存储内容可以分为以下四种类型。

(1) 书目型数据库

书目型数据库又称为参考型数据库，主要是指二次文献数据库。它包括各种机读版的文摘、题录和目录等形式的数据库。它为用户提供一些简单而基本的信息以及原始文献的线索，指引用户根据文献线索去查找原始文献，获取充分的信息。目前，书目型数据库是使用最广泛、地位最重要的一种数据库。

(2) 事实型数据库

事实型数据库中存储的数据一般用来描述人物、机构和事物等非文献信息源的情况、过程、现象、特性等方面的事实性信息。诸如名人录、机构指南、产品目录、科研成果目录、研究或开发项目目录和大事记等，均可编成事实型数据库。如公司和机构数据库，收录公司、机构的业务活动信息，包括人员、组织、资产和服务项目等情况，有的还提供单位地址和电话号码等信息。对于这类数据库，用户只要通过要查询的人物、机构或事物的名称及有关事项进行检索，就可以查到所需信息及其进一步追踪的线索。在事实型数据库中，有些对用户还起到一种指示、介绍、牵线和搭桥的作用。它指引用户根据地址或电话等寻找合适的信息源，获取更翔实的信息，因此，人们把这类数据库称做指南型数据库或指示型数据库。

(3) 数值型数据库

数值型数据库主要为用户提供数值型数据类信息。包括各种统计数据、科学实验数据和科学测量数据等。例如，医学上使用的化学制剂、药物的各种理化参数、人体生理上的各种数值，均可入数值型数据库。数值型数据库为用户提供一些能够直接使用的信息，无须再去追查原始文献，大大节省了时间。这是与书目型数据库明显的不同之处。这些数值信息是由专门人员从各方面的文献中收集、提取而来，经过仔细加工、积累并存储起来，形成所谓的“浓缩信息”。数值型数据库已经成为世界各国信息检索工作开发的热点，而且规模越来越大。例如，美国国立医学图书馆编制的化学物质毒性数据库包含 10 万多种物质的急、慢性毒力试验数据。

(4) 全文型数据库

全文型数据库是一种存储文献全文或节选其中主要部分而形成的原始文献数据库。有的有对应的印刷型文本，有的则是纯电子出版物。最早出现的是法律条文方面的全文数据库。随后几乎各个领域都出现了全文数据库。有关资料表明，目前，全文数据库约占整个数据库的 1/4～1/3。医药方面的全文数据库也越来越多。目前，在 DIALOG 中，就有 48 种医药期刊全文数据库。由美国医学药物协会编制的药物信息全文数据库就是其中之一。我国有自行开发的《中国学术期刊》和《中文科技期刊》全文数据库等。

上述数值型数据库、全文型数据库又被人们称为源数据库。除此之外，图像型数据库、术语型数据库也属于源数据库。这些数据库均为用户提供直接使用的信息，不再需要追踪原始文献，这是源数据库与参考数据库的根本区别。

三、数据库的结构

尽管数据库的种类多样，但其结构大致相同，一般由以下几部分组成。

（1）记录

记录是构成数据库的一个完整的信息单元，每条记录描述了原始信息的外部特征和内部特征。书目数据库中的一条记录通常代表一篇文献，其他类型数据库中的记录则是某种信息单元，如一种治疗方案、一组理化指数等。

（2）字段

字段是比记录更小的信息单位，是组成记录的数据项目。例如，在书目数据库 Medline 中一条记录代表一篇书目文献，在这条记录中，有题名、著者、来源、文摘、主题词等字段。每个字段有自己的名称和缩写，如题名字段用 Title(TI)表示，著者字段用 Author(AU)表示，文摘字段用 Abstract(AB)表示。这些缩写名也被称为字段标识符。另外，在有些数据库中，某些字段是复合字段，如来源(Source)字段由期刊名、年、卷、期和页码等字段复合而成。

（3）文档

文档一词有双重含义：一种可以把文档理解为是数据库中一部分记录的集合。许多大型的数据库为了方便用户检索，常常把数据库分割成若干个文档，如 Medline 数据库被分为现期文档和若干回溯文档（1997 年共有 6 个回溯文档，即 MED66，MED75，MED80，MED85，MED90，MED93）。另一种则把文档理解为是数据库的结构。众多杂乱无章的记录要构成可以检索的数据库，必须进行合理的组织，建立一个顺排文档和若干个倒排文档。顺排文档和倒排文档相互关联，才能完成检索。顺排文档以记录为单位，按照记录的入藏顺序号从小到大排列。倒排文档则是从顺排文档中抽取有检索意义的检索标识，如主题词、著者姓名、化学物质名等，并按照某种顺序排列，同时在检索标识后注明入藏顺序号。这样就形成了主题词倒排文档、著者倒排文档等。如检索著者时，检索系统先使用著者倒排文档，从著者姓名得到入藏顺序号，再使用顺排文档，根据入藏顺序号得到这条记录。如此根据著者姓名找到该著者的文献。

第三节　常用的数据库检索技术

计算机信息检索的过程，实际上就是将用户的检索提问与数据库中的检索标识相比较的过程，两者一致即为命中。在整个检索过程中，通常会使用以下检索技术。

一、布尔逻辑检索

布尔代数的三个基本算符 and，or 和 not 在计算机检索中用于表示文献集合的逻辑关系，即逻辑与、逻辑或、逻辑非。

（1）逻辑与

逻辑与的检索表达式为 A and B，如图 2.1 所示，其含义为既含有检索词 A 又含有检索词 B 的文献为命中文献。其作用是缩小检索范围，提高查准率。

例如，欲检索“阿司匹林片剂”的文献，可以输入检索式 aspirin and tablet。

(2) 逻辑或

逻辑或的检索表达式为 A or B，如图 2.2 所示，其含义为含有检索词 A 或含有检索词 B 的文献均为命中文献，其作用是扩大检索范围，提高查全率。

例如，欲检索关于“阿司匹林”研究的文献，考虑到其有同义词“乙酰水杨酸”，所以可以用逻辑或构建检索式，即 aspirin or acetylsalicylic acid。

(3) 逻辑非

逻辑非的表达式为 A not B，如图 2.3 所示，其含义为含有检索词 A 但不含有检索词 B 的文献才是命中文献。其作用是缩小检索范围，去掉一些不相关文献，以提高查准率。

例如，欲检索“除锌以外的其他微量元素”的有关文献，可以输入检索式 trace elements not zinc。

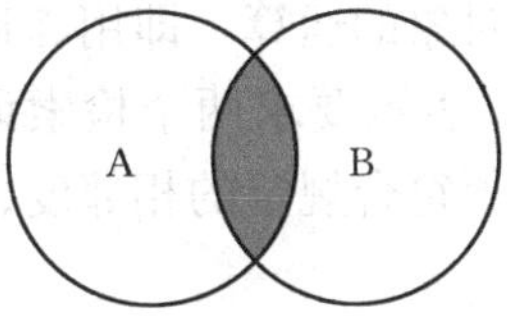

图 2.1

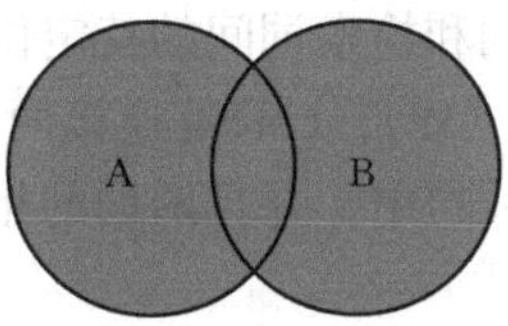

图 2.2

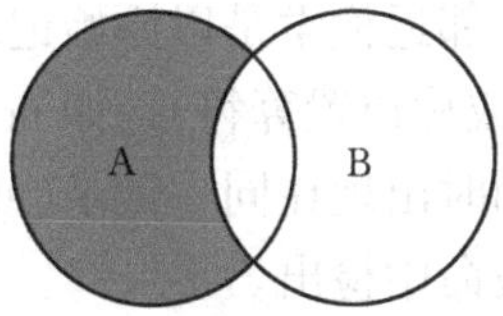

图 2.3

另外，还要注意三种逻辑运算符的运算顺序，在一般的数据库中，运算顺序为 not＞and＞or，如欲改变运算顺序，可以加括号。

二、截词检索

截词检索是指把检索词截断，取其中的一部分片断，再加上截词符号，一起输入检索，计算机按照词的片断与数据库里的索引词对比匹配，凡包含这些词的片断的文献均可检出。

截词检索主要用于检索词的单复数、不同词性的词尾变化、词根相同的一类词，以及同一词的不同拼法等。在进行自由词检索时，为了避免漏检，常常考虑把这些词都包括进去，并且省去逐一键入的麻烦。各检索系统所使用的截词类型和截词符号不尽相同，但截词检索一般有以下三种情况。

(1) 右(后)截词

右(后)截词是指把一个截词符号置放在一个字符串右方，用来表示其右的有限或无限个字符。此种截词使用较多，如输入检索表达式 penicillin *，可查到含 penicillic acid，penicillin，penicillin A，penicillin G 和 penicillinase 等词的文献。右截词主要应用在以下四个方面。

① 词的单复数。如输入 book? 可以检出含 book 和 books 的文献。

② 年代。如输入 198? 可检出 20 世纪 80 年代的文献，输入 19?? 可检出 20 世纪的文献。

③ 作者。如知道作者姓但不知道作者名可输入姓，然后进行右截词，检出以后，再通过浏览进行选择。如知某作者姓为 Lancaster，不知其名，可输入 Lancaster *，再浏览选择。

④ 同根词。见前 penicillin * 的例子。

(2) 左(前)截词

左(前)截词是指把截词符号放在字符串的左方，以表示其左的有限或无限个字符。左截断主要应用于检索某一学科在不同领域应用的文献。例如 * magnetic 可检出 magnetic(有磁性的)、electro-magnetic(电磁的)和 paramagnetic(顺磁的)等。

(3) 中间截词

中间截词是指把截词符号置放在检索词中间的截词方法，它只允许有限截断。中间截词常用于检索词的单复数和英美不同拼法。例如，输入检索词 wom? n 可检出含 woman 和 women 的文献，输入 sul * ur 可检索到含有 sulphur 和 sulfur 的文献。

使用截词检索，系统自动检索这些词并用 or 联结，输出逻辑或检索结果。它是扩大检索范围的一种措施。但在使用截词检索时，切忌词根过短，以免检出许多无关词，增加误检率。为了避免这种情况，应先查阅字典，以确定合适的截断位置。

三、邻近检索

邻近检索是以原始记录中检索词和检索词间的特定位置关系为对象的运算。即用邻近算符(或称位置算符)，如 near，with，(W)，(N)等连接两个检索词，表示要求两个检索词必须同时出现在同一记录(或指定某字段)中，并且两词的相互位置必须符合规定的相邻度，才能被命中检出。

邻近检索的运算类型可以分为四个级别，即记录级、字段级、子字段级及自然句级、词间的位置。

在 Silverplatter Medline 光盘检索系统中，常用的邻近算符有 near，with 和 and 等。

(1) Near

表达式 A near B 可以检出检索词 A 和检索词 B 同时出现在一个句子中的文献，但两词出现的先后顺序不限。如检索式 aspirin near pharmacology 可以检索出 aspirin 和 pharmacology 出现在同一句中的文献。

(2) Near#(#代表一个正整数)

A near# B 表示检索词 A 和检索词 B 之间可以插入 0～# 个单词(A 和 B 在同一记录、同一字段里)，且不论语序。如检索式 sputum near2 cells 可以检出含有 sputum cells，cells of sputum，cells of the sputum 和 cells of green sputum 的文献。

(3) With

用邻近算符 with 联结两个检索词，要求两词间的位置比 near 宽一些，只需要两词同时出现在同一字段(如篇名、文摘、MeSH 等字段)即可命中检出。如用 aspirin with pharmacology 可以检出 aspirin 与 pharmacology 同时出现在篇名、文摘等字段的一些文献。

实际上，邻近算符的功能和自由词逻辑与检索式功能相似。用逻辑算符 and 联结两个检索词，要求两词间的位置比 with 更宽，只需要两词同时出现在同一记录中即可检出，显然这些检出的文献包括用 with 联结所检出的文献。

可见，用邻近算符 near，with 和逻辑算符 and 分别联结两个检索词(自由词)，检出的结果是后者依次包括前者，检出数量是递增的。

在 DIALOG 联机检索系统中，采用邻近算符较多，主要有：

(W) 表示两词必须紧邻，且次序不能颠倒，中间不允许插入任何词，但允许有标点或空格；

(nW) n表示两词间可插入0～n个词，但不允许两词改变次序；

(N) 表示两词必须紧邻，但允许改变次序；

(nN) n表示两词间可插入0～n个词，且允许两词改变次序；

(L) 表示两词必须同时出现在叙词(主题词)字段；

(S) 表示两词必须同时出现在同一句子(或子字段)中；

(F) 表示两词必须同时出现在同一字段中。

四、限定字段检索

大部分数据库都提供了限定字段检索的功能。该项检索技术可以使检索结果更为精确，提高了检索的查准率。

限定字段表达式基本上有两种情况，检索词in字段名或字段名＝检索词，此外，也可以用“＞”“＜”“＞”“＜”“＝”等符号限制。例如，aspirin in ti可以检出所有标题中含有aspirin的文献，Smith-ab in au可以检出Smith ab发表的文献，LA＝english可以检出语种是英文的文献，PY＞＝1995可以检出1995年以来发表的文献。

第四节　计算机信息检索的过程

计算机信息检索的过程，实际上是将用户的提问与数据库中的检索标识进行字符匹配，从而决定取舍的过程。用户在进行检索时，必须制定检索策略，以保证检索结果的满意程度。

从广义上讲，检索过程主要包括检索需求的分析、数据库的选择、检索方法的确定和检索式的编写等方面。

一、检索需求的分析和表达

此步骤可以分三步进行。

① 要分析检索需求的类型。用户对信息的需求是多种多样的，不同类型的信息需求对查全和查准的要求也不尽相同。如有的用户希望查得更新，有的希望查得更准，而有的则以查全为最终目标。

② 要重点分析检索主题，这是检索需求分析的关键。可以从外部特征和内容两方面进行分析。在信息的外部特征方面，要明确所需要信息的语种、年代范围、类型及著者等。在信息的内容方面，要仔细分析检索课题，用自然语言准确表达出这些内容和概念，这是一个需要慎重处理的环节。

③ 用简单明了、便于计算机处理的文字和句法全面、正确地描述检索需求。

二、检索方法的制定

要较好地完成一项检索任务，需要制定一个良好的检索方法，这会涉及各方面的知识和技能。例如，是否了解检索系统的特征和功能，是否熟悉该数据库的标引规则和词表结构，是否掌握了必要的检索技能和技巧，是否了解所检课题的专业知识等。在一般情况下，可以按照下列顺序进行。

① 根据待检课题的学科专业范围、主题内容，选择合适的数据库，并确定检索途径(分

类途径、主题途径或著者途径等)。

② 对检索需求进行概念分析和转换。要达到理想的检索结果，其前提是对检索需求的概念分析要做到正确和全面，然后根据该数据库的词表，把待检课题的主题内容转换成检索系统采用的检索标识和检索词，对于不能转化为主题词的检索词，用自由词检索。

检索词的选择是最重要的，因为它是检索需求中最基本的单元。有了合适的检索词，将检索词进行合理的组配，才能得到满意的检索结果。

计算机信息检索系统中的检索词可以分为两种：一种称为主题词，取自主题词表、叙词表和分类词表等，是经过规范化的。使用主题词进行检索，其主要优点是保证了一定的查全率和查准率。因为通过标引，主题词包含了它的同义词和近义词等，保证了查全率；同时，主题词可以与副主题词组配，对该主题词下的文献进行进一步的限定，确保了查准率。另一种为自由词，取自文献的篇名、文摘或正文，是一种没有规范化的自然语言。当没有合适的主题词时，可以考虑用自由词检索，但要注意该自由词的不同表达形式，如近义词、同义词、缩写和全称等，以防止漏检。

总之，应该首先选择主题词检索，提高检索效率，节省检索费用，达到满意的检索结果；其次选用自由词，并注意防止漏检。

三、检索式的编制

把选择好的检索词用系统规定或允许的符号(运算符)连接起来，以便计算机对检索要求进行处理，这就是编制检索式。

在检索式的编制过程中，可以根据一定的检索需求，选择如前所述的各种检索技术，如逻辑组配检索、截词检索、邻近检索和限定字段检索等，在此不再详述。

四、检索结果的反馈调查

目前，计算机检索系统人机对话比较自由，所以检索式可以多次修改、不断完善，直到满意为止。在调整检索式时，可以从查全和查准两个检索效果评价指标进行分析，并提出对策。如果检索结果太少，可以扩大检索范围，提高查全率。方法如下：

① 主题词检索时，尽可能扩展检索；

② 自由词检索应用 or 运算符连接全部同义词及相关词；

③ 采取截词法检索一个词的全部可能形式；

④ 尽量减少使用 and 和 not 运算符；

如检索结果过多，应该在一定的查全基础上，进行缩检，以提高查准率。方法如下：

① 提高检索词的专指度，换用最专指的主题词或自由词检索；

② 应用副主题词对主题词进行限制，以检索特定研究方面的文献；

③ 把检索词限定在主要字段，如篇名、主题词等字段方面；

④ 减少使用截词和 or 运算符，而多用 and 运算符。

五、检索结果的输出

检索结果的输出是整个检索过程的最后一步，用户可以要求检索系统按照一定的格式输出检索结果。输出格式通常有题录、全文和整个网页。

第三章　中文药学文献检索工具

第一节　中国药学文摘

《中国药学文摘》是检索中文药学方面文献的重要检索工具。由国家医药科技情报研究所编辑出版。创刊于1984年，创刊前曾有两期试刊，现为月刊。内容包括国内发行的260多种有关期刊中的中药和其他药学文献(不包括译文)，以文摘为主，部分以简介和题录等形式报道。每期报道约1500条，每年报道约9000条。

《中国药学文摘》采用自编的分类法分类，总体分成12大类、70小类。刊后附有主题词索引和外文药名索引。创刊初期还有作者索引和机构索引。每年为一卷，每卷出版累积主题索引和外文药名索引。

一、中国药学文摘著录格式

R932.1③　　　031②　　　8700123①

国产沉香化学成分的研究—1。白木香酸和白香醛的分离和结构鉴定④/杨峻山，陈玉武⑤(中国医学科学院药物研究所)⑥//药学学报⑦—1986⑧，18⑨(3)⑩.—191～198⑪

用气相谱法比较国产沉香(Ⅰ)和进口沉香挥发油的组成。Ⅰ的挥发油经硅胶柱和氧化铝柱层析得到两个新的倍半萜，分别命名为白木香酸和白木香醛。经光谱分析、衍生物的制备以及X线射线衍射单晶解析确定了它们的化学结构。此外还得到一已知化合物沉香螺旋醇。(杨峻山摘)⑫

① 文摘号：七位数字，前两位为“年”代号，后五位为本年度报道文献的流水号；
② 药学分类号；
③ 中国图书资料分类号；
④ 文献题目；
⑤ 作者：个人作者或团体作者或专利发明人(只著录前八名)；
⑥ 作者所在单位(团体作者无此项)；
⑦ 期刊名称(或专利发明公报)；
⑧ 年；
⑨ 卷；
⑩ 期；
⑪ 起止页码；
⑫ 文摘员。
⑦～⑪ 为原文出处。

二、中国药学文摘的索引

《中国药学文摘》的主题索引按照汉语拼音顺序排列。主题词下有说明语，对主题词进行限定和说明，便于检索时取舍。主题索引的著录格式如下：

A

①→阿比妥片

②→处方　制备　0276←③

阿胶

伪品　鉴别　胶凝作用　温度　0063

阿普唑仑

药理实验　中枢性作用　0413

① 主题词；

② 说明语；

③ 文摘号，每卷由 1 开始。

主题索引是查阅《中国药学文摘》常用的索引，具有查阅简便和直观等特点，可以通过索引的说明语，定向选择文摘；同时可以利用年终的年度累积主题索引进行回溯检索。

《中国药学文摘》的外文药名索引是将文摘标题或内容中出现的药物名，按照英文字顺组织编排，用以查找文摘的一种索引。它按照英文字顺排列，名称前的取代基标位符号和立体化学符号等都不作为药名字顺。

外文药名索引的著录格式如下：

A

Acacia Catechu ①　0080 ②

Acetylaconitine　0130

Amyrin　0144

Amyrin —acetate　0136

Aspirin　0238　0823　0889

① 外文药名；

② 文摘号。

《中国药学文摘》的检索方法可以通过分类途径、主题途径和外文药名途径检索。

分类途径如下：

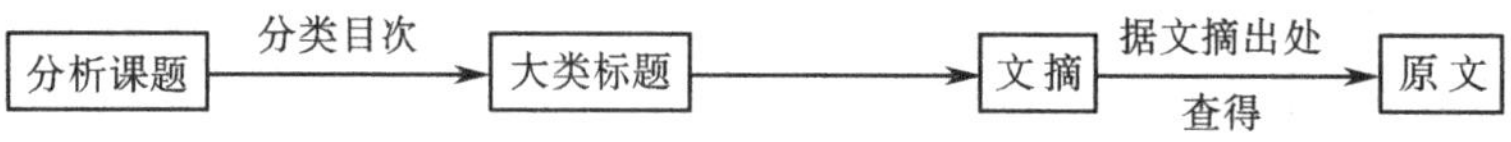

主题途径如下：

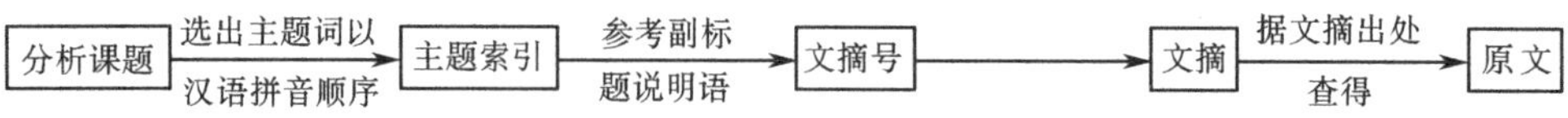

外文药名途径如下。

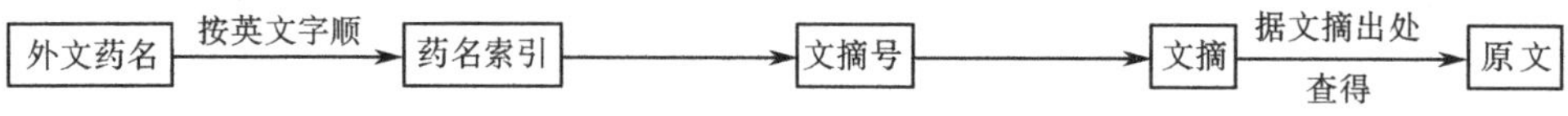

检索实例：查“维生素 E”的有关资料，见 198 页。

第二节　中文科技资料目录

一、中文科技资料目录(医药卫生)

《中文科技资料目录(医药卫生)》是《中文科技资料目录》多个分册中的一个分册，由中国医学科学院情报研究所编辑出版，于 1978 年创刊，1980 年被纳入全国科技情报检索刊物体系，是当前国内医药文献的主要检索工具之一。1984 年前为双月刊，现为月刊。

其收录范围包括国内公开出版和内部发行的医药及医学相关的期刊、汇编及学术会议资料 300 余种，每期报道题录 3 000 余条。

(1) 中文科技资料目录的编排

《中文科技资料目录(医药卫生)》按照《中国图书资料分类法》分类编排，每期内容按照学科分成 26 大类、300 多个小类。每期前面有“分类目次”，列出类号、类名和页码。现以药物学为例，节录如下：

①→R 9　药物学 ………………………………………………… (141)←⑤
　　91　药物基础科学………………………………………………… (141)
　　914　药物化学 …………………………………………………… (141)
　　92　药典、药方集、药物鉴定……………………………………… (141)
②→93　生药学、中草药……………………………………………… (143)
　931　药材学 ……………………………………………………… (143)
　　.5　药材鉴定…………………………………………………… (143)
③→932　中草药、方书 ……………………………………………… (143)
　　.1　中草药化学………………………………………………… (144)
　94　药剂学…………………………………………………………… (145)
　943　制剂学、中草药制剂工艺 …………………………………… (145)
④→　　.1 中草炮制学 ……………………………………………… (146)
　944　剂型 ………………………………………………………… (146)
　95　药事组织………………………………………………………… (147)

① 二级类目分类号与类目名称；
② 三级类目分类号与类目名称；
③ 四级类目分类号与类目名称；
④ 五级类目分类号与类目名称；
⑤ 类目所在的页码。

从上述可以看出，药物学是二级类目，其上位类是医药卫生，以黑体字表示，以下是三级、四级、五级类，每差一级类目，其类名缩后一个字。

(2) 中文科技资料目录的著录

著录项目包括文献标题、作者和原文出处等。

著录格式如下：

9829694 ① 槐定碱的药理作用研究进展[综述]
②夏玉叶③(上海国家医药管理局)—④//中国
药学杂志，—1997，(7)—391—393⑤

① 文献号；
② 标题；
③ 作者；
④ 作者单位；
⑤ 原文出处(刊名、时间、卷(期)、页码)。

(3) 中文科技资料目录的索引

《中文科技资料目录(医药卫生)》每期后附有主题索引，每年最后一期有年度累积索引。主题索引按照汉语拼音字顺排列，同音字以四声区别，同声字按照笔画多少区别。第一字相同时，依次按照第二、三字拼音字顺排列。在主题词后面给出文献号。

主题索引著录格式如下：

A→①
阿
②→阿洪病　01395
阿司匹林—副作用←④　0267 0283←③
—药效学　02834　03008←③
阿托品—治疗应用　01166—8　01438

① 主题词汉语拼音顺序字母；
② 主题词(以汉语拼音字顺排列)；
③ 题录顺序号；
④ 说明语。

《中文科技资料目录(医药卫生)》的检索主要是分类途径和主题途径。

分类途径从分类目次入手，按类查阅，检出所需文献的题录，进而查阅原始文献。《中文科技资料目录》中的题录是按照学科分类集中相同类目，便于查阅一类内容相同的文献，但专指度和查阅速度不如主题索引，方法与《中国药学文摘》基本相同。

检索实例：查“维生素 E”的有关资料，见 205 页。

二、中文科技资料目录(中草药)

《中文科技资料目录(中草药)》由科学技术出版社出版，原由湖南医药工业研究所编辑，现由国家医药管理局天津药物研究院编辑出版。该目录为季刊，收录范围为 250 余种期刊，每期报道题录 1400 左右，年报道量 6000 余条，是查阅国内中草药及有关方面文献资料的主要检索工具。

该目录的分类、结构、编排和著录格式与《中文科技资料目录(医药卫生)》基本相同。其后附有中药、制剂、方剂名称索引，部分比较成熟的有效成分也列入索引。

(1) 编排

其分类目次如下：

在每个类目后用数字表明页码。按照页码可以找到类目的题录，按类查阅。

(2) 著录

目录的著录格式与《中文科技资料目录(医药卫生)》相似，其著录格式如下：

983033　① 利尿灵的利尿药理学研究[刊]②
郝美荣③(北京医科大学药学院)④//中国中
药杂志—1997，22(12)72—75⑤

① 文献号；
② 标题；
③ 作者；
④ 作者单位；
⑤ 出处(刊名、时间、卷(期)、页码)。

上例为期刊文献资料的题录著录格式。会议资料的题录著录注明会议名称和出版单位名称，汇编资料的题录著录汇编名称及汇编的编辑出版单位名称。

(3) 索引

该目录的每期后面附有药名、方剂名和制剂名索引，按照汉语拼音的首字母顺序排列。其著录格式如下：

A

①→阿魏　850608←②
阿魏酸　850487　850918
阿魏丸　851311
艾叶　850104　851053
安络痛片　850782
安神补心丸　851287
安胎止呕汤　851458
安息香　850246

① 中草药名称：
② 题录顺序号。

《中文科技资料目录(中草药)》的查阅方法与《中文科技资料目录(医药卫生)》一样，有分类和主题途径两种。1978 年后查阅中草药方面的文献，利用此目录比较方便；如要查阅1978年前的中草药文献，在1870～1961年间则可以利用《中药研究文献摘要》（刘寿山主编），在1962～1974年间可以利用《中药研究文献摘要续编》（刘寿山主编），查1975～1978年间的资料，可以利用《中药技术文献索引》（湖南医药工业研究所编）。

检索实例：查“人参”的有关资料，见210页。

第四章 中文医药数据库

第一节 中文科技期刊数据库

一、概 述

中文科技期刊数据库，简称中刊库，是重庆维普资讯有限公司编辑出版的以自然科学为主的大型中文数据库，内容涉及数、理、化、生物、农业、机械、医学等领域的期刊文献，收录了1989年至今的12000余种期刊刊载的2300余万篇文献，其中收录核心期刊1810种，每年以260万篇的速度递增。

中文科技期刊数据库包括8个专辑，即社会科学、自然科学、工程技术、农业科学、医药卫生、经济管理、教育科学和图书情报。共有三个版本，即全文版、文摘版和引文版。现以全文版介绍该数据库。

中文科技期刊数据库的访问地址为 http：//www.cqvip.com/。

二、常用检索途径和检索方法

图4.1为维普资讯网的主页，在该页面即可检索中文科技期刊数据库，共有三种检索方式：简单检索、高级检索及期刊检索。

图 4.1

（一）简单检索

简单检索的表达式输入类似于Google等搜索引擎，直接输入需要查找的检索词，多个检索词之间，用空格或者“*”代表“逻辑与”，“+”代表“逻辑或”，“-”代表“逻辑非”。

图4.2为简单检索的搜索框。左边为检索字段选择区，中间为检索式输入框，右边为检索执行按钮。

图4.2

如欲检索有关“人参”的文献，可选择“题名/关键词”字段，在检索式输入框输入“人参”，点击[文章搜索]按钮，即可完成。

该数据库中的可检字段名称、含义如表4.1。

表4.1

字段名称	含　义	检索举例
题名/关键词	在题名或关键词中搜索	人参
题名	标题中含有输入词	人参
关键词	以输入的词为关键词	人参
文摘	文摘中出现输入的单词	人参
作者	通过文章的作者检索文献	王伟
机构	查找感兴趣的机构的文献	沈阳药科大学
刊名	查找某刊物上发表的文献	沈阳药科大学学报
分类号	按照中图法分类号检索文献	R96
参考文献	在参考文献中查找(可查引文情况)	企业竞争情报研究综述
作者简介	在作者简介中查找	博士
基金资助	查找基金论文	国家自然科学基金
栏目信息	查找特定的栏目	药物分析
任意字段	在以上任一字段中搜索	人参

另外，如果检索词中带有括号或*、+、-、《》等特殊字符，必须在该检索词上用双引号括起来，以免与逻辑运算符冲突。则系统会将双引号外的*、+、-，这些符号当成逻辑运算符(与、或、非)进行检索。

（二）高级检索

高级检索通过多个检索词的同时输入，搭配合适的逻辑关系，可以实现多个检索条件的检索。点击维普资讯网主页中的[高级检索]，即可链接到中文科技期刊数据库的高级检索界面，高级检索提供了两种检索方式：向导式检索和专家检索。

1. 向导式检索

图4.3为向导式检索的检索界面，该检索界面的上部从左至右共分五个区域，即逻辑关系选择区、字段选择区、检索式输入框、匹配度选择区和扩展功能区；检索界面的下部为扩展检索条件，包括时间条件、专业限制和期刊范围。

图 4.3

(1) 逻辑关系选择区

逻辑关系包括逻辑与(并且)、逻辑或(或者)、逻辑非(不包含)。检索者可以根据课题的实际情况进行选择。

另外，向导式检索的检索操作严格按照由上到下的顺序进行，如欲检索沈阳药科大学或者中国医科大学发表的关于人参研究的文献，应如图 4.5 输入，而图 4.4 则是错误的。

图 4.4

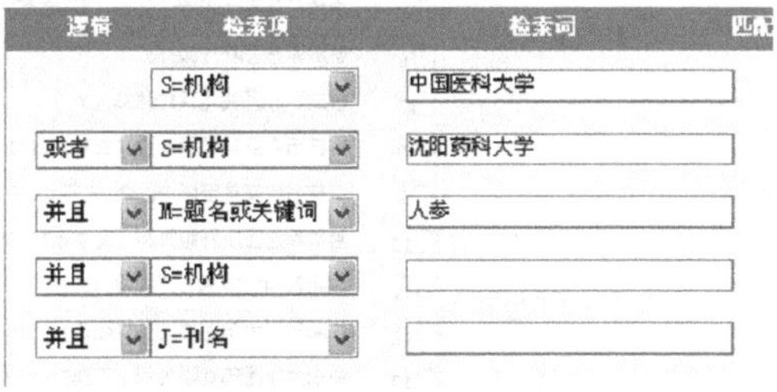

图 4.5

(2) 字段选择区

选择要限制的字段名称，字段名称及含义如表 4.1。

(3) 检索式输入框

在此进行检索表达式的输入。

(4) 匹配度选择区

匹配度共有两种选择，即模糊和精确，精确要求必须与输入的表达式完全匹配，而模糊则包含输入的表达式即可。

(5) 扩展功能区

在扩展功能下的所有按钮均可以实现相对应的功能。读者只需要在前面的输入框中输入需要查看的信息，再点击相对应的按钮，即可得到系统给出的提示信息。

① 查看同义词。对于关键词字段，可以查看该关键词的所有同义词。如输入“人参”，点击[查看同义词]，系统提示出人参的同义词：红参、人参、人参属，用户可以根据课题的实际情况全选或部分选择，以扩大检索范围。如图 4.6。

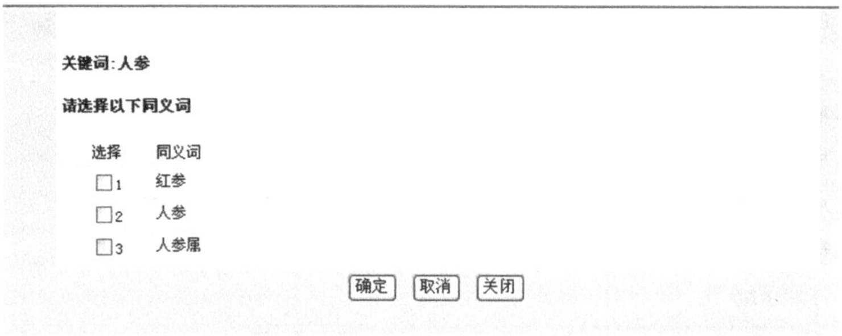

图 4.6

② 查看同名作者。在作者检索中，系统提供了查看同名作者的功能。如欲检索沈阳药科大学于占洋发表的论文，选择作者字段，在检索式输入框输入“于占洋”；点击[查看同名作者]，系统即可以列表形式显示不同单位的“于占洋”，选择与沈阳药科大学有关的所有机构来限制同名作者范围。为了保证检索操作的正常进行，系统对该项进行了一定的限制，最多勾选数据不超过 5 个，如图 4.7。

图 4.7

③ 查看分类表。在分类号检索中，如果检索者对课题的分类情况不熟悉，可以利用系统提供的查看分类表的功能。如欲检索“药理学”文献，点击[查看分类表]，会弹出分类表页面，在该页面中选择 R96，如图 4.8。

④ 查看相关机构。在机构检索中，系统提供了查看相关机构的功能。如欲了解与中华医学会有关的机构，选择机构字段，在检索式输入框输入“中华医学会”，点击[查看相关机构]，即可显示与中华医学会有关的所在相关机构，为了保证检索操作的正常进行，系统对该项进行了一定的限制，最多勾选数据不超过 5 个，如图 4.9。

⑤ 查看期刊导航。在刊名检索中，系统提供了期刊导航的功能，通过该功能检索者可

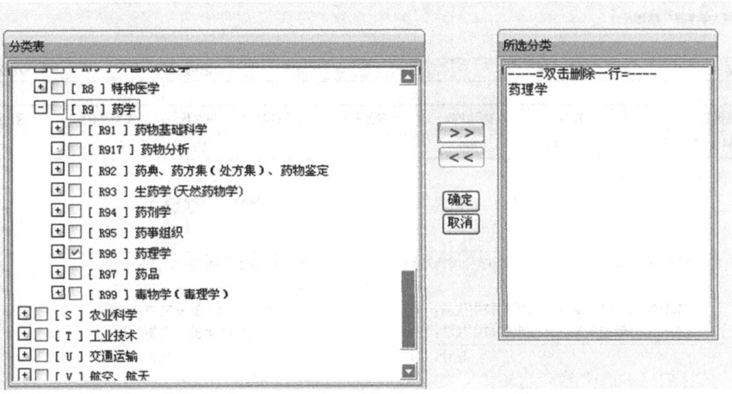

图 4.8

机构名:中华医学会

请选择以下相关机构名

选择	相关机构名
□1	《中华儿科杂志》编辑委员会 中华医学会儿科学分会血液学组中华医学会儿科学分会儿童保健学组
□2	中华耳鼻咽喉头颈外科杂志编委会 中华医学会耳鼻咽喉头颈外科学分会鼻科学组
□3	中华医学会杂志社 《中华围产医学杂志》编辑部
□4	中华医学会心身学会会长上海中医药大学博士生导师、教授
□5	中华医学会白血病·淋巴瘤杂志社
□6	中华医学会器官移植学分会 2009年全国器官移植学术会议组委会
□7	中华医学会《中华儿科杂志》编辑部,北京100710
□8	中华医学会放射肿瘤治疗学分会河北省医学会、河北省抗癌协会肿瘤放射治疗专业委员会分会
□9	中华医学会放射肿瘤治疗学分会中国抗癌协会肿瘤放射治疗专业委员会
□10	中华医学会微生物学与免疫学分会 中华预防医学会生物制品分会
□11	新加坡中华医学会附属专科中医研究院
□12	中华医学会呼吸病分会间质病学组 同济大学医学院 上海医学会肺科学分会 同济大学附属上海市肺科医院
□13	中华医学会内科学会会员
□14	上海交通大学医学院附属瑞金医院眼科主任、主任医师 中华医学会上海市眼科学会眼底学组副组长
□15	上海交通大学附属第一人民医院眼科主任医师、教授 中华医学会上海市眼科学会眼底病学组组长
□16	中华医学会肠外肠内营养学分会 卫生部北京医院

图 4.9

以了解该刊物的概况，如刊期、ISSN、CN、是否核心刊以及对该刊的评价(包括被引次数、影响因子、立即指数、发文量、被引半衰期和引用半衰期等)，如欲了解沈阳药科大学学报的相关情况，选择刊名字段，在输入框中输入“沈阳药科大学学报”，点击[查看期刊导航]，即可显示该刊的相关信息，如图 4.10。

(6) 扩展检索条件

通过“扩展检索条件”，可以进一步缩小检索范围，获得更符合需要的检索结果，如图 4.11。

① 时间条件。该数据库的数据范围是从 1989 年至今，检索者可以对年代进行选择；另外，也可以通过更新时间(最近一周、最近半月和最近一月)对近期文献进行限制。

② 专业限制。中文科技期刊数据库将文献分为八个专辑，检索者可以选择自己感兴趣的专业范围。

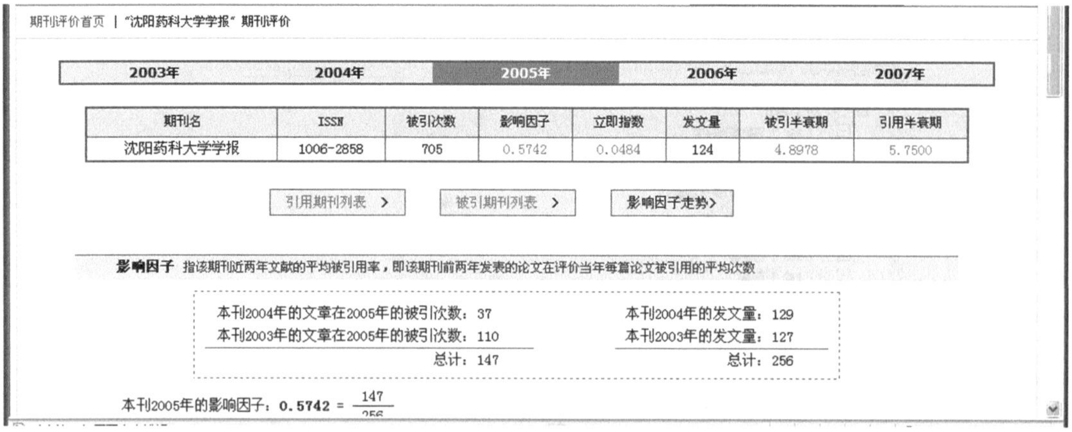

图 4.10

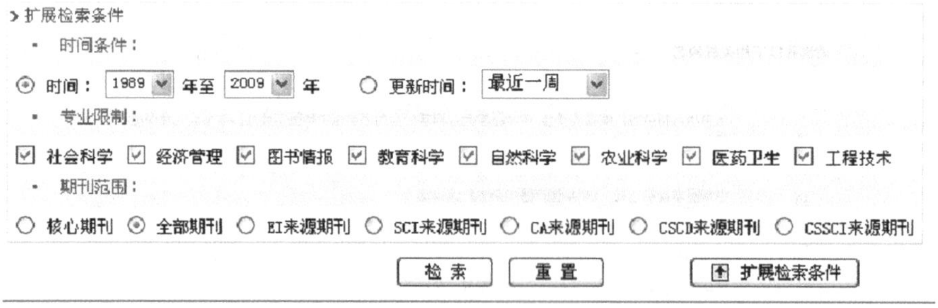

图 4.11

③ 期刊范围。检索者可以限制要查找的期刊范围，可以选择核心期刊；EI SCI CA、CSCD 及 CSSCI 等收录源的期刊或全部期刊，以限制感兴趣的期刊范围。

2. 专家检索

专家检索的检索界面如图 4.12，检索者可以在检索框中直接输入逻辑运算符、字段标识等，点击“扩展检索条件”，并对相关检索条件进行限制后，点击[检索]按钮即可。

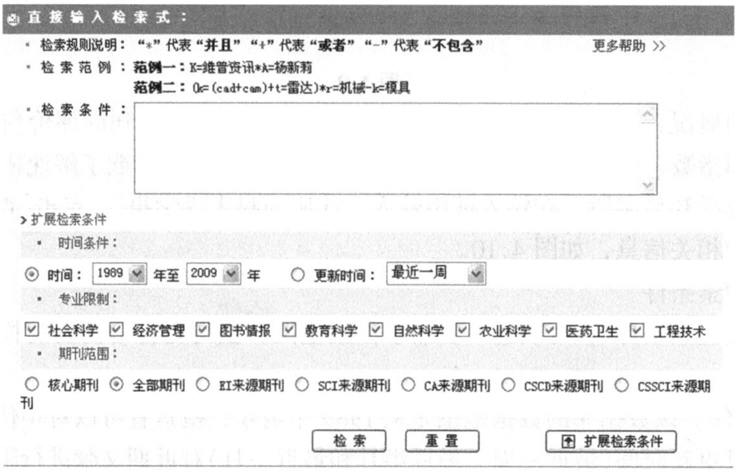

图 4.12

“*”代表逻辑与(并且)、“+”代表逻辑或(或者)、“-”代表逻辑非(不包含)；表4.2为字段名称代码对照表，扩展检索条件与向导式高级检索的完全一致。

表 4.2

代码	字段	代码	字段
U	任意字段	S	机构
M	题名或关键词	J	刊名
K	关键词	F	第一作者
A	作者	T	题名
C	分类号	R	文摘

如欲检索沈阳药科大学或者中国医科大学的作者发表的有关人参研究的文献。可在检索条件框中输入(S=沈阳药科大学+S=中国医科大学)*M=人参，点击[检索]按钮即可完成。

(三) 期刊检索

在维普资讯网主页点击导航条中的[期刊大全]，之后点击[查看全部期刊]链接，即可进入期刊检索界面，如图4.13。在期刊检索中可检索到期刊的刊期、ISSN号、CN号、是否核心刊以及对该刊的评价，并可以按期浏览期刊中的文献。中文科技期刊数据库提供了四种期刊检索方式，即期刊名检索、ISSN检索、分类检索和字母检索，并提供了两种期刊导航，即学科分类导航和国外数据库收录导航。

图 4.13

(1) 期刊名检索

可以按照刊名检索感兴趣的刊物。如欲查看沈阳药科大学学报的详细情况，在刊名中输入“沈阳药科大学学报”，即进入期刊列表页面，如图4.14；在期刊列表页中，点击刊名，即可跳转到该刊的详细信息页面，如图4.15，在该页面中可以按期浏览该刊中的文献或在该刊范围内搜索文献。

(2) ISSN检索

在已知ISSN的情况下，可以输入该号进行检索。

(3) 分类检索

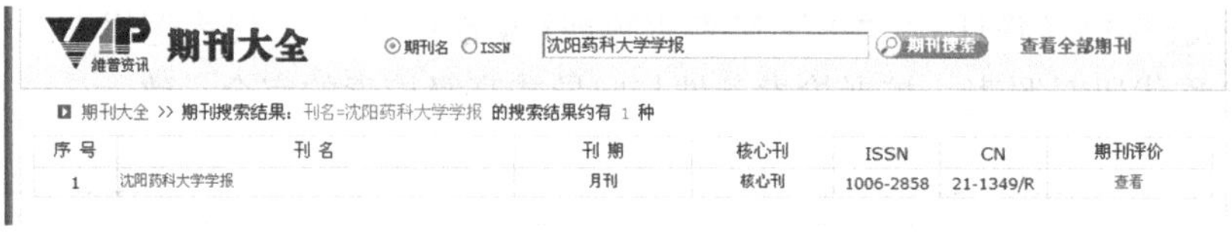

图 4.14

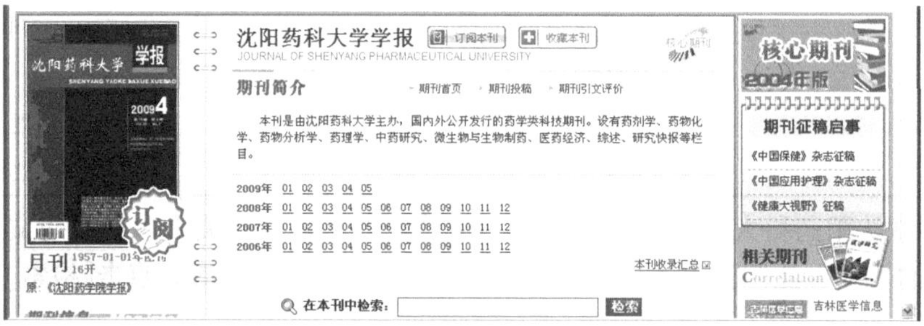

图 4.15

学科分类共分为医药卫生、工业技术、自然科学、农业科学、社会科学 5 个大类，每个大类下又划有若干小类，根据杂志分类直接点击，进入对应的期刊列表页面，在期刊列表页中，点击任一本期刊，即可跳转到该刊的详细信息页面。

(4) 字母检索

按照期刊第一个汉字的拼音顺序可以检索刊物，可以进入对应的期刊列表页面和刊物的详细信息页面。

(5) 学科分类导航

按照学科分类对刊物提供的导航，详见分类检索。

(6) 国外数据库收录导航

国外数据库收录导航提供了美国、英国、德国、荷兰、日本、俄罗斯等国家的知名数据库对期刊的收录情况，如欲了解美国化学文摘(CA)收录的期刊情况，点击[国外数据库收录导航]链接，在图 4.16 界面中点击[化学文摘 CA]，便会显示出该数据库中哪些刊物被 CA 所收录，结果如图 4.17。点击刊名链接也可以得到该刊的详细信息。

三、检索结果的输出

系统自动显示检索结果，并对检索结果提供了在线阅读、下载、打印及收藏等输出方式。

(1) 简单信息

检索后自动进入显示界面，首先显示检索结果的简单信息，包括篇名、摘要、作者、刊名和出版年等，如图 4.18，检索者可以对文献进行勾选，并对勾选文献进行下载及打印；在该界面中提供了篇名、作者、刊名、出版年及相关文献的链接。

(2) 详细信息

在简单信息显示界面中，点击篇名链接，可以得到摘要、学科分类、关键词、相关文献等详细信息，如图 4.19。

(3) 全文信息

在详细信息界面中，有在线阅读、下载全文及收藏本文三种选择，可以链接到文献的全文，如图 4.20。

图 4.16

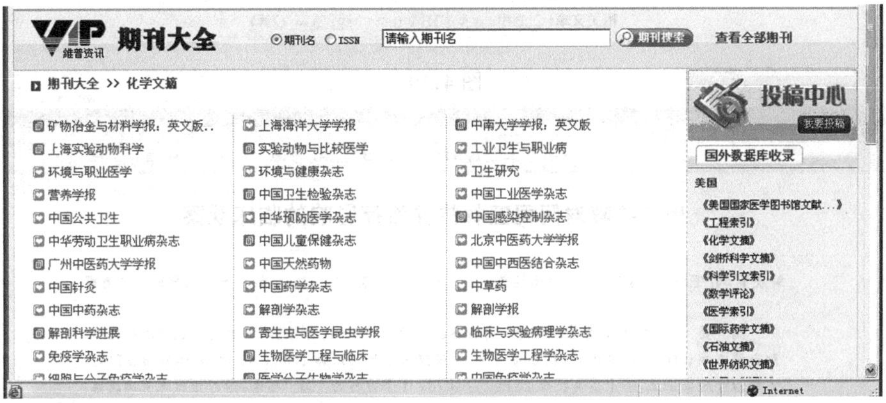

图 4.17

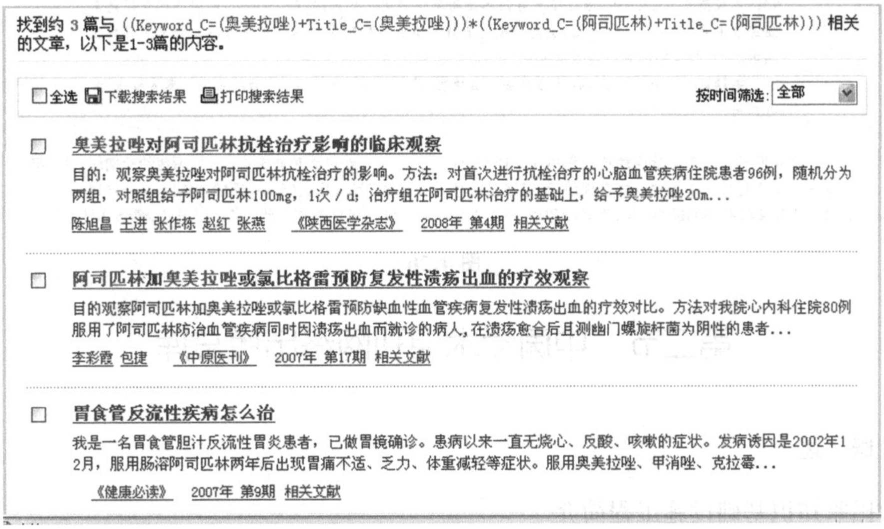

图 4.18

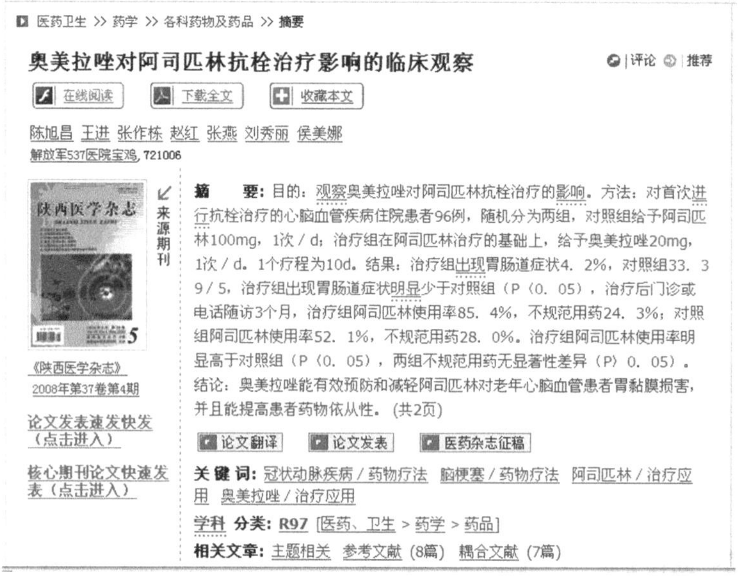

图 4.19

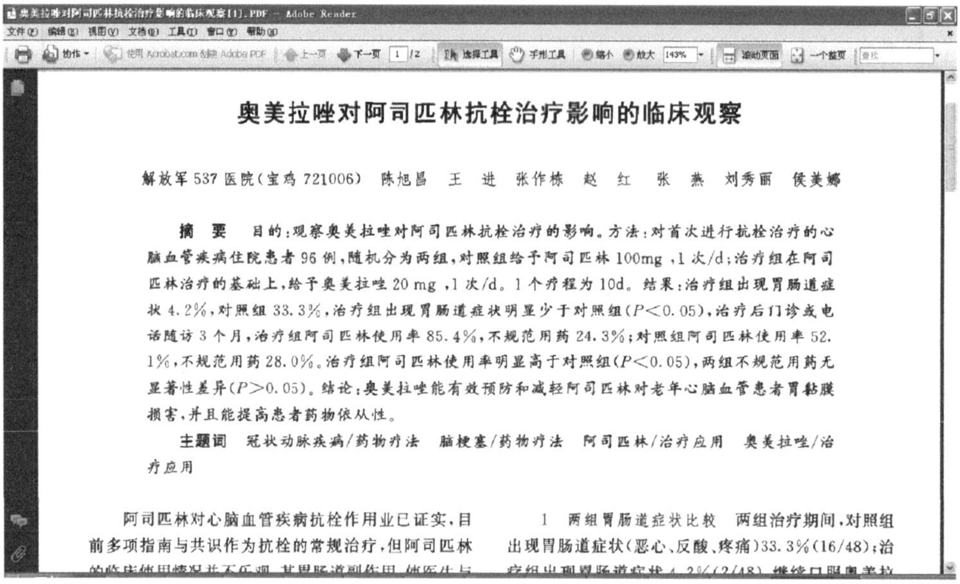

图 4.20

第二节 中国学术期刊网络出版总库

一、概 述

(1) 国家知识基础设施工程简介

国家知识基础设施(China National Knowledge Infrastructure，简称 CNKI)的概念由世界银行于 1998 年提出。CNKI 工程是以实现全社会知识资源传播共享与增值利用为目标的信息化建设项目，由清华大学、清华同方发起，始建于1999年6月，是我国非常著名的知识服务网，目前又称中国知识资源总库，主要提供国内各类文献的全文服务，如期刊、报纸、学位论文和会议论文等。

CNKI提供的内容有中国学术期刊全文数据库、中国优秀博硕士学位论文数据库、中国重要报纸数据库、中国重要会议论文数据库、中国年鉴网络出版总库、中国专利全文数据库、中国工具书网络出版总库、国家科技成果数据库及国家标准全文数据库等共计20余个。其中，中国学术期刊网络出版总库是CNKI中影响最大、利用率最高的数据库。

（2）中国学术期刊网络出版总库简介

中国学术期刊网络出版总库由中国学术期刊电子杂志社出版，该库是目前世界上最大的连续动态更新的中国学术期刊全文数据库，收录国内1915年至今的7516种重要学术类期刊，其中核心期刊、重要评价性数据库来源期刊近2700种，以学术、技术、政策指导、高等科普及教育类期刊为主，内容覆盖自然科学、工程技术、农业、哲学、医学、人文社会科学等各个领域。至2009年7月，累积学术期刊文献总量达2720万篇。该数据库分为十大专辑，即基础科学、工程科技Ⅰ、工程科技Ⅱ、农业科技、医药卫生科技、哲学与人文科学、社会科学Ⅰ、社会科学Ⅱ、信息科技、经济与管理科学，十大专辑下分为168个专题文献数据库。

二、常用检索途径和检索方法

中国学术期刊网络出版总库提供了7种检索方式，即快速检索、标准检索、专业检索、作者发文检索、科研基金检索、句子检索和来源期刊检索。

（一）快速检索

点击[快速检索]按钮，进入快速检索界面，如图4.21。快速检索提供了类似搜索引擎的检索方式，用户只需要输入所要查找的关键词。

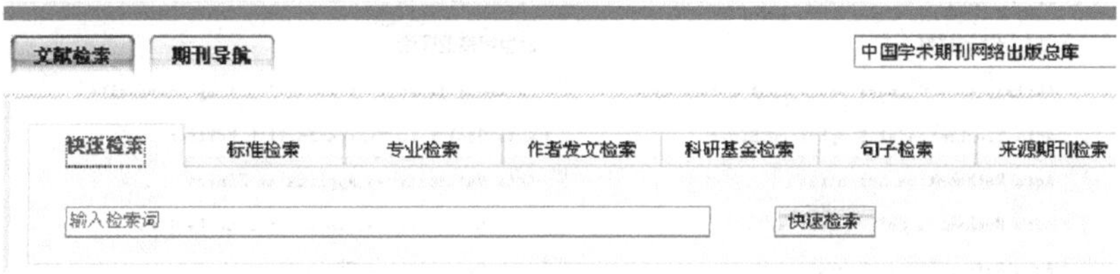

图4.21

（二）标准检索

点击[标准检索]按钮，进入标准检索界面，如图4.22。在标准检索中，首先要对检索控制条件进行限制，之后输入内容检索条件。

（1）输入检索控制条件

包括输入期刊年限、来源期刊、来源类别、支持基金、作者及作者单位等，通过对检索范围的限定，便于准确控制检索的目标结果。

① 期刊年限。该数据库收录了从1915年至今的文献，检索者可以根据实际需要选择要检索的文献时间范围；另外，也可以对期刊的更新时间进行选择，包括最近一周、最近一月、最近半年、最近一年和今年迄今。

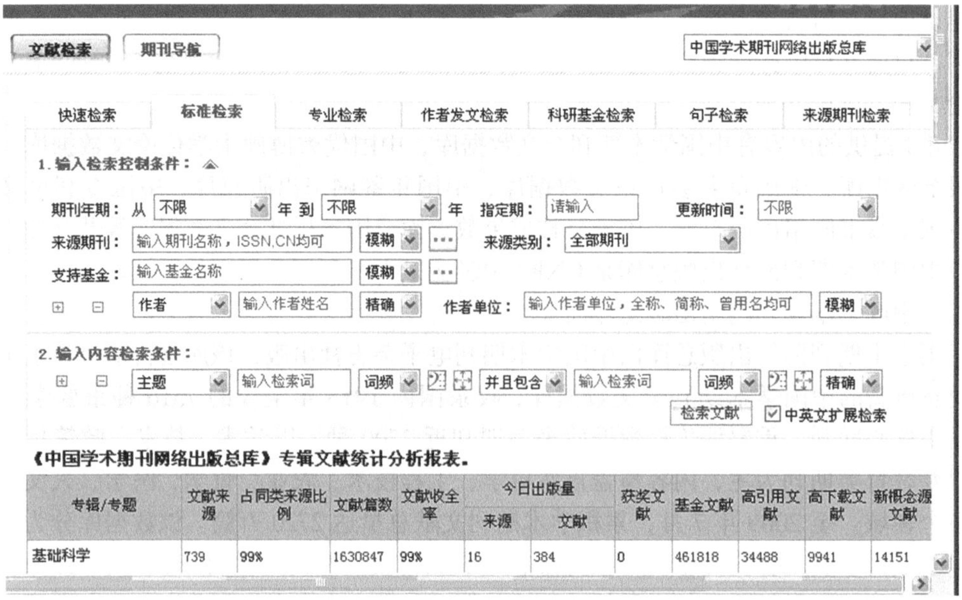

图 4.22

② 来源期刊。可在来源期刊后面的检索框中输入欲检索的期刊名称、ISSN 和 CN 进行检索，另外，也可以点击后面的⋯按钮对期刊进行选择；点击⋯按钮后，会出现如图 4.23 界面，在下拉框中，选择“期刊名称、ISSN、CN”后，可在检索框中输入相应的检索词进行检索，也可以根据期刊所属专辑、期刊收录来源和是否核心期刊进行检索。

图 4.23

③ 来源类别。根据要检索的期刊类别，在下拉框中选择全部期刊、SCI 来源期刊、EI 来源期刊或者核心期刊，默认为“全部期刊”。

④ 支持基金。可在支持基金后面的输入框中直接输入基金名称进行检索，也可以点击检索框后的⋯按钮，对基金进行选择。点击⋯按钮后，会出现如图 4.24 对话框，可通过基

金的管理机构对基金进行选择。

⑤ 作者及作者单位。可以对作者及作者单位进行限定，在下拉框中选择限定“作者”或“第一作者”，在后面的检索框中输入作者姓名或作者单位(可使用模糊检索或精确检索)；若要检索多个作者合著的文献，点击检索项前⊞增加逻辑检索行，添加其他作者；点击⊟减少逻辑检索行，可去除其他限定发文的作者。

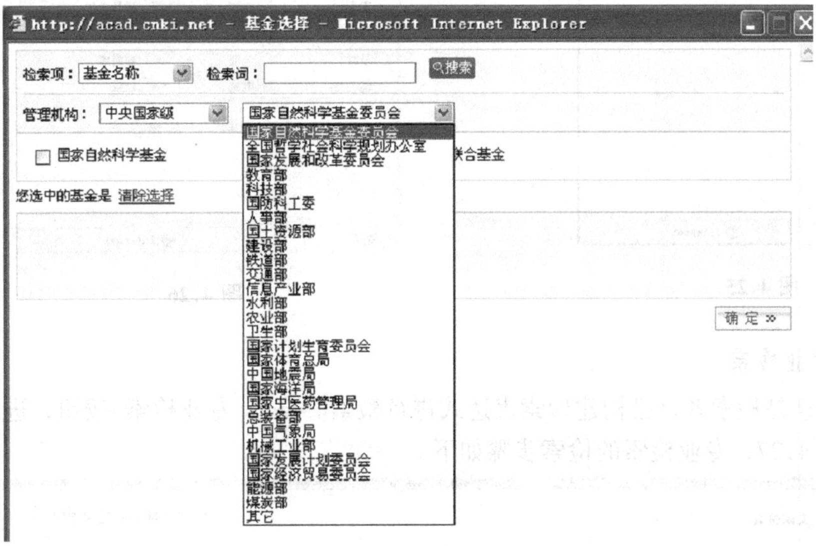

图 4.24

(2) 内容检索条件

内容检索条件包括基于文献的内容特征的主题、篇名、关键词、摘要、全文、参考文献、中图分类号七项。检索方法如下。

① 在下拉框中，选择一种文献内容特征(如主题、关键词、全文等)，在其后的检索框中输入检索词。

② 对检索词出现的词频进行选择。

③ 查看最近输入的检索词和相关词：点击检索词输入框后的图标，将弹出一个窗口，如图 4.25 记录本次登录前最近输入的 3 个检索词。点击所需要的检索词，则该检索词自动进入检索框中。点击检索框后的图标，系统会显示该检索词的一组扩展词。例如，输入“信息”后，点击，将出现如图 4.26 的窗口，检索者可以根据实际情况对这些相关词进行选取。

④ 若一个检索项需要两个检索词做控制，可以选择“并且包含”或“含”或“不含”的关系，在第二个检索框中输入另一个检索词。

⑤ 点击检索项前的⊞增加逻辑检索行，添加另一个文献内容特征检索项；点击⊟减少逻辑检索行；点击[检索文献]按钮即可进行检索。

另外，在检索界面的下方有[中英文扩展]复选框，其含义为由所检的中文词自动扩展检索其英文词的一项检索控制功能。仅在选择“匹配”中的“精确”时，“中英文扩展”功能才可用。

此外，在实施一次检索后，如想对本次检索结果进行进一步的筛选，修改所需的检索项内容，点击[在结果中检索]按钮即可。

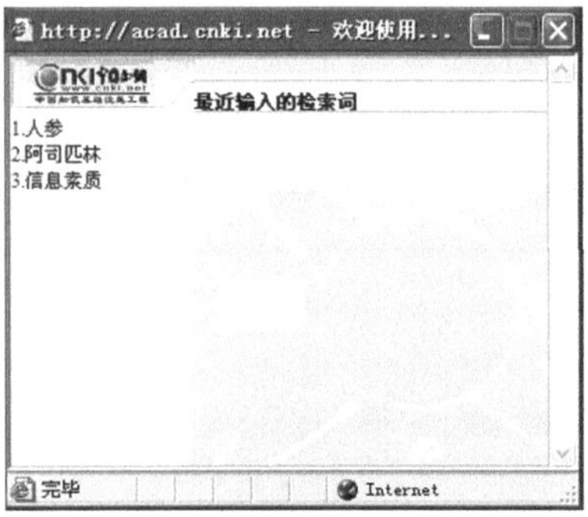

图 4.25

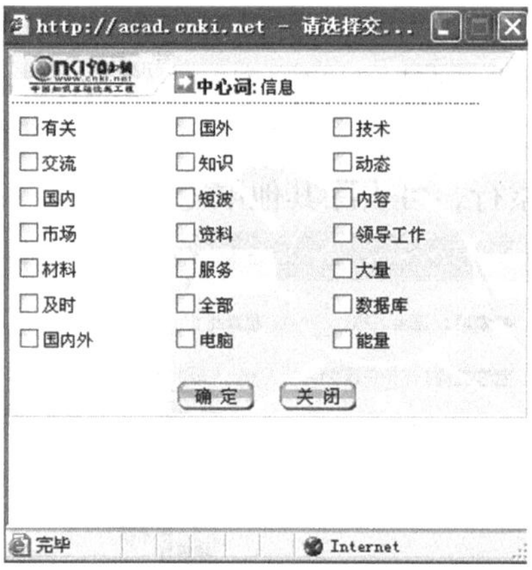

图 4.26

（三）专业检索

专业检索是检索者自己构建检索表达式进行检索。点击[专业检索]按钮，进入专业检索界面，如图 4.27，专业检索的检索步骤如下。

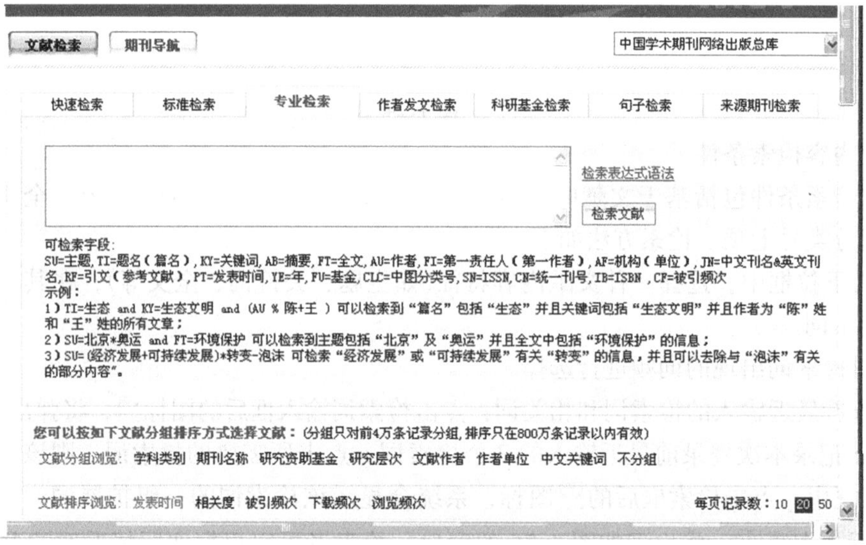

图 4.27

(1) 构建检索表达式

专业检索的表达式格式为：字段名＝检索词，可检字段共有 18 个，其名称及代码详见表 4.3。

(2) 选择逻辑关系

根据各个表达式之间的关系，选择适当的逻辑关系，其中逻辑与用 and 、逻辑或用 or、逻辑非用 not。

表 4.3

代码	字段	代码	字段
SU	主题	TI	题名(篇名)
KY	关键词	AB	摘要
FT	全文	AU	作者
FI	第一责任人	AF	机构
JN	刊名	RF	参考文献
PT	发表时间	YE	年
FU	基金	CLC	中图分类号
SN	ISSN	IB	ISBN
CF	被引频次		

如欲检索沈阳药科大学的作者发表的题目中含有“人参”的文献，可输入“TI＝人参 and AF＝沈阳药科大学”。

另外，在检索过程中，可以点击[检索表达式语法]按钮查看专业检索语法表。

(四) 作者发文检索

作者发文检索是通过作者的姓名、单位等信息，查找该作者发表的全部文献及文献被引用和下载的情况。点击[作者发文检索]按钮，即可进入作者发文检索界面，如图 4.28。

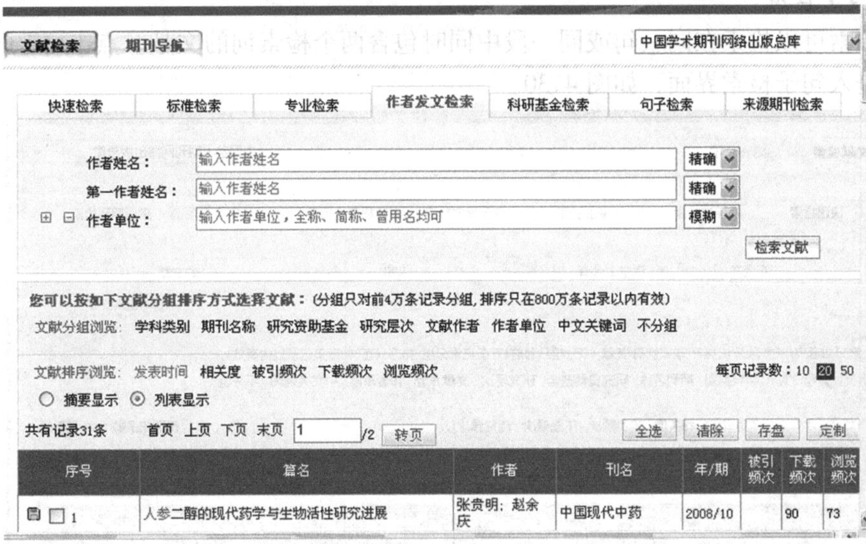

图 4.28

检索字段有作者姓名、第一作者姓名及作者单位，在检索字段后的检索式输入框中直接输入检索词，点击[检索文献]按钮，即可进行检索。对于作者单位字段，点击检索项前⊞增加逻辑检索行，点击⊟减少逻辑检索行，检索者可以根据实际情况进行选择。

(五) 科研基金检索

科研基金检索是通过科研基金名称，查找科研基金资助的文献。点击[科研基金检索]按钮，即可进入科研基金检索界面，如图 4.29。

可以直接在检索式输入框中输入基金名称进行检索，也可以点击检索框后的⋯按钮，选择对基金名称进行检索，点击⋯按钮会出现如图 4.24 所示界面，详见前面的介绍。

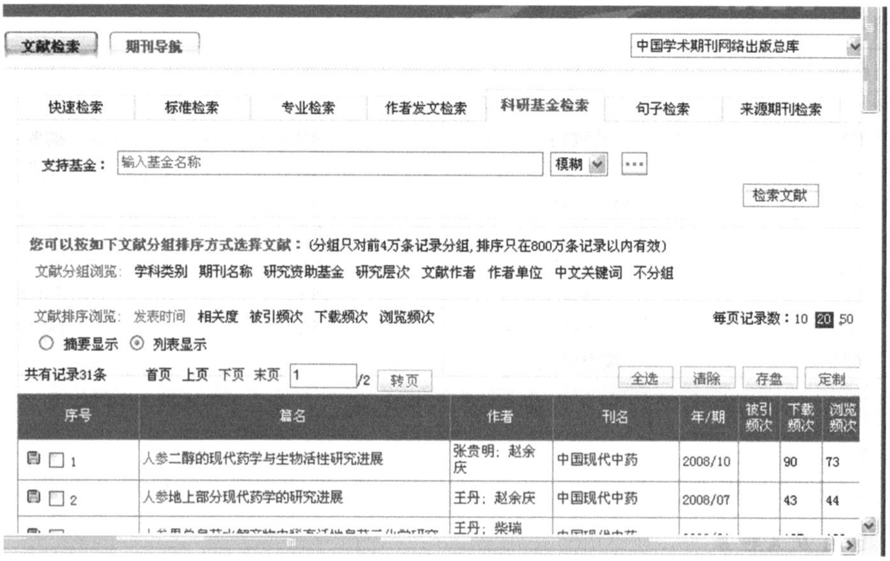

图 4.29

（六）句子检索

句子检索可以检索在同一句或同一段中同时包含两个检索词的文献。点击[句子检索]按钮，即可进入句子检索界面，如图 4.30。

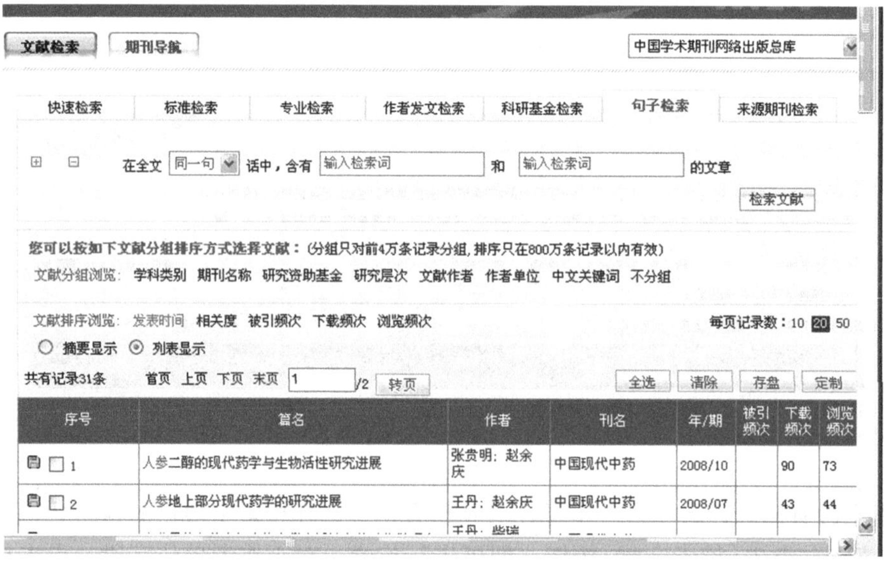

图 4.30

首先选择是在同一句中还是同一段中进行检索，其中同一句指两个标点符号之间，同一段是指 5 句之内；然后在检索式输入框中输入检索词；选择每个检索项之间的逻辑关系：并且、或者、不包含，可点击⊞增加逻辑检索行，点击⊟减少逻辑检索行。

（七）来源期刊检索

来源期刊检索是通过来源期刊的名称、类别和年期等信息，检索包含相关信息的期刊。点击[来源期刊检索]按钮，即可进入来源期刊检索界面，如图 4.31。

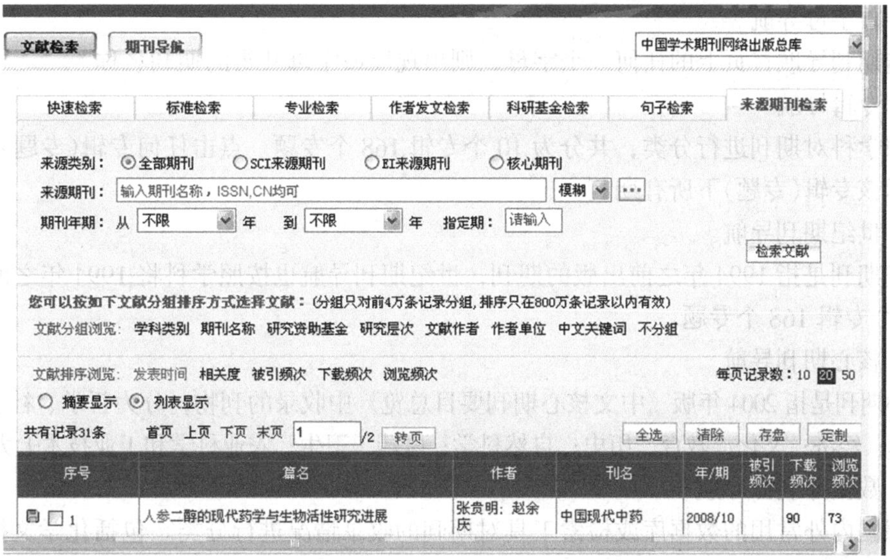

图 4.31

首先选择来源类别，包括全部期刊、SCI 来源期刊、EI 来源期刊和核心期刊，默认为“全部期刊”；在来源期刊后的检索式输入框中输入期刊名称，或点击⋯对期刊进行选择；选择期刊年期，期刊年可从下拉框中选择从哪年至哪年；对于期数，可以直接输入要检索的具体期数，也可以在下拉列表中选择期数，一般为 1～24 期之间的数字。

（八）期刊导航

期刊导航是按照期刊的不同属性对期刊分类，可通过期刊导航查找某一期刊，点击期刊导航链接，即可进入期刊导航界面，如图 4.32，中国学术期刊网络出版总库共提供了 11 种期刊分类导航。

图 4.32

（1）首字母导航

点击期刊导航首页上的任何一个字母，则出现以该字母开头的期刊名称。

（2）专辑导航

按照学科对期刊进行分类，共分为10个专辑168个专题。点击任何专辑(专题)的名称，可以显示该专辑(专题)下所有期刊。

（3）世纪期刊导航

世纪期刊是指1994年之前出版的期刊，世纪期刊导航也按照学科将1994年之前的期刊分为10个专辑168个专题。

（4）核心期刊导航

核心期刊是指2004年版《中文核心期刊要目总览》中收录的刊物，分为哲学、社会学、政治、法律；经济；文化、教育、历史；自然科学；医药、卫生；农业科学和工业技术七大类。

（5）数据库刊源导航

按照国内外常用的数据库或检索工具对期刊的收录情况进行分类。包括化学文摘(CA)、科学文摘（SA)、科学引文索引(SCI)、科学技术文献速报(CBST)、文摘杂志(AJ)、工程索引(EI)、中国科学引文数据库和中国人文社会科学引文数据库。

（6）期刊荣誉榜导航

按照期刊的获奖情况对期刊进行分类。包括百种重点期刊、第三届(2005)国家期刊奖获奖期、第三届(2005)国家期刊提名奖期、第二届全国优秀科技期刊、首届全国优秀社科期刊、中国期刊方阵和CAJ-CD规范获奖期刊。

（7）中国高校精品科技期刊

是指2006年获教育部“中国高校精品科技期刊奖”荣誉的期刊。包括北京大学学报(医学版)、清华大学学报(自然科学版)、武汉理工大学学报、哈尔滨工业大学学报等52种期刊。

（8）刊期导航

按照期刊的出版周期对期刊进行分类。包括年刊、半年刊、季刊、双月刊、月刊、半月刊、旬刊、周刊等。

（9）出版地导航

按照期刊的出版地对期刊进行分类。所在区域有华北、华东、华南、东北、西南、西北和华中。

（10）主办单位导航

按照期刊的主办单位对期刊进行分类。包括学会、出版社、大学、科研院所主办的期刊。

（11）发行系统导航

根据是否由邮局发行对期刊进行分类。包括邮发期刊、非邮发期刊和国际发行期刊。

在每种期刊导航下，均可以对期刊进行检索，检索项包括刊名、ISSN和CN。如欲查看《中国药房》的详细信息，可以选择刊名，在检索式输入框输入“中国药房”，即可得到该刊的详细信息，包括刊名、刊期、出版地和期刊荣誉等，如图4.33，此外，还可以按期浏览该刊上的文献，并且可以在该刊内进行文献检索。

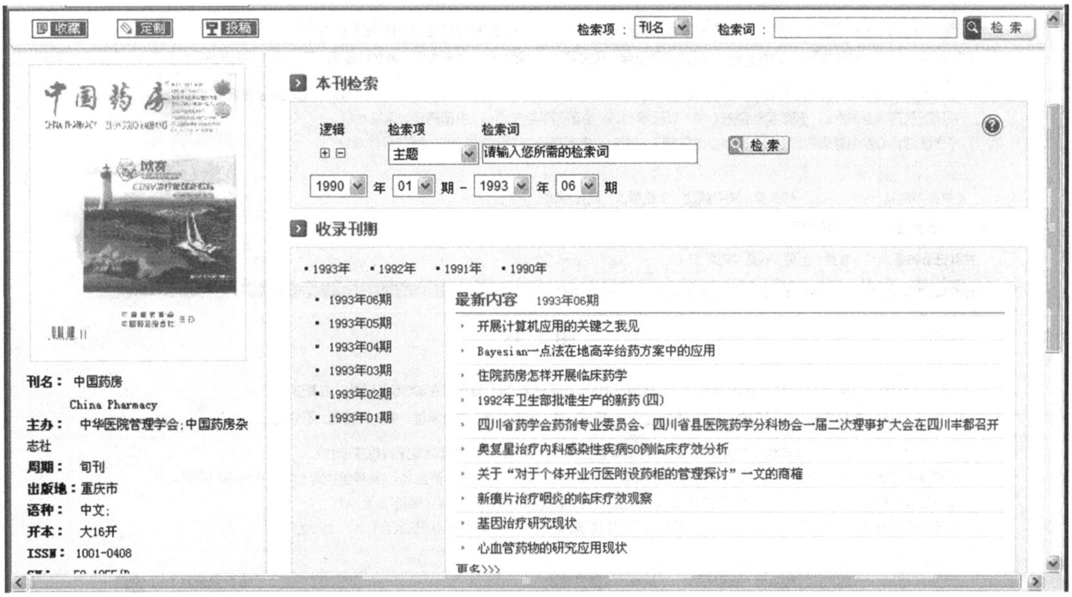

图 4.33

三、检索结果的输出

执行检索后，系统自动显示检索结果，并对检索结果提供了下载和打印等输出方式。

(1) 检索结果的分组浏览

中国学术期刊网络出版总库提供对检索结果进行分组和排序来准确查找文献。分组类型包括学科类别、期刊名称、研究资助基金、研究层次、文献作者、作者单位和中文关键词。

① 学科类别。学科类别分组浏览是将检索结果按照 168 专辑分类下的 4000 多个学科类目进行分组。点击文献分组浏览中的[学科类别]项，即进入学科类别分组浏览界面，如图 4.34，点击其中的某个学科类别项，检索结果则根据该分组项进行筛选得出相应结果。

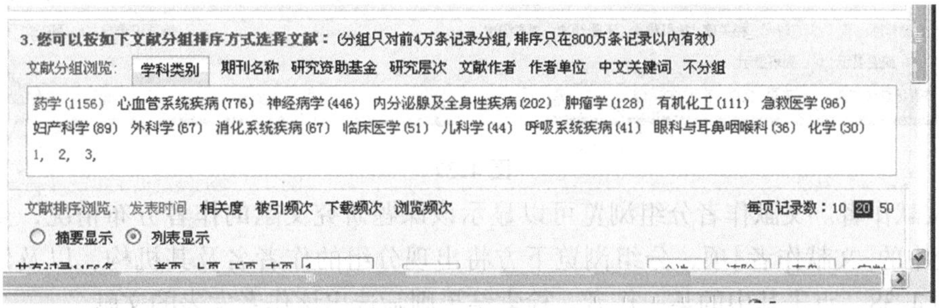

图 4.34

② 期刊名称。期刊名称分组浏览可以显示该课题研究文献在刊物的分布情况。点击文献分组浏览中的[期刊名称]项，分组浏览下方将出现分组后的期刊名称，如图 4.35，点击其中的某一期刊名称，检索结果则筛选出该期刊收录的文献。

③ 研究资助基金。研究资助基金分组浏览是指将有基金资助的文献按照资助基金进行分组。点击文献分组浏览中的[研究资助基金]项，即可进行研究基金资助分组浏览，如图 4.36，点击某一资助基金，检索结果则筛选出该基金资助项目发表的相关文献。

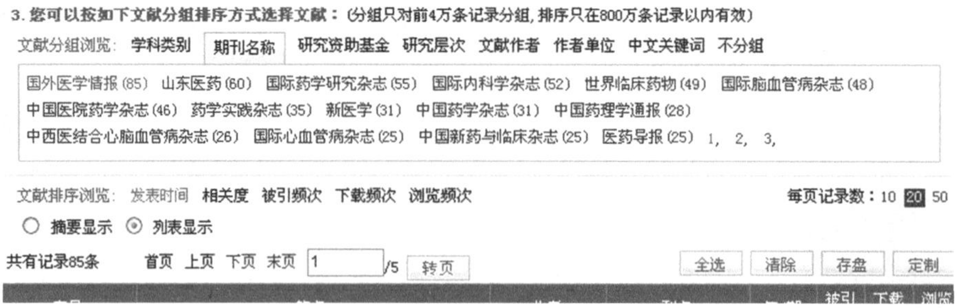

图 4.35

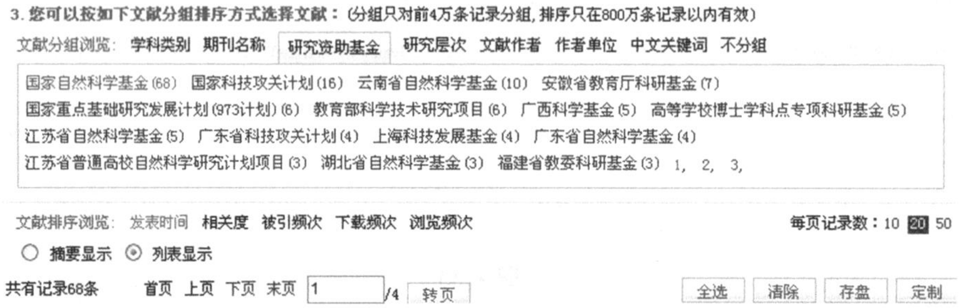

图 4.36

④ 研究层次。对于检出的每篇文献，可以按照研究层次分组浏览，研究层次分为自然科学和社会科学两大类，每一类下再分为理论研究、工程技术和政策指导等多种类型。点击文献分组浏览中的[研究层次]项，进入研究层次分组浏览界面，如图 4.37，点击其中的某个研究层次，检索结果则筛选出该研究层次的文章。

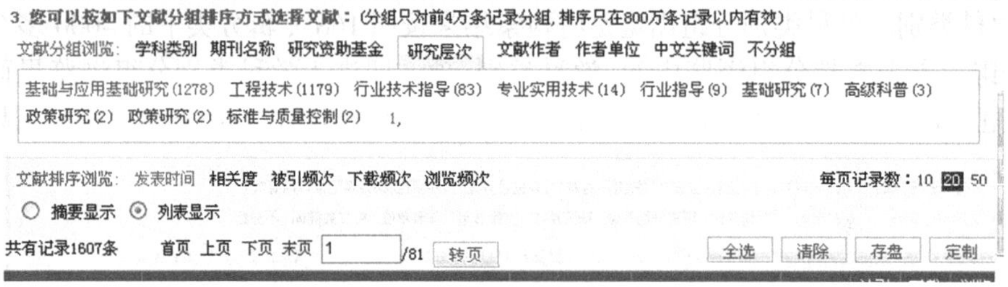

图 4.37

⑤ 文献作者。文献作者分组浏览可以显示该课题研究文献的作者分布情况，点击文献分组浏览中的[文献作者]项，分组浏览下方将出现分组的作者名及其机构，以及作者发文数，如图 4.38，点击其中的某一作者，检索结果则筛选出该作者发表的文献。

⑥ 作者单位。作者单位分组浏览可以显示该课题文献的作者单位分布情况，点击文献分组浏览中的[作者单位]项，分组浏览下方将出现分组的作者单位名称以及该单位的所有员工的发文数，如图 4.39，点击其中的某一作者单位，检索结果则筛选出该单位的所有员工发表的文献。

⑦ 中文关键词。中文关键词分组浏览显示了文献中所用的关键词及每一关键词的文献数量。点击文献分组浏览中的[中文关键词]项，分组浏览下方将出现分组得到的中文关键词，如图 4.40，点击其中的某一中文关键词，检索结果则筛选出含有该关键词的文献。

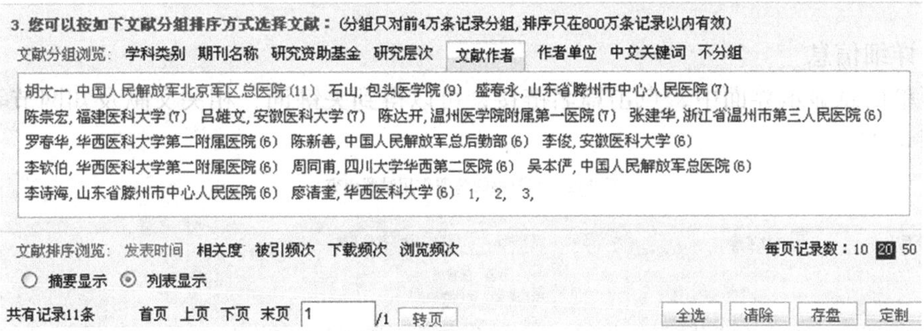

图 4.38

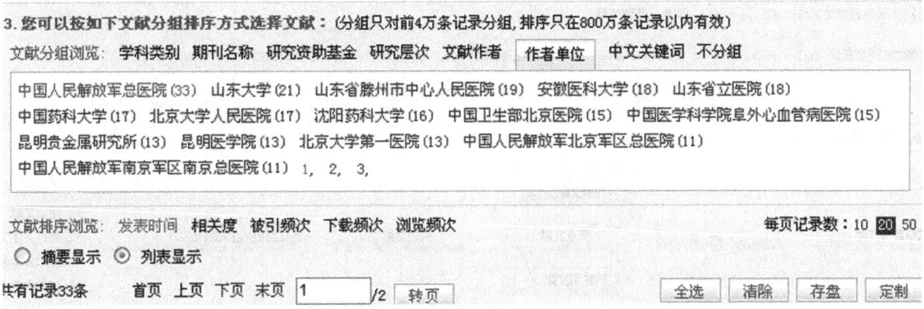

图 4.39

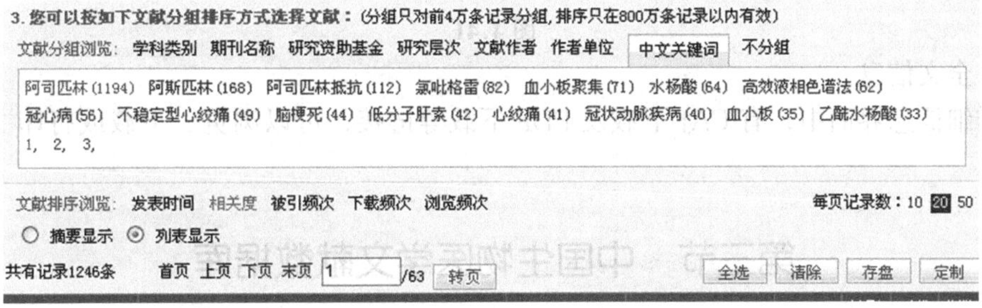

图 4.40

(2) 检索结果的排序

在中国学术期刊网络出版总库中，可以对检索结果进行排序，系统提供了发表时间、相关度、被引频次、下载频次和浏览频次五种排序方式。

① 发表时间。依照文献发表的时间先后排序。

② 相关度。依照检索结果与检索词相关程度进行排序。

③ 被引频次。依照文献被引用次数进行排序。

④ 下载频次。依照文献被下载次数进行排序。

⑤ 浏览频次。依照文献被浏览次数进行排序。

(3) 简单信息

检索后自动进入显示界面，首先显示检索结果的简单信息，包括篇名、作者、刊名、年/期、被引频次、下载频次和浏览频次等，有列表显示和摘要显示两种形式，摘要显示格式有摘要、作者单位及发表时间信息，列表显示形式则没有这几项信息。检索者可以对文献进行勾选并对勾选文献进行下载及打印；在该界面中，提供了篇名、作者、刊名和出版年等链接。

(4) 详细信息

在简单信息显示界面中，点击篇名链接，可以得到关键词、相关文献及知网节等详细信息，如图 4.41。

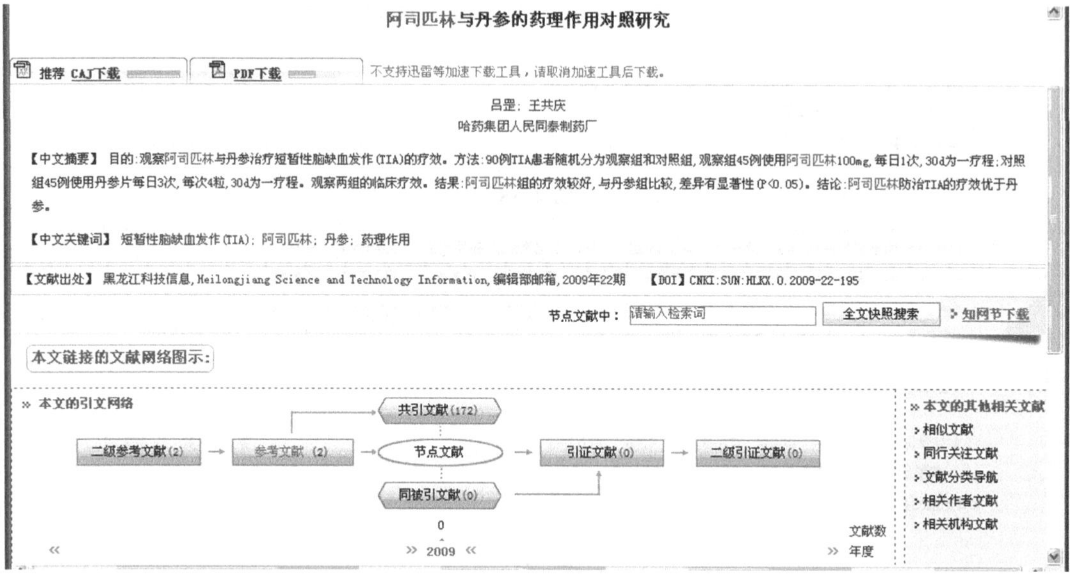

图 4.41

(5) 全文信息

在详细信息界面中，有 CAJ 下载及 PDF 下载等链接，可以浏览、下载或打印文献的全文。

第三节 中国生物医学文献数据库

一、概 述

(一) 数据库简介

《中国生物医学文献数据库》(CBMdisc)是由中国医学科学院信息所研制开发的综合性生物医学文献数据库。该数据库收录了 1981 年至今 900 余种生物医学期刊、汇编及会议论文，总计 150 多万条，并以每年大约 20 万条的速度递增。

《中国生物医学文献数据库》的收录范围涵盖了基础医学、临床医学、预防医学、药学、中药学等各个学科领域，包括了印刷型的检索工具《中文科技期刊目录(医药卫生)》的全部内容。

(二) 数据库结构

数据库由若干文献记录组成，每条记录包括 35 个检索字段，图 4.42 显示了一条记录的部分字段。

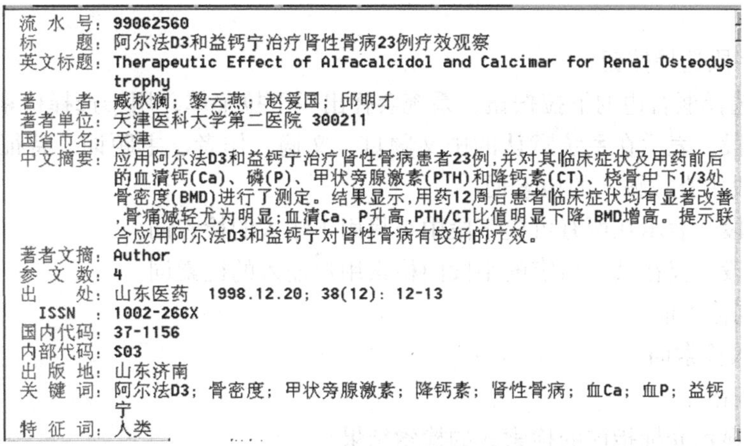

图 4.42

二、数据库检索系统

CBMdisc 的主屏幕自上而下可以分为 4 个区域：菜单栏、工具按钮区、检索区、检索结果显示区。如图 4.43。

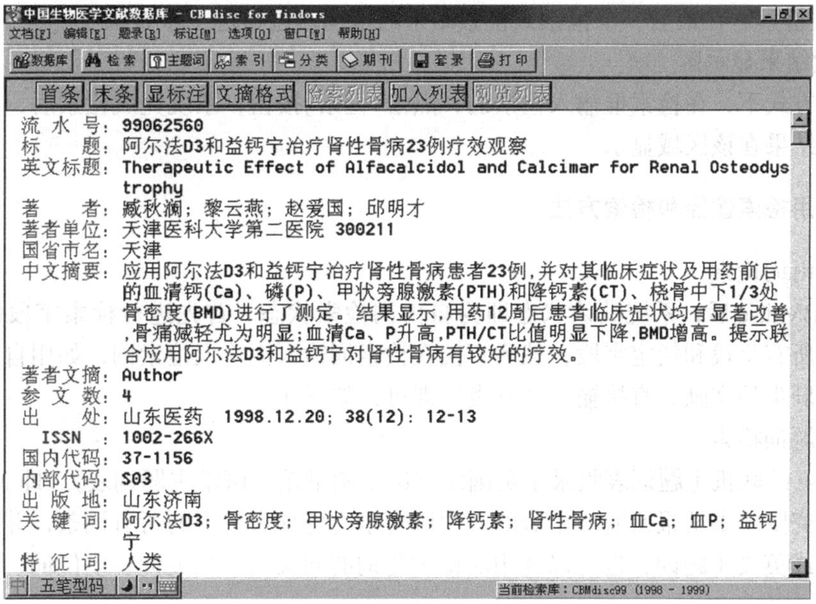

图 4.43

1. 菜单栏

与 Windows 的其他应用程序相似，此行为下拉式菜单，主要是对检索结果和检索策略的处理。

2. 工具按钮区

该区域包括检索、主题词、索引、分类和期刊等工具按钮，可以分别完成自由词检索、主题词检索、索引词表检索、分类检索和期刊检索等检索入口的选择。此外，还有数据库、套录和打印三个工具按钮可以完成数据库选择、打印和套录功能。

3. 检索区

(1) 检索字段选择按钮

点击字段选择框右边的下拉按钮，系统会弹出一下拉菜单，用于选择检索的字段。

① 缺省字段。表示在系统默认的中文题目、文摘、作者、主题词、特征词、关键词和期刊等七个字段中查找输入的检索词。

② 全部字段。表示在所有可检字段中查找用于输入的检索词。

③ 指定字段。仅在某一指定的字段内检索用户输入的检索词。

(2) 检索词输入框

可于此输入检索词。

(3) 其他按钮

① 显示。显示光标指向的检索式的检索结果。

② 删除。删除已输入的检索式。

③ 清除。恢复所有被选中标记的检索式。

④ 选中。用来选择欲进行逻辑组配的检索式，然后选择 and，or，not 按钮进行逻辑组配。

⑤ 重输。清除输入的检索式。

⑥ 二次检索。在最后一个检索式检索结果的范围内进行进一步查询。

4. 检索结果显示区

在任何方式下，在检索框输入检索词，点击[检索]按钮，系统完成检索后，点击[显示]按钮，命中结果在该区域显示。

三、常用检索途径和检索方法

(1) 自由词检索

进入 CBMdisc 后，系统默认状态即为自由词检索状态。首先进行检索字段的选择，如默认字段、所有字段和指定字段，然后直接在检索词输入框输入检索词，如用自由词在默认字段里检索肝炎的文献，直接输入“肝炎”即可，如图 4.44。

(2) 主题词检索

CBMdisc 的联机主题词表收录了美国国立医学图书馆《医学主题词表》(即 MeSH 表)和中国中医研究院图书情报研究所出版的《中医药学主题词表》中的所有词条，并且可以选择中文主题词或英文主题词，也可以选用所检主题词的同义词、相关词、上位词、下位词进行查找。

例如，欲检索以肝炎为主题词的文献，操作步骤如下。

① 选择检索方式。先点击轮排索引后的下拉按钮，选择中文主题词。

② 输入主题词。在主题词输入框输入“肝炎”一词，点击[浏览]按钮，系统显示含有该词片断的所有主题词、同义词列表，即主题词轮排词表的相关内容。

③ 选择副主题词。点击[检索]按钮，系统便弹出副主题词对话框，这时可以选择“ET-病因学”副主题词，确认后，便可以检出所需文献。主要过程如图4.45。

(3) 索引词表检索

索引词表包括数据库中所有可检字段中的所有单个字和部分词组，该检索方式有利于检

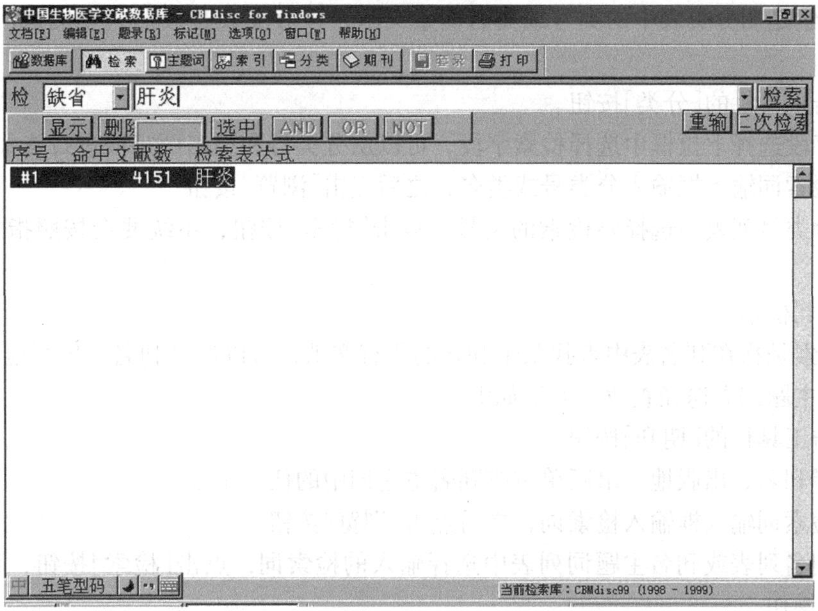

图 4.44

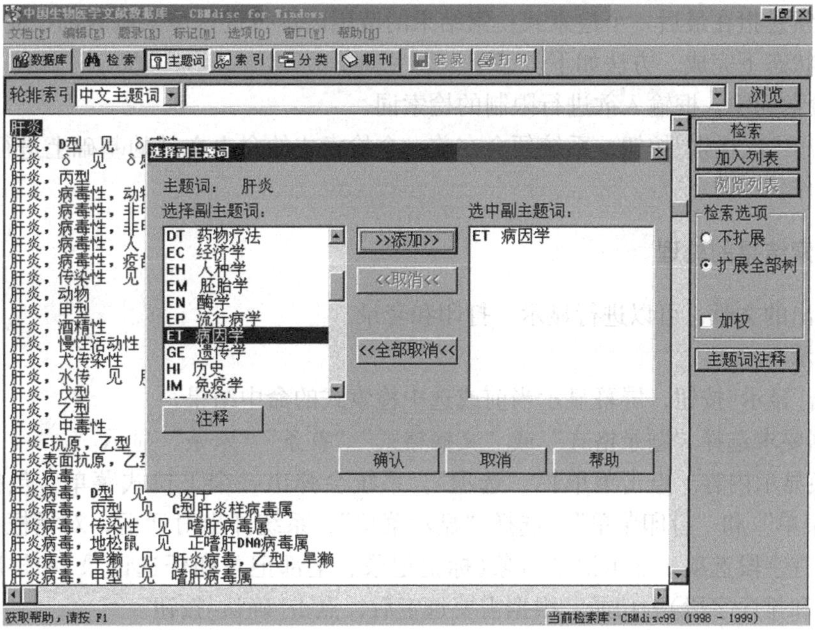

图 4.45

索者通过浏览方式选词检索，方法如下。

① 点击[索引]按钮。

② 在检索词输入框输入欲检索的词，点击[浏览]按钮，系统便会显示含有该检索词的索引词表。

③ 选择要检索的词或词组，再点击[检索]按钮，系统便会对所选词进行检索。

(4) 分类检索

分类检索是用分类表中的类号或类名检索文献，该分类表是按照《中图法》来编排的，方法如下。

① 点击工具栏的[分类]按钮。

② 在字段选择下拉框中选择检索字段，可以从分类号和类名两字段进行查找。

③ 在检索词输入框输入分类号或类名，之后点击[浏览]按钮。

④ 在分类号列表中选择要检索的类号，点击[检索]按钮，系统便会按照指定的分类号进行查找。

(5) 期刊检索

期刊检索是指在刊名表中查找某个刊物的所有文献，可以通过刊名、出版地、出版单位和刊物名称主题词等途径查找。方法如下。

① 点击工具栏的[期刊]按钮。

② 选择刊名、出版地、出版单位或刊名主题词中的任一字段。

③ 在检索词输入框输入检索词，之后点击[浏览]按钮。

④ 在刊名列表或刊名主题词列表中选择输入的检索词，点击[检索]按钮，系统便会自动进行检索操作。

(6) 二次检索

二次检索是指在最后一个检索式检索结果的范围内进行进一步限制查询，此功能需要在自由词检索状态下完成，方法如下。

① 在检索词输入框输入欲进行限制的检索词。

② 点击[二次检索]按钮，系统便会在前一个检索式的命中文献的基础上进行 and 运算，完成检索操作。

四、检索结果的处理

对于检出的文献，可以进行显示、打印和套录。

(1) 显示

① 点击[显示]按钮，屏幕显示当前或选中检索式的命中结果。

② 根据要求选择"题录格式"或"文摘格式""首条""末条"显示。

③ 改换显示内容。点击菜单栏"选项"，系统会弹出一个下拉式菜单，包括"显示菜单""套录菜单"和"打印菜单"，选择"显示菜单"，系统弹出对话框，对话框提供了供选择显示的所有字段选项，显示记录对象(标记记录、全部记录和任选记录)和排序(不排序、升序、降序和排序字段)等功能。根据需要选定后，点击[确认]按钮。

④ 命中结果选择。在检索过程中，常常因为各种原因导致命中结果与实际需求不完全相同，检出文献中只有某些记录与要求一致。CBMwin 提供了选择标记功能。在屏幕上用鼠标点击选中记录前面的书形标记，记录被标记上红色"*"号。如误选，则重复前述操作，取消标记。

(2) 打印

① 在检索结果浏览窗口，点击工具栏上的[打印]按钮，或者选择"文档"下拉菜单"打印菜单"，系统弹出"打印对话框"。

② 点击[打印参数]按钮，显示打印设置对话框(与显示对话框相似)，进行相应设置，

确认后，返回打印对话框。默认设置为：按标准格式打印全部题录、打印页码、结尾换页、不排序、不打印检索式。

③ 点击[打印]按钮，打印检索结果；点击[取消]按钮，取消打印。

(3) 套录

① 在检索结果浏览窗口，点击工具栏上[套录]按钮，或者选择“文档”下拉菜单“套录记录”，系统弹出套录对话框。

② 选择驱动器及目录，指定文件名及文件类型，文件名为“＊.txt”。

③“写入方式”选项。选择“创建”，表示保存检索结果到一个新的文件中；选择“追加”，表示将检索结果添加到已有文件中。

④ 点击[套录]按钮，套录检索结果；点击[取消]按钮，取消套录参数设置。

第五章　美国化学文摘

第一节　概　述

美国化学文摘(Chemical Abstracts，简称 CA)创刊于 1907 年，由美国化学会化学文摘社编辑出版，它的前身是 1895～1906 年出版的《美国化学研究评论》和 1897 年出版的《美国化学会志》这两种刊物中的文摘部分。

CA 是报道世界各国化学化工文献的检索工具。自创刊至 1961 年(54 卷)为半月刊，每年出版一卷，每卷 24 期；1961 年(55 卷)改为双周刊，该年出版一卷，共 26 期；(56 卷)改为每半年出版一卷，每卷 13 期，每年出版两卷，共 26 期；从 1967 年(66 卷)起，改为周刊，每半年出版一卷，每卷 26 期，每年出版两卷，共 52 期。CA 报道情况变化如表 5.1。

表 5.1　CA 历年刊期类目变化表

年　份	卷序号	卷/年	期/卷	刊　　期	类　　目
1907～1910	1～4	1	24	半月	不分小类
1911～1944	5～38	1	24	半月	分为 30 小类
1945～1961	39～55	1	26	(55 卷起改为)双周刊	分为 31 小类
1962	56～57	2	13	双周刊	分为 73 小类
1963～1966	58～65	2	13	双周刊	分为 74 小类
1967～1981	66～95	2	26	周刊	分 5 大类　旧 80 小类
1982～今	96 起	2	26	周刊	分 5 大类　新 80 小类

CA 自创刊以来，自身不断进行完善，近年来发展较快，其主要特点如下。

① 摘录面不断扩大。CA 初期摘用的期刊约 400 种，1972 年达到 12000 种，现在已经包括 150 多个国家，用 56 种文字出版的约 16000 种化学、化工及相关学科的科技出版物，还报道 30 个国家和两个工业产权组织的专利文献。它摘录了世界化学化工文献的 98% 以上。每年报道的文摘为 70 余万篇。

② 报道速度快。从 1956 年起，CA 编辑出版工作开始使用计算机，至 1975 年全部编印工作实现计算机化，从而加快了 CA 出版速度。卷索引出版时间由原来的 11 个月缩短为 3 个月；文摘和原始文献的报道时差一般为 3～4 个月，北美和西欧的报道时差仅为 1～3 个月。

③ 索引愈趋完善。CA 的索引从创刊时的 2 种(主题和作者索引)增加到目前的 14 种。除期、卷索引外，还有 5 年(1957 年前为 10 年)累积索引。完善的索引体系提供了多种检索途径，有利于回溯检索，大大地提高了检索效率。

由于 CA 具有上述优点，并于 1969 年兼并了历史悠久的德国《化学文摘》，使它成为当今世界上公认的最完美的化学化工文献检索工具和最有权威的文摘刊物之一，是化学和药学工作者不可缺少的检索工具书。熟悉 CA 的编排体系，掌握 CA 的检索方法，是从事化学和药学工作的科技人员必备的基本技能。

第二节　文　摘

CA由文摘和索引两大部分组成，文摘是原文的缩影，并提供原文出处；索引提供检索途径和用于检索文摘。

CA的文摘主要来源于世界上16000种化学化工期刊上的论文及30个国家和两个地区的专利文献，年报道量目前在70万篇以上。20世纪60年代以前的文摘著录比较详细，有些文摘几乎不必去看原文，随着文献量的增加，后期文摘报道较为简略，有些综述文摘只报道标题、作者、出处和引用参考文献的数量。

一、CA文摘的类型与编排

CA收录的文摘类型主要有期刊论文、专利、图书、学位论文、档案资料、技术报告和会议汇编七种。其中，期刊论文和专利占总文献量的3/4以上。每期文摘按照学科分类编排，从1967年66卷起，CA分为5大类80小类，单号期出版前两大类，双号期出版后三大类。从127卷起，不分单、双期。

CA的5大类80小类的内容如表5.2。

表5.2　　CA的5大类80小类的内容

大类	小类号	小类名称
生物化学类	1	Pharmacology 药理学
	2	Mammalian Hormones 哺乳动物激素(激素药理学)
	3	Biochemical Genetics 生物遗传学(生物化学的相互作用)
	4	Toxicology 毒物学
	5	Agrochemical Bioregulators 农业化学的生物调节剂(家用化学品)
	6	General Biochemistry 普通生物化学
	7	Enzymes 酶
	8	Radiation Biochemistry 放射生物化学
	9	Biochemical Methods 生物化学方法
	10	Microbial, Algal, and Fungal Biochemistry 微生物，藻类，真菌，生物化学
	11	Plant Biochemistry 植物生物化学
	12	Nonmammalian Biochemistry 非哺乳动物生物化学
	13	Mammalian Biochemistry 哺乳动物生物化学
	14	Mammalian Pathological Biochemistry 哺乳动物病理生物化学
	15	Immunochemistry 免疫化学
	16	Fermentation and Bioindustrial Chemistry 发酵及生物工业化学(发酵)
	17	Food and Feed Chemistry 食品及饲料化学(食品)
	18	Animal Nutrition 动物营养
	19	Fertilizers, Soils, and Plant Nutrition 肥料、土壤与植物营养
	20	History, Education, and Documentation 历史、教育与文献工作

续表 5.2

大类	小类号	小类名称
有机化学类	21	General Organic Chemistry 普通有机化学
	22	Physical Organic Chemistry 物理有机化学
	23	Aliphatic Compounds 脂肪族化合物
	24	Alicyclic Compounds 脂环化合物
	25	Benzene，Its Derivatives，and Condensed Benzenoid Compounds 苯，它衍生物和稠环化合物(非稠合芳香族化合物)
	26	Biomolecules and Their Synthetic Analogs 活性分子及其合成类似物(稠合芳香族化合物)
	27	Heterocyclic Compounds (0ne Hetero Atom)杂环化合物(一个杂原子)
	28	Heterocyclic Compounds (More than One Hetero Atom)杂环化合物(多杂原子)
	29	Organometallic and Organometalloidal Compounds 有机金属与有机准金属化合物
	30	Terpenes and Terpenoids 萜烯与萜类(萜烯)
	31	Alkaloids 生物碱
	32	Steroids 甾族化合物
	33	Carbohydrates 碳水化合物
	34	Amino Acids，Peptides，and Proteins 氨基酸，肽和蛋白质(氨基酸，肽及蛋白质类的合成)
大分子化学类	35	Chemistry of Synthetic High Polymers 合成高聚物化学
	36	Physical Properties of Synthetic High Polymers 合成高聚物的物理性质(塑料制造及加工)
	37	Plastics Manufacture and Processing 塑料制造及加工(塑料制品及用途)
	38	Plastics Fabrication and Uses 塑料制品及用途(弹性体，包括天然橡胶)
	39	Synthetic Elastomers and Natural Rubber 合成弹性体与天然橡胶(纺织品)
	40	Textiles 纺织品(染料、荧光增白剂)
	41	Dyes.Fluorescent Brighteners，and Photographic Sensitizers 染料、荧光增亮剂及光敏剂(皮革及有关材料)
	42	Coatings，Inks，and Related Products 涂料、油墨及有关产品
	43	Cellulose，Lignin，Paper，and Other Wood Products 纤维素、木质素及其他木材制品
	44	Industrial Carbohydrates 工业碳水化合物
	45	Industrial Organic Chemicals，Leather，Fats，and waxes 工业有机化学品，皮革、脂肪及蜡(脂肪和石蜡)
	46	Surface-Active Agents and Detergents 表面活性剂与洗涤剂
应用化学和化学工程类	47	Apparatus and Plant Equipment 仪器和工厂设备
	48	Unit Operations and Processes 单元操作和过程
	49	Industrial Inorganic Chemicals 工业无机化学品
	50	Propellants and Explosives 推进剂和炸药
	51	Fossil Fuels，Derivatives，and Realted Products 矿物燃料、衍生物及有关品
	52	Electrochemical Radiational，and Thermal Energy Technology 电化学能、辐射能和热能技术
	53	Mineralohical and Geological Chemistry 矿物和地质化学
	54	Extractive Metallurgy 萃取冶金学
	55	Ferrous Metals and Alloys 黑色金属和合金
	56	Nonferrous Metals and Alloys 有色金属和合金
	57	Ceramics 陶瓷
	58	Cement，Concrete，and Related Building Materials 水泥、混土和有关建筑材料(水泥和混凝土产品)
	59	Air Pollution and Industrial Hygiene 空气污染和工业卫生
	60	Waste Treatment and Disposal 废物处理与处置(污水和废水)
	61	Water 水
	62	Essential Oils and Cosmetics 香精油和化妆品
	63	Pharmaceuticals 药物
	64	Pharmaceutical Analysis 药物分析

续表 5.2

大类	小类号	小类名称
物理化学、无机化学和分析化学	65	General Physical Chemistry 普通物理化学
	66	Surface Chemistry and Colloids 表面化学与胶体
	67	Catalysis , Reaction Kinetics, and Inorganic Reaction Mechanisms 催化、反应动力学无机反应机理(催化和反应动力学)
	68	Phase Equilibriums, Chemical Equilibriums, and Solution 相平衡、化学平衡和溶液
	69	Thermodynamics, Thermochemistry, and Thermal Properties 热力学、热化学热性质
	70	Nuclear Phenomena 核现象
	71	Nuclear Technology 核技术
	72	Electrochemistry 电化学
	73	Optical, Electron, and Mass Spectroscopy and Other Related Properties 光谱、电子光谱、质谱及其他有关性质(吸收光谱、发射光谱、反射光谱、磁共振及其他化学性质)
	74	Radiation Chemistry, Photochemistry, and Photographic and other Reprographic Processes 放射化学、光化学、显影法和其他复印术(放射化学、光化学和显影法)
	75	Crystallography and Liquid Crystals 结晶学和液晶(结晶和晶体结构)
	76	Electric Phenomena 电现象
	77	Magnetic Phenomena 磁现象
	78	Inorganic Chemicals and Reactions 无机化学品反应
	79	Inorganic Analytical Chemistry 有机分析化学
	80	Organic Analytical Chemistry 有机分析化学

在 CA 的 80 个小类中 1，16，63，64 与药学关系最为密切。

CA 的文摘按照 80 个类目的顺序编排，每类文摘在类号及类名下有简单的注释，以说明该类文摘收录的范围。每一小类文摘又按照文献的来源分为四个小部分。顺序为：①期刊论文、技术报告、会议录及资料汇编、学位论文；②新书；③专利文献；④相关参见。各部分之间用四条短横线“……”分隔。CA 在编排时，内容相近的文献基本排在一 起，当文摘内容涉及两个或更多的类目时，将文摘编排在主要内容所属的类目中，而在“相关参见”中用“参见”(see also)指引。

二、文摘的著录格式

CA 文摘主要来源于七种原始文献，包括期刊论文(占全部文摘 3/5)、专利(占 1/5)、会议录和资料汇编、技术报告、档案资料、学位论文和新书。

(1) 期刊论文著录格式

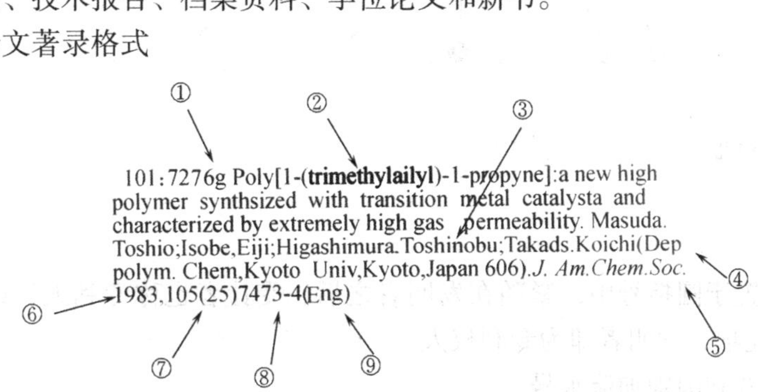

① 文摘号。由卷号 101、流水号 7276、计算机核对字母 g 组成。

② 文献标题。采用黑体字。

③ 作者姓名。姓前，名后，作者最多著录 9 人，后面用 et al. 表示。

④ 作者工作单位及地址。紧随在作者姓名之后，置于圆括号中，一般采用缩写表示。

⑤ 期刊名称。缩写采用斜体表示，全称可利用 CASSI 查出。

⑥ 出版年。

⑦ 卷号和期号。期号紧随卷号之后，置于圆括号中。

⑧ 起讫页码。

⑨ 文种。均采用缩写，置于圆括号中。

⑤～⑨为期刊论文的原文出处。

现将各种文种的缩写、全称和中译列于表 5.3，表 5.3 中未列的其他文种不用缩写。

表 5.3　各种文种的缩写、全称和中译

缩写	全　称	中　译	缩写	全　称	中　译
Dulg	Bulgarian	保加利亚语	Norweg	Norwegian	挪威语
Ch	Chinese	汉语	Pol	Polish	波兰语
Dan	Danish	丹麦语	Port	Portuguese	葡萄牙语
Eng	English	英语	Rom	Romanian	罗马尼亚语
Fr	French	法语	Russ	Russian	俄语
Ger	German	德语	Slo	Slovak	斯洛伐克语
Hung	Hungarian	匈牙利语	Span	Spanish	西班牙语
Ital	Italian	意大利语	Swed	Swedish	瑞典语
Japan	Japanese	日语	Ukrain	Ukrainian	乌克兰语
Neth	Netherlandish	荷兰语			

（2）专利文献著录格式

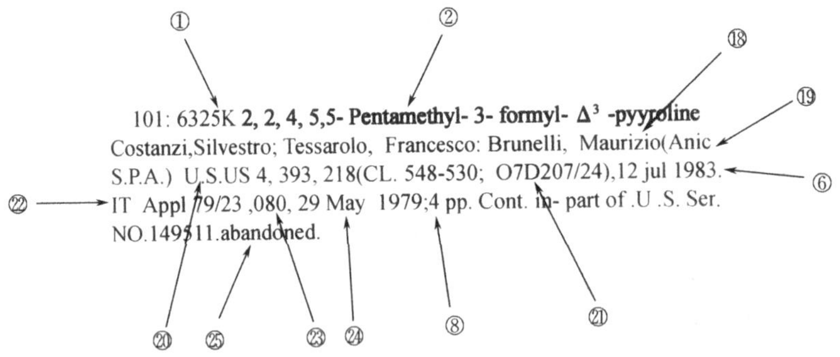

② 专利标题。

⑥ 专利公布日期。

⑧ 页数。

⑱ 发明者。

⑲ 受让者。置于圆括号中，紧随在发明者之后，受让者也称专利人，即拥有专利权的人或团体，如无此项，发明者即为专利权人。

⑳ 专利号。专利国别加流水号。

㉑ 专利分类号。置于圆括号中，紧随在专利号之后，美国专利列两个专利分号类，前者为美国专利分类号，后者为国际专利分类号，其他国家专利只有国际专利分类号。

㉒ 专利权优先国。列于专利公布日期之后，如无此项专利的优先权则属于专利的所在国。

㉓ 专利申请号。

冠以“A ppl”缩写。

㉔ 专利申请日期。

㉕ 参考专利。本专利所参考的相关专利。

其中⑳为专利的原文出处，包括专利国别及流水号，以黑体字表示。

(3) 会议录和资料汇编文摘

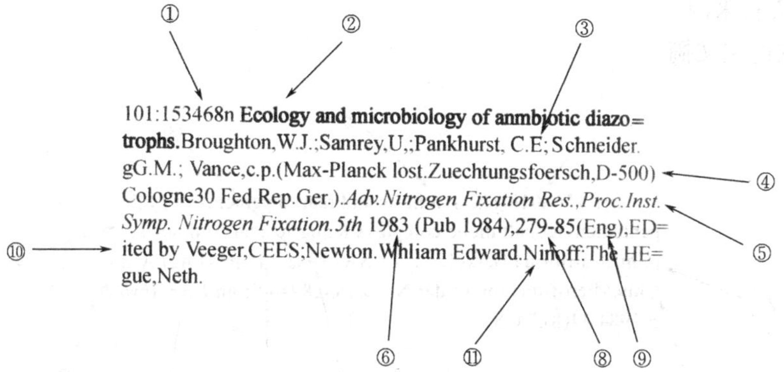

⑥ 会议日期。其后圆括号内为会议资料出版的时间，会议日期与会议资料出版时间相同时，出版时间从略。

⑩ 编者姓名。一般只列总编或主编，最多列 3 名。

⑪ 出版社，出版城市或出版国家。一本资料同时由几个出版社出版时，只列有版权的主要出版社。

(4) 技术报告文摘

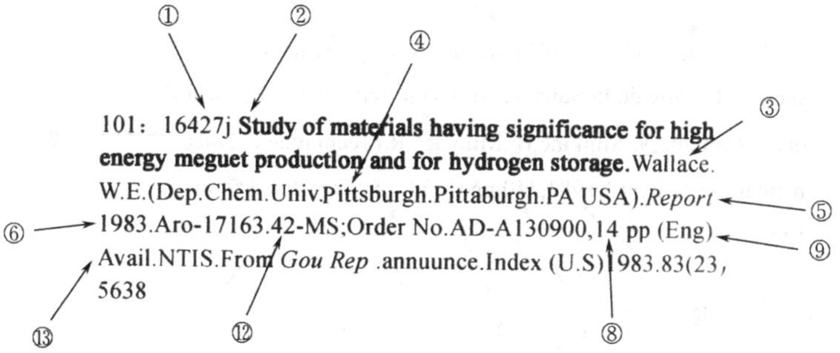

⑤ 技术报告系列标题。若技术报告是确定系列的一部分，则用标题的缩写表示；若技术报告不是确定系列的一部分，则用“Report”表示。

⑧ 页数。

⑫ 技术报告编号。

⑬ 原始报告来源。

(5) 档案资料文摘

⑤ 档案资料。系指文摘来源于档案资料，是此种文摘的特征标志。

⑫ 档案资料存放单位及编号。

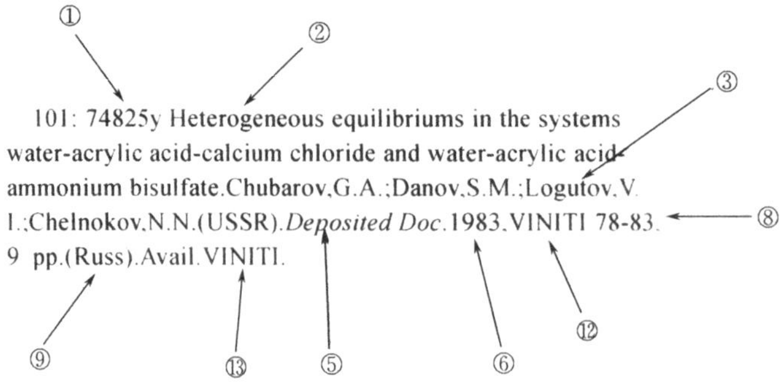

⑬ 档案资料来源。

（6）学位论文文摘

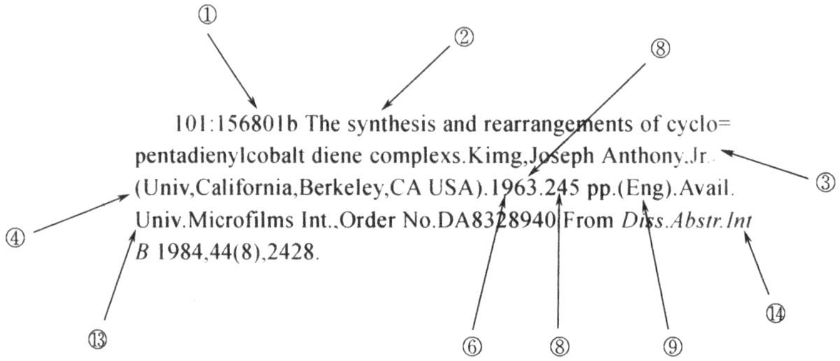

⑬ 学位论文来源及编号。

⑭ 登载学位论文摘要的刊物。

（7）新书介绍

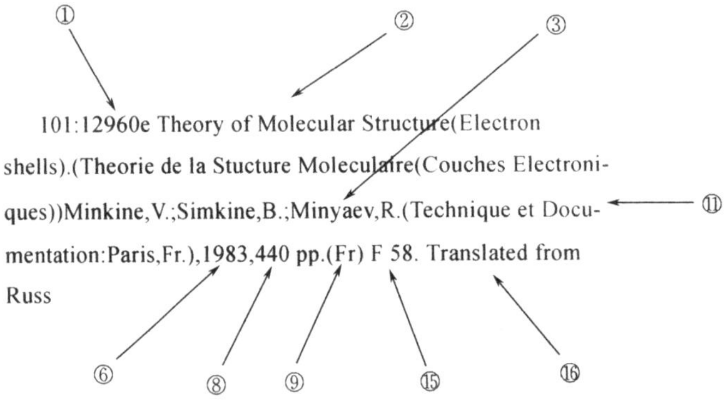

② 书名。均采用英文，非英文的书名一律译成英文，将原文书名置于圆括号中，紧随在英译书名之后。

③ 作者或编者。

⑥ 出版年。

⑧ 页数。

⑪ 出版社，出版城市或出版国家。

⑮ 原书价格。

⑯ 译本。原书文种列于“Translated from“短语之后。

以上介绍了七种类型文摘的著录格式，文摘内容都已略去，现抄录一篇完整的期刊论文文摘如下。

①　②　⑤　⑥　③　④

101:152315y Sister chromatid exchange distribution in various human tissue exposed to MMC and BrdU.McNally. A;Ray,M.(Dep.Pediatr.Child Health.Umv.Manitoba.Winniipeg. MB Can,R3E 0Z3).*Ann Genet.*1983,26(4)225-8(Eng).The

⑨　⑧　⑦

㉕

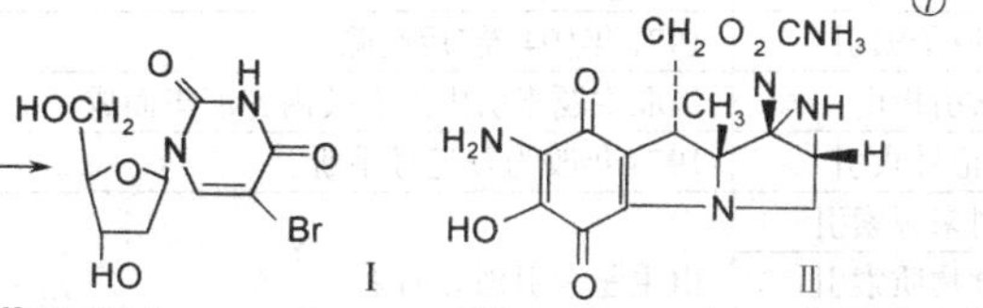

effect of 2 known mutagens on different human tissues was examd. in an attempt to det. if tissue specific responses exsist in sister chromatid exchange (SCE) distribution of chromosone.The tissues included human lymphoctes.skin fibroblasts,ovarian and testicular cells.All cell types were exposed to varying concns.of *5-bromo-deocyuridine* (BrdU) (I) [59-14-3] and *mitomycin* C (MMC) (II) [50-07-7]. The nos.of SCEs were recorded from each tissue .Re-sultes indicated that certain of the tissues tested appeared more sensitive to particular agents.Results also showed that in all the tissues tested the larger chromosomes in groups A-C had greater nos. of SCEs than did the smaller chromosomes in groups D-C.There were very few SCEs in F and G group chromosomes including Y.

㉗　㉖

从 The effect of... 起为文摘的正文。

㉕ 结构式其下的罗马数字“Ⅰ”和“Ⅱ”在下文中分别代表这两个结构式。

㉖ 化学物质名称。

㉗ CAS登记号置于方括号中，列于化学物质名称之后。

CA文摘的著录格式非常重要，在整个文献检索过程中，起着关键作用，熟悉并掌握文摘的各种著录格式，会为下一步查找原始文献提供准确的线索。

第三节　索　引

CA创刊时，编有两种索引，即主题索引和作者索引。主题索引历经多次变化，于1972年(76卷)分为化学物质索引和普通主题索引而不复存在。作者索引变化极小，一直沿用至今，预计将来也不会有变化。以后又相继出版了十余种索引，现将各种索引的出版和沿革情况列于表5.4。

CA的索引共有十几种，按照编辑出版的时间，可以分为期索引、卷索引和累积索引；按照能否提供文摘号，可以分为直接索引(能检索到文摘号)和间接索引(不能检索文摘号)，间接索引又可以分为辅助性索引、指导性索引、参考性和溯源性索引；按照检索途径，可以分为主题途径、化学结构途径、专利途径和作者途径。索引的分类情况如图5.1。

表 5.4　　各种索引的出版和沿革情况

出版年代	卷	索引	沿革情况
1907	1	主题索引	1972 年(176 卷)起为化学物质索引和普通主题索引
		作者索引	
1920	14	分子式索引	
1935	29	专利号索引	
1963	58	关键词索引	1981 年(94 卷)起合并为专利索引
		关键词索引	
1967	66	环系索引	122 卷起废除
		杂原子索引	1971 年(94 卷)后废除
1968	69	索引指南	提取主题索引中的有关内容汇集而成
1969	71	登记号索引	1974 年改为登记号手册
1970		资料来源索引	
1972		化学物质索引	由主题索引划分而来
	76	普通主题索引	
1977		母体化合物手册	
1981	94	专利索引	由专利号索引和专利对照索引合并而成

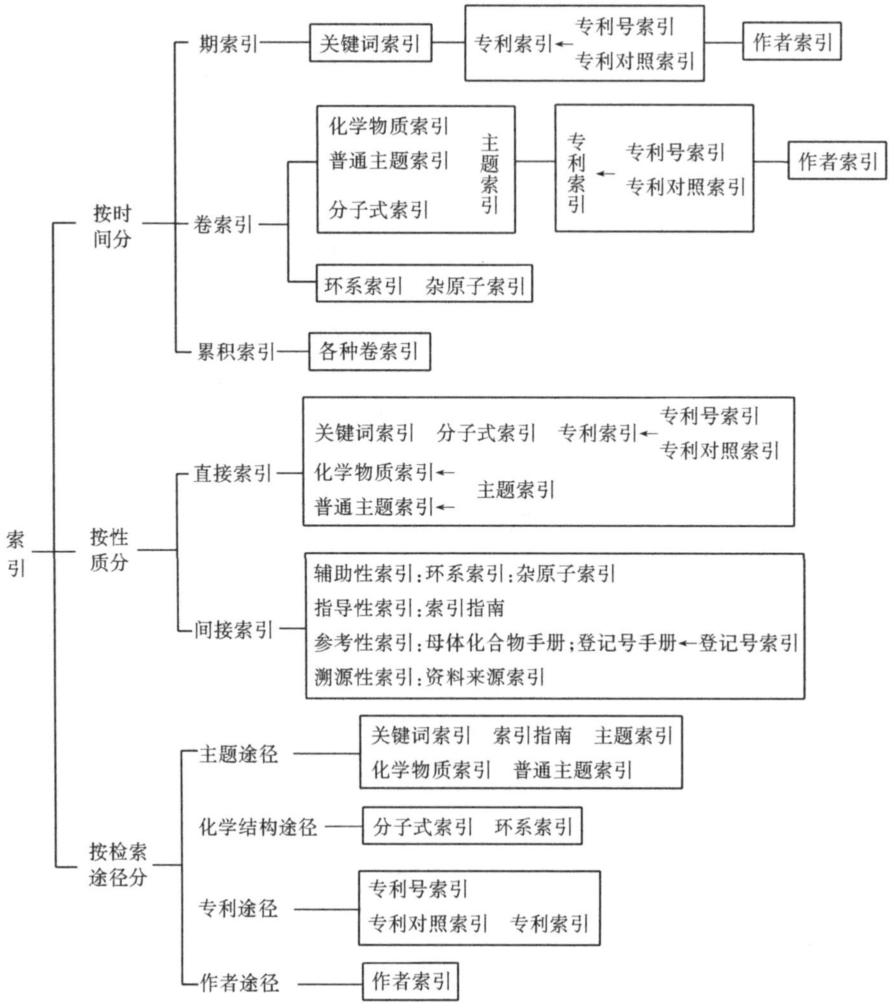

图 5.1　索引的分类情况

1981年(94卷)以前，期索引共有四种，按照其编排顺序，分为关键词索引、专利号索引、专利对照索引和作者索引；从1981年(94卷)起，期索引共有三种，按照其编排顺序分为关键词索引、专利索引和作者索引。期索引仅供检索当期文摘使用，其最大特点是可以检索特定研究课题的最新进展和动态。卷索引出版之后，期索引便失去了实用价值，一般使用卷索引更为方便、有效。

卷索引是检索本卷各期中的全部文摘的索引，它实际上是期索引的扩大和改编，另外增加了部分间接索引。卷索引与期索引之间具有对应关系，期与卷的专利、作者索引互相对应。对于期索引中的关键词索引所包括的内容，卷索引则将其分别编入化学物质索引、普通主题索引和分子式索引，这三种卷索引与关键词索引也互相对应。各种卷索引都以单行本出版，早期则附在文摘之后。

累积索引是各种卷索引的10年(1907～1956)或5年(1957～)的累积汇编，它的最大特点是在短时间内检索10年或5年的文摘。

直接索引是索引体系的主体，是检索文摘的依据，只有通过直接索引，才能获得欲查找的文摘。有时直接索引需要与间接索引配合使用。

间接索引是为直接索引服务的索引，按照其作用，分为辅助性索引、指导性索引、参考性索引和溯源性索引，后三种索引除正篇外，还定期出版补篇，因而可以检索从创刊或某一累积开始至最近的全部资料。

主题途径包括关键词索引、主题索引、索引指南、化学物质索引和普通主题索引。以上五种索引都源于描述性检索语言，专指度较深，即检出的文摘更加直接切题，是查阅CA最常用的几种索引。

化学结构途径包括分子式索引和环系索引，是在仅仅知道化学结构或分子式条件下，必需使用的索引。

专利途径包括94卷前的专利号、专利对照及以后的专利索引。是CA查阅专利文摘的索引。

作者途径只有一种作者索引，但分为期、卷和累积三种形式。

第四节 主题检索途径

主题检索途径包括4种直接索引，即关键词索引、主题索引、化学物质索引、普通主题索引和一种指导性索引，即索引指南。它们都是采用描述性检索语言而编制的索引。具有用语词表达检索标识，按照字母顺序排列，方便检索，标引文献专指度深等特点，是文献检索最常用的检索途径。

一、关键词索引

关键词索引(Keyword Index，简称KI)是以关键词为检索标识检索文献的索引。关键词索引只有期索引，没有卷索引和累积索引。关键词是一种未经规范化的自然语言，一般从文献中选出2～5个能够揭示文献内容特征的具有实质性意义的词作为关键词。通常，每个关键词都按照其字顺分别轮排在前面，作为检索词，其他关键词列于其后，作为说明语。

(1) 著录格式

关键词索引著录格式如下。

Benzene ① Hepaloma ② 84726a ③
oxidn air copper 88901b ③
oxidn mechanism 88623n ③
Benzenediol ① chloride redn mtro affect ② 88583z ③

① 关键词；
② 说明语；
③ 文摘号。

利用关键词索引检索文献，选择关键词非常重要，若选择不当，则难以奏效。一般应注意以下几点。

① 同义词只选其中之一作为关键词。例如，Acetamiophen(乙酰氨基酚)和 Parcetamol (扑热息痛)，只选前者作为关键词。

② 近义词一般均可作为关键词。例如，Cancer (癌)、Carcinoma(癌)、Tumor(肿瘤)、Neoplasm(肿瘤)这四个词的词义相近，但又有所区别，在关键词索引中，都有收载。因此，对于近义词，必要时应分别作为关键词，以扩大检索范围和防止遗漏。

③ 有机化合物取代基的定位数字和立体化学符号一律省略。例如，2—Butanol 写做 Butanol；D—Fructose 写做 Fructose。

④ 结构复杂的化合物，一般以母体名称作为关键词。例如，Wy 16225 是一个结构比较复杂的镇痛药，只取母体名称 Benzobicycloalkylamine(苯并双环烷胺)作为关键词。

⑤ 同类化学物质用其最简单者表示。例如，Phenol 不仅表示苯酚，也表示酚类。

⑥ 化学名称复杂的化合物一般采用商品名、通俗名、习惯名或药用名。例如，7 - Chlor - 1，3 - dihydro - l - methyl - 5 - phenyl - 2H - 1，4benzodiazepin - 2 - one(7 -氯- 1，3 -二氢- 1 -甲基- 5 -苯基- 2H - 1，4 -苯并二氮杂卓- 2 -酮)取 Diazepam(安定)作为关键词。

⑦ 关键词索引中，使用大量缩写词，其中有通用的缩写词，也有 CA 本身采用的缩写词，但在索引中，都省略缩写词末尾的标点，词内有标点的缩写词不作为关键词。例如，b.p.，m.p. 不作为关键词。

⑧ 化合物的分子式不作为关键词。例如，H_2O 取 water 作为关键词。

(2) 关键词索引的检索途径

关键词索引的检索途径如下。

研究课题 —选择→ 关键词 —检索→ 关键词索引 —获得→ 文摘号 —查阅→ 文摘

例如，欲查青霉素 G 抗生素药理研究进展方面的文献。首先根据课题，选出关键词青霉素 G，而青霉素 G 是由青霉菌产生的青霉素的有效成分之一，在索引中，只收录青霉素类而不收录其中的某一成分，故“G”应予省略，只取 penicillin 作为关键词。抗生素是一类药物的总称，但在关键词索引中，不用复数，只取其原形 Antibiotic。药理学在索引中使用缩写 pharmacol，可以作为关键词；另外，研究 Studies 和进展 Advances 专指性较差，不宜作为关键词。最后从课题分析看，该题最好以青霉素 penicillin 作为关键词，在说明语中查找药理 pharmacol，选择文摘号前有 R 的综述文献，为切题文献。

检索实例：查 aspirin 的有关资料，见 213 页。

二、索引指南

索引指南(Index Guide，简称 IG)是 CA 的主题词表，在 69 卷以后，将原来分散在主题索引中的“见”(see)、交叉参见、索引标题注释、同义词和形近词释义、结构式图解等有关内容提取出来，编辑而成的指导性索引。索引指南的主要功能是指引读者从不用做索引标题的名称查出用做索引标题的名称，即通过化学物质的俗名、商品名、药用名、代号或普通主题的习惯名称，查出化学物质或普通主题的索引名称。

索引指南创刊于 69 卷，以后出版了多次累积本，内容包括导言、正文和附录三部分。导言部分介绍了索引指南的基本内容和使用方法。正文部分主要包括以下六方面内容。

(一) 索引指南正文部分

(1) 化学物质交叉参考

一种化学物质，即使是比较简单的化合物，往往也有几种名称，CAS 在编制化学物质索引时，只选其中之一作为索引标题，一经确定，就不再变动。通常选用系统名称，对于其他各种名称，仅以交叉参考的方式在索引指南中表明。例如，

Benzoin

　See Ethanone，2 — hydroxy —1，2 —diphenyl — [119—53 —9]

R_{22}

　See Methane，chorodifluoro —[75 — 45 — 6]

Benzoin (安息香)和 R_{22}(一氯二氟甲烷)都不是化学物质选用的索引名称，“See” 后的名称才是索引名称，如果读者只熟悉 Benzoin 和 R_{22}，而不了解其索引名称，可以利用索引指南查出索引名称，再去检索化学物质索引。

(2) 普通主题交叉参考

普通主题名称与化学物质名称一样，同一概念常常有几种不同的名称，CAS 在编制普通主题索引时，也是只选其中之一作为索引标题，对于其他各种名称，仅以交叉参考的方式在索引指南中表明。例如，

Astrochemistry

　See Astrophysics

N339

　See Carbon black

Astrochemistry(天体化学)和 N339(一种活性炭的代号)都不是普通主题索引选用的索引标题，“See” 后的名称才是索引标题，必须通过索引指南进行转换，然后才能查阅普通主题索引。

(3) “See also” 交叉参考

“ See also” 交叉参考提供与某个特定标题有关但不完全同义的索引标题，让读者酌情是否查阅这些标题。例如，Oxidation

　　　　See also

　　　　Electron exchange

　　　　Reduction

(4) 索引标题注释

索引标题注释包括命名注释、假设性注释和标题内容注释等，用来说明标题的含义。例如，

Pharmacology

“药理学本身的课题或各类物质的药理学课题入此标题，具体物质或疾病的药理学课题入有关各标题”。

(5) 同义词

同义词有两种作用：①提供一个比索引标题更为熟悉的名称或术语；②为立体母体提供规范名称。例如，

① 1H—Isoindole — 1，3(2H) — dione(phthalimide)[85 — 41 —6]

② D—Ascorbic acid (D — threo — hex — 2 enoic acid γ — lactone) [1050—35—5]

1H — 异哚吲 —1，3(2H)—二酮即酞酰亚胺，而酞酰亚胺更为读者所熟悉。D—抗坏血酸的立体母体名称为 D—苏式—已—2—烯酸 γ—内酯。

(6) 形近词释义

当相同或极相似的术语代表两个完全不同的主题或化学物质时，用形近词释义加以区别。例如，

Insulin (dog)

  See insulin(ox)，8A—L—threonine—10A—L—isoleucine—[12584—58—6]

Insulin (sheep)

  See Insulin(ox)，9A—glycine—[12393—30—5]

Seal (animal)

Seals (mechanical)

(二) 索引指南附录

索引指南的附录包括如下内容。

① 普通主题标题的等级。为普通主题索引标题的确定提供参考。

② CA 各种索引的编排与应用。介绍各种索引的编排和著录格式，并进行详细说明。

③ 普通主题的选择。通过实例阐述普通主题索引标题的选择原则。

④ 化学物质索引名称的选择。通过实例说明化学物质的命名原则。

CAS 在出版索引指南的同时，还定期出版索引指南增刊，索引指南增刊主要包括增补、删节和修订三方面内容。它反映索引指南的最新变化情况，因此，利用索引指南时，如有必要，应先查阅索引指南增刊，以便掌握最新的变化情况。

三、主题索引

主题索引(Subject Index，简称 SI)是 CA 选用主题途径检索文献最早的索引，始于 1907 年第 1 卷至 1971 年第 75 卷。SI 有卷和累积两种出版形式，没有期索引。从第 76 卷起，分为化学物质索引与普通主题索引，因此主题索引是一种阶段性索引。它是索引指南，化学物质索引和普通主题索引的前身。主题索引按照主题词的字顺编排。其著录格式历经多次变化，大体可分为三个阶段。

（1）第一阶段著录格式

Dissolved Substances.② See solutes; Solutions.①

Distillation ① of volalite fatty acid ③ (prescher)④

89; ⑤of sea — water (golz) 1644; of water(Bleicken) 1647;

① 主题词；

② 非主题词，以见主题词形式出现；

③ 说明语，限定主题词；

④ 作者；

⑤ 文摘号。

早期主题索引的编排按照主题词字顺，非主题词以见(See)主题词的形式标出，同一主题词下文摘以文摘号的大小顺序排列。

（2）第二阶段著录格式

Aspartic acid①(*aminosuccinic acid*)②

Absorption by roots, plant culture technique for ③64: 2423a④

Acetone body metabolism by adipose tissue 64: 8733b

① 主题词；

② 同义词；

③ 说明语；

④ 文摘号。

第二阶段主题索引最大的变动就是说明语按照字母顺序排列，利于定向检索，但涉及某一方面的文献，由于有多个说明语，所以会分至多处。如分析(analysis)方面的文献就有可能按照说明语字顺的不同分至 detn(测定)，chromatog(色谱)等多处。

（3）第三阶段著录格式

Aspartic acid, ①analysis②

Chronatog.of ③68: 26755d④

Molybdenum detn.in 68: 6512b

Aspartic acid, preparation

DL —68: 50021g

D —, manuf of 68: p69331e

① 主题词；

② 副主题词；

③ 说明语；

④ 文摘号。

第三阶段的主题索引进行了较大的改动，在主题词下，增加了副主题词，副主题词分为两大类，第一大类为普通副主题词，又叫限制性副主题词，共有七个。

① analysis(分析)。指化学物质的检测方法。

② biological studies (生物学研究)。指化学物质对动物、细菌和病毒等的效应及营养、代谢和毒性等的研究。

③ occurrence(现象)。指生物体系外的自然现象。

④ preparation(制备)。指合成、制造、精制分离、提取等过程。

⑤ properties(性质)。指物理和化学性质。

⑥ reaction(反应)。

⑦ uses and miscellaneous (用途及其他)。指化学物质的非生物用途和应用。

第二大类为化学功能基副主题词，共有十五个。

① acetals(缩醛)。

② anhydrides(酐)。

③ anhydrosulfides(硫代酐)。

④ compounds(化合物)。

⑤ derivatives(general)(普通衍生物)。

⑥ esters(酯)。

⑦ ethers(醚)。

⑧ hydrazides(酰肼)。

⑨ hydrazones(腙)。

⑩ laetone(内酯)。

⑪ mercaptals(缩硫醛)。

⑫ mercaptols(缩硫醇)。

⑬ oxides(氧化物)。

⑭ oximes(肟)。

⑮ polymers(聚合物)。

主题索引编制了副主题词后，使查阅方法更加系统化，文摘的专指度加深，同时集中了相同类目文献，给定向检索提供了最大的方便。

主题索引的检索举例如下。

欲查 aspirin 药理学方面的文献，如查 68 卷前，可以直接用 aspirin 按照字顺查阅 SI。如查 69 卷后，可先查 IG。aspirin see salicylic acid acetate，然后用 salicylic acid acetate 查主题索引(SI)，参考说明语即可查得切题文献。

主题索引检索途径如下。

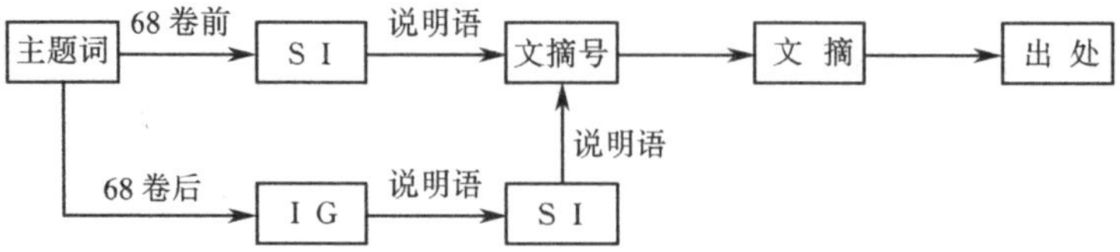

检索实例：查 aspartic acid 有关资料，见 216 页。

四、化学物质索引

20 世纪 60 年代后期，每年世界上约有 20 余万个新化合物出现，使得化学文献量剧增，从而导致主题索引过于庞大，给查阅文献造成困难。为了改变这种状况，化学文摘社从 1972 年(76 卷)起，将主题索引分为化学物质索引(Chemical Substance Index，简称 CS)和普通主题索引(General Subject Index，简称 GS)。

化学物质索引收录的文献必须完全符合以下三条标准：①化学物质的元素组成与原子数已知；②化学物质的价键必须清楚；③化学物质的立体化学结构必须明确。同时符合三条原则的化学物质，化学文摘服务社给出 CAS 登记号([×××—××—×])，以三节数字表示，同时被 CS 所收载。

① → **Benzoic acid *[65-85-0]*** ← ⑥
B1246G,R 28695b ← ⑫
Benzoic acid *[65-85-0]*,analysis ← ⑧1
chromatogof ,75444t
detn.of.in food,41804d
Benzoic acid *[65-85-0]*,biological studies ← ⑧1
⑪ → catalase inhibition by,in soils,129546y
fromation of,from toluene by *Micrococcus rhodochrous*,87310j
Benzoic acid [65-85-0],preparation
⑪ → perepn.of,from fluorine,by oxidn.,3174g
sepn.of,from manufg.wastes.P4776S
Benzoic acid *[65-85-0]* ,properties
⑪1 → adsorption of
by carbon black,36110m,38276k
by mercufy,22350c
ionization of ,in org ,solvents,8698r
ion(1-) *[766-76-7]*,electron configuration of ,16213u
Benzoic acid *[65-85-0]*, uses and miscellaneous
gasoline antiknock additives,P 79613v
Benzoic acid *[65-85-0]*, compounds
copper complexes, ESR of.42508p
aluminum salt *[555-32-8]* ,catalysts,for polyester manuf.,116449u
④3 → compd.
with ethanamine(1:1) *[31000-85-8]* ,44947s ← ⑥1
with sodium 4-methylbenzenesulfonate(1:3), trihydrates *[28573-31-1]*,67167g
Benzoic acid *[65-85-0]*,derivatives (general) ← ⑧2
④2 → alkyl derives.,redn.of P 727k,110964m
chloro derives.,detn.of,in waste gas,55798h
derives.,detn.of 137203z
Benzoic acid *[65-85-0]* , esters
esters,in food packaging, R,30956v
④1 → butyl ester *[136-60-7]* ,plasticizers,for vinyl chloride polymers, P 80259r
methyl ester *[93-58-3]*
dichroism of,54551k

（一）化学物质索引著录格式

1. 著录格式：

1. 索引标题母体，同分子骨架名称和主要功能基后缀构成。

1.1 横线，代表索引标题母体，其后为取代基前缀，中间用逗号分开。

2. 分子式，用于说明具有不同组成的化学物质标题。

3. 取代基前缀，列于索引标题母体之后。

4.1 特定化学物质名称说明语，其后为登记号。

4.2 辅助衍生物说明语，其后无登记号。

4.3 索引标题化学物质与其他化学物质的关系名称说明语。

5. 立体化学标帜。

6. 索引标题母体登记号。

6.1 化合物的登记号。

7. 结构式图解。

8.1 普通副主题词，共有十个。

① analysis(分析)。系指化学物质的检测方法。

② biological studies(生物学研究)。系指化学物质对动物，细菌和病毒等的效应及营养，代谢和毒性等的研究。

③ formation(nonpreparative)(非制备的形成)。一般用于非制备研究中形成的物质。

④ miscellaneous(其他)。用于索引标题不适合其他副主题词进的研究。

⑤ occurrence(存在)。用于生物体系以外的如地球大气层、行星、宇宙中的物质，包括人类活动中产生的无害物质的存在与测定。

⑥ preparation(制备)。指合成，制造，纯化，分离等过程。

⑦ processes(处理)。用于对物质进行自然的物理、复杂的化学转变及非制备性的去除。

⑧ properties(性质)。指物理和化学性质。

⑨ reaction(反应)。指化学键的形成或断裂，原子序数或原子质量的改变及腐蚀，中和，异构和结构互变作用。

⑩ uses(用途)。用于物质的非生物学用途和应用，如用作催化剂或磷化体。

8.2 化学功能基副主题词共有十五个。

① acetals(缩醛)。用于天然产物的醛和酮。

② anhydrides(酐)。用于酸类标题。

③ anhydrosulfides(硫代酐)。用于硫代酸类标题。

④ compounds(化合物)。用于加合物，络合物，混合物，盐类，固体溶液，反应产物及不包括在其他功能基衍生物标题中的少数不常见的功能基衍生物。

⑤ derivatives (general)(普通衍生物)。用于名称没有完全确定的非功能基衍生物。

⑥ esters(酯)。用于酸类和醇类标题。

⑦ ethers(醚)。用于四种碳水化合物标题：纤维素，葡聚糖，淀粉和糖原。

⑧ hydrazides(酰肼)。用于酸类标题。

⑨ hydrazones(腙)。用于醛类和酮类标题。

⑩ lactone(内酯)。用于天然产物的羟基酸立体母体。

⑪ mercaptals(缩硫醛)。用于天然产物的醛类立体母体。

⑫ mercaptols(缩硫醇)。用于天然产物的酮类立体母体。

⑬ oxides(氧化物)。用于胺类标题。

⑭ oximes(肟)。用于醛类和酮类标题。

⑮ polymers(聚合物)。用于齐聚物，均聚物和共聚物。

8.3 放射性副标题，用于基本粒子，这种副主题共有两个。

① biological effects(生物效应)。用于放射线对生物体的影响。

② chemical and physical effects(化学和物理效应)。用于放射线对化学物质和体系的化学性质、物理性质、反应和过程的非生物效应。

8.4　合金副主题词，这种副主词共有两个。

① base(基合金)。

② nonbase(非基合金)。

9. 形近词释义，用来解释标题的含义。

10. 同义词，与索引标题含义相同的另一名称。

11. 说明语，对主题和副主题的内容进行说明。

11.1　公用说明语，限定两个以上并列的短语，分别与之表达各自的含义。

12. 文摘号，文摘号前的大写字母 B 表明图书(Books)，R 表示综述(Reviews)，图书和综述的内容广泛，属于综合性文献，一般列于标题之下，不加任何副主题或说明语。

13.1　标题内容注释，说明标题包括的内容范围。

13.2　命名注释，说明化合物命名的变更情况。

13.3　假设性注释，说明假设的非原始文献中的名称。

14. 交叉参考。

15. 配位化合物中的个别环系、环立体母体或配位体，这些环系、环立体母体或配位体与其他化合物形成的衍生物，列于它们的普通化合物标题之前。

(二) 使用 CS 的注意事项

① 化学物质主要是药品种类繁多、名称复杂，而 CA 中化学物质的命名有独自的一套方法，在查阅该索引之前，必须先查阅"索引指南"和"索引指南增补"，以确定正确的检索标题。在 CS 索引中，每页都有提示"使用本索引前请先查索引指南"。例如，用 aspirin 检索 CS 索引，查阅"阿司匹林"有关文献。首先在 IG 中查得 Aspirin See "Benzoic acid, 2—acetyloxy，然后用苯甲酸，二乙酰氧基才能查 CS，取得有关文献。

② 遇到问题随时查阅相同或相近时期的 IG，以取得正确检索标题。

③ 遇到药品的商品名、俗名和代号等，都要参考 IG。

④ CS 索引排序较为复杂。同一主题词下的副主题词首先按照字顺排列普通副主题词，然后按照字顺排列化学功能基副主题词，之后排取代基。

⑤ 化学物质首先排母体名称，暂不考虑母体名称中的取代基标位符号，母体名称相同后，排取代基标位符，按照大小顺序排列，最后排取代基，道理同母体一样。

CS 索引排序顺序如下：

① 2，4，6—Cycloheptatrien—1—one，2—chloro—；

② 4—Cycloheptene—1—acetiec acid；

③ 2—Cycloheptene—1—butanoic acid；

④ 2—Cycloheptene—1—one ，4—(benzoyloxy) —；

⑤ 2—Cycloheptene—1—one ，3—bicyclo[4，1，0]hept—1—yl—。

(三) 化学物质索引检索途径

检索实例：查 aspirin 的有关资料，见 219 页。

主题词 → IG → 化学物质结构名 → CS → 文摘号 → 出 处

五、普通主题索引

普通主题索引(General Subject Index，简称 GS)源于 76 卷以前的 SI。与 CS 并列出版，相互补充。GS 是利用没有 CAS 登记号的化学物质大类名称与化学物质以外的概念主题作为索引标题来查阅文献的一种索引。GS 有卷和累积两种索引，没有期索引。

GS 收录的内容主要有：①化学物质大类名称(抗生素、维生素、抗肿瘤药物等)；②组成不完全明确的物质(如石油等)；③动植物微生物名称(如人类、人参、链霉菌等)；④物理化学反应名称(如：色谱、高效液相、层析等)；⑤新化合物(如：没有满足 CS 三条收录标准之一者)。

普通主题索引的著录格式如下。

① → Amines, properties ← ㉛
molal vols. of sq. 30414c
nitro. mass spectra of, 177697x
Amines, compounds ← ㉜
saits, lubricants, for polyester tibers, P 92956q
⑦ → Chromatography
R 24060q, B 57935k
Chromatography, column and liquid ← ②
app for automated simultaneous, I01463f
Chromatography, thin-layer ← ②
zonal scraper for use in, P 56362f
Gamma ray, biological effects ← ㉝
⑥ → on proteins of wheat, 41714q
Gamma ray, chemical and physical effects ← ㉝
⑥ → polytan. by
graft, of styrene with wood pulp, P 5523a
of vinylcarboranes, P 16797m
Mold (fungus) ← ④
allergens of, P 99617f
Molds (forms) ← ④
for battery terminals, P 15431n
Pine (*Pinus*) ← ⑤
P. sylvestris weed control in, 80850a
Rare earth alloys, base ← ㉞
supercond. of. 172709p
Rare earth alloys, nonbase ← ㉞
R 91762d
palladium-, magnetic properties of, 40649q
Stomach, metabolism ← ㉟
acid secretion by age in relation to, 29855z
Tallow
⑧ → Beef tallow can be assumed unless other information is stated in the index. entry
cholesterol oxidn. in, 69675s
Work function
⑧ → The photoelectric and thermionic work functions for electrons are indexed at this heading. The thermodynamic work function of Helmholtz free energy is indexed at *Free energy*
of alkali metal and mercury-alkali metal alloys,
phase diagrams in relation to, 114278c

1. 索引主题词，后为副主题词，中间用逗号分开。

2. 修饰性副主题词，对主题词进行解释说明。

3.1　副主题词，与化学物质索引中的普通副主题词相同。

3.2　化合物类副主题词，排列在限制性副主题词之后。

3.3　放射性副主题，用于场和射线等，与化学物质索引中放射性副主题相同。

3.4　合金副主题，与化学物质索引中的合金副主题相同。

3.5　器官和组织副主题，用于 25 种人体器官和组织(如 Heart，Muscle 等)的主题之下，这种副主题共有五个。

① composition(成分)。用于正常和反常情况下的含量，包括分析方法，化学与物理作用，提取，组分的分离等方面的课题。

② disease or disorder(疾病与失调)。用于自身免疫现象，细菌或病毒感染所致的炎症和营养不良而引起的病理状态，疾病对细胞及其新陈代谢的作用与治疗。

③ metabolism(新陈代谢)。用于细胞动力学机理方面的课题，包括组织成分的转换，吸收(例如主动传递，促进扩散，吸液作用)，再吸收，过滤，合成(例如生物合成或合成代谢)，降解(例如分解代谢，生物氧化，酶分解)，分泌和排泄。

④ neoplasm(肿瘤)。用于肿瘤组织及其转移的生化性质，(包括组织在肿瘤形成前的变化情况)，细胞学，成分和新陈代谢(包括药物疗效和物理疗效)。

⑤ toxic chemical and physical damage(化学中毒和物理损伤)。用于化学物质和物理因素(例如放射、冷，热等)对细胞的有害作用。

4. 近义词释义，用来解释主题词的含义。

5. 同义词，表示与索引主题词相同的另一名称。

6. 说明语，对主题词和副主题词的内容进行说明。

7. 文摘号。

8. 主题词注释，说明主题词所包括的内容范围。

使用 GS 要注意以下几点：

① 与 CS 一样，GS 也是规范化的索引，在使用 GS 之前，原则上应先查阅 IG。

② 主题词无登记号时，可以直接查阅 GS，如中草药名称、微生物名称、药物制剂名称等。

GS 检索途径如下。

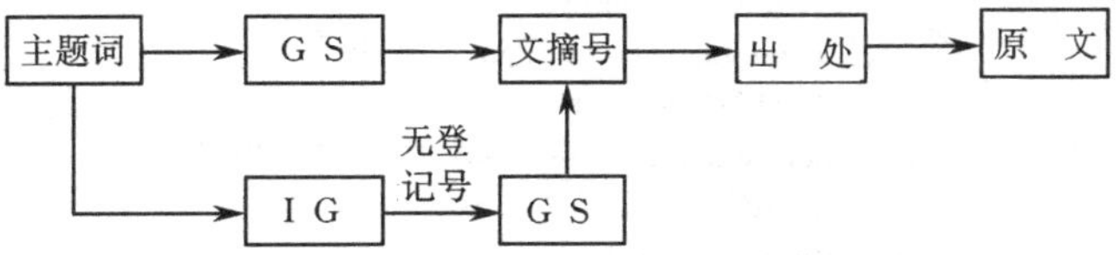

检索实例：查 antibiotics 的有关资料，见 224 页。

六、主题途径小结

主题途径是查阅 CA 最常用的检索途径，现总结如下。

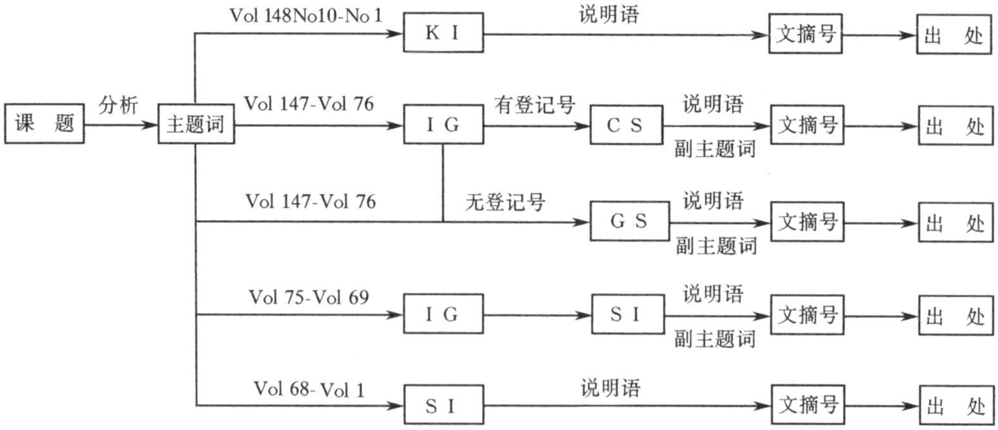

第五节　化学结构检索途径

CA 的化学结构检索途径主要有两种索引，分子式索引和环系索引。它们都是以代码语言标引的，利用文献中化合物的分子式或环状化合物的环分析数据查阅文献。

一、分子式索引

分子式索引(Formula Index，简称 FI) 是以分子式为检索标识检索文摘的索引，从 1920 年 14 卷开始出版，是查阅化学物质的有效工具，特别是对于结构复杂的异构体较少的化合物，更为适用。分子式索引不但对于化学名称烦琐的化学物质能够提供简捷的检索途径，而且能够检索出名称、尚未确定、化学物质索引没有收录的化合物。分子式索引为无期索引，其卷索引和累积索引的著录和编排形式完全一致。

(1) 分子式索引的著录格式

分子式索引的著录格式如下。

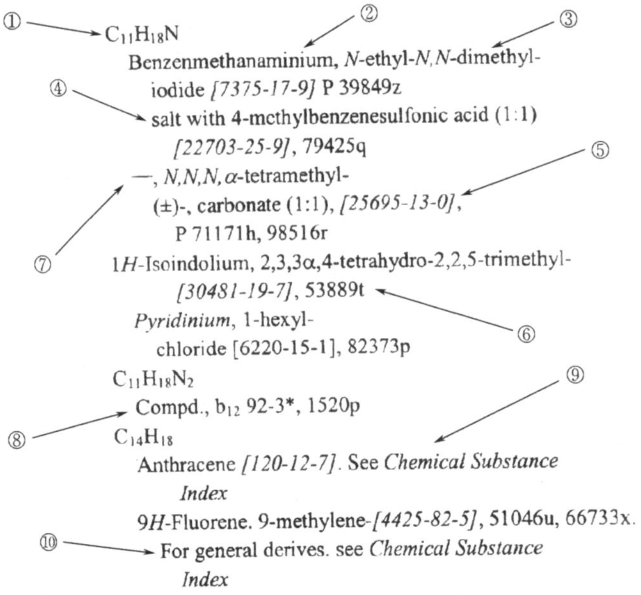

① 分子式，按照(Hill system)排列，含碳的化合物，先排碳，若有氢，紧随碳后，其余元素按照ABC顺序排列。不含碳的化合物，均按照元素的ABC顺序排列。分子式在分子式索引中一律按照分子式中第一个元素的字顺排列，若第一个元素相同，则依次比较其余元素的字顺进行排列。

② 索引标题母体，由分子骨架和主要功能基后缀组成。

③ 取代基。

④ 修饰项，用于表达标题母体主要功能基的衍生物。

⑤ 登记号。

⑥ 文摘号。

⑦ 横线，代表标题母体名称。

⑧ 尚未命名的化合物，在其分子式下用Compd．或某类化合物的名称如Acid，Ketone等表示，然后列出沸点等物理常数。

⑨ 交叉参考，对于简单的和常见的化合物，分子式索引不作收录，用“See”指引读者直接查阅化学物质索引。

⑩ 普通衍生物交叉参考，对于某些特殊化合物，分子式索引只列出论述这些特殊化合物本身的文摘号，而对其普通衍生物则不作收录，用“See”指引读者去查化学物质索引。

(2) 分子式的计算

查阅FI的关键是计算化合物的分子式，在计算分子式时，应遵守以下原则。

① 以共价键结合的化合物，所有原子全部计入分子式。例如，

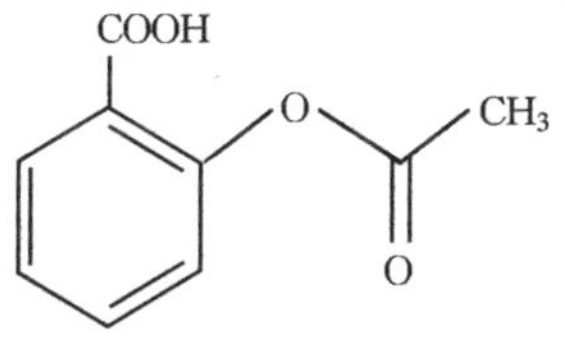

$C_9H_8O_4$

Benzoic acid, 2-acetyloxy

[50-78-2]

② 醇、酚、酸的金属盐，收录在相应的母体分子式项下，金属原子不计入分子式，仅在修饰项中表达。例如，

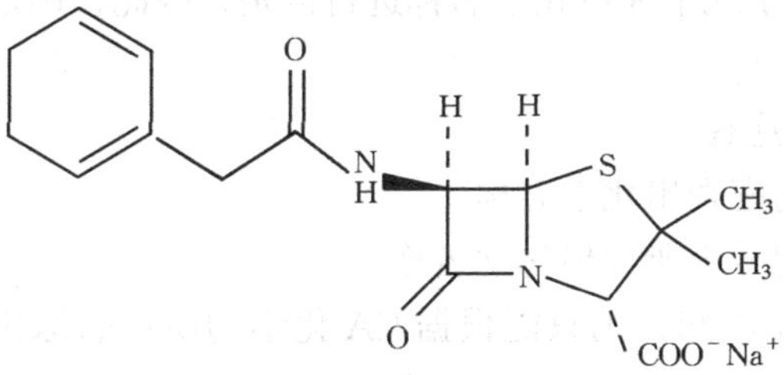

$C_{16}H_{17}N_2O_4S$

4-thia-l-azabicyclo[3.2.0]heptane-2-carboxylic acid, - 3, 3-Dimethyl

-7-oxo-6-[(phenylacetyl)amino]

[61-33-2]monosodium salt[63-36-1]

③ 碱基母体的酸式盐，收录在母体分子式项下，酸不计入分子式，仅在修饰项中表达。例如，

$CH_3—CH_2—NH_2·HCl$

C_2H_7N

Ethanamine[75—04—7]

Hydrochloride[557—66—4]

④ 聚合物，混合物和分子加成物，各个组分分别以单体计算分子式，列入索引，并以“Polymer with”“Mixt, with”“Compd. with”在修饰项中表达，在各个组分的分子式项下一般都可以查到该聚合物，混合物和分子加成物。例如，

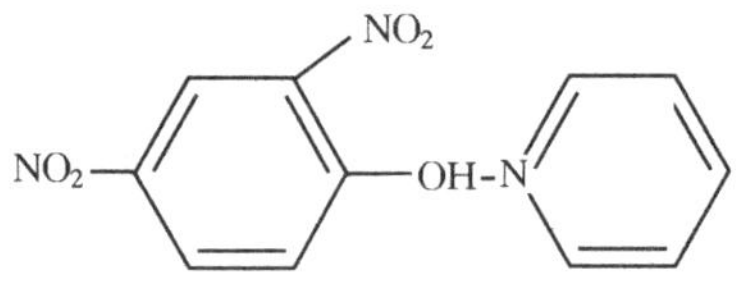

C_5H_5N

Pyridine[110—86—1]

Compd. with2,4—dinitro—phenol(1∶1)

[78966—77—5]

$C_6H_4N_2O_5$

Phenol,2,4—dinitro—[51—28—5]

Compd. with Pyridine(1∶1)

[78966—77—5]

⑤ 结晶水不计入分子式

(3) 分子式及分子式索引的编排

确定分子式后，应按照 Hill 体系编排，Hill 体系的排列规则是：结构中同元素的原子数累加，若是含碳化合物，碳元素排在前，若含有氢，则 H 紧随其后，其他元素按照字母顺序排列；不含碳的化合物一律按照元素的字母顺序排列。

CH_3-CH_2-CH_2OH 排成 C_3H_8O

H_2SO_4 排成 H_2O_4S

分子式索引的编排，原则上按照分子式的字母顺序。当元素符号相同时，按照原子数大小顺序排，遇双字母元素时，数字优先；排列如下。

AlH_6O_6

$AlH_{10}O_4SI_2$

$C_5H_9O_3$

$C_6H_8O_2S$

CaH_5O_2

H_4Sn

(4) 小结

在分子式索引中，具有相同分子式的化合物往往不止一个，这就存在着如何区别同分异构体的问题，分子式索引的处理是在每个分子式下注以化学名称进行区别，因此，确定化学名称是查阅分子式索引的另一个关键。

在一般情况下，化学名称的确定有以下途径。

① 已知化合物的俗名，可以利用索引指南查出化学名称。

② 已知化合物的登记号，可以利用登记号手册查出化学名称。

③ 若除了化合物的结构式外，其他都无所知，则只能根据 CA 化学物质命名原则自行命名，在这种情况下，可以参考索引指南附录。

④ 先将不可能的异构体排除掉，对有可能的化合物通过核对取代基来判定。

(5) 分子式索引的检索途径

检索实例：查($C_{11}H_{18}NO$) Benzenemethanaminium，3—methoxy-N，N，N—trimethyl 的有关资料，见 227 页。

二、环系索引

环系索引(Index of Ring Systems，简称 RS)是以环分析数据(包括环系、环数、环原子

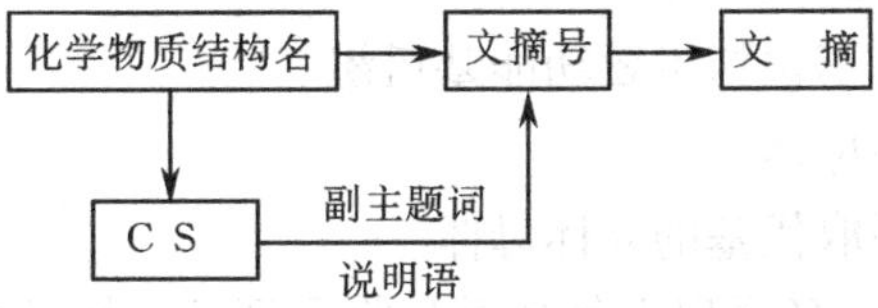

种类及数目等)为检索标识的索引，它不提供文摘号，只起到媒介作用，帮助读者获取环状化合物的骨架名称，经过适当处理，即可成为化学物质索引检索标题，借此再去查阅化学物质索引。因此，环系索引是化学物质索引的辅助索引。环系索引适用于结构复杂的桥环、螺环、稠环和杂环化合物，为查阅化学物质索引提供标题母体名称。环系索引附在分子式索引之后。

(1) 环系索引的著录格式

环系索引的著录格式如下。

3-RING SYSTEMS ←①
5,6,6 ←②
C_2O_2-C_4-C_6 ←③
Naphtho [1,2-*d*]-1,3-dioxole ←④
Naphtho [1,2-*d*]-1,3-dioxole
Spiro [1,3-benzodioxole-2,1′-cyclohexane]
Streptamine, 5,6-O-cyclohexylidene- ←⑥
Spiro [1,3-dioxolane-2,2′(1′*H*)-naphthalene]
C_4N-C_6-C_8
14-Azadiapiro[5.1.5.2] pentadecane
Benz[*cd*]indole,
1*H*-Benz[*c*]indole
1*H*-Benz[*c*]indole
1*H*-Benz[*c*]isoindole
1*H*-Benz[*f*]isoindole
1*H*-Carbazole
4,7-Ethano-1*H*-isoindole
4a,5a-(Mathaniminomethano)naphthalene
1,4-Mathano-1H-3-benzazepine
Spiro[cyclohexane-1,3′-(3H)indole]
C_4O-C_6O-C_8O
1,6,8-Trioxadiepiro[4.1.5.3] pentadecene
Salinomycin ←⑤

① 环系。将环状化合物变为开链化合物所需要切断的最少键数。例如，

1-环系

② 环数。环系中各环的原子数，由小到大排列。例如，

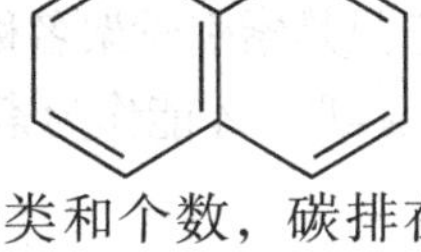
2-环系
6, 6

③ 元素分析。成环元素的种类和个数，碳排在首位，其他元素按字母顺序排在碳后，各环之间用横线连接。例如，

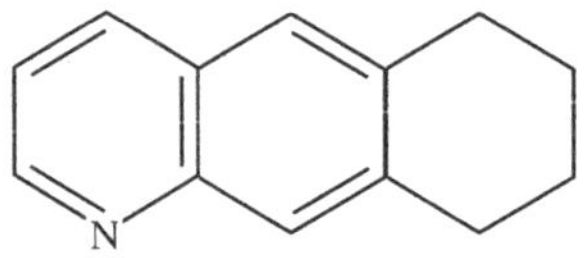

3-环系
5,6,6
C_5-C_5N-C_6

④ 母体名称。系指分子骨架名称，不包括主要功能基后缀。

⑤ 立体母体。特指某种立体结构的母体。

⑥ 环修饰立体母体。特指连接某种取代基的立体母体。

环系索引中，1—环系均为单环，2—环系以上的环系只收录稠环、桥环和螺环，即含有公用原子的环。环组合虽然为环状化合物，但不作收录。例如，联苯(Biphenyl)无公用原子，只能算做 1—环系。

环系索引的排列首先按照环系，1—环系，2—环系，3—环系，…；环系相同，再按照环数由小到大排列；各环的元素按照 Hill 系统排列，但不考虑氢元素。环系母体名称按照字顺排列。

(2) 环系索引的检索途径

环系索引的检索途径如下。

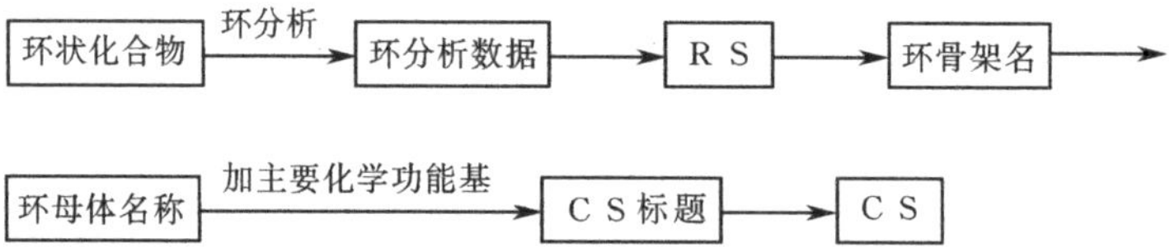

例如，欲查青霉素 G(Penicillin G)的有关文献，首先利用环系索引，确定母体名称，再去查化学物质索引。

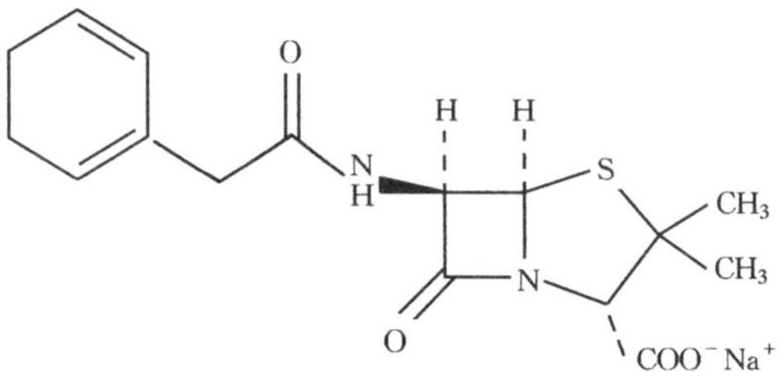

确定环系母体，并对其进行环分析，得到环分析数据：

2—Ring systems

4，5

C_3N—C_3NS

按照环分析数据查阅环系索引，在其项下得到环系骨架名称：

4—Thia—1—azabicyclo[3.2.0]heptane

4 硫—1—氮双环[3.2.0]庚烷

这个名称不能直接查化学物质索引，因为它只是索引骨架名称，还需要适当处理，即在名称后加上主要功能基后缀部分“—2—carboxylic acid”，才能作为索引标题母体去查化学物质索引。

第六节 作者检索途径

作者检索途径只有作者索引(Author Index，简称AI)一种，是以作者姓名为检索标识检索文摘的索引。作者包括个人作者和团体作者，个人作者的姓名一般要倒置，即姓在前，名在后。团体作者一般按照姓排列。

一、作者索引

(1) 期索引

Smith，A B① .15240T ②

Smith，V H Jr 15018b

Smith kline and French Laboratories ltd. ③ P15767v

① 个人作者姓名、姓前、名后，名采用缩写。

② 文摘号。

③ 团体作者，按姓排在Smith之后。

期索引中个人作者以其姓的字顺排列，姓相同者以其名字顺排列；团体作者按姓对待。

(2) 卷索引与累积索引

卷作者索引和累积作者索引的著录与编排形式完全一致。

卷作者索引除著录作者姓名和文摘号外，还著录文献标题。对多作者的文献，只著录第一作者，其他作者只列姓名，其后用“See”引见第一作者。其著录格式为：

Smith，A ① see Edwards，D.C.L ②

Smith，Alan See Gould，P.L.

——；③ Bailey，P.J.

Cephalosporin by fermentation，P ④154984b ⑤

Smith，Alan Edward

Smith，A.f

① 作者姓名(非第一作者)；

② 第一作者；

③ 省略第一作者名称；

④ 文献标题；

⑤ 文摘号。

二、作者索引编排

① 个人作者其名称一般需要倒装后，才能进行检索。

A.Smith Smith A (期索引省略标点)

Smith，A.(卷索引使用标点)

② 姓一律用全称，名可以用缩写。

Jones，W.M.

③ 同姓作者，按名的首字顺排列。

Watson, A.E.

Watson, A.R.

Watson, B.

Watson, B.M.

④ 同姓且名首字母相同时，只选一个作者的名缩写，其余均用全称。

Baumana, H.

Baumana, Harald

Baumana, Heinz

⑤ 同姓，第一名首字母相同，比较第二名首字母。

Smith, A.B.

Smith, A.C.

Smith, Abn C.

⑥ 作者姓的前缀 De, Della, Des, Du, La, Le, Mac, Mc, Van, Von, Van den, Von der 均与姓作为一个整体对待，按照其字顺排列，其中 Mc 视为 Mac，参加排列。

Dessai, R.B.

De Tata, V.

Ladik, J.

La Faille, F.

McAfee, J.G.

MacFarlane, T.W.

Vona, V.

Von Hungen, K.

⑦ 德文中的 äöü 转译成 ae, oe, ue，其余字母与英文字母等同排列。

⑧ 中国作者姓名的汉字，采用汉语拼音列入索引。日本作者姓名的汉字或假名，采用黑本(Hepburn)译法译成罗马字母列入索引。俄语系作者姓名的俄文字母按照俄英音译对照表转译成相应的英文字母列入索引。

三、作者索引的检索途径

检索实例：查 Smith, N.J. 发表的文献，见 230 页。

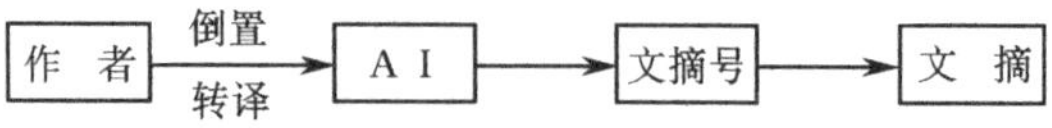

第七节　专利检索途径

专利是发明者与国家之间的法律契约，发明者将发明创造申报国家专利局，经审核后，国家授予发明者在一定时间内对其发明创造有自由使用和出让的特权，任何个人和团体都不能侵犯，否则将受到法律制裁。以此来鼓励发明创造，促进科学技术的进步。专利包括发明专利、实用新型专利和外观设计专利法三种类型。这三种类型的专利必须具有新颖性、先进性和实用性；否则，不能成为专利。专利文献通常指专利说明书，它不仅是法律文件，而且是重要的技术情报源，CA 中有相当数量的专利文摘，都是依据专利说明书写成的。按照专利法的规定，一项发明创造可以在多个国家中取得专利权，分别由多个国家的专利局给出本国的专利号，这些专利号不同而内容完全相同的专利，称为相同专利。在一组相同专利中 CAS 将最先收到的专利称为原始专利，其他专利称为非原始专利或相同专利。CAS 对于相同专利，只取其中的原始专利说明书制作文摘，非原始专利只在对照中参见原始专利。发明人及内容不同，但彼此具有密切联系的专利，称为相关专利。

专利检索途径共有三种索引，即专利号索引、专利对照索引和专利索引。它们都是以专利号为检索标识检索专利文摘的索引。这三种索引的期索引、卷索引和累积索引的著录与编排形式完全一致。

一、专利号索引

专利号索引(Numerical Patent Index，简称 NP)是检索特定专利号被 CA 收录情况的索引。索引按照专利国家名称的字顺排列，分为左右两栏，左栏为专利国家名称和专利号，右栏为专利文摘的文摘号。其著录格式如下。

① No.	② REF.
③ BRITISH	
④ 1557643	⑥ 12264X
⑤ 963	11844Z

① 专利号栏。

② 文摘号栏。

③ 专利国家名称，按字顺排列。

④ 专利号，从小到大排列，但不连续。

⑤ 专利号部分省略情况，相邻专利号省略相同的高位部分。

⑥ 文摘号。

索引中常有一些表示专利种类的词如下：

ADDITION 增补专利(法国)

DEFENSIVE PUB. 防卫性公告(美国)

DEMANDE 公开专利(法国)

KOKAI TOKKYO KOHO 公开特许(日本)

OFFEN 公开专利(联邦德国)

PATENT APPL. 申请专利(美国，英国，欧洲专利组织)

REISSUE 再公告专利(美国)

TOKKYO KOHO 特许(日本)

在查找某一专利号时，若发现只有前后相邻的专利号而无查找的专利号，则可以检索前后相邻的卷或期索引，便可查到。

检索实例：查 AUSTRIAN 355552，见 232 页。

二、专利对照索引

专利对照索引(Patent Concordance，简称 PC)是提供相同专利中原始专利与非原始专利相对应的专利号及文摘号的索引。索引按照专利国家名称的字顺排列，分为左、中、右三栏，左栏为专利国家名称和专利号，中栏为对照专利的国家名称和专利号，右栏为原始专利的文摘号。其著录格式如下。

①	②		③
↓	↓		↓
PATENT NUMBER	CORRESPONDING PATENT		CA REF. NUMBER
④→FRENCH	⑥		
⑤→2430971	↓		
GERMAN	Ger	2927457←⑦	
2927457	Brit	2030172	93，10625s ← ⑧
	Fr	2430971	
	Jpn K 80 12158 ←⑨		
	US	4231857	

① 专利号栏。

② 对照专利号栏。

③ 文摘号栏。

④ 专利国家名称。

⑤ 专利号。

⑥ 对照专利国家名称。

⑦ 对照专利号。

⑧ 文摘号，是原始专利的标志。

⑨ 日本公开专利，这种专利号不累积计号，每年从 1 开始计号，冠以年代号。除日本特许外，荷兰、巴西、南非、国际专利合作条约组织也采用这种专利号。

索引中常用的表示专利种类的代号如下：

B 美国专利与商标局的申请专利

B 美国申请专利

CAM 法国医药增补专利

K 日本公开特许

M 法国医药专利

R 美国再公告专利

T 美国防卫性公告

在阅读专利说明书时，专利对照索引可以帮助读者将不熟悉的文种转换成熟悉的文种，并且能够就近索取。

例如，上例中 German 2927457 为德国专利，专利说明书为德文，在相同专利栏中有 Brit 2030172(英国专利)、Fr2430971(法国专利)、JPnK8012158(日本专利)、US4231857(美国专利)，其中 Brit2030172、US4231857 为英文语种。JPnK8012158 为日文语种，Fr2430971 为法文语种，1985 年以后经常有中国的相同专利。

检索实例：查 AUSTRIAN 328748，见 234 页。

三、专利索引

专利索引(Patent Index)由专利号索引和专利对照索引在 94 卷合并而成，它不仅具有二者的功能，还列出相关专利，以供参考。因此，专利索引是检索某一专利及其相同或相关专利的索引。

索引按照专利国别代号的字顺排列，其著录格式如下。

① →US(United States of America)

② →3966503 A，85：147275g

③ ┌ ——→ BE 837490 A1
└ ——→ CS 226160 P

4022596 A，87：103617g

④ ——→ CA 104632 A1，90：123584j

4166160 A，91：178153u

⑤ ┌ ——→CH 644973A (Related)
└ ——→DE 2908443 A1(related)

⑥ ┌ ——→ US 4456471 A (Related) 101：130425g
│ 4302592 a，
└ ——→ US 4406910 A(Related) 100：6259j

⑦ ——→ **4452802** A，**101**：**130600**k

⑧ ——→ 4465830 A ， See FR 2517304 A1

① 专利国别代号。其后圆括号中为专利国别全称。

② 族首专利。其标志是专利号后有文摘号，即为原始专利，其下列有一系列专利国别及专利号，称为以该专利为首原始专利族(Patent Family)，族首专利与族中的专利(参考专利)之间存在相同或相关的关系。

③ 族首专利的相同专利。其标志是专利号后无文摘号，即为非原始专利，专利国别及专利号以黑体字印刷，为本期专利索引新收录的专利，无文摘；非黑体字印刷，表示本期以前的索引中曾经作过收录，也无文摘。

④ 族首专利的相同专利。但其后列有文摘号。这种相同专利与一般的相同专利不尽相同，它与族首专利的申请号相同，但有时申请和公布时间不同，内容同属一项发明，但多为对族首专利的部分补充，因此文摘中作了报道，但不作为独立的族首专利。

⑤ 族首专利的相关专利。其标志是专利号后注以“(Related)”，在专利族中，凡是专利号后有“(Related)”标志的专利，都是相关专利无此标志的专利都是相同专利。这种相关专利与族首专利的申请号不同，但内容相近，为了避免重复，不在文摘中报道，因此专利号后无文摘号。专利国别及专利号以黑体字印刷，为本期专利索引新收录的专利无文摘；非黑体字印刷，表示本期以前的索引中曾作过收录，也无文摘。

⑥ 族首专利的相关专利。其后有文摘号，即为原始专利，专利国别、专利号及文摘号以

黑体印刷，为本期报道的专利；非黑体印刷，表示本期以前曾经作过报道，二者都有文摘。

⑦ 原始专利。专利号及后面的文摘号以黑体字印刷，为当期所报道的专利，无相同或相关专利，未构成专利族。

⑧ 参考专利。其标志是专利号后无文摘号，只有“See”（见），即该专利是被参见的专利(族首专利)的相同或相关专利。

专利索引中的其他标志有：

Addition 增补专利

Continuation 连续专利

Continuation — in —part 部分连续专利

Divison 分案专利

Designated States 指定国

Designated Regional States 指定区域国

Elected states 选定国

Elected Regional States 选定区域国

Nonpriority 无优先权

AT 奥地利	DK 丹 麦	NL 荷 兰
AU 澳大利亚	EP 欧洲专利组织	NO 挪 威
BE 比利时	ES 西班牙	PL 波 兰
BR 巴 西	FI 芬 兰	RO 罗马尼亚
CA 加拿大	FR 法 国	SE 瑞 典
CH 瑞 士	GB 英 国	SU 俄罗斯
CN 中 国	HU 匈牙利	US 美 国
CS 捷 克	IL 以色列	WO 世界知识产权组织
DD 民主德国	IN 印 度	ZA 南 非
DE 联邦德国	JP 日 本	

检索实例：查 EP 605453，见 238 页。

专利号索引，专利对照索引和专利索引的检索途径如下。

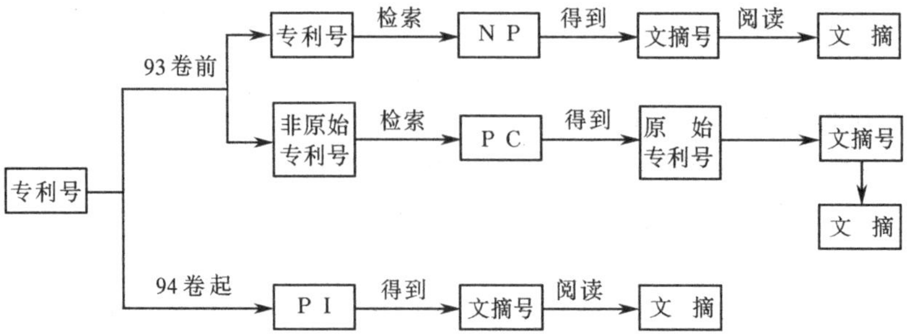

第八节　其他检索途径

一、资料来源索引

资料来源索引(CAS Source Index)是以文摘中原始文献期刊名称的缩写为检索标识检索原始文献全称的索引。读者在阅读某篇文摘后，认为有必要参考原始文献，但文摘中原始文献的名称均采用缩写，不易确认，特别是非拉丁语系刊物名称的缩写，就更难以识别。资料来源索引不仅能够将缩写转换成全称，而且对原始文献的历史和现状、出版事项及 28 个国家 400 个著名图书馆的馆藏情况也作了介绍。

资料来源索引 1970 年第 1 版包括 1907—1969 年间摘用的原始文献，1975 年第 2 版包括 1907～1974 年间摘用的原始文献，1980 年第 3 版包括 1907～1979 年间摘用的原始文献。以后每 5 年出版一次。

资料来源索引的著录格式如下。

(1) 现行刊物的著录格式

① 期刊

① ② ⑱ ⑤ ⑧ ③ ⑥ ④

Wu Li Hsueh Pao. WLHPAR. ISSN 0372-736X. (Journal of Physics)(Supersedes Chung-Kuo Wu Li Hsueh). In Ch; Ch, Eng sum; Eng tc. v1 n1 F. 1953-v22 n9 S, 1966; v23 n1 Ja, 1974+. [Susp Oc 1966-73]. *bm* 28 1979. *Guozi Shudian.* ⑨

⑩ WU LI HSUEH PAO. PEKING.. For Eng transl. see Chin. J. Phys. (Peking)(Engl. Transl.) ⑦

⑯ Doc Supplier: UMI.

⑮ AzTeS 1974+; CLU 1966+; CSt; CU 1956+; CU-A 1966*; ICRL 1964-1966; IU 1953-1955, 1960-1961, 1963+; MoKL 1966+; NIC 1963+; NbU 1963+; NmLcU 1966+; OrU-S 1966+; WaU; CaAEU 1966+; CaBVaU 1977+; CaOON 1955+; CzPS 1953; Uk 1957-1966; NoTU-T 1958+; RuLA; RuMG 1959-1960

② 会议录

① ② ⑱ ⑤ ⑥ ⑧

Environmental Chemicals: Human and Animal Health. Proceedings of Annual Conference. ECHCD2. ISSN 0147-1848. In Eng; Eng sum, 1972?+, *a 4* 1975.

⑨ *Colorado State University, Fort Collins, Colo, 80523.* ⑦

⑩ CONFERENCE OF ENVIRONMENTAL CHEMICALS: HUMAN AND ANIMAL HEALTH. ENVIRONMEANTAL CHEMICALS: HUMAN AND ANIMAL HEALTH: PROCEEDINGS. FORT COLLINS, COLO.

DNAL; WU-E 1974

⑮

③ 专利文献

Canadian [*Patent Document*], CAXXA4 [Title on document: Canadian Patent/Brevet Canadien; Canadian Patent, Reissue/Brevet Canadien, Brevet de Redelivrance]. In Eng, Fr. [ICIREPAT patent designation; Country Code = CA; Kind Code = A,B; Example: CA 1052137 A] *irr*CAN. 1,052,137 1979. *Commissioner of Patents. Ottawa-Hull, ON KIA 0E1, Cna.*
DP: NNiaN*; WAP*; Uk*; NeHB*

（2）改名刊物的著录格式

Lucrarile Institutuliu de Cercetari Alimentare. LJCAAJ. ISSN 0368-7724. (Works of the Food Research Institute). In Rom; Eng, Fr, Ger, Russ sum; Eng, Fr, Ger, Russ tc. v1 1957-v8 1966/67. [Susp 1967-71.]
RUMANIA. INSTITUTUL DE CERCETARI ALIMENTARE. LURRARILE. BUCHAREST. Changed to Lucr. Cercet., Inst. Cercet. Project, Aliment., which see.
CU 1957+; CU-A 1963+; DLC 1957-1964; DNAL 1957+; KyU-ASC 1957+; NIC 1957+ NcrS 1957+; CaOOAg 1957+; FrPU-OS 1957-1965; IiNI 1966*, 1967+; RuLA 1957-1959

（3）停刊物的著录格式

Itogi Nauki: Tekhnicheskie Nauki. INTNA9(Achievements of Science: Technical Sciences). In Russ. v1 1957-v2 1959. [Disc.]
ITOGI NAUKI: TEKHNICHESKIE NAUKI. MOSCOW.
DLC; GAT 1957; ICJ 1959; ICRL; MoKL; NIC 1959; OCoB; RPB; Uk; RuLA; RuMG

(4) 会议出版物的著录格式

① ⑭ ⑨ ② ⑲

Proceedings of the Congress of the Nordic Society for Cell Biology, 9th, University of Odense, Odense, Den., Ag 11-13, 1975 (Pub 1976). 37FXAI. ISBN 87-7492-201-7. In Eng. [Occas. sum.] Ed: Bierring, F. *Odense University Press, 36 Pjentedamsgade, DK-5000 Odense, Den.*

NORDISK FOERENING FORE CELLEFORSKNING PROCEEDING OF THE 9. CONGRESS OF THE NORDIC SOCIETY FOR CELL BIOLOGY, ODENSE, DENMARK, 1975. 1976.

AzU; CLU; CU-I; DNAL; GU; IaAS; KMK; KyU; MiU; MoKL; NIC; NcU; NjP; Uk

⑤ ⑩ ⑮ ⑬ ⑰

(5) 专题汇编的著录格式

① ⑤ ⑰ ②

Ion Chromatographic Analysis of Environmental Pollutants. 1978. 37XHAO. ISBN 0-250-40211-4. In Eng; Eng sum. Ed: Sawicki, Eugene; Mulik, James D and Wittgenstein, Eva, *Ann Arbor Sci.*

ION CHROMATOGRAPHIC ANALYSIS OF ENVIRONMENTAL POLLUTANTS. 1968.

AzTes; AzU; CPT; CU-I; CU-Riv; CU-S; Co-G; CtU; DLC; DNAL; FTaSU; FU; GU; IGI; ICarbS; IaAS; InLP; InU; KMK; KU; KyU; MiDW; MiU; MoSW; MoU; NNU; NbU; NmLcU; OTU; OU; PPD; TxBeaL; TxCM; TxDN; TxHU; TxLT; TxU; UU; YtU

⑲ ⑨ ⑮ ⑬ ⑩

(6) 交叉参考的著录格式

① 刊名交叉参考

Acta Physica Sinica. See Wu Li Hsueh Pao.

BUlletin of the Engineering Research Institue of Kyoto University. See Kyoto Daigaku Kogaku Kenkyusho Iho.

New Jersey Agricultural Experiment Station. Bulletin. See Bull.-N.J. Agric. Exp. Stn.

Zhonghua Yanke Zazhi. See Chung-hua Yen Ko Tsa Chih.

Nordic Society for Cell Biology. **Proceedings of the** Congress. 9th. 1975. See Proc. Congr. Nord. Soc. Cell Biol., 9th, 1975.

⑳ ㉑

Proceedings of the International Conference on Radiation Test Facilities for the CTR Surface and Materials Program, 1975. See Argonne Natl. Lab. [Rep.] ANT/CTR. ANL/CTR-75-4-1975.

Orientation Effects in Solid Polymers, Proceedings of the Europhysics Conference on Macromolecular Physics. 5th *Budapest*, 1976, See J. Polym. Sci. Polym. Syme.. n58 1977

Komplekanoe Ispol **zovanie** Nerndnykh Porod KMA v Stroitelstve, vl 1975. See Sb. Tr.-Mosk. Inzh.-Stroit. Inst. im. V.V. Kuibyshva Belgorod. Tekhnol. Inst. Stroit. Master., n13 1975.

㉘ ㉙

MGG. See Mol. Gen. Genet.

⑳ ㉑

② 词汇交叉参考

㉒ → Man*ufacturing*.See Manuf. ← ㉓
㉒ → Man*ufacture*.See Manuf. ← ㉓
㉒ → Ame*rican*.See Am. ← ㉓
㉕ → Na*tional* Aeronautics *and Space* Adm*inistration*.See NASA. ← ㉔
㉖ → Nihon(Except as entered below).see Nippon. ← ㉗

① 刊名全称，黑体部分为文摘中选用的缩写。

② 刊名代号。

③ 英译刊名，除法文，德文，拉丁文和西班牙文外，其他非英文的刊名，一律译成英文刊名，置于圆括号内。

④ 参考刊名。

⑤ 刊名的文种，摘要或目录。

⑥ 刊物的历史。

⑦ 刊期，均用缩写，例如，

ba(biannual)	两年刊
a(annual)	年刊
sa(semiannual)	半年刊
q(quarterly)	季刊
bm(bimonthly)	双月刊
m(monthly)	月刊
sm(semimonthly)	半月刊
bw(biweekly)	半周刊
w(weekly)	周刊
sw(semiweekly)	半月刊
d(daily)	日刊
irr(irregular)	不定期

⑧ 现期卷和年代，系指以现刊名称输入 CASSI 数据库(CASSI Data Base)时或最近的卷和年代。

⑨ 出版者地址。

⑩ 英美编目规则(AACR)采用的刊名。

⑪ 改名后的刊名。

⑫ 停刊注释。

⑬ 编辑者。

⑭ 会议的时间和地点。

⑮ 馆藏情况。

⑯ 文献提供者代码。

⑰ 发行时间。

⑱ 国际标准刊号(ISSN)。
⑲ 国际标准书号(ISBN)。
⑳ 变更刊名或交替刊名。
㉑ CASSI 中的主要缩写刊名。
㉒ 交替拼法或缩写。
㉓ 宁择拼法或缩写。
㉔ 首字母缩略词或首字母。
㉕ 首字母缩略词或首字母的解释。
㉖ 词汇或名称的非择形式。
㉗ 词汇或名称的宁择形式。
㉘ 专题性刊名。
㉙ 连续或累积刊名。

资料来源索引的检索途径：

刊名缩写 —检索→ 资料来源索引 —比较缩写词与索引中刊名全称中的黑体部分得到→ 刊名全称及全部著录

例如，利用 1980 年版资料来源索引检索“Int.J.Environ.Anal.Chem.”刊名全称。

在资料来源索引中，对照缩写词与索引中刊名全称中的黑体部分，完全一致时，即得到刊名全称(包括黑体部分和浅体部分)：

International **J**ournal of **Environ**mental **Anal**ytical **Chem**istry(国际环境分析化学杂志)

资料来源索引除正篇外，还出版季度增刊，以反映最新变化情况，必要时，可以利用，此外，在双号期的期索引之后，还编有摘录刊物一览表，可供参考。

检索实例：查 J Pharm Sci 的全称，见 242 页。

二、登记号索引

登记号索引(Registry Number Index，简称 RN)是 CA71 卷(1969 年)起新增加的一种索引。1972 年，先后出版了 72—73 合卷(1970 年)和 74—75 合卷(1971 年)。

以后，登记号索引停刊，改为《美国化学文摘社登记号手册》，其编排与使用方法与登记号索引一样。

《登记号手册》到 1977 年共出了四版。以后每五年出版一次。

1974 年首版收了 CA1965 年到 1971 年间的化合物登记号，分两册出版。第一册(R1)包括的登记号从 35—66—5 到 4599—99—9；第二册(R2)包括的登记号从 4600—00—4 到 12699—98—8。

1975 年出版了《登记号手册 1973 年补编》，分两部分出版。第一部分(Part1) 包括的登记号从 38053—95—1 到 40639—98—3；第二部分包括的登记号从 40640—00—4 到 43226—07—9。

1976 年出版《登记号手册 1974 年补编》，也是分两部分出版。第一部分包括的登记号从 43226—08—0 到 51771—99—4，第二部分包括的登记号从 51772—00—0 到 53965—2。

1977 年出版《登记号手册 1976 年补编》。第一部分包括登记号 57866—58—7 到 59671—34—0。

无论是登记号索引或《登记号手册》，都是按照号码由小到大的顺序编排。但有一点需强调说明，号码与号码之间有空档，即 57866—58—7 之后不一定是 57866—58—8，而可能是 57866—58—9。所以，欲查所需的化合物登记时，如果在某一年的登记号索引中查不到，可以利用其他年份的登记号索引或《登记号手册》来查找，就有可能查到。

登记号索引或《登记号手册》的主要用途有两个：一是从登记号查出某化合物在 CA 上的专用名称，据此再去查化学物质索引；二是从登记号查某些天然化合物、商品名化合物、习惯名化合物等的分子式，再利用此分子式去查分子式索引。

登记号在各索引和文摘中的表示方法，都是将登记号置于方括号中。如 Benzoic acid [65—85—0]；Magnesium orotate[27067—71—2]。凡化学物质名称后随之方括号内的数字，均为登记号。

为了便于读者对期刊论文和 CA 之间的相互查考，美国化学会出版的《有机化学杂志》自 1967 年(66 卷)第 3 期开始，对其上刊登的论文中涉及的化学物质，都在论文之后注有登记号。所以，记住本专业有关化学物质的登记号，对查阅 CA 是有利的。登记号索引采用电子计算机编制，到 1979 年底，CA 登记的化学物质预计接近 500 万种，比开始登记时(1965 年)增加了将近 1.5 倍。

登记号索引著录格式如下。

27042-06-4 1-Propanone,1-(3,4,6-trimethyl-3-cyclohexen-1-yl)- $C_{12}H_{20}O$ ③

27042-075 4a'(4'*H*)-Propionaphthone, 1′,5′,6′,7′,8′,8a′-hexahydro-2′,3′-dimethyl- $C_{15}H_{24}O$

27042-08-6 1-Propanone,1-(7,7a-dihydro-5,6-dimethyl-3a(4*H*)-indanyl)- $C_{14}H_{22}O$

27042-09-7 Ketone,3,4-dimethyl-6-phenyl-3-cyclohexen-1-yl methyl $C_{16}H_{20}O$ ③

① 登记号，黑体表示，按照数字大小顺序排列。

② CS 选用的化学物质名称。

③ 该化合物的分子式。

三、杂原子索引

杂原子索引(Hetero—Atom—In—Context Index)是以碳、氢以外的原子为检索标识，检索含有杂原子的化合物分子式的索引。它不提供文摘号，只作为分子式索引的辅助索引。对于某些含有杂原子的化合物，特别是含有杂原子且结构复杂的加成物、混合物、聚合物、水合物及盐类等，分子式索引标题表达不完全，因而造成检索困难。这时可以使用杂原子索引，以决定有无必要去查分子式索引。若从杂原子索引中查到欲查化合物的分子式，则表明同卷分子式索引中对该化合物已作收录，可以查阅分子式索引；否则，不必查阅分子式索引。

该索引现已取消。

四、各种索引之间的关系

CA 索引繁多，功能各异，掌握各种索引之间的关系极为重要。现将各种索引之间的关系列于图 5.2。

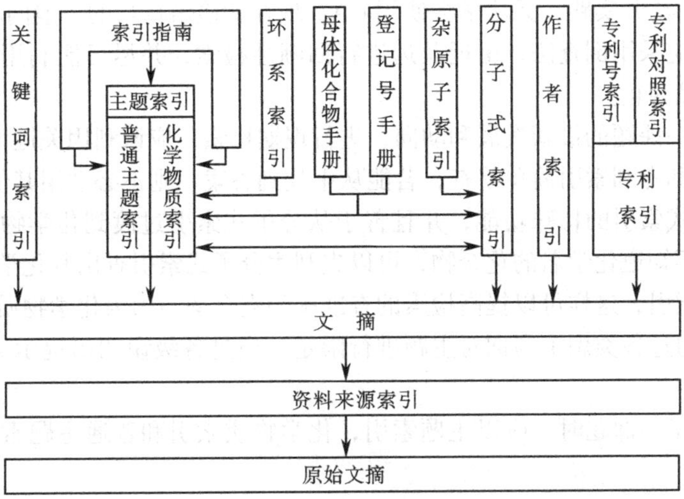

图 5.2 CA 各种索引关系

从图 5.2 可以看出，九个直接索引分别以四种途径指向文摘：

① 主题途径 { 关键词索引(KI)主题索引(SI)
化学物质索引(CS)普通主题索引(GS)

② 化学结构途径——分子式索引(FI)

③ 作者途径——作者索引(AI)

④ 专利途径 { 专利号索引(AI)
专利对照索引(PC)
专利索引(PI)

这四种途径是检索文摘的主线。其中专利途径包括三个索引，它们都是阶段性索引，专利途径仅用于特定专利号的专利文摘的检索，因而比其他三种途径的范围要小；分子式途径仅用于具体化学物质，自成一个体系；作者途径可以从作者的角度报道任何一篇文摘，具有连续性和稳定性；主题途径包括四种索引，它们也都是阶段性索引，主题途径是这四种途径中最常用和最重要的途径。化学物质索引和普通主题索引由主题索引划分而来，它们反映了主题索引的全部内容，是相辅相成的姊妹篇。这四种途径有着密切的联系和广泛的交叉，特别是化学物质索引和分子式索引。

环系索引和杂原子索引作为辅助性索引，分别指向化学物质索引和分子式索引。母体化合物手册和登记号手册作为参考性索引，指向化学物质索引和分子式索引。这四种索引都属于间接索引，与文摘没有直接联系。

索引指南是一种指导性索引，分别指向主题途径的四种索引，是这四种索引的指导工具。

资料来源索引作为文摘和原始文献之间的桥梁，是把二次文献还原为一次或三次文献的媒介。

五、检索技巧

如何选择最佳的检索途径，达到广、快、精、准的理想要求，这里涉及一个检索技巧的问题。经验证明，离开实践，无法学会使用 CA。现在就检索技巧的一般问题归纳几点。

① 检索时，应采用倒查法，由近及远进行回溯性检索，并尽可能利用累积索引，直至追寻到足够的文献为止。

② 欲了解某一课题的最新发展和动向，进行现期检索，应该利用关键词索引。

③ 作者索引和专利索引简单易查，若能从中找到答案，则不必动用其他索引。

④ 重视分子式索引的特殊功能，并且善于从分子式索引过渡到化学物质索引。对于只知道结构式，但不知道化学名的化合物，可以先利用分子式索引查出其化学名，再根据化学名去查化学物质索引，这样可以提高检索的查准率和查全率。因为化学物质索引比分子式索引著录详尽，它通过各类副主题词对主题进行限定，通过各级说明语提示文献的具体内容，便于筛选。

⑤ 系统检索某一课题时，应以主题索引，化学物质索引和普通主题索引为主线，配合使用其他索引。

⑥ 充分发挥索引指南的作用，借以解决确定主题词时遇到的困难。

⑦ 注意直接索引与间接索引的配合应用。

⑧ 熟悉索引变化沿革情况。

查阅 CA 时，应根据实际需要，灵活运用检索技巧。下面通过实例进行说明。

例如，欲查治疗高血压药物地巴唑生产方法方面的文献。

① 根据地巴唑中文名查出英文名 Dibazole。可以利用中国药典、药物化学教材或汉英词典，一般药物的中文名都采用音译名，也可以拼写出来，然后查阅 IG。

Dibazole→I.G.

See 1H—Benzimidazole，2—(phenylmethyl) —[621—72—7] →C.S.

Vol.134　prepn of (trihalomethyl) benzimidazole，(trihalomethyl)
　　Benzotriazole and (trihalomethyl) indazole,
　　Ret 207757h

Vol.133　prepn of (arylfluorohydroxyethyl) benzimidazoles.ret
　　30694m

Vol.132　prepn of nitrogen heterocycles under microwave activation
　　Pr 321830k
　　Monohydrochloride[1212—48—2]
　　Prepn of nitrogen heterocycles under microwave
　　Activation pr 321830k

仅 Vol.134—Vol.132 就检索出 pr 方面文献 4 篇，其中有一篇为盐酸盐文献。如果要查全还可以继续查下去，直至没有文献报道为止。查阅文献时，要善于使用累积索引，提高检索速度。

如要了解最新资料，可利用 Dibazole，直接查阅当年的 KI 索引。

② 如果只知道地巴唑的结构式，可利用 FI 检索，方法如下。

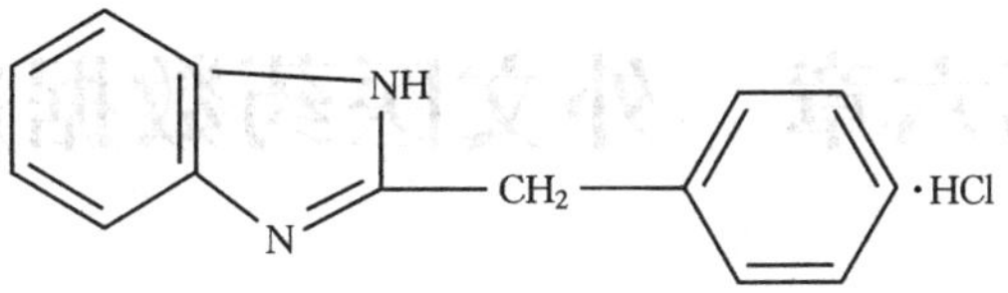

计算分子式为 $C_{14}H_{12}N_2$盐酸不计入分子式，查 FI，得

$C_{14}H_{12}N_2$

1H—Benzimidazole，2—(phenylmethyl) —[621—72—7]

monohydrochloride[1212—48—2]

然后通过化学名去检索 CS，结果同上。

第六章　外文医药数据库

第一节　美国《化学文献》光盘数据库

一、概　述

（一）数据库简介

美国《化学文摘》光盘数据库(Chemical Abstracts on CD－ROM，简称 CA on CD)是目前世界公认的最具权威性和代表性的化学文献数据库。由美国化学会下属的化学文摘社编辑出版。其内容对应于书本式《化学文摘》，美国化学文摘社从 1987 年起在出版书本式《化学文摘》的同时，出版 CA 光盘数据库，数据库分为 5 年累积版和年度版两种。5 年累积版的内容相当于书本式的第 12 次(1987～1991)和 13 次(1992～1996)累积索引，年度版则从 1996 年开始出版，每月更新一次，每年的最后一次更新版即为年度版。

CA 光盘数据库收录了世界上 150 多个国家出版的 16000 余种化学化工方面的出版物，年报道量超过 70 万篇，占世界化学化工文献总量的 98%。现介绍 CA 光盘数据库 Windows 版的检索系统。

（二）数据库结构

（1）字段

由于 CA on CD 的文献类型有期刊论文、专利文献和技术报告等不同种类，所以每条记录的字段会有所不同，常用字段及其含义如表 6.1。

表 6.1

字段名称	含　义
CA Accession Number	CA 卷号及文摘号
CAS Registry Number	化学物质登记号
Title	标题
Abstract	文摘
Author Names	作者姓名
Company Name/Corporate Source	公司名称/团体出处
Publication Year	出版年
Date, Publisher, Volume, Issue, Pagination	日期，出版者，卷，期，页码
CODEN	国际刊名代码
ISSN	国际标准连续出版物编号
Language	语种
Patent Families	同族专利
Patent Information	专利信息
Patent Assignee	专利受让人
Inventor	发明人

续表 6.1

字段名称	含　义
Application Information	申请信息
Priority Information	优先权信息
CA Section	CA 小类号和类名
Document Type	文献类型
Keywords	关键词
Index Entries	索引款目
Chemical Names (index name)	化学名称
Molecular Formula	分子式

（2）记录

如图 6.1 为 CA on CD 的一条完整的记录，其中 Keywords 之前是题录和文摘部分，Keywords 之后是数据库的索引内容。Keywords 相当于期索引的 Keyword Index，Index Entries 相当于卷索引或累积索引的主题索引，其中普通主题索引直接用主题词，化学物质索引的主题词用 CAS 登记号代替，通过点击该登记号，可以进一步知道该化合物的分子式、结构式和化合物名称等。

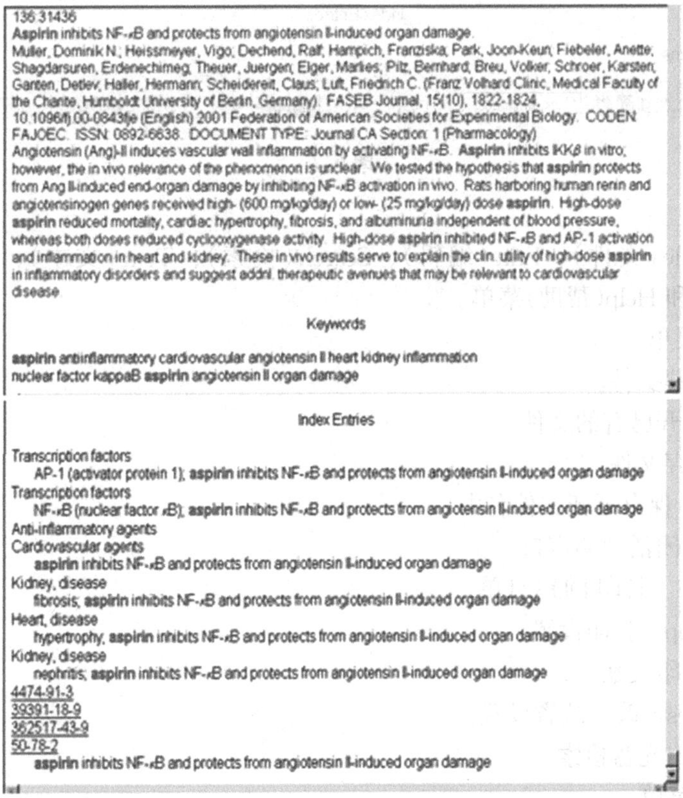
136:31436
Aspirin inhibits NF-κB and protects from angiotensin II-induced organ damage.
Muller, Dominik N.; Heissmeyer, Vigo; Dechend, Ralf; Hampich, Franziska; Park, Joon-Keun; Fiebeler, Anette; Shagdarsuren, Erdenechimeg; Theuer, Juergen; Elger, Marlies; Pilz, Bernhard; Breu, Volker; Schroer, Karsten; Ganten, Detlev; Haller, Hermann; Scheidereit, Claus; Luft, Friedrich C. (Franz Volhard Clinic, Medical Faculty of the Charite, Humboldt University of Berlin, Germany). FASEB Journal, 15(10), 1822-1824, 10.1096/fj.00-0843fje (English) 2001 Federation of American Societies for Experimental Biology. CODEN: FAJOEC. ISSN: 0892-6638. DOCUMENT TYPE: Journal CA Section: 1 (Pharmacology)
Angiotensin (Ang)-II induces vascular wall inflammation by activating NF-κB. **Aspirin** inhibits IKKβ in vitro; however, the in vivo relevance of the phenomenon is unclear. We tested the hypothesis that **aspirin** protects from Ang II-induced end-organ damage by inhibiting NF-κB activation in vivo. Rats harboring human renin and angiotensinogen genes received high- (600 mg/kg/day) or low- (25 mg/kg/day) dose **aspirin**. High-dose **aspirin** reduced mortality, cardiac hypertrophy, fibrosis, and albuminuria independent of blood pressure, whereas both doses reduced cyclooxygenase activity. High-dose **aspirin** inhibited NF-κB and AP-1 activation and inflammation in heart and kidney. These in vivo results serve to explain the clin. utility of high-dose **aspirin** in inflammatory disorders and suggest addnl. therapeutic avenues that may be relevant to cardiovascular disease.

Keywords

aspirin antiinflammatory cardiovascular angiotensin II heart kidney inflammation
nuclear factor kappaB **aspirin** angiotensin II organ damage

Index Entries

Transcription factors
AP-1 (activator protein 1); **aspirin** inhibits NF-κB and protects from angiotensin II-induced organ damage
Transcription factors
NF-κB (nuclear factor κB); **aspirin** inhibits NF-κB and protects from angiotensin II-induced organ damage
Anti-inflammatory agents
Cardiovascular agents
aspirin inhibits NF-κB and protects from angiotensin II-induced organ damage
Kidney, disease
fibrosis; **aspirin** inhibits NF-κB and protects from angiotensin II-induced organ damage
Heart, disease
hypertrophy; **aspirin** inhibits NF-κB and protects from angiotensin II-induced organ damage
Kidney, disease
nephritis; **aspirin** inhibits NF-κB and protects from angiotensin II-induced organ damage
4474-91-3
39391-18-9
362517-43-9
50-78-2
aspirin inhibits NF-κB and protects from angiotensin II-induced organ damage

图 6.1

二、数据库检索系统

CA on CD 的检索主界面如图 6.2，可以分成三个部分：菜单栏、工具栏和显示区。

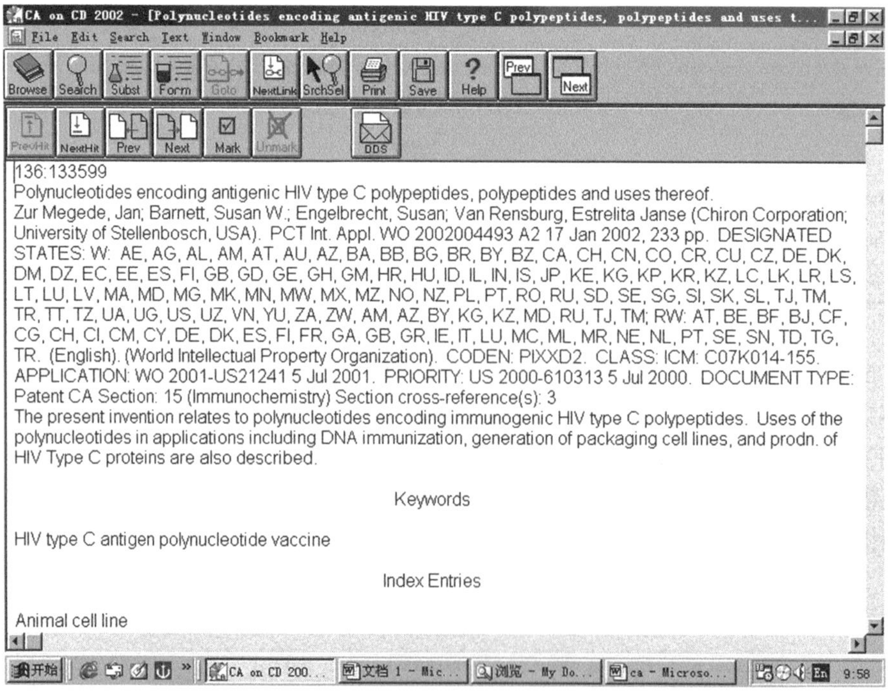

图 6.2

（一）菜单栏

菜单栏有 File(文件)、Edit(编辑)、Search(检索)、Text(文本)、Window(窗口)、Bookmark(书签)和 Help(帮助)菜单。

(1) File 子菜单

① New。新建文件。

② Open。打开已有的文件。

③ Save。保存文件。

④ Save AS。保存至新文件名中。

⑤ Close。关闭活动的窗口。

⑥ Print DDS。打印 DDS 订单。

⑦ Print Setup。打印设置。

⑧ Print。打印文献。

⑨ Preferences。改变缺省设置。

⑩ Exit。退出光盘检索。

(2) Edit 子菜单

① Undo。撤销上一步操作。

② Cut。剪切。

③ Copy。复制。

④ Paste。粘贴。

(3) Search 子菜单

① Index Browse。进入浏览检索状态。

② Word Search。进入词条检索状态。

③ Substance Hierarchy。进入化学物质检索状态。

④ Formula Hierarchy。进入分子式检索状态。

⑤ Search for Selection。从显示的记录中选词检索。

⑥ Link to Selection。链接含光标后文本词的所有文献。

(4) Text 子菜单

① Font。改变字的字体、字形和字号。

② View。按照文献方式或全记录方式(含字段名)显示文献。

(5) Window 子菜单

① Cascade。窗口重叠排列。

② Title。窗口平铺排列。

③ Arrange Icons。在主窗口安排图标。

④ Close All。关闭所有窗口。

⑤ Windows Title。列出前九个打开的窗口。

(6) Bookmark 子菜单

① Bookmark List。显示当前书签列表对话框。

② Add。添加书签至书签列表对话框。

(7) Help 子菜单

① Contents。帮助。

② About。CA 版权说明。

(二) 工具栏

工具栏包括各种功能按钮，详见下面的介绍。

浏览检索

词条检索

化学物质检索

分子式检索

显示登记号对应物质的化学记录

移至下一个 CAS 登记号或专利号

按选择的检索词重新检索

打印正在浏览或已标记的记录

保存正在浏览或已标记的记录

帮助

后退

前进

移动光标至前一个检索词

移动光标至后一个检索词

显示上一篇文献

显示下一篇文献

标记单个文献

取消标记的单个文献

打印 DDS 订单

标记检索结果中的所有文献标题

取消所有已标记的文献

打印已标记的文献

保存已标记的文献

打印标记文献的 DDS 定单

（三）显示区

在该区域显示检索结果，详见后面相关内容的介绍。

三、常用检索途径

CA on CD 提供了四种基本检索途径，即 Index Browse(浏览检索)、Word Search(词条检索)、Substance Hierarchy(化学物质检索)、Formula Hierarchy(分子式检索)。

（一）浏览检索

浏览检索适用于在对系统使用的检索词不很熟悉的情况使用，根据系统提供的词表来选择正确的检索词，其方法如下。

① 在“Search”下拉菜单中选择“Index Browse”或直接点击[Browse]按钮，即可进入浏览检索状态。

② 如图 6.3，在该界面下，可在 Find 后的检索式输入框输入欲检索的检索式。

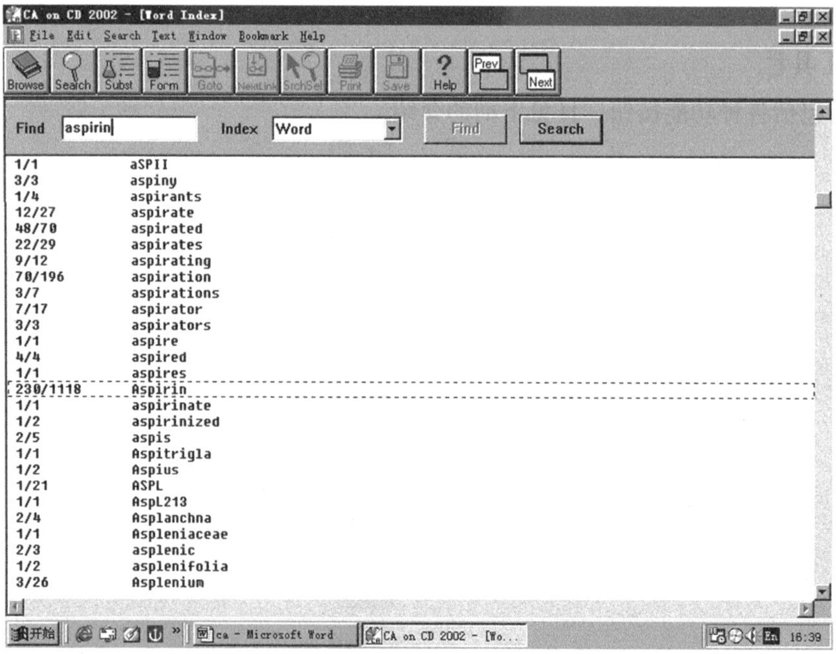

图 6.3

③ 在 Index 下拉菜单中选择欲检索的字段名称，默认字段为 Word 字段，字段及字段含义及检索举例如表 6.2。

表 6.2

字段名称	含　义	举　例
Word	文献标题、文摘、关键词等中出现的词	Aspirin
CAS RN	化学物质登记号	50-78-2
Author	作者姓名	Smith, a.b.
Gen.Subj.	普通主题索引主题词	Ginseng
Patent No.	专利号	US 137088
Formula	化学物质分子式	$C_{16}h_{10}$
Compound	化合物名称	1H-purine-2-amine
CAN	CA 的文摘号	136:10002
Organization	机构名称	Golden bay company
Org words	机构名称中出现的单个词	Usa
Journal	期刊名称的缩写	Yaoxue Xuebao
Language	语种	Chinese
Year	出版年	1997
Doc.Type	文献类型	Patent
CA Section	CA 中的小类号	15
Update	数据库更新代码	1996-02 或 136-17

系统在显示区显示的内容从左至右依次为：含有该检索式的记录数、该检索式出现的频次、输入的检索式。

④ 直接点击[Search]按钮或双击浏览窗口中出现的检索词，即可完成对选定条件的检索，如图 6.4，在显示区列出检出文献的标题及输入的检索式在该记录中出现的频次。

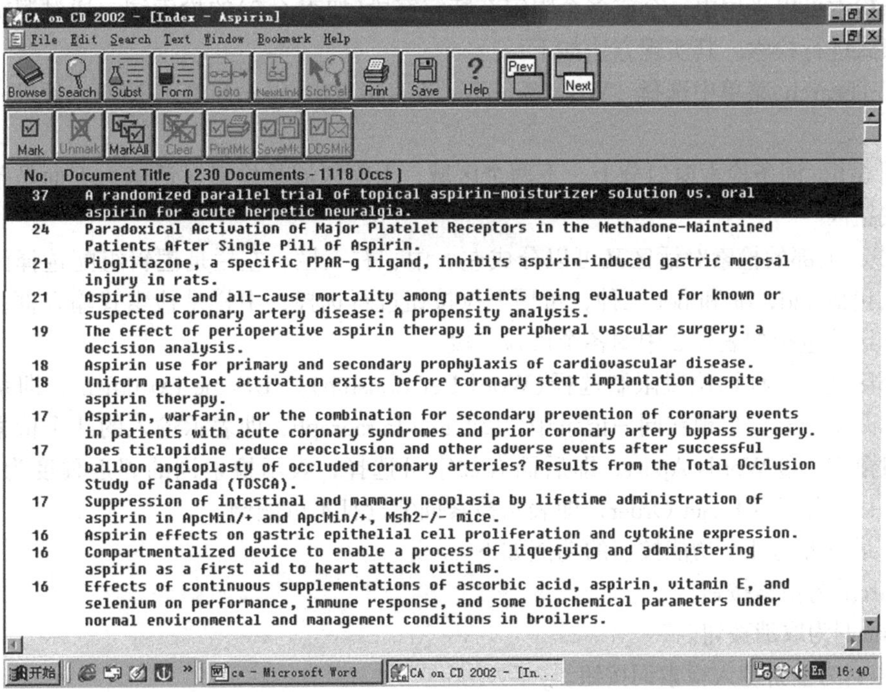

图 6.4

⑤ 双击检中文献的标题，即可阅读该条文献的文摘，如图 6.5，进入文摘显示窗口。

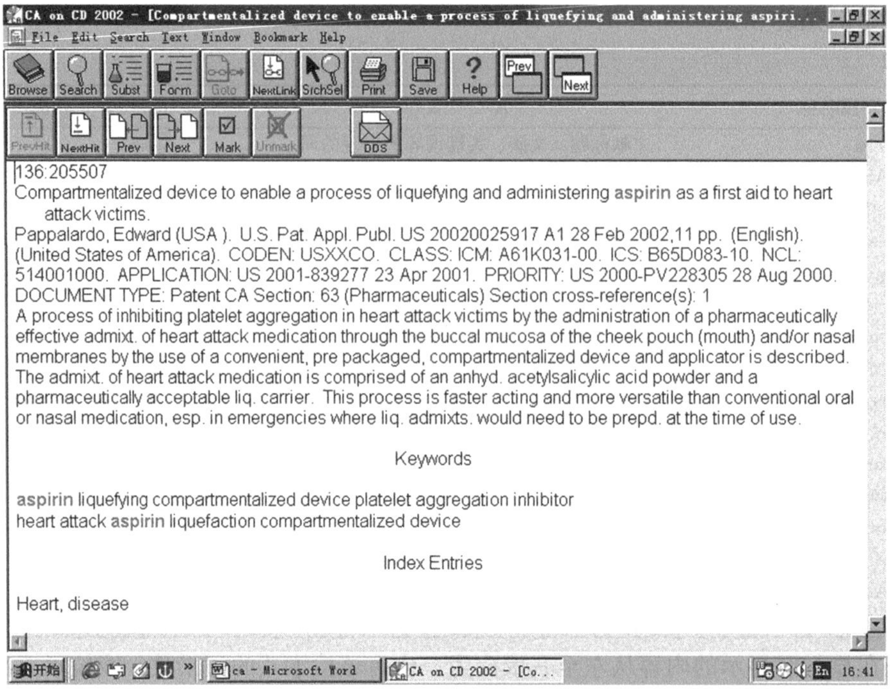

图 6.5

（二）词条检索

词条检索可以采用由一个或多个限定在特定字段（如表 6.2）的检索词，通过逻辑运算构建的检索式进行检索。其实现方法如下。

① 在[Search]菜单中选择“Word Search”或直接点击[Search]工具按钮，便进入词条检索状态。

如图 6.6，词条检索窗口分上、下两个区域，上面区域是检索对话区，下面是条件限制和功能按钮区。

其中，上部的检索对话区又可以分成左、中、右三栏。左栏是逻辑组配选择区，逻辑组配方式包括 and，or 和 not 三种，可用下拉按钮进行选择；中栏是检索式输入框；右栏为字段选择区，包括如表 6.2 中的各个可检字段。

下部区域有 4 种词位置限制选择（Word Relationship）。①Same Document，即系统默认值，表示几个检索词出现在同一记录中。②Same Paragraph，即表示输入的几个检索词出现在同一段落中。③Words Apart，即后面有数字可选择，表示检索词的邻近程度为几个词，且顺序可以颠倒。④Exact Order，即表示检索词邻近且不可颠倒。

窗口最下方为几个功能按钮的功能如下。

[Search]为检索按钮。

[Cancel]为取消按钮。

[Reset]为重新键入检索词按钮。

[Paste]为粘贴按钮。

[Help]为帮助按钮。

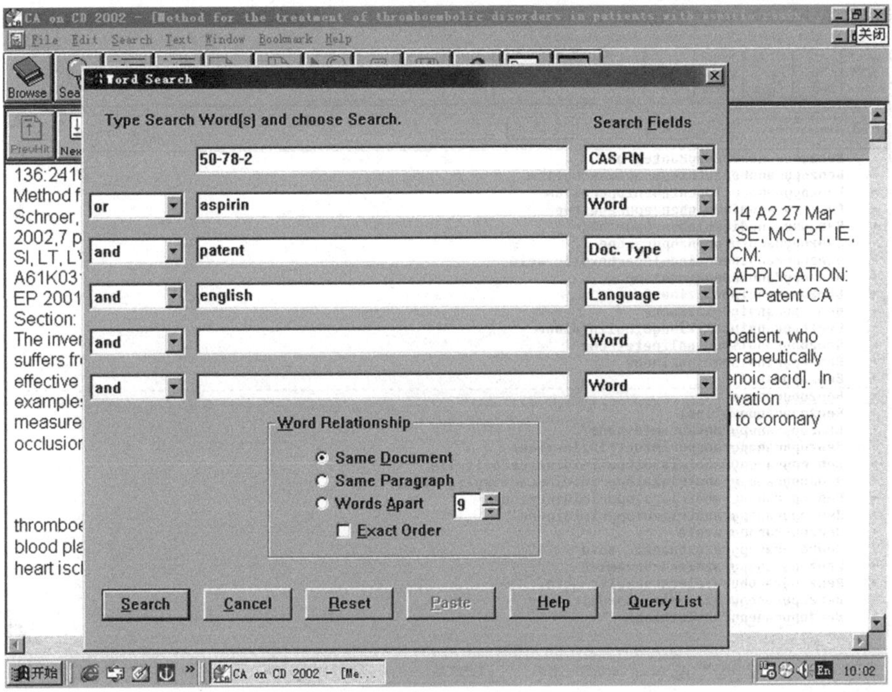

图 6.6

[Query List]为保存及调用检索策略按钮。

② 在检索式输入框输入检索词，选择字段名及逻辑关系。如欲检索登记号为50-78-2或名称为aspirin的英文专利文献，可按图6.6进行操作。

③ 点击[Search]按钮，系统便开始检索，进入检索结果窗口，列出检出文献的标题，如欲查看某篇文献的文摘内容，可以双击该标题，进入文摘显示窗口。

另外，在输入检索词时，可以使用截词符“*”和通配符“?”，其中“*”代表无限个字符，而“?”代表一个字符，检索者可以根据需要进行选择。

（三）化学物质检索

化学物质检索的方法与书本式化学物质索引基本相同，是按照化学物质的母体名称进行检索。现以Naringenin（柑橘素），化学名为4H-1-Benzopyran-4-One，2，3-dihydro-5，7-dihydroxy-2-(4-hydroxyphenyl)-(2S)-[480-41-1]为例，对该检索途径进行介绍。

① 从[Search]菜单中选择“Substance Hierarchy”或直接点击[Subst]按钮，系统便进入化学物质检索界面。

② 在Find后的检索式输入框输入柑橘素的母体名称benzopyranone，如图6.7，系统便会在化学物质列表中找到该母体名称。

注意：在化学物质主题词前有“+”时，表示该类还有下级类目，点击[Expand]按钮或直接双击主题词可以进行扩展；在化学物质主题词前有“-”时，表示该主题词有上位主题词，点击[Collapse]按钮或直接双击该主题词，可以进行折返，即返回上一级主题词；如主题词前既无“+”，也无“-”时，而有CAS登记号者，点击[Document]按钮或直接双击该主题词，可以检索到文献。

另外，化合物后常带有Qualified，Substituted，Stereo和Modified等词汇。

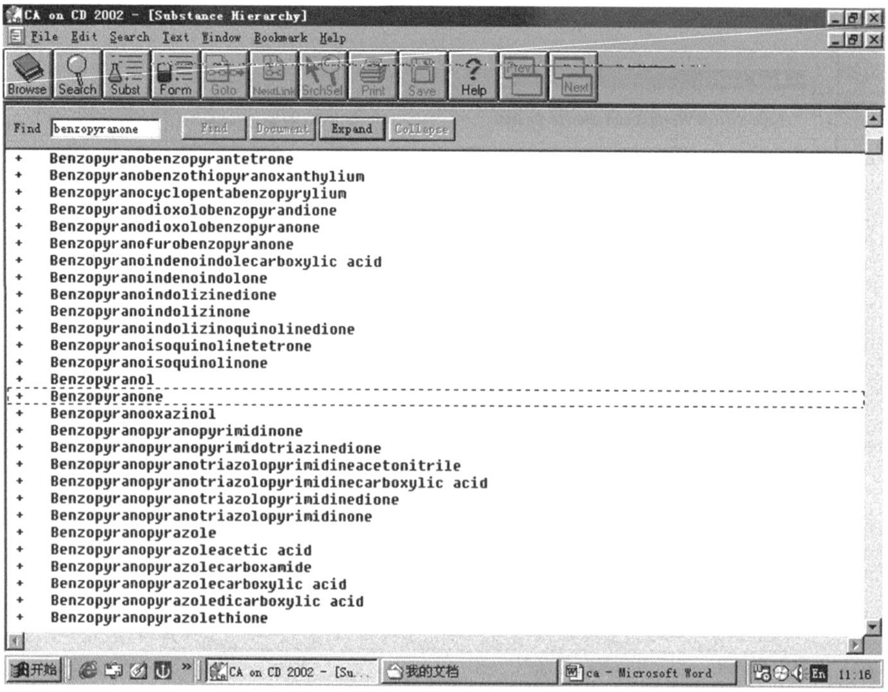

图 6.7

• Qualified。表示该化学物质主题词可以按照“type of study”(研究类型)和“type of modification”(化学功能基类型)等副主题词进一步细分，详见手工检索中 CA 的介绍。

• Substituted。表示该化学物质主题词下位类含取代基。

• Modified。表示该化学物质主题词可以按照衍生物、同位素和离子进一步细分。

• Stereo。表示该化学物质主题词可以按照立体化学异构(R or S，D or L，cis or trans)进一步细分。

在该例中，Benzopyranone 前有“+”，因此可以点击[Expand]按钮进行扩展，如图 6.8。

③ 在 Benzopyranone 的下位主题词中找到 4H-1-Benzopyran-4-one，后有 Substituted，意即有取代基，再次点击[Expand]按钮，如图 6.9。

在各种取代基中找到-，2，3-dihydro-5，7-dihydroxy-2-(4-hydroxyphenyl)，其后有 Stereo，意即有立体构型，再点击[Expand]按钮，如图 6.10。

④ 找到欲检索的化学物质名称，其后有登记号，与该物质对应，点击[Document]按钮，即可完成对该主题词的检索，如图 6.11，共找到 37 条符合条件的记录，双击文献标题，可以进入文摘显示窗口。

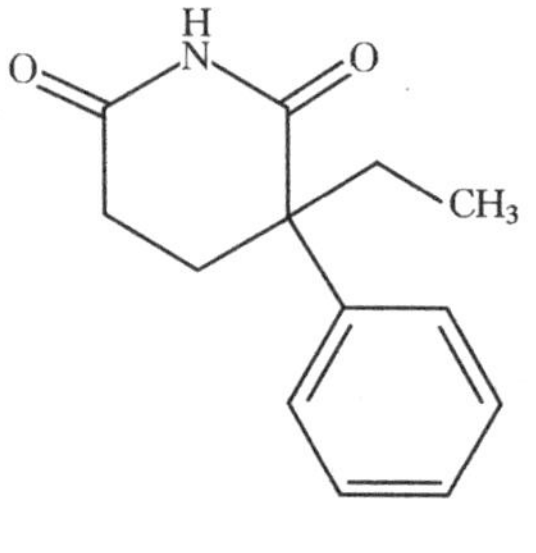

(四) 分子式检索

分子式检索是通过化合物分子式检索文献，尤其适用于结构复杂、分子量大且异构体少的化合物的检索。分子式检索中分子式的排列与书本式分子式索引完全相同，即按照 Hill 系统编排。

以右面的结构为例来说明分子式检索的步骤。

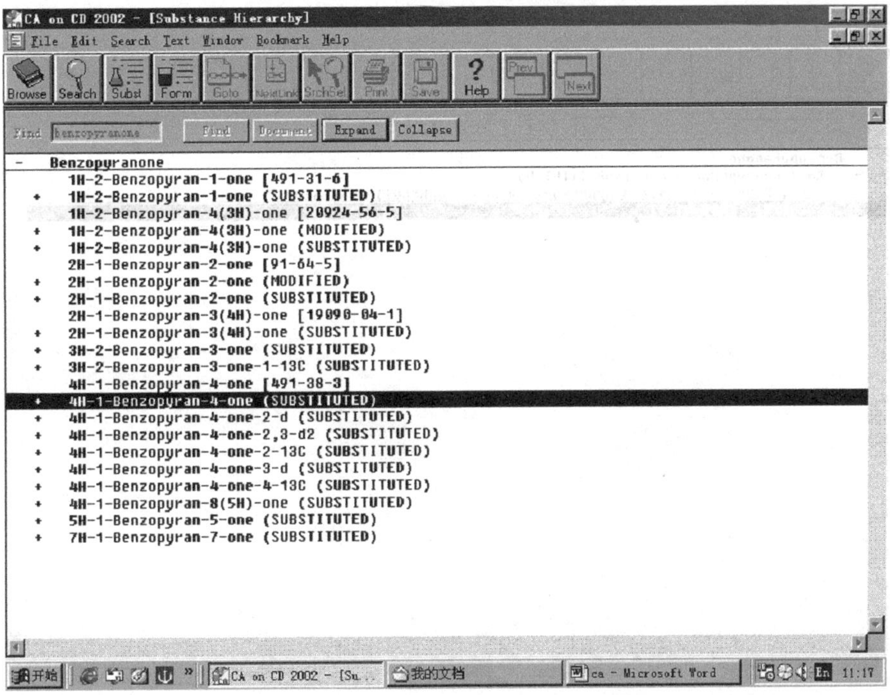
CA on CD 2002 - [Substance Hierarchy]
File Edit Search Text Window Bookmark Help
Browse Search Subst Form Goto NextLink StrchSel Print Save Help Prev Next
Find benzopyranone Find Document Expand Collapse
- Benzopyranone
1H-2-Benzopyran-1-one [491-31-6]
+ 1H-2-Benzopyran-1-one (SUBSTITUTED)
1H-2-Benzopyran-4(3H)-one [20924-56-5]
+ 1H-2-Benzopyran-4(3H)-one (MODIFIED)
+ 1H-2-Benzopyran-4(3H)-one (SUBSTITUTED)
2H-1-Benzopyran-2-one [91-64-5]
+ 2H-1-Benzopyran-2-one (MODIFIED)
+ 2H-1-Benzopyran-2-one (SUBSTITUTED)
2H-1-Benzopyran-3(4H)-one [19090-04-1]
+ 2H-1-Benzopyran-3(4H)-one (SUBSTITUTED)
+ 3H-2-Benzopyran-3-one (SUBSTITUTED)
+ 3H-2-Benzopyran-3-one-1-13C (SUBSTITUTED)
4H-1-Benzopyran-4-one [491-38-3]
+ 4H-1-Benzopyran-4-one (SUBSTITUTED)
+ 4H-1-Benzopyran-4-one-2-d (SUBSTITUTED)
+ 4H-1-Benzopyran-4-one-2,3-d2 (SUBSTITUTED)
+ 4H-1-Benzopyran-4-one-2-13C (SUBSTITUTED)
+ 4H-1-Benzopyran-4-one-3-d (SUBSTITUTED)
+ 4H-1-Benzopyran-4-one-4-13C (SUBSTITUTED)
+ 4H-1-Benzopyran-8(5H)-one (SUBSTITUTED)
+ 5H-1-Benzopyran-5-one (SUBSTITUTED)
+ 7H-1-Benzopyran-7-one (SUBSTITUTED)
开始 CA on CD 2002 - [Su... 我的文档 ca - Microsoft Word En 11:17

图 6.8

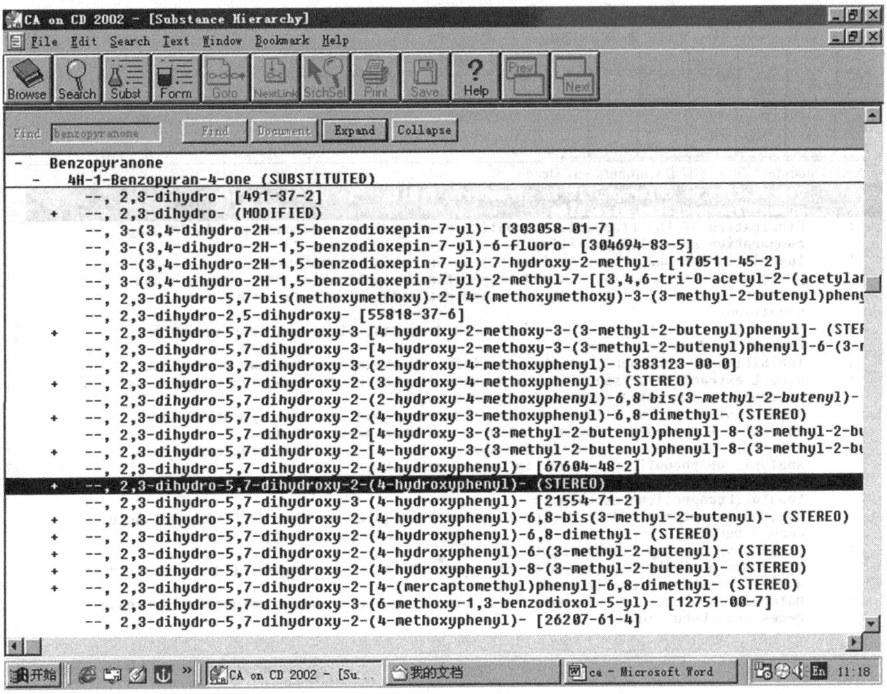
CA on CD 2002 - [Substance Hierarchy]
File Edit Search Text Window Bookmark Help
Browse Search Subst Form Goto NextLink StrchSel Print Save Help Prev Next
Find benzopyranone Find Document Expand Collapse
- Benzopyranone
- 4H-1-Benzopyran-4-one (SUBSTITUTED)
--, 2,3-dihydro- [491-37-2]
+ --, 2,3-dihydro- (MODIFIED)
--, 3-(3,4-dihydro-2H-1,5-benzodioxepin-7-yl)- [303058-01-7]
--, 3-(3,4-dihydro-2H-1,5-benzodioxepin-7-yl)-6-fluoro- [304694-83-5]
--, 3-(3,4-dihydro-2H-1,5-benzodioxepin-7-yl)-7-hydroxy-2-methyl- [170511-45-2]
--, 3-(3,4-dihydro-2H-1,5-benzodioxepin-7-yl)-2-methyl-7-[[3,4,6-tri-O-acetyl-2-(acetylar
--, 2,3-dihydro-5,7-bis(methoxymethoxy)-2-[4-(methoxymethoxy)-3-(3-methyl-2-butenyl)phen
--, 2,3-dihydro-2,5-dihydroxy- [55818-37-6]
+ --, 2,3-dihydro-5,7-dihydroxy-3-[4-hydroxy-2-methoxy-3-(3-methyl-2-butenyl)phenyl]- (STER
--, 2,3-dihydro-5,7-dihydroxy-3-[4-hydroxy-2-methoxy-3-(3-methyl-2-butenyl)phenyl]-6-(3-
--, 2,3-dihydro-3,7-dihydroxy-3-(2-hydroxy-4-methoxyphenyl)- [383123-00-0]
+ --, 2,3-dihydro-5,7-dihydroxy-2-(3-hydroxy-4-methoxyphenyl)- (STEREO)
--, 2,3-dihydro-5,7-dihydroxy-2-(2-hydroxy-4-methoxyphenyl)-6,8-bis(3-methyl-2-butenyl)-
+ --, 2,3-dihydro-5,7-dihydroxy-2-(4-hydroxy-3-methoxyphenyl)-6,8-dimethyl- (STEREO)
--, 2,3-dihydro-5,7-dihydroxy-2-[4-hydroxy-3-(3-methyl-2-butenyl)phenyl]-8-(3-methyl-2-bu
+ --, 2,3-dihydro-5,7-dihydroxy-2-[4-hydroxy-3-(3-methyl-2-butenyl)phenyl]-8-(3-methyl-2-bu
--, 2,3-dihydro-5,7-dihydroxy-2-(4-hydroxyphenyl)- [67604-48-2]
+ --, 2,3-dihydro-5,7-dihydroxy-2-(4-hydroxyphenyl)- (STEREO)
--, 2,3-dihydro-5,7-dihydroxy-3-(4-hydroxyphenyl)- [21554-71-2]
+ --, 2,3-dihydro-5,7-dihydroxy-2-(4-hydroxyphenyl)-6,8-bis(3-methyl-2-butenyl)- (STEREO)
+ --, 2,3-dihydro-5,7-dihydroxy-2-(4-hydroxyphenyl)-6,8-dimethyl- (STEREO)
+ --, 2,3-dihydro-5,7-dihydroxy-2-(4-hydroxyphenyl)-6-(3-methyl-2-butenyl)- (STEREO)
+ --, 2,3-dihydro-5,7-dihydroxy-2-(4-hydroxyphenyl)-8-(3-methyl-2-butenyl)- (STEREO)
+ --, 2,3-dihydro-5,7-dihydroxy-2-[4-(mercaptomethyl)phenyl]-6,8-dimethyl- (STEREO)
--, 2,3-dihydro-5,7-dihydroxy-3-(6-methoxy-1,3-benzodioxol-5-yl)- [12751-00-7]
--, 2,3-dihydro-5,7-dihydroxy-2-(4-methoxyphenyl)- [26207-61-4]
开始 CA on CD 2002 - [Su... 我的文档 ca - Microsoft Word En 11:18

图 6.9

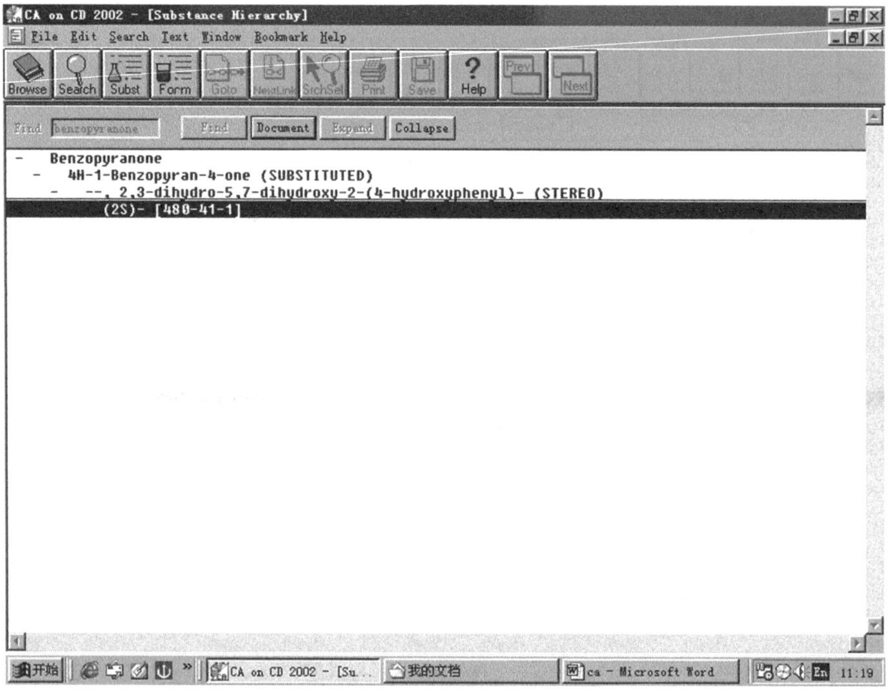
CA on CD 2002 - [Substance Hierarchy]
File Edit Search Text Window Bookmark Help
Browse Search Subst Form Goto NextLink SrchSel Print Save Help Prev Next
Find benzopyranone Find Document Expand Collapse
- Benzopyranone
- 4H-1-Benzopyran-4-one (SUBSTITUTED)
- --, 2,3-dihydro-5,7-dihydroxy-2-(4-hydroxyphenyl)- (STEREO)
(2S)- [480-41-1]
开始 CA on CD 2002 - [Su... 我的文档 ca - Microsoft Word En 11:19

图 6.10

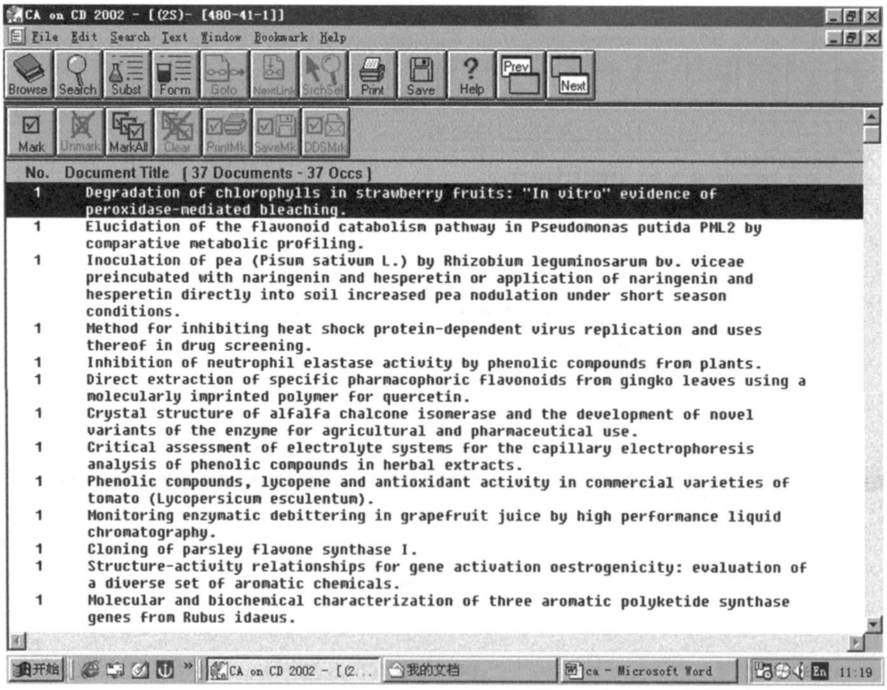
CA on CD 2002 - [(2S)- [480-41-1]]
File Edit Search Text Window Bookmark Help
Browse Search Subst Form Goto NextLink SrchSel Print Save Help Prev Next
Mark Unmark MarkAll Clear PrintMk SaveMk DDSMrk
No. Document Title [37 Documents - 37 Occs]
1 Degradation of chlorophylls in strawberry fruits: "In vitro" evidence of peroxidase-mediated bleaching.
1 Elucidation of the flavonoid catabolism pathway in Pseudomonas putida PML2 by comparative metabolic profiling.
1 Inoculation of pea (Pisum sativum L.) by Rhizobium leguminosarum bv. viceae preincubated with naringenin and hesperetin or application of naringenin and hesperetin directly into soil increased pea nodulation under short season conditions.
1 Method for inhibiting heat shock protein-dependent virus replication and uses thereof in drug screening.
1 Inhibition of neutrophil elastase activity by phenolic compounds from plants.
1 Direct extraction of specific pharmacophoric flavonoids from gingko leaves using a molecularly imprinted polymer for quercetin.
1 Crystal structure of alfalfa chalcone isomerase and the development of novel variants of the enzyme for agricultural and pharmaceutical use.
1 Critical assessment of electrolyte systems for the capillary electrophoresis analysis of phenolic compounds in herbal extracts.
1 Phenolic compounds, lycopene and antioxidant activity in commercial varieties of tomato (Lycopersicum esculentum).
1 Monitoring enzymatic debittering in grapefruit juice by high performance liquid chromatography.
1 Cloning of parsley flavone synthase I.
1 Structure-activity relationships for gene activation oestrogenicity: evaluation of a diverse set of aromatic chemicals.
1 Molecular and biochemical characterization of three aromatic polyketide synthase genes from Rubus idaeus.
开始 CA on CD 2002 - [(2... 我的文档 ca - Microsoft Word En 11:19

图 6.11

① 计算出该化合物的分子式为 $C_{13}H_{15}NO_2$，其化学名为 2，6-piperidinedione，3-ethyl-3- phenyl-。

② 选择"Search"菜单中的"Formula Hierarchy"或直接点击[Form]按钮，即可进入分子式检索状态，如图 6.12。

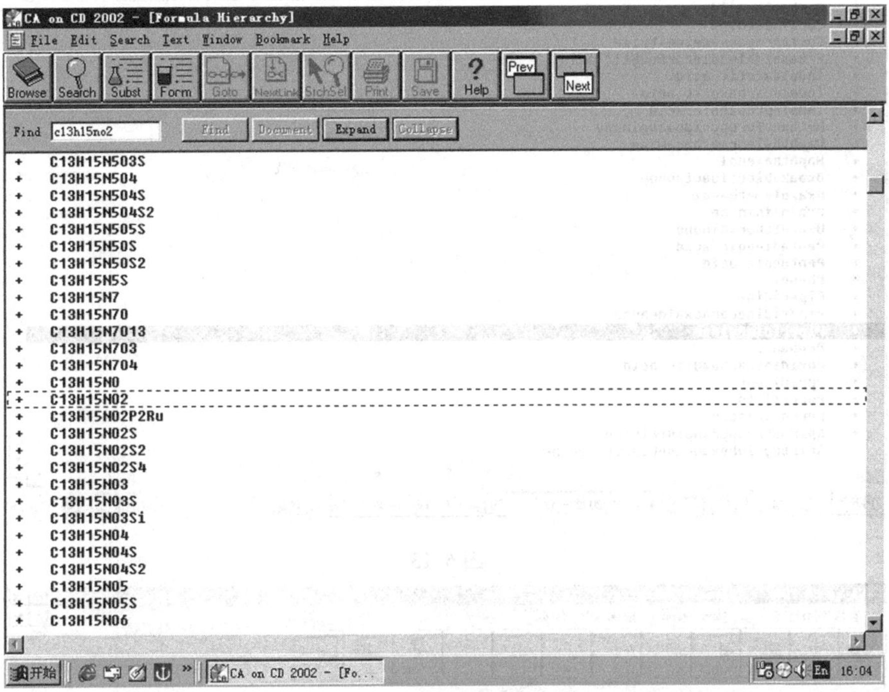

图 6.12

③ 在 Find 后的输入框输入分子式 $C_{13}H_{15}NO_2$，光标指向输入的分子式，分子式前有"+"，点击[Expand]按钮或直接双击该分子式，进入下一个检索步骤，如图 6.13。

④ 在图 6.13 的界面中，可以见系统列出所有分子式为 $C_{13}H_{15}NO_2$ 的同分异构体的母体名称，而不是整个化学名，找到 Piperidinedione，其前有"+"，表示还有下位主题词，点击[Expand]按钮或直接双击该化学名，进入下一检索步骤，如图 6.14。

⑤ 在 Piperidinedione 的下位主题词中，选择 2，6-Piperidinedione，其后有 Substituted，意为有取代基，点击[Expand]按钮或直接双击该化学名，如图 6.15。

⑥ 在取代基中选择与该结构对应的 3-ethyl-3-phenyl，其后有 CAS 登记号，可以直接检索。

⑦ 点击[Document]按钮或直接双击该化学名，便会检索到该化合物的文献，如图 6.16，命中文献 5 篇。

（五）其他检索方式

检索者在浏览文献记录时，可以选择更加贴近的检索词进行检索，即选词检索，其方法如下。

① 用鼠标选择欲检索的词。

② 点击[Srchsel]按钮或从"Search"菜单中选择"Search for Selection"，即可对选择的词进行检索。

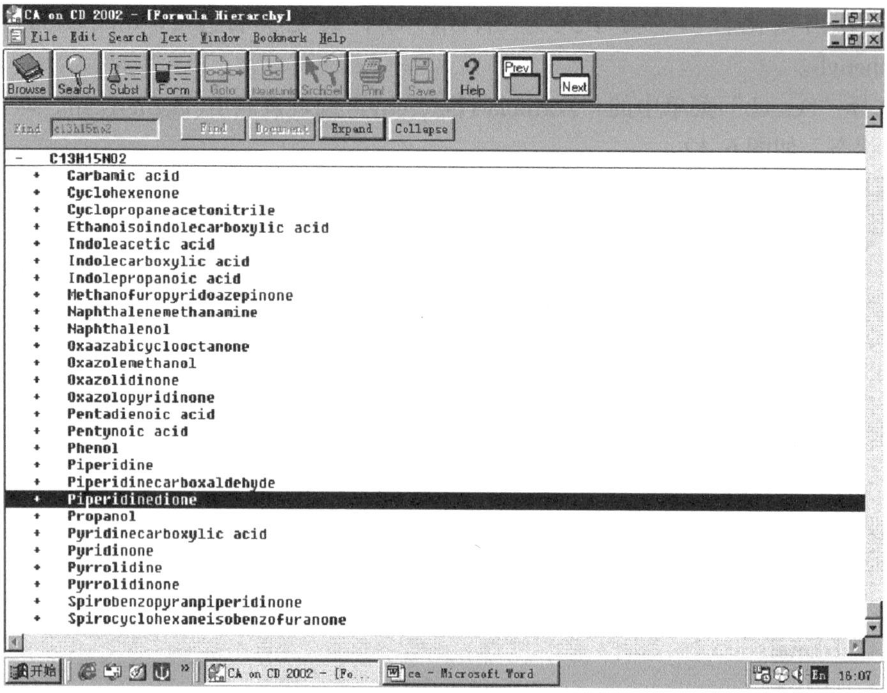
CA on CD 2002 - [Formula Hierarchy]
File Edit Search Text Window Bookmark Help
Browse Search Subst Form Goto NextLink SrchSel Print Save Help Prev Next
Find c13h15no2 Find Document Expand Collapse
- C13H15NO2
+ Carbamic acid
+ Cyclohexenone
+ Cyclopropaneacetonitrile
+ Ethanoisoindolecarboxylic acid
+ Indoleacetic acid
+ Indolecarboxylic acid
+ Indolepropanoic acid
+ Methanofuropyridoazepinone
+ Naphthalenemethanamine
+ Naphthalenol
+ Oxaazabicyclooctanone
+ Oxazolemethanol
+ Oxazolidinone
+ Oxazolopyridinone
+ Pentadienoic acid
+ Pentynoic acid
+ Phenol
+ Piperidine
+ Piperidinecarboxaldehyde
+ Piperidinedione
+ Propanol
+ Pyridinecarboxylic acid
+ Pyridinone
+ Pyrrolidine
+ Pyrrolidinone
+ Spirobenzopyranpiperidinone
+ Spirocyclohexaneisobenzofuranone
开始
CA on CD 2002 - [Fo...
ca - Microsoft Word
En 16:07

图 6.13

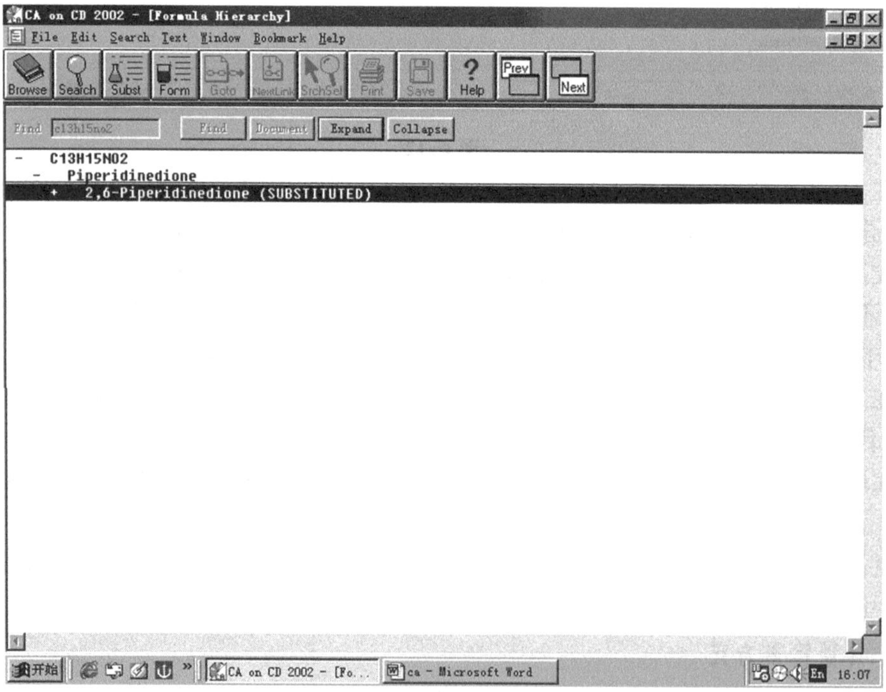
CA on CD 2002 - [Formula Hierarchy]
File Edit Search Text Window Bookmark Help
Browse Search Subst Form Goto NextLink SrchSel Print Save Help Prev Next
Find c13h15no2 Find Document Expand Collapse
- C13H15NO2
- Piperidinedione
+ 2,6-Piperidinedione (SUBSTITUTED)
开始
CA on CD 2002 - [Fo...
ca - Microsoft Word
En 16:07

图 6.14

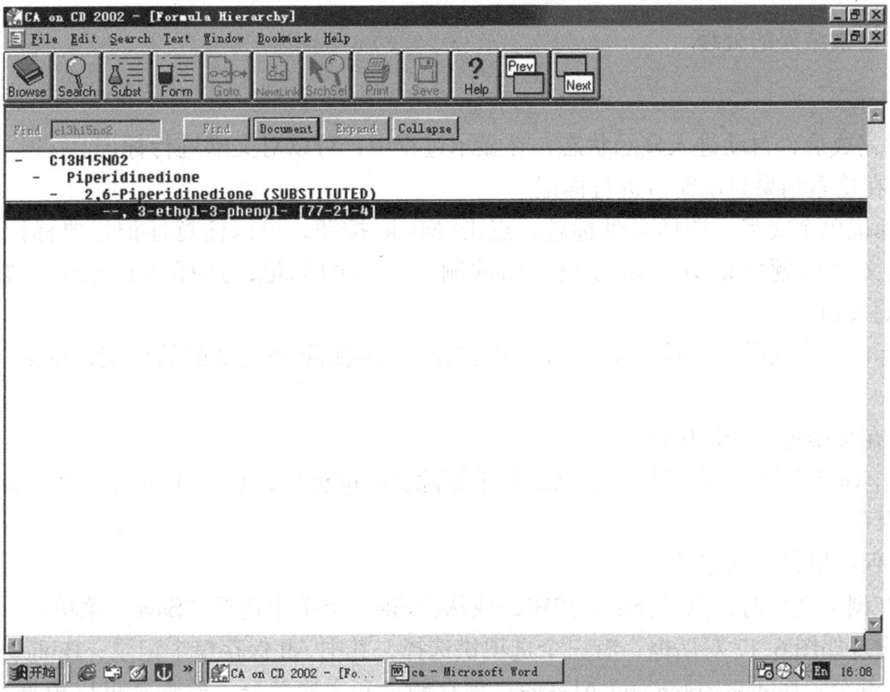
CA on CD 2002 - [Formula Hierarchy]
File Edit Search Text Window Bookmark Help
Browse Search Subst Form Goto NextLink SrchSel Print Save Help Prev Next
Find c13h15no2 Find Document Expand Collapse
- C13H15NO2
- Piperidinedione
- 2,6-Piperidinedione (SUBSTITUTED)
--, 3-ethyl-3-phenyl- [77-21-4]
开始
CA on CD 2002 - [Fo...
ca - Microsoft Word
En 16:08

图 6.15

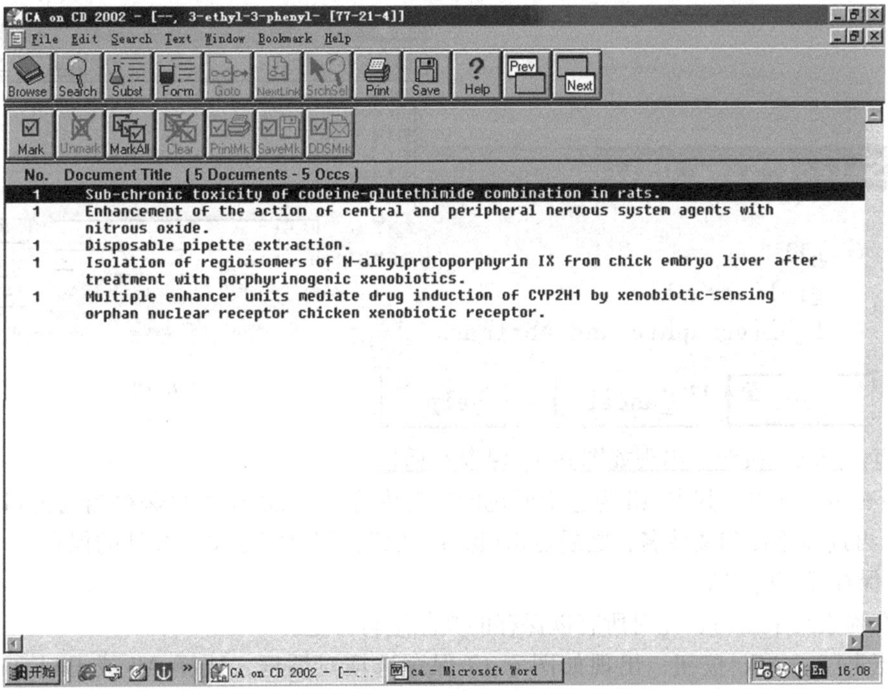
CA on CD 2002 - [--, 3-ethyl-3-phenyl- [77-21-4]]
File Edit Search Text Window Bookmark Help
Browse Search Subst Form Goto NextLink SrchSel Print Save Help Prev Next
Mark Unmark MarkAll Clear PrintMk SaveMk DDSMrk
No. Document Title (5 Documents - 5 Occs)
1 Sub-chronic toxicity of codeine-glutethimide combination in rats.
1 Enhancement of the action of central and peripheral nervous system agents with nitrous oxide.
1 Disposable pipette extraction.
1 Isolation of regioisomers of N-alkylprotoporphyrin IX from chick embryo liver after treatment with porphyrinogenic xenobiotics.
1 Multiple enhancer units mediate drug induction of CYP2H1 by xenobiotic-sensing orphan nuclear receptor chicken xenobiotic receptor.
开始
CA on CD 2002 - [--...
ca - Microsoft Word
En 16:08

图 6.16

四、检索结果的处理

1. 显示

检索完成后，自动进入显示状态，在显示过程中，可以对文献进行标记。

(1) 在检索结果显示窗口进行标记

① 标记单个文献。选择文献标题，点击[Mark]按钮，可以任意标记想要标记的文献，标记后的文献标题之前有一小方块。如欲删除文献的标记，选择该记录的标题，点击[Unmark]按钮。

② 标记所有文献。直接点击[MarkAll]按钮，如欲删除所有文献的标记，点击[Clear]按钮。

(2) 在文摘窗口进行标记

点击[Mark]按钮，即可标记文献，如欲删除文献的标记，点击[Unmark]按钮即可。

2. 保存

(1) 保存单条文献记录

① 在浏览文摘时，点击[Save]按钮，或从“File”菜单中选择“Save”菜单。

② 出现如图 6.17 对话框，有三个选项供选择，其中 All 保存整个记录；Bibliographic 只保存题录部分；Bibliographic and Abstracts 保存题录和文摘部分。检索者可以根据实际需要去选择。

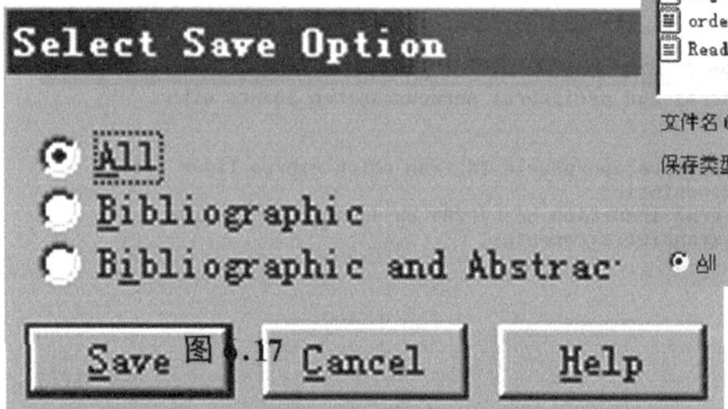

图 6.17

图 6.18

③ 点击[Save]按钮，出现如图 6.18 保存对话框。

下面有两个选项，其中 All 为②中所选的所有内容；Window 为只保存当前窗口的内容，选择后，再选择路径和文件名，之后点击[保存]按钮，即可完成单个文件的保存。

(2) 保存标记的文献

① 在检索结果窗口，先对所有欲保存的文献进行标记。

② 点击[SaveMk]按钮，出现如图 6.17 保存选项对话框，选择 All 或 Bibliographic 或 Bibliographic and Abstrac，之后点击[Save]按钮。

③ 出现类似 6.18 保存对话框，选择路径和文件名后，即可完成对标记文献的保存。

(3) 保存文献的标题

在结果显示窗口，点击[Save]按钮或选择“File”菜单的“Save”，出现如图 6.18 保存对话框。

① All。保存所有命中文献的标题。

② Selection。保存光标所在文献的标题。

③ Window。保存当前窗口中所有文献的标题。选择后点击[保存]按钮，即可完成对选择记录标题的保存。

3. 打印

(1) 打印单条文献记录

① 在浏览文摘时，点击[Print]按钮或从“File”菜单中选择“Print”子菜单。

② 出现如图 6.17 对话框，具体方法见前面保存单个文献的说明。

③ 点击[Print]按钮，出现如图 6.19 打印对话框。

④ 选择后点击[确定]，即可完成对单个文献的打印操作。

(2) 打印标记文献记录

① 标记欲打印的文献。

② 点击[PrintMk]按钮，出现如图 6.17 对话框，选择后点击[Print]按钮。

③ 出现如图 6.19 打印对话框，点击[确定]按钮，即可完成对标记文献的打印。

(3) 打印文献的标题

在结果显示窗口，点击[Print]按钮，出现如图 6.20 打印选项对话框。

All 为打印所有命中文献的标题，Selection 为打印光标所在文献的标题，Window 为打印当前窗口列出文献的标题。

(4) 打印 DDS(Document Delivery Service 文件递送服务)订单

① 打印单个文献的 DDS 订单。在文摘显示窗口，点击[DDS]按钮，出现如图 6.19 打印对话框，点击[确定]按钮后，即可打印出该文献的 DDS 订单。

② 打印标记文献的 DDS 订单。在检索结果显示窗口，首先标记欲订购的文献，然后点击[DDSMrk]按钮，出现如图 6.19 对话框，点击[确定]按钮，即可打印出标记文献的 DDS 订单。

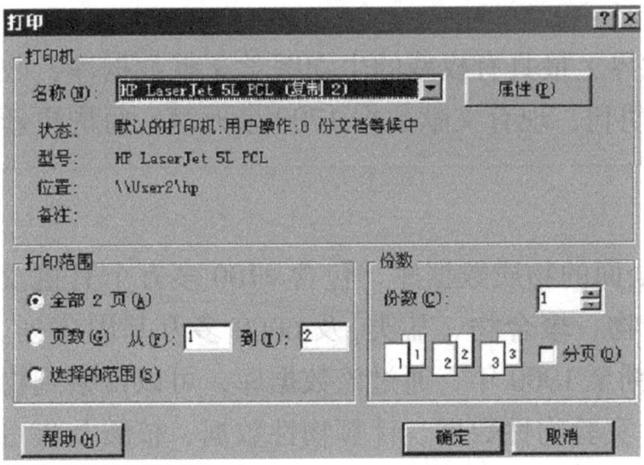

图 6.19

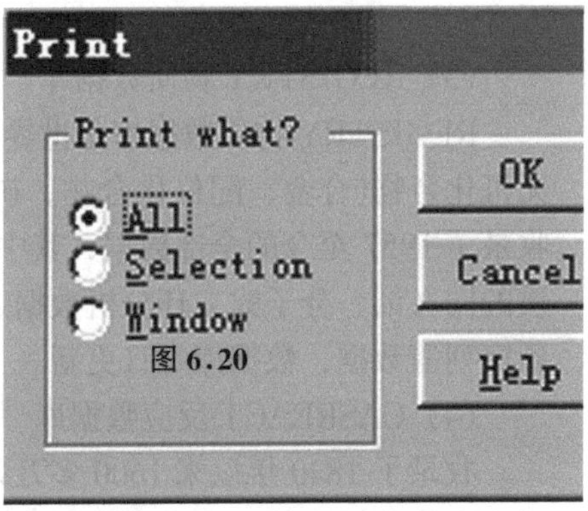

图 6.20

第二节 SciFinder Scholar 检索系统

一、概　述

（一）SciFinder Scholar 简介

SciFinder Scholar 由美国化学学会的化学文摘服务社（Chemical Abstract Servise，简称CAS）编辑出版。CAS 在出版《Chemical Abstracts》及 CA on CD 的同时，于 1997 年首次出版 CA 的网络版。它整合了 MEDLINE 数据库、欧洲和美国等 50 多家专利机构的全文专利资料，以及化学文摘 1907 年至今的所有内容。涵盖了包括应用化学、化学工程、普通化学、物理、生物学、生命科学、医学、聚合体学、材料学、地质学、食品科学和农学等领域。可以通过网络，直接查看《化学文摘》1907 年以来的所有期刊文献和专利摘要；以及四千多万的化学物质记录和 CAS 注册号。SciFinder Scholar 是化学和生命科学研究领域不可或缺的研究工具，也是世界上信息量最大、最具有权威性的检索系统之一。

（二）SciFinder Scholar 的主要内容

SciFinder Scholar 的内容包括 Caplus，MEDLINE，REGISTRY，CASREACT，CHEMCATS，CHEMLIST 六种数据库，现分述如下。

（1）Caplus 文献数据库

Caplus 文献数据库是世界上最大、最具有权威性的化学化工文献数据库，收录了 1907 年以来全世界 50 多个专利发行机构的专利（含专利族）文献、1 万多种期刊论文、会议录、技术报告、图书、学位论文、评论、会议摘要、电子期刊和网络预印本。此外，还包括 1907 年以前 13.3 万篇的期刊论文及 1250 多篇专利文献。内容基本同印刷版 CA 和光盘 CA on CD。现共有文献记录三千万篇，每日约增加 3000 条记录。

（2）MEDLINE 文献数据库

MEDLINE 是美国国立医学图书馆出版的世界上最具有权威的生物医学文献数据库，收录了 1949 以来全世界 70 多个国家的 4800 余种期刊，现有文献数据 1700 余万篇，每周更新五次。

（3）REGISTRY 物质数据库

REGISTRY 物质数据库是世界上最大、最全面的物质数据库，包含 4100 多万个有机及无机化合物（合金、配位化合物、矿物质、混合物、聚合物、盐类）及 6000 多万基因序列。收录了 1957 至今的全部数据，其中部分物质回溯至 1900 年，通过该数据库，可以检索到物质的同义词、分子式、环分析数据、立体结构、实验物性数据、计算物性数据、核酸及蛋白质序列等数据，数据库每日更新。

（4）CASREACT 反应数据库

收录了 1840 年以来 1600 多万条单步及多步反应。包括有机反应、有机金属反应、无机反应和生化反应等。通过该数据库，可以检索到反应物及产物的立体结构信息；产物、反应物和试剂等的化学物质登记号；化学反应的产率及催化剂等信息。每周更新 3 万至 5 万条反应记录。

(5) CHEMCATS商业来源数据库

收录了全世界900多厂商及1000多万种化学品目录，内容包括目录名称、订购号、化学名称、商品名、化学物质登记号、结构式和质量等级等，目前可以检索到2600多万种化学物质的最新商业来源信息，包括供货商的联系信息、价格情况及运送方式。数据即时更新。

(6) CHEMLIST管制化学品数据库

收录了全世界19个国家和国际组织的管制化学品法规信息，是查询备案/管控化学品信息的工具。用户可以通过该数据库了解某化学品是否被管控，以及被哪个机构控制。目前收录的管制化学品已经超过24.6万余种，每周更新50余种管制化学品信息。

二、数据库检索系统

SciFinder Scholar的检索主界面如图6.21，包括三部分：菜单栏、工具栏和检索执行区。

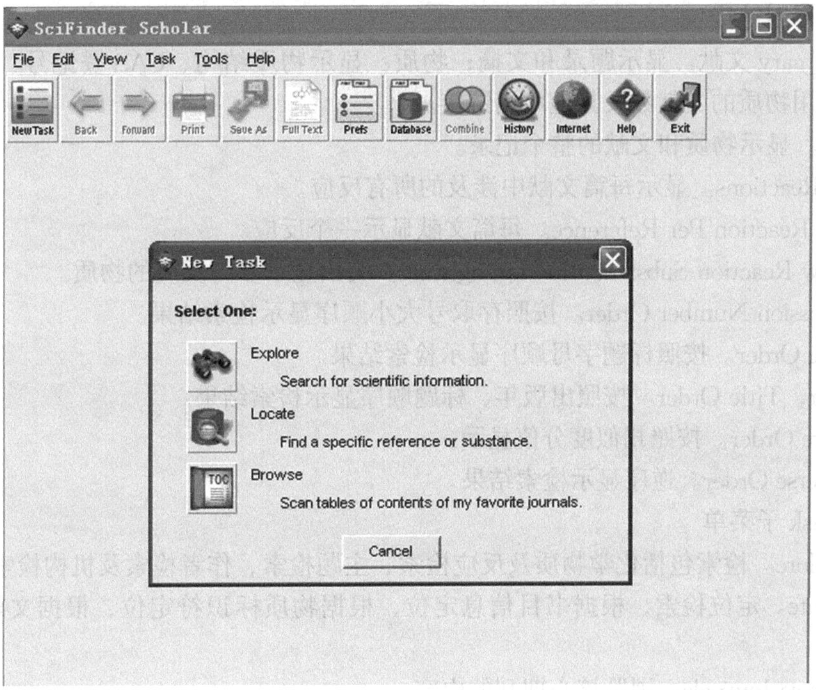

图6.21

(一) 菜单栏

菜单栏包括File(文件)、Edit(编辑)、View(视图)、Task(任务)、Tools(工具)和Help(帮助)菜单。

(1) File子菜单

① New Task。显示New Task对话框及SciFinder中的任务选项。

② Open。打开SciFinder答案存档格式(.sfr)的答案集。

③ Save As。以各种形式保存检索结果。

④ Save Answer Set。保存答案集。

⑤ Print Setup。打印设置。

⑥ Print。打印。

⑦ Full Text Options。访问文献全文。

⑧ Exit SciFinder Scholar。退出。

(2) Edit 子菜单

① Cut。剪切。

② Copy。复制。

③ Paste。粘贴。

④ Select All。全部选定。

⑤ Unselect All。撤销选定的全部内容。

(3) View 子菜单

① Compact 文献。显示文献或专利的标题；物质：显示物质的结构。

② Standard 文献。显示题录信息；物质：显示物质结构、CAS 登记号、引用物质的文献数及其他可用链接。

③ Summary 文献。显示题录和文摘；物质：显示物质结构、CAS 登记号、CA 中的索引名称、引用物质的文献数及其他可用链接。

④ Full。显示物质和文献的整个记录。

⑤ All Reactions。显示每篇文献中涉及的所有反应。

⑥ One Reaction Per Reference。每篇文献显示一个反应。

⑦ Show Reaction Substructure Highlighting。突出显示参与反应的物质。

⑧ Accession Number Order。按照存取号大小顺序显示检索结果。

⑨ Title Order。按照标题字母顺序显示检索结果。

⑩ Year，Title Order。按照出版年、标题顺序显示检索结果。

⑪ Score Order。按照相似度分值显示。

⑫ Reverse Order。逆序显示检索结果。

(4) Task 子菜单

① Explore。检索包括化学物质及反应检索、主题检索、作者检索及机构检索。

② Locate。定位检索，根据书目信息定位、根据物质标识符定位、根据文献标识符定位。

③ Browse Journals。浏览核心期刊的内容。

(5) Tools 子菜单

① Analyze References。分析文献。

② Analyze Substances。分析物质。

③ Analyze Reactions。分析反应。

④ Refine。限定。

⑤ Keep Refrences。保留已选文献。

⑥ Categorize。主题分类。

⑦ Get Related。获取相关信息。

⑧ Combine Answer Set。二次检索。

⑨ Task History。检索史。
⑩ Back。后退。
⑪ Forward。前进。
⑫ Edit Preferences。进行个性化设置。
⑬ Database Settings。选择数据库。
⑭ Statistics Monitor。显示关于服务器、内存、端口和文献存取速率的信息。
⑮ Internet。打开网页浏览器，连接到 SciFinder Central，CAS，ChemPort 或其他网站。

(6) Help 子菜单

① SciFinder Scholar Help。打开 SciFinder Scholar 的在线帮助文件。
② Contents and Index。打开 SciFinder Scholar 的在线帮助文件的目录和索引。
③ Message of the Day。参看 CAS 管理员发来的每日消息。
④ About SciFinder Scholar。SciFinder Scholar 的版本及版权信息。

(二) 工具栏

① New Task。开始新任务。
② Back。后退。
③ Forward。前进。
④ Print。打印。
⑤ Save As。按照不同格式进行保存。
⑥ Full Text。链接全文。
⑦ Prefs。打开 Preference Editor，进行个性化设置。
⑧ Database。打开 Preference Editor 中的 Databases 栏，选择需要检索的数据库。
⑨ Combine。进行二次检索。
⑩ History。显示检索史。
⑪ Internet。显示 SciFinder Scholar 的网上资源。
⑫ Help。帮助。
⑬ Exit。退出。

(三) 检索区

SciFinder Scholar 提供三种检索方式：普通检索、定位检索和期刊浏览。普通检索适用于对不确定信息的检索，包括文献检索、物质检索和反应检索。定位检索适用于对确定信息的检索，分为定位文献和定位物质。期刊浏览用于浏览 SciFinder Scholar 核心期刊的内容。

三、常用检索途径和检索方法

(一) SciFinder Scholar 的文献检索

1.SciFinder Scholar 文献检索的途径

SciFinder Scholar 提供了主题检索、作者检索和机构检索三种检索方式，用来检索

Caplus 和 MEDLINE 数据库的文献。

(1) 主题检索

主题检索可以通过研究主题检索文献。

① 主题检索的方法。

• 选择菜单栏 New Task 对话框中的 Explore 或直接点击工具栏的[New Task]按钮，点击 Research Topic 图标，如图 6.22。

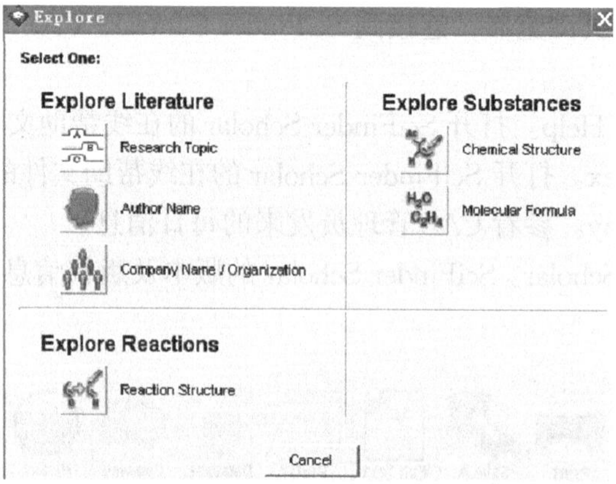

图 6.22

• 出现 Explore by Research Topic 窗口，在 I am interested in 对话框中输入描述研究的主题的单词或短语。如欲检索阿司匹林分析的文献，可输入 analysis of aspirin，点击[OK]按钮。

另外，在该对框下方有[Filters]按钮，可对检索结果进行一定的过滤，只检索特定出版年、文献类型、语种、作者、机构的文献。当然，也可以不选择该过滤功能，而通过检索结果后处理功能即 Analysis/Refine 功能进行检索限定，详见本节第二部分。

• 出现候选答案 Topic Candidates 窗口，如图 6.23。

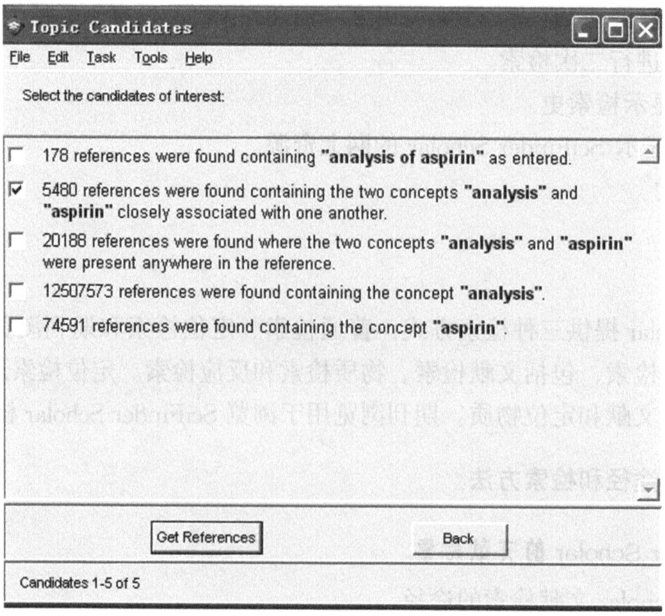

图 6.23

SciFinder Scholar 根据检索词之间的关系强度列出几种检索结果及相应的文献数。其中"178 references were found containing "**analysis of aspirin**" as entered 表示有 178 篇文献含有输入短语"analysis of aspirin"；5480 references were found containing the two concepts "**analysis**" and "**aspirin**" closely associated with one another 表示"aspirin"与"analysis"出现在同一句话的文献有 5480 篇；20188 references were found where the two concepts "**analysis**" and "**aspirin**" were present anywhere in the reference 表示同时含有"aspirin"和"analysis"两词的文献有 20188 篇。只含有"analysis"的文献为 12507573 篇；只含有"aspirin"的文献有 74591 篇。

• 检索者可以根据自己的检索需求在前面的方框中勾选合适的候选答案，通常选择"两概念出现在同一句话中"，点击 Get References 获取相关文献，检索结果的显示如图 6.24。

图 6.24

② 检索词的处理。在主题检索时，输入检索词之后，SciFinder Scholar 会自动提取出主题概念，通过寻找介词或其他连接词确定多个词之间的关系，并且会自动排除干扰词。如本例中，SciFinder Scholar 会找出两个主题概念：aspirin 和 analysis，并自动排除 of。除此之

外，SciFinder Scholar 内部词典会对词进行以下处理，包括如下内容。

• 同义词查询。如本例键入 analysis 后，会自动查找 Determination 及其他同义词。

• 不同词形查询。除进行同义词查询外，SciFinder Scholar 还会自动查找 analysis 的不同词形，如 analyze，analysing 等词形。

• 缩写。输入 chem，会自动查找 chemical。

• 美式和英式拼写。输入 color，会自动查找 colour。

③ 主题检索的技巧。

• 一般选择 2～3 个 Concepts(关键词)，最多不超过 5 个。

• 最好使用介词分开关键词，介词能被识别。

• 识别常用缩写、单复数和过去式等。

• 支持同义词、近义词检索。

• 不能用“?”或“*”(删减字符或通配符)自动进行截词。

• 不支持布尔运算符。

(2) 作者检索

根据作者姓名检索可以检索到该作者发表的所有文献。

① 作者检索的方法。

• 选择菜单栏 New Task 对话框中的 Explore 或直接点击工具栏的[New Task]按钮，点击 Author Name 图标，如图 6.25。

• 出现 Explore by Author Name 窗口，在 Last name 对话框下输入作者的姓，可以选择性地在下面两个框中输入作者的名或名的缩写字母以及中间名或中间名的缩写字母。如欲检索作者姚新生发表的文献，可如图 6.25 输入，点击[OK]按钮。

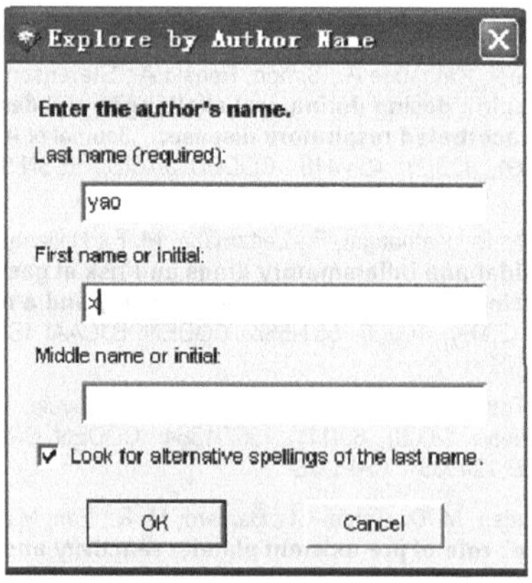

图 6.25

• 出现 Author Candidates 窗口，该窗口包含了满足检索需求的所有作者名单，按照字母顺序排列，输入的名字加亮显示，并注出每一种名字的文献数，如图 6.26。

• 选择欲检索作者姓名的可能拼写形式，点击 Get References 即可检索该作者发表的文献。为防止漏检，要勾选作者姓名的所有可能拼写形式，如本例中可选择 YAO，X S；YAO，XIN S；YAO，XIN SHENG；YAO，XINSHENG；YAO，XIN-SHENG 等拼写形式。

② 作者检索技巧。

• 必须填入 Last name(姓)全称，若不能确认，则可选择下面的选项(alternative

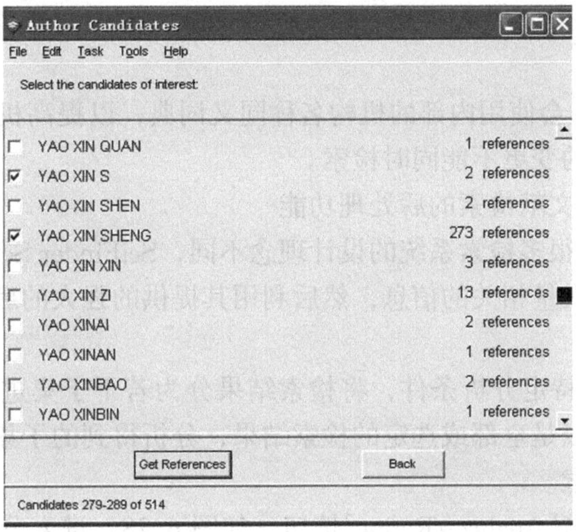

图 6.26

spelling)。

• 不区分大小写；对于复姓如 O ‘Sullivan，Chace-Scott，or Johnson Taylor 可以直接输入。

• 如果带有元音变音的，输入字母即可，或在后面接一个 e。

• 对于不确认的名，可以输入首字母。

(3) 机构检索

机构检索可以用来检索特定机构发表的所有文献。

① 机构检索的方法。

• 选择菜单栏 New Task 对话框中的 Explore 或直接点击工具栏的[New Task]按钮，点击 Company Name/Organization 图标。

• 出现 Explore by Company Name 窗口，在对话框中输入欲检索的机构名称。如欲检索沈阳药科大学的文献，可以输入 shenyang pharmaceutical university，如图 6.27，点击[OK]按钮，即可查得沈阳药科大学发表的所有文献。

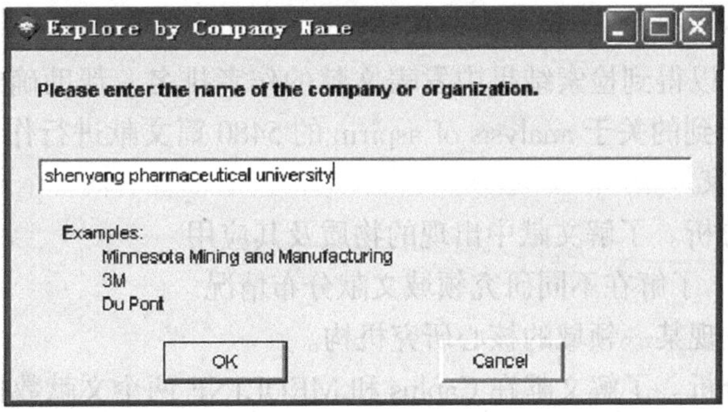

图 6.27

② 机构检索的技巧。

• 可以输入机构的全称或缩写。

• 不要使用布尔逻辑运算符

• SciFinder Scholar 要查找包含所有输入词的文献，输入词越多，文献越少，因此要尽量减少词的输入数量。

• SciFinder Scholar 会使用内部的机构名称同义词典，以提高机构检索的查全率，但对合并的机构或机构名称的变更不能同时检索。

2.SciFinder Scholar 文献检索的后处理功能

SciFinder Scholar 与很多检索系统的设计理念不同，SciFinder Scholar 提倡检索者从广域的概述开始检索，获得大量相关的信息，然后利用其提供的强大的后处理功能来保证检索结果的准确与精练。

① 分析工具。按照特定分析条件，将检索结果分为若干子集进行分类分析，再以柱状图形显示。分析范围可以是全部或选定的检索结果，分析得到的子集可以按照字母或所占比例排列，并可以二次检索。

在检索结果窗口点击[Analyze/Refine]按钮，如图 6.28，进入分析和限制检索窗口，选择[Analyze]按钮，启动分析工具，如图 6.29。

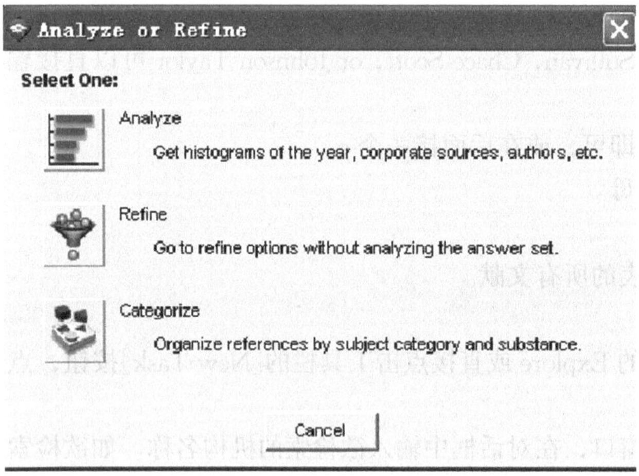

图 6.28

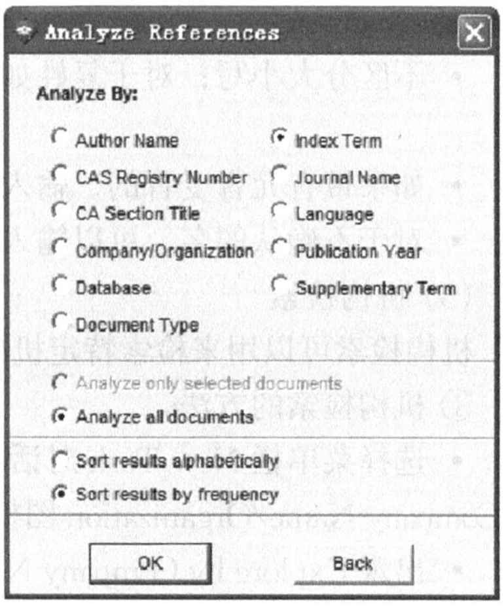

图 6.29

SciFinder Scholar 提供了 11 种文献分析功能。

• 作者分析。可以得到检索结果中发表文献的作者排名，帮助确定相关领域核心著者群。图 6.30 是对检索到的关于 analysis of aspirin 的 5480 篇文献进行作者分析，排在前几位即为该领域的研究专家。

• CAS 登记号分析。了解文献中出现的物质及其应用。

• CA 小类分析。了解在不同研究领域文献分布情况。

• 机构分析。发现某一领域的核心研究机构。

• 来源数据库分析。了解文献在 Caplus 和 MEDLINE 两个文献数据库的分布情况。

• 文献类型分析。了解文献类型，如综述、论文、专利的文献量排名，帮助分析研究信息的新颖性、成熟性、系统性和实用性等不同文献类型，以反映科学的研究过程。

• 索引词分析。分析检索结果中检索词出现频率，帮助确定文献主要内容及重新确定检索词。

• 来源期刊分析。发现该研究领域的核心期刊。

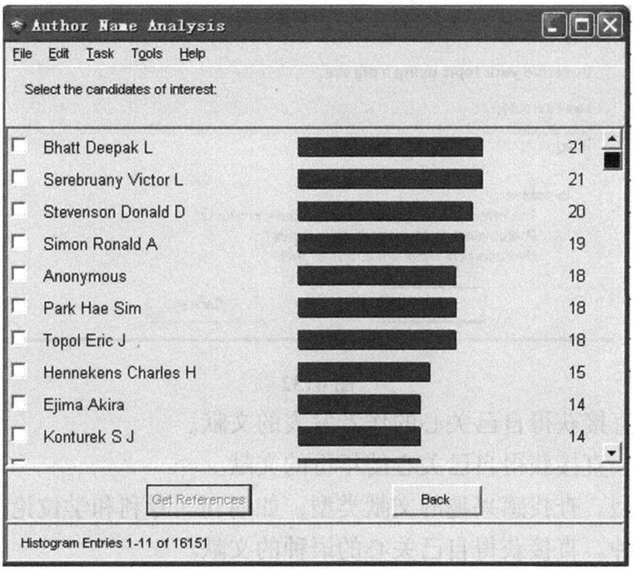

图 6.30

- 文献语种分析。了解有关文献的语种分布情况，帮助了解信息的地域流向。
- 出版年分析。了解该领域的研究历史、发展和热点时代。
- 辅助索引词分析。帮助分析文献中提到的其他相关内容。

② 限定工具。类似二次检索，使检索结果更精确。在检索结果窗口，点击[Analyze/Refine]按钮，进入分析和限定检索窗口，选择[Refine]按钮，启动限定工具，如图 6.31。

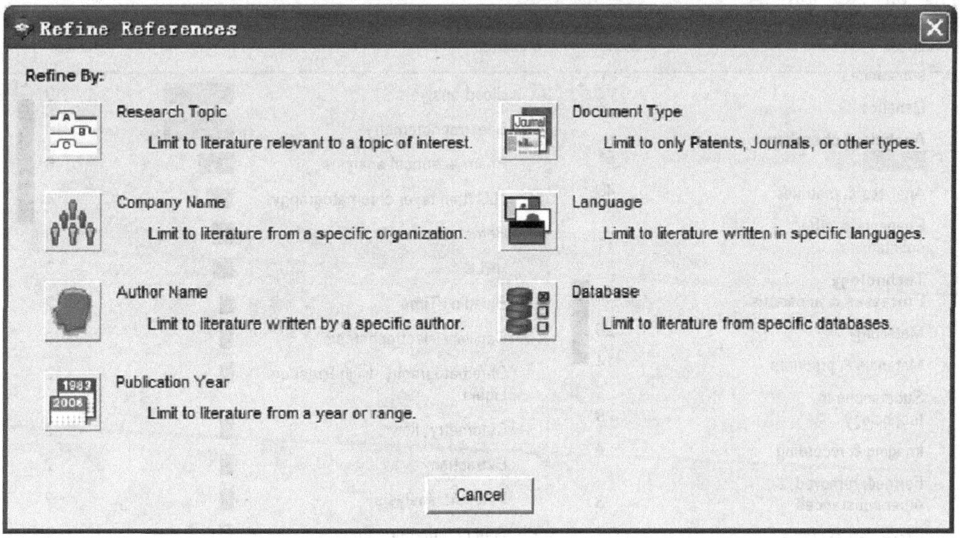

图 6.31

SciFinder Scholar 提供了 7 种文献限定手段。

- 限定研究主题。对检索结果用其他的主题再作 2 次检索。如在上述 analysis of aspirin 检索结果的基础上，欲限定用高效液相色谱法，可对 Research Topic 进行限定，如图 6.32，输入“hplc”，点击[OK]按钮。
- 限定机构。直接获得自己关心的机构发表的文献。

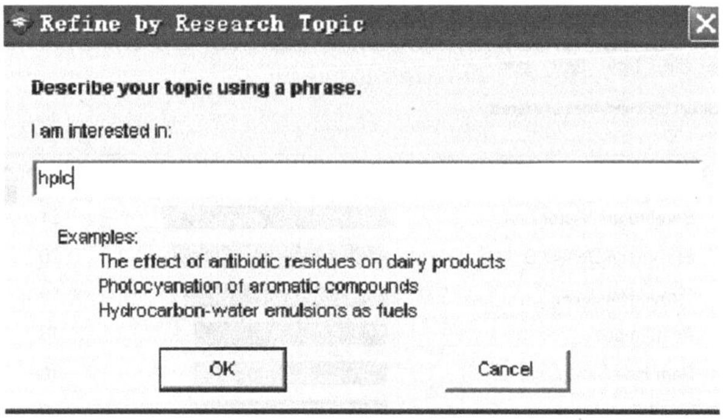

图 6.32

- 限定作者。直接获得自己关心的作者发表的文献。
- 限定出版年。直接获得自己关心的年份的文献。
- 限定文献类型。查找感兴趣的文献类型，如期刊、专利和学位论文等。
- 限定文献语种。直接获得自己关心的语种的文献。
- 限定来源数据库。可以限定文献是来源于 Caplus，还是来源于 MEDLINE。

③ 主题分类工具。SciFinder Scholar 根据文献的索引词将文献分为 11 个一级主题类别，每个一级类下又分为若干个二级类。主题分类工具可以帮助检索者选择特定的主题类别。在检索结果窗口，点击[Analyze/Refine]按钮，进入分析和限制检索窗口，选择[Categorize]按钮，启动主题分类工具，如图 6.33，左边为类目，选择特定类目后，右边列出该类下的索引词。

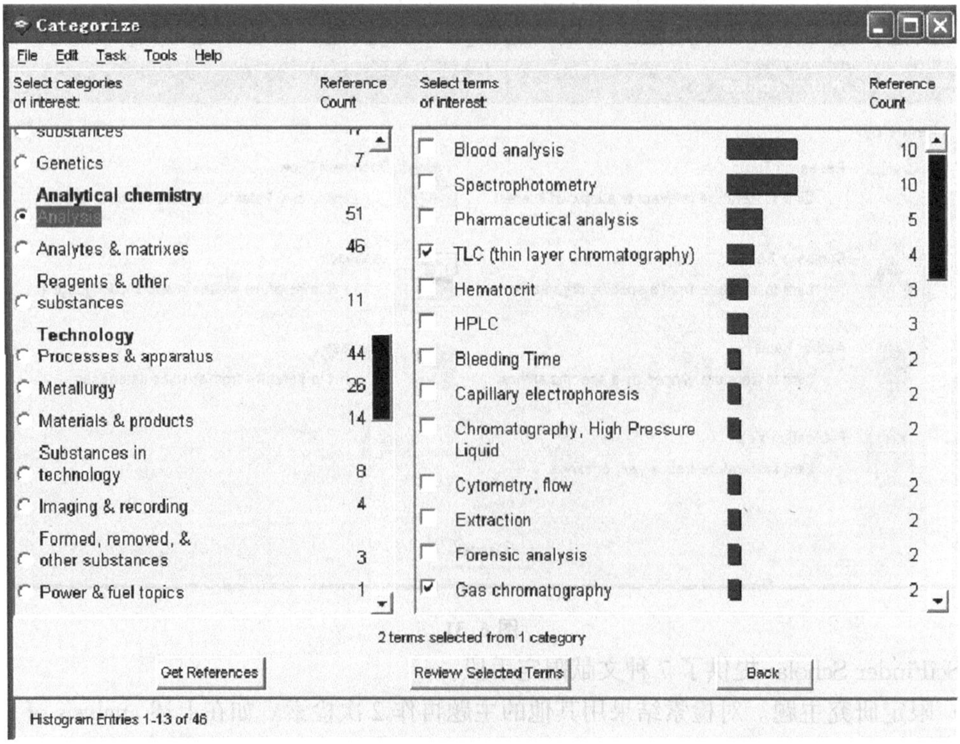

图 6.33

- 分析化学(Analytical Chemistry)
- 生物学(Biology)
- 生物技术化学(Biotechnology Chemistry)
- 催化(Catalysis)
- 环境化学(Environmental Chemistry)
- 普通化学(General Chemistry)
- 遗传及蛋白质化学(Genetics and Protein Chemistry)
- 物理化学(Physical Chemistry)
- 聚合物化学(Polymer Chemistry)
- 合成化学(Synthetic Chemistry)
- 工业技术(Technology)

④ 相关信息工具。可以帮助检索者获取与检索结果相关的文献、物质及反应信息。在检索结果窗口点击[Get Related]按钮，进入获取相关信息窗口，如图 6.34。

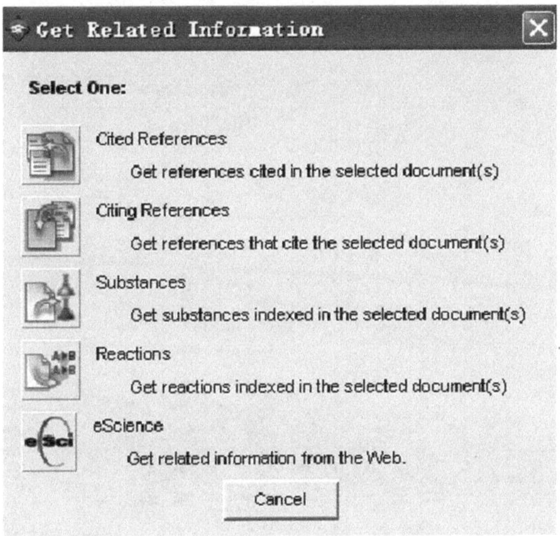

图 6.34

可以获得 5 方面的相关信息：

- 参考文献。获得该文献的参考文献，反映研究工作的背景和依据。
- 引文情况。获得引用该文献的文献，反映本文研究工作的继续、应用、发展或评价。
- 物质信息。获得文献中提到的物质的信息。
- 反应信息。获得文献中涉及的反应的信息。
- 网上信息。输入 Google，ChemIndustry.com 等搜索引擎检索信息。

⑤ 去重工具。由于 SciFinder Scholar 数据库的文献来源于 Caplus 和 MEDLINE 两个数据库中，所以检索结果存在重复记录的可能。使用去重工具去掉重复记录，减少检出文献的数量，方便阅读。在检索结果窗口点击[Remove Duplicates]按钮即可启动去重工具，但该工具只在结果数量少于 5000 条时有效。

(二) SciFinder Scholar 的物质检索

在 SciFinder Scholar 中，可以通过化学结构和分子式两种途径来检索 Caplus 和 MEDLINE 数据库中的化学物质，SciFinder Scholar 提供了强大的后处理功能对检索结果进行限定。

1. 化学结构检索

(1) 检索界面

选择菜单栏 New Task 对话框中的 Explore 或直接点击工具栏的[New Task]按钮，点击 Chemical Structure 图标，即进入化学结构检索界面，该窗口包括菜单栏、垂直工具栏、水平工具栏和结构绘制区，如图 6.35，分述如下。

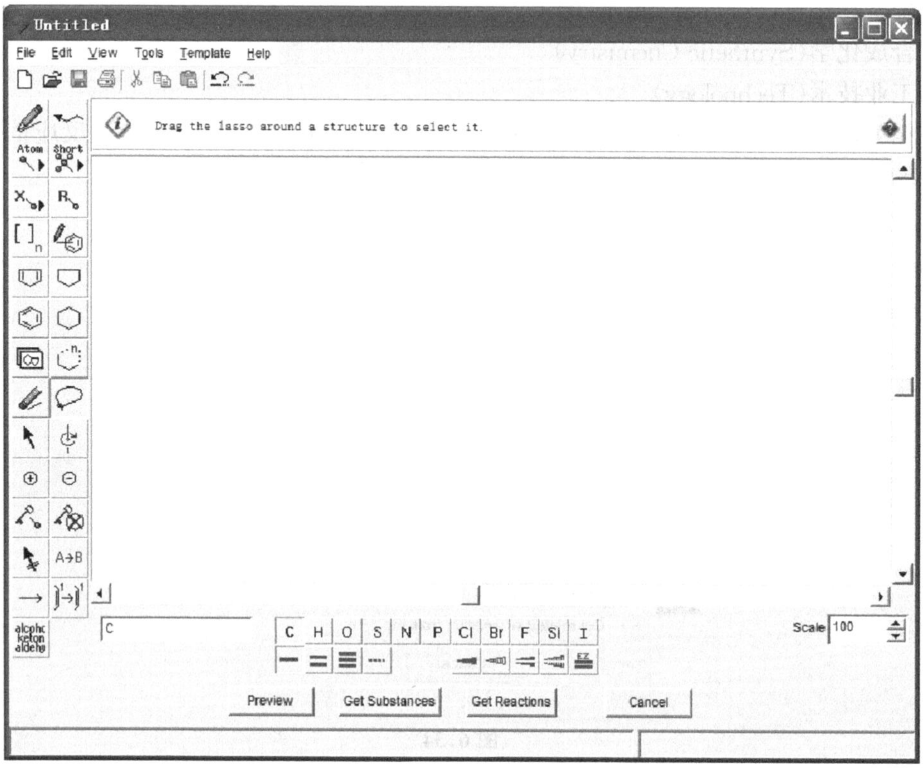

图 6.35

① 菜单栏。菜单栏包括 File(文件)、Edit(编辑)、View(视图)、Tools(工具)、Template(模板)、Help(帮助)菜单。

a) File 子菜单

- New。开启新的结构绘制窗口。
- Open。打开已经保存的结构。
- Close。关闭结构绘制窗口，并开始新的任务(New Task)窗口。
- Save。保存正在开启的结构图标(不会显示对话框)。
- Save As。另存结构，以不同的格式或文件名字保存（如 MDL molfile)。
- Revert。取消所有改变，并回复到最后所保存的状况。
- Get Substances。检索与已绘制的化学结构及其相关的物质，包括互变异构体和离子。
- Get Reactions。检索化学反应。

- Preview。预览结构检索的检索结果。
- Print Setup。打印参数设置。
- Print。打印所显示的结构。
- Exit SciFinder。退出 SciFinder。

b) Edit 子菜单

- Undo。撤销。
- Redo。恢复。
- Cut。剪切。
- Copy。复制。
- Paste。粘贴。
- Clear。清除已选的图或文本。
- Select All。选择所有在结构图标窗口中的数据。
- Unselect All。不选择所有在结构图标窗口中的数据。
- Clear All。清除在结构图标窗口中的所有数据。
- Repaint。更新结构图标窗口。
- Delete All Mappings。删除所有化学反应中的原子绘图。

c) View 子菜单

- Dot Atoms。显示(或不显示)碳原子，默认设置为不显示。
- Position Number。显示(或不显示)原子位置数字，默认设置为不显示。
- Status Bar。显示(或不显示)状态区的分子式和分子量，默认设置为不显示。
- Show Variable Attachment Positions。显示(或不显示) 可变的原子附件位置，默认设置为不显示。
- Toolbars-Standard。显示(或不显示)标准工具栏，默认设置为显示。

注：Dot Atoms 和 Position Number 不能同时使用。选取其中一方会使另外一方无效。

注：可以用 SciFinder 的主工具列的 Tool＞ Edit Preference Editor＞Drawing 标签改变默认设定。

d) Tools 子菜单

- Valency Checking。检查已绘制结构中的化合价。
- Fix Drawing Angles。固定或改变键的角度，只适用于分开绘制的角度。
- Fix Drawing Length。固定或改变键的长度，只适用于绘制链或环。
- Check Overlaps。检查交迭的结点和键。
- Unlock All Positions。解锁所有已被锁定原子或环取代的节点。
- Lock All Positions。锁定所有结构图标的节点取代。
- Reverse Shortcut。倒转已选的快捷方式表示 (如 COOH HOOC)。
- Flip Horizontal。水平翻转已选的结构图。
- Flip Vertical。垂直翻转已选的结构图。
- Fuse Fragments。融合两个已选的节点或碎片。
- Edit Preferences。开启 Preference Editor，进行参数设置。
- Database Settings。数据库(Database)选择。

e) Template 子菜单

- Monocarbocyclic。由碳原子组成的单环结构模板。
- Bicarbocyclic。由碳原子组成的双环结构模板。
- Polycarbocyclic。由碳原子组成的多环结构模板。
- N-containing。含有氮 (N)原子的结构模板。
- O-containing。含有氧 (O)原子的结构模板。
- S-containing。含有硫(S) 原子的结构模板。
- NOS-containing。含有氮(N)、氧 (O) 和硫 (S) 成分的结构模板。
- Alkaloid。生物碱模板。
- Amino Acid。氨基酸结构模板。
- Carbohydrate。碳水化合物结构模板。
- Nucleic Acid。核酸结构模板。
- Steroid。类固醇结构模板。
- Coordination。配位化合物模板。
- Misc。其他各种各样的结构模板。
- User Defined。使用者界定的构造模板。

f) Help 子菜单

- SciFinder Help。开启 SciFinder 使用说明文件。
- Contents and Index。开启 SciFinder 使用说明内容和索引。
- Message of the Day。显示 CAS 的“每日消息”。
- About SciFinder。显示版权和版本信息。

② 垂直工具栏

铅笔工具 (Pencil Tool)。用来绘制节点和键。

碳链工具 (Chain Tool)。用来绘制碳链。

原子菜单工具 (Atom Menu Tool)。用来选择原子的工具，按下原子菜单图标，并持续按下鼠标的左键，化学元素周期表将会从原子菜单工具中出现，如图 6.36。

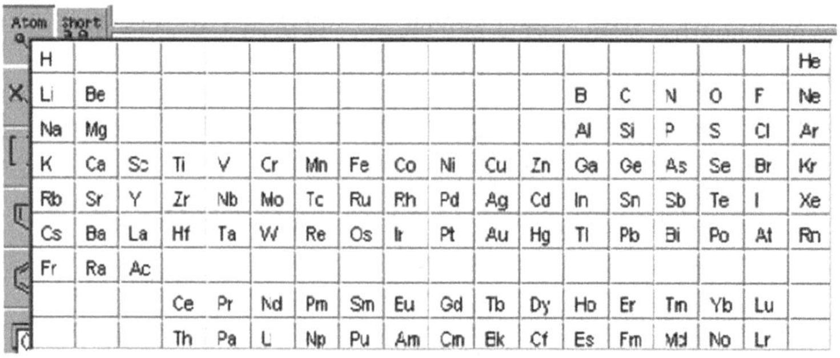

H																	He
Li	Be											B	C	N	O	F	Ne
Na	Mg											Al	Si	P	S	Cl	Ar
K	Ca	Sc	Ti	V	Cr	Mn	Fe	Co	Ni	Cu	Zn	Ga	Ge	As	Se	Br	Kr
Rb	Sr	Y	Zr	Nb	Mo	Tc	Ru	Rh	Pd	Ag	Cd	In	Sn	Sb	Te	I	Xe
Cs	Ba	La	Hf	Ta	W	Re	Os	Ir	Pt	Au	Hg	Tl	Pb	Bi	Po	At	Rn
Fr	Ra	Ac															
			Ce	Pr	Nd	Pm	Sm	Eu	Gd	Tb	Dy	Ho	Er	Tm	Yb	Lu	
			Th	Pa	U	Np	Pu	Am	Cm	Bk	Cf	Es	Fm	Md	No	Lr	

图 6.36

快捷方式菜单工具 (Shortcut Menu Tool)。快捷方式菜单工具可使检索者简单快捷地绘制结构，按下快捷方式菜单图标，并持续按下鼠标左键，快捷方式菜单将会出现，如图 6.37。

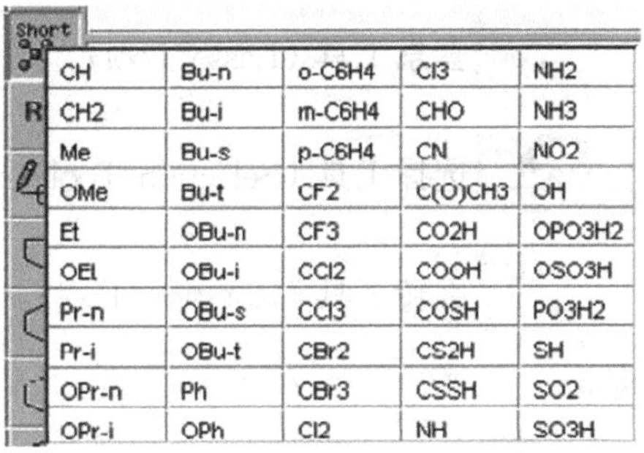

图 6.37

X 菜单工具 (X Menu Tool)。用来绘制可变基团，按下 X 菜单工具图标，并持续按下鼠标左键，出现如图 6.38 可变原子菜单。

R 基团工具 (R Group Tool)。用来设定 R 基团，点击 R 基团工具 (R Group Tool)，R-group Definitions (R 基团设定框)便会出现，如图 6.39。

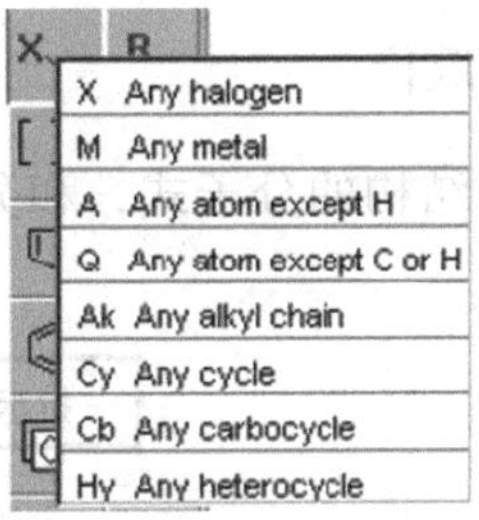

图 6.38

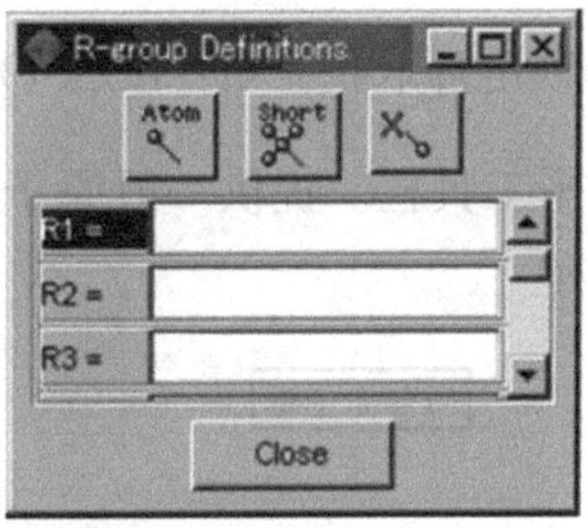

图 6.39

重复单元工具 (Repeat Group Tool)。用来绘制重复的单元结构。

可变取代位置工具 (Variable Attachment Position Tool)。用来绘制取代基与环上多个位置的取代。

环戊二烯环工具 (Cyclopentadien Ring Tool)。用来绘制环戊二烯环。

环戊烷环工具 (Cyclopentane Ring Tool)。用来绘制环戊烷环。

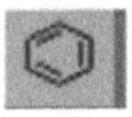苯环工具 (Benzene Ring Tool)。用来绘制苯环。

环已烷环工具 (Cyclohexane Ring Tool)。用来绘制环已烷环。

模板工具 (Template Tool)。用来绘制从模板菜单(Template)中已选取的模板。

n 环工具 (n Ring Tool)。用来绘制由 3 至 15 个碳原子所组成的单环。

橡皮擦工具 (Eraser Tool)。用来删除在结构中的节点或键。

套索工具 (Lasso Tool)。用来选择结构和结构碎片。

选择工具 (Selection Tool)。用来选择节点、键、碎片和整个结构。

旋转工具 (Rotation Tool)。以某特定的节点为中心点，顺时针或逆时针地转动结构。

正离子工具 (Positive Ion Tool)。用来放置正离子（+）在节点上。

负离子工具 (Negative Ion Tool)。用来放置一个负离子(−)在节点上。

锁定原子取代工具 (Lock Out Atoms Tool)。禁止原子取代。

锁定环取代工具 (Lock Out Rings Tool)。禁止环取代。

③ 水平工具栏。提供一般原子和键的结构图标。绘制结构的分子式，和分子量也显示在指示框内。

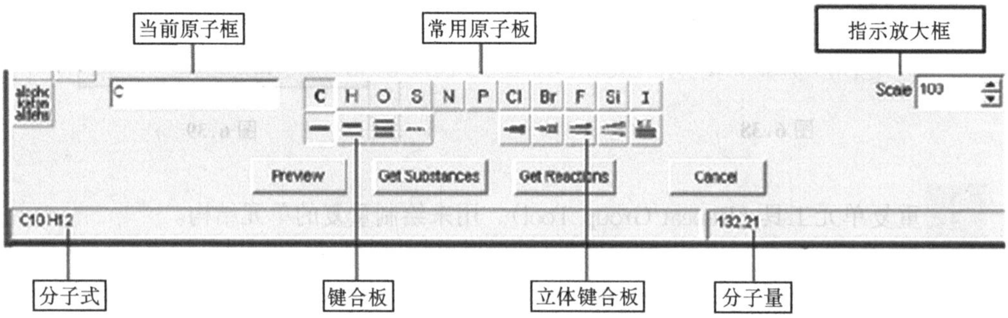

• 当前原子框。当前原子框显示目前选择的原子、快捷方式、可变原子、R 基团或官能团。

• 常用原子板。常用原子板包括结构图标中时常被使用的原子。

• 键合板。键的类型有单键、双键、三键和任何键。

• 立体键合板。用来指定键结构中的立体异构或不对称碳原子的构像。

• 指示放大框。可以改变结构图标的放大率。

• 分子式/分子量：显示当前绘制结构的分子式和分子量。

④ 结构绘制区。用来绘制要检索的物质的结构。

(2) 检索方法

在结构绘制区画好化学结构后，点击[Get Substance]按钮，便可以开始检索化学物质。

如欲检索下列化学物质，利用各种结构绘制工具画出化学结构，点击[Get Substance]按钮，出现如图 6.40 窗口，有三种检索方式可以选择，即精确检索、亚结构检索和相似结构检索。

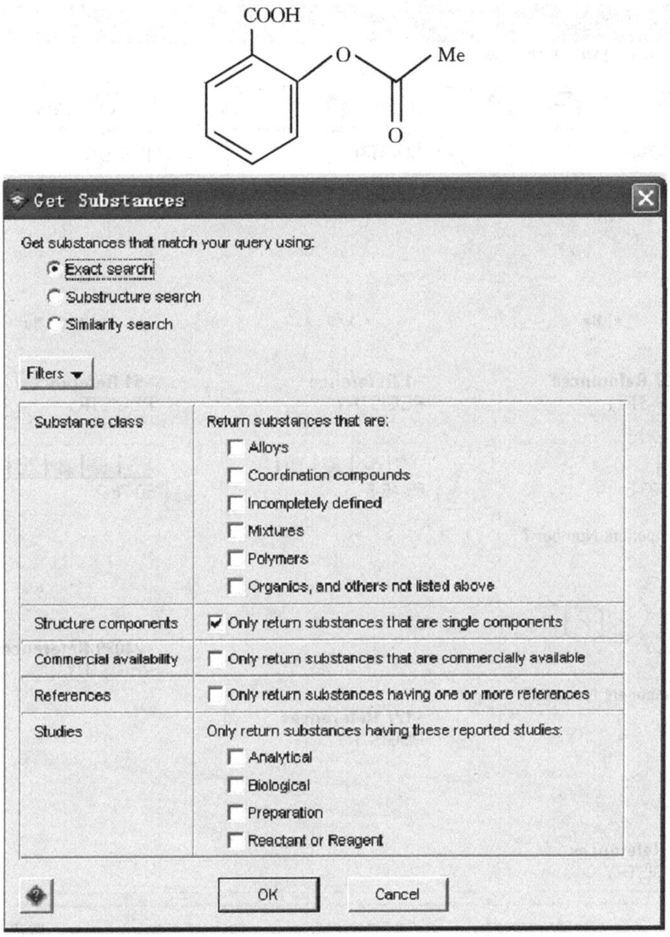

图 6.40

① 精确结构检索。用来检索已经绘制的结构，找出相同物质，选择 Exact search，即可进行精确结构检索，结果如图 6.41。进行精确结构检索，检索结果会包含以下各类型的化合物：

- 与已绘制的结构完全相同的物质；
- 同位素化合物；
- 配位化合物；
- 单体组成的聚合物；
- 混合物；
- 物质的盐；
- 异构体。

② 亚结构检索。可以得到物质的修饰信息，选择 Substructure search，即可进行亚结构检索，检索结果如图 6.42，亚结构检索时，可以得到下列物质：

- 与已绘画的结构完全相同(与精确结构检索相同)；
- 包含检索结构的多元物质，如聚合物、混合物和盐等；
- 在指定位置有取代基和包含检索结构的物质；

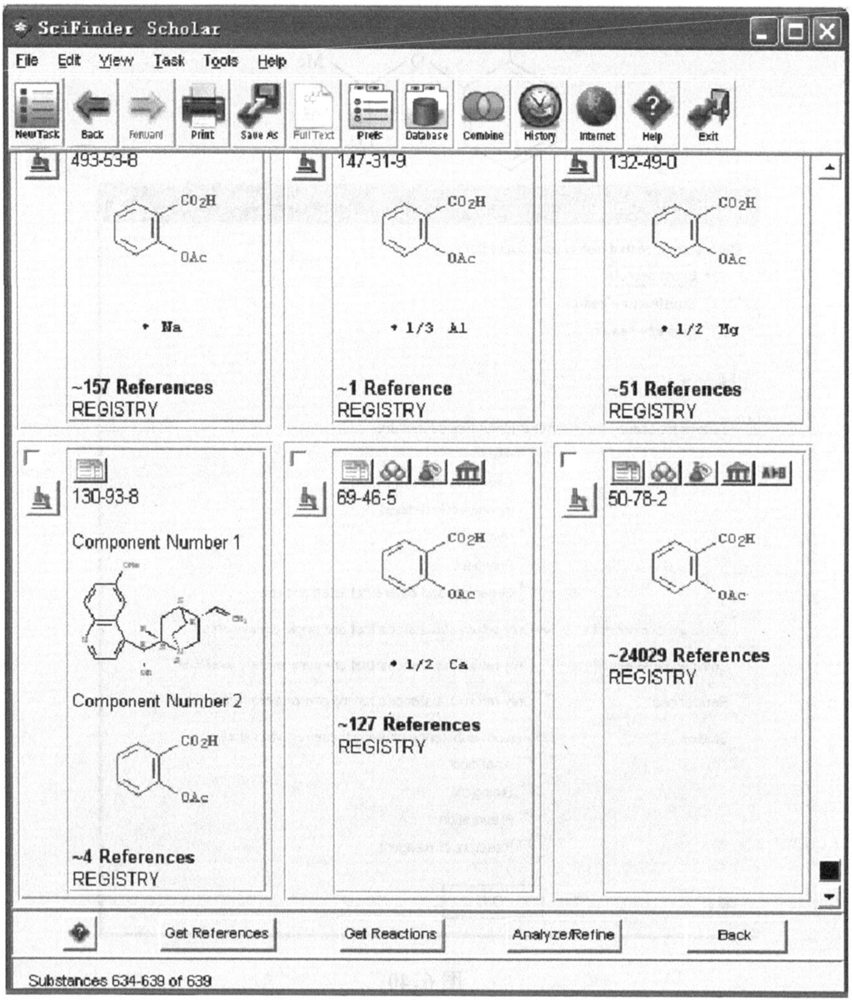

图 6.41

• 检索结构的环系为结果物质环系的一部分。

在检索亚结构的结果中，亚结构的部分会被突出显示成红色，让用户很容易地便能辨认出亚结构部分。

另外，亚结构检索时，用户在进行真正检索前，可以先预览检索结果，预览功能让用户预知大概有多少个检索结果，并对检索结构作出适当的修改，节省检索时间。绘制检索结构后，点击[Preview]按钮，Preview 对话框便会被启动，如图 6.43。

其中：

• Answers 预览检索结果的数量；
• Real-atom attachments 预览取代原子；
• Variable group(A，Q，X and M)composition 预览可变基团的结构原子；
• R-group composition 预览 R 基团包括的原子。

③ 相似结构检索。可以获得结构相似度在 60 分以上的物质，选择 Similarity search 进行相似结构检索，首先会出现相似度分析窗口，选择期望的相似度分值，如图 6.44，点击[Get Substances]按钮，便可获得检索结果，如图 6.45，通过该检索方式，可以获得下列物质：

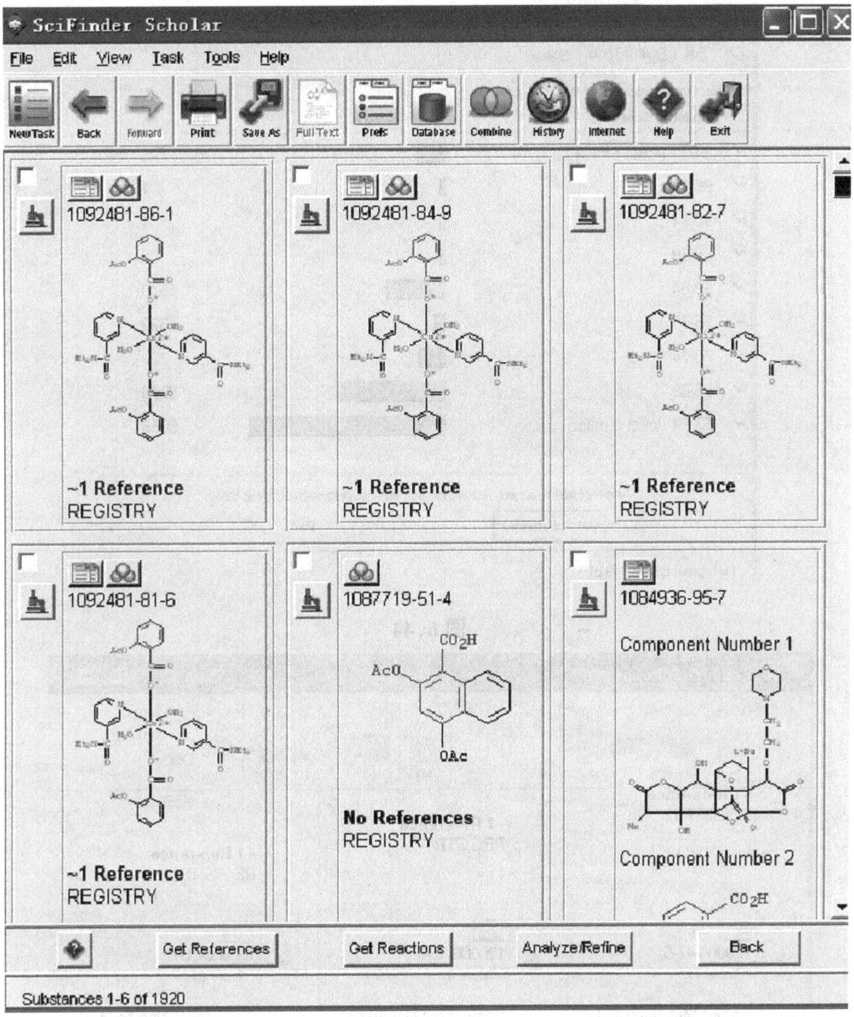
SciFinder Scholar
File Edit View Task Tools Help
NewTask Back Forward Print Save As Full Text Prefs Database Combine History Internet Help Exit
1092481-86-1
~1 Reference
REGISTRY
1092481-84-9
~1 Reference
REGISTRY
1092481-82-7
~1 Reference
REGISTRY
1092481-81-6
~1 Reference
REGISTRY
1087719-51-4
No References
REGISTRY
1084936-95-7
Component Number 1
Component Number 2
Get References
Get Reactions
Analyze/Refine
Back
Substances 1-6 of 1920

图 6.42

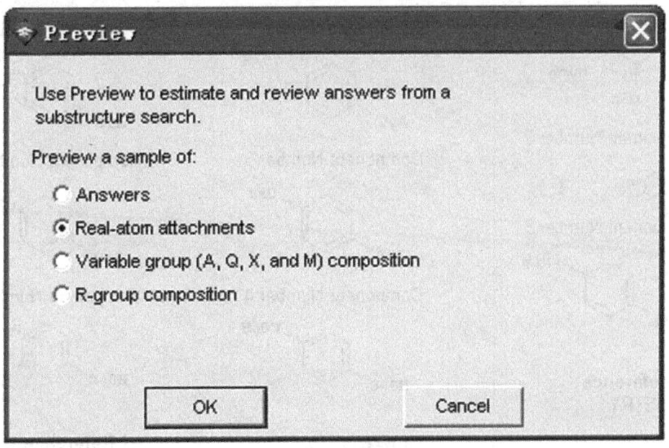
Preview
Use Preview to estimate and review answers from a substructure search.
Preview a sample of:
Answers
Real-atom attachments
Variable group (A, Q, X, and M) composition
R-group composition
OK
Cancel

图 6.43

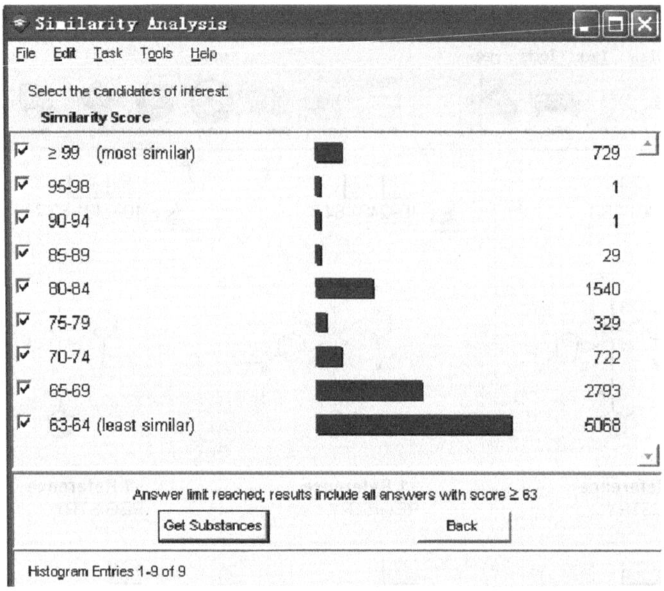
Similarity Analysis
File Edit Task Tools Help
Select the candidates of interest:
Similarity Score
≥ 99 (most similar) 729
95-98 1
90-94 1
85-89 29
80-84 1540
75-79 329
70-74 722
65-69 2793
63-64 (least similar) 5068
Answer limit reached; results include all answers with score ≥ 63
Get Substances
Back
Histogram Entries 1-9 of 9

图 6.44

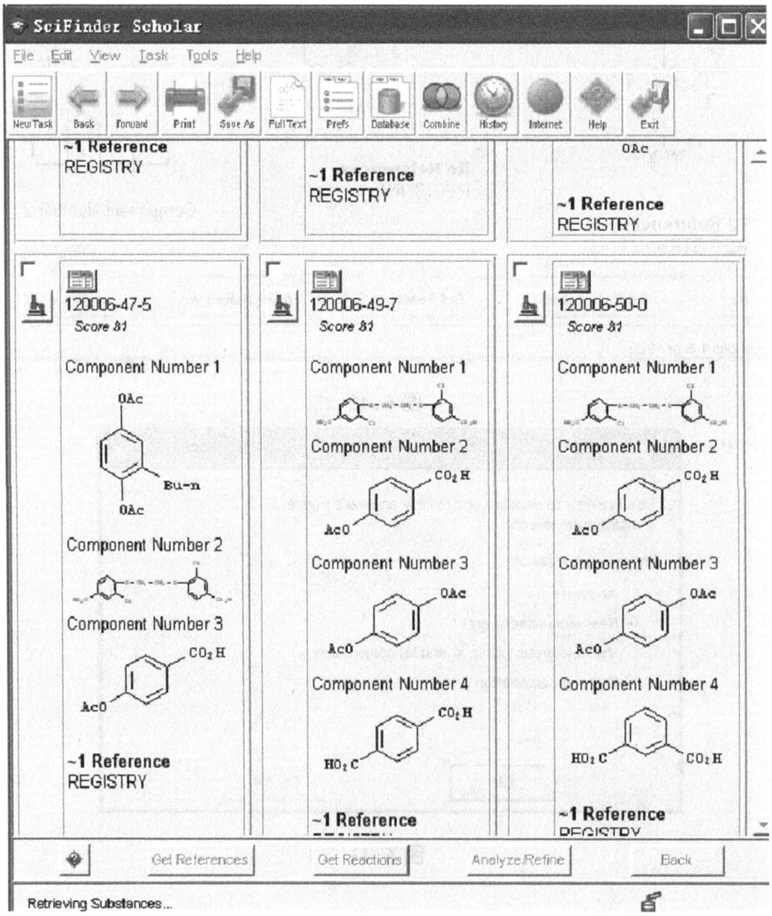
SciFinder Scholar
File Edit View Task Tools Help
New Task Back Forward Print Save As Full Text Prefs Database Combine History Internet Help Exit
~1 Reference
REGISTRY
120006-47-5
Score 81
Component Number 1
Component Number 2
Component Number 3
120006-49-7
Score 81
Component Number 4
120006-50-0
Score 81
Get References
Get Reactions
Analyze/Refine
Back
Retrieving Substances...

图 6.45

- 与已绘画的结构完全相同(与精确结构检索相同)；
- 包含检索结构的多元物质，如聚合物和配合物等；
- 结构相似的物质，但元素成分、取代基和其位置有所不同；
- 结构相似的物质，但只有少部分与检索结构互相符合；
- 与检索结构相似，但有不同大小的环结构。

物质的精确结构检索、亚结构检索及相似结构检索的比较见表6.3。

表6.3

检索类型	能检索得到的结果	不能检索得到的结果
Exact Search 精确结构检索	(1) 与检索的结构完全相同，以及其多元物质 (2) 互变异构体	含取代基的物质
Substructure Search 亚结构检索	(1) 与检索的结构完全相同，以及其多元物质 (2) 互变异构体 (3) 含取代基的物质	两者的结构相似，但并不是其亚结构
Similarity Search 相似结构检索	(1) 与检索的结构完全相同，以及其多元素物质 (2) 有相似结构的物质，但其元素成分、取代基和其位置与检索的结构不同 (3) 两者的结构相似，但并不是其亚结构 (4) 物质含有的环数目和检索的结构不同	结果的结构有较大的取代基

另外，在Get Substance窗口，除进行上述三种检索方式的选择外，还可以通过下方的过滤功能缩小范围至理想结果。化学结构检索可对以下信息进行过滤：物质种类、结构组分、是否有商业来源、是否有参考文献、研究类型。

2. 分子式检索

(1) 分子式检索的方法

选择菜单栏New Task对话框中的Explore或直接点击工具栏的[New Task]按钮，点击[Molecular Formula]图标，出现Explore by Molecular Formula对话框，在Enter the molecular formula of the substance对话框中输入分子式，如欲检索分子式为$C_9H_8O_4$的物质，如图6.46。点击[OK]按钮，便可以进行检索。

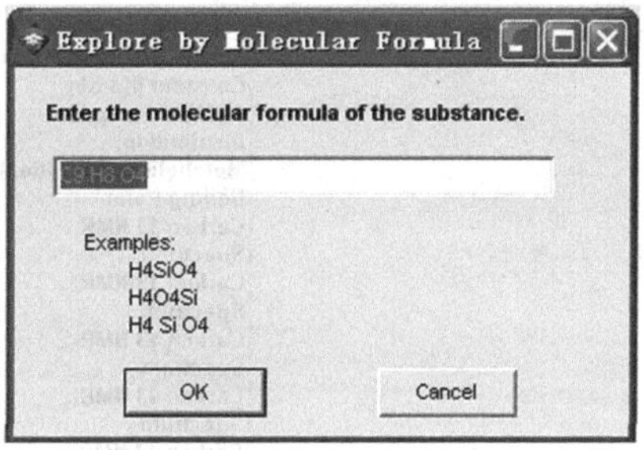

图6.46

(2) 分子式输入规则

① 区分大小写。

② 输入必须规范，否则会自动要求重输；按照Hill系统规则，CH写在前面，其他按照字母顺序。输入时，不同元素之间最好用空格隔开，系统也会自动分割。

③ 输入盐类，可分为酸碱组分，以“.”相连。

④ 聚合物则输入单体组成，以括号加X，如(C8H8.C4H6)X。

3.SciFinder Scholar物质信息显示

在检索结果窗口，点击物质记录左上方的显微镜图像，可以得到物质的详细数据，如图6.47，详细数据信息包括登记号、分子式、CA中标准索引名、其他名称、实验特性数据和计算特性数据及相关资料。物质的详细数据会以默认设定的格式排列显示。可以用Preference Editor的[Display]按钮改变设定。

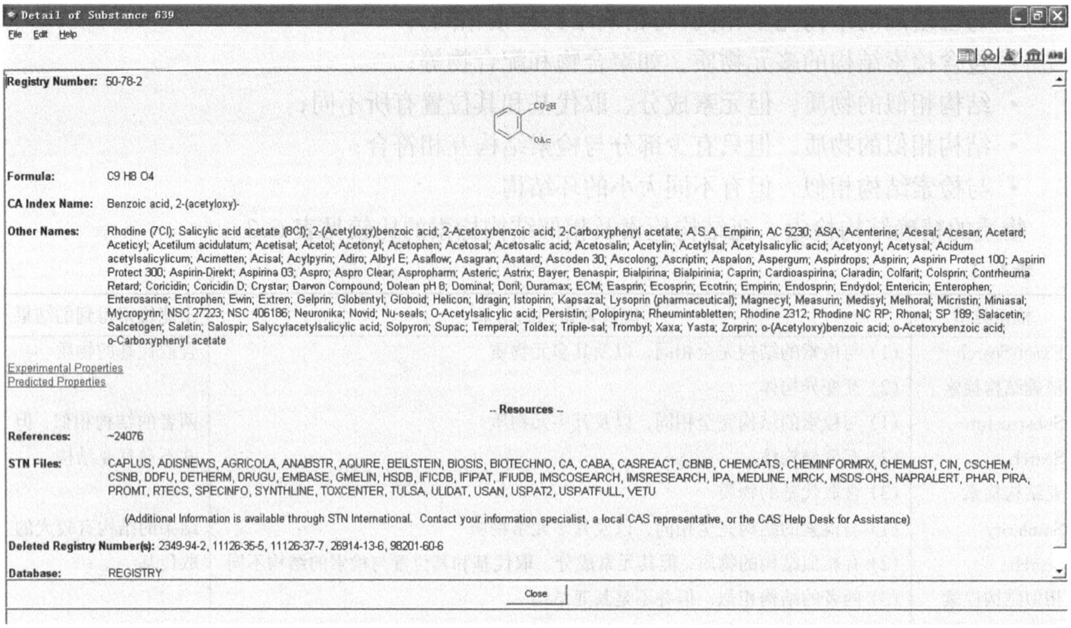

Detail of Substance 639

File Edit Help

Registry Number: 50-78-2

Formula: C9 H8 O4

CA Index Name: Benzoic acid, 2-(acetyloxy)-

Other Names: Rhodine (7CI); Salicylic acid acetate (8CI); 2-(Acetyloxy)benzoic acid; 2-Acetoxybenzoic acid; 2-Carboxyphenyl acetate; A.S.A. Empirin; AC 5230; ASA; Acenterine; Acesal; Acesan; Acetard; Aceticyl; Acetilum acidulatum; Acetisal; Acetol; Acetonyl; Acetophen; Acetosal; Acetosalic acid; Acetosalin; Acetylin; Acetylsal; Acetylsalicylic acid; Acetyonyl; Acetysal; Acidum acetylsalicylicum; Acimetten; Acisal; Acylpyrin; Adiro; Albyl E; Asaflow; Asagran; Asatard; Ascoden 30; Ascolong; Ascriptin; Aspalon; Aspergum; Aspirdrops; Aspirin; Aspirin Protect 100; Aspirin Protect 300; Aspirin-Direkt; Aspirina 03; Aspro; Aspro Clear; Aspropharm; Asteric; Astrix; Bayer; Benaspir; Bialpirina; Bialpirinia; Caprin; Cardioaspirina; Claradin; Colfarit; Colsprin; Contrheuma Retard; Coricidin; Coricidin D; Crystar; Darvon Compound; Dolean pH 8; Dominal; Doril; Duramax; ECM; Easprin; Ecosprin; Ecotrin; Empirin; Endosprin; Endydol; Entericin; Enterophen; Enterosarine; Entrophen; Ewin; Extren; Gelprin; Globentyl; Globoid; Helicon; Idragin; Istopirin; Kapsazal; Lysoprin (pharmaceutical); Magnecyl; Measurin; Medisyl; Melhoral; Micristin; Miniasal; Mycropyrin; NSC 27223; NSC 406186; Neuronika; Novid; Nu-seals; O-Acetylsalicylic acid; Persistin; Polopiryna; Rheumintabletten; Rhodine 2312; Rhodine NC RP; Rhonal; SP 189; Salacetin; Salcetogen; Saletin; Salospir; Salycylacetylsalicylic acid; Solpyron; Supac; Temperal; Toldex; Triple-sal; Trombyl; Xaxa; Yasta; Zorprin; o-(Acetyloxy)benzoic acid; o-Acetoxybenzoic acid; o-Carboxyphenyl acetate

Experimental Properties
Predicted Properties

-- Resources --

References: ~24076

STN Files: CAPLUS, ADISNEWS, AGRICOLA, ANABSTR, AQUIRE, BEILSTEIN, BIOSIS, BIOTECHNO, CA, CABA, CASREACT, CBNB, CHEMCATS, CHEMINFORMRX, CHEMLIST, CIN, CSCHEM, CSNB, DDFU, DETHERM, DRUGU, EMBASE, GMELIN, HSDB, IFICDB, IFIPAT, IFIUDB, IMSCOSEARCH, IMSRESEARCH, IPA, MEDLINE, MRCK, MSDS-OHS, NAPRALERT, PHAR, PIRA, PROMT, RTECS, SPECINFO, SYNTHLINE, TOXCENTER, TULSA, ULIDAT, USAN, USPAT2, USPATFULL, VETU

(Additional Information is available through STN International. Contact your information specialist, a local CAS representative, or the CAS Help Desk for Assistance)

Deleted Registry Number(s): 2349-94-2, 11126-35-5, 11126-37-7, 26914-13-6, 98201-60-6

Database: REGISTRY

Close

图 6.47

当点击 Experimental Properties 和 Calculated Properties，其实验特性和计算特性将被显示在新的窗口上，如图 6.48。

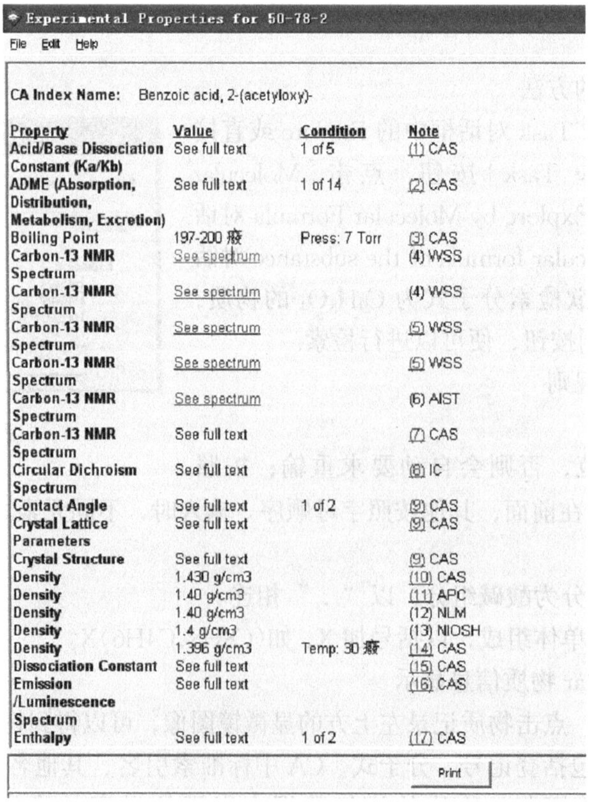

Experimental Properties for 50-78-2

File Edit Help

CA Index Name: Benzoic acid, 2-(acetyloxy)-

Property	Value	Condition	Note
Acid/Base Dissociation Constant (Ka/Kb)	See full text	1 of 5	(1) CAS
ADME (Absorption, Distribution, Metabolism, Excretion)	See full text	1 of 14	(2) CAS
Boiling Point	197-200 癈	Press: 7 Torr	(3) CAS
Carbon-13 NMR Spectrum	See spectrum		(4) WSS
Carbon-13 NMR Spectrum	See spectrum		(4) WSS
Carbon-13 NMR Spectrum	See spectrum		(5) WSS
Carbon-13 NMR Spectrum	See spectrum		(5) WSS
Carbon-13 NMR Spectrum	See spectrum		(6) AIST
Carbon-13 NMR Spectrum	See full text		(7) CAS
Circular Dichroism Spectrum	See full text		(8) IC
Contact Angle	See full text	1 of 2	(9) CAS
Crystal Lattice Parameters	See full text		(9) CAS
Crystal Structure	See full text		(9) CAS
Density	1.430 g/cm3		(10) CAS
Density	1.40 g/cm3		(11) APC
Density	1.40 g/cm3		(12) NLM
Density	1.4 g/cm3		(13) NIOSH
Density	1.396 g/cm3	Temp: 30 癈	(14) CAS
Dissociation Constant	See full text		(15) CAS
Emission /Luminescence Spectrum	See full text		(16) CAS
Enthalpy	See full text	1 of 2	(17) CAS

Print

图 6.48

点击“See Spectrum”链接，可以得到该物质的谱图，如图 6.49。

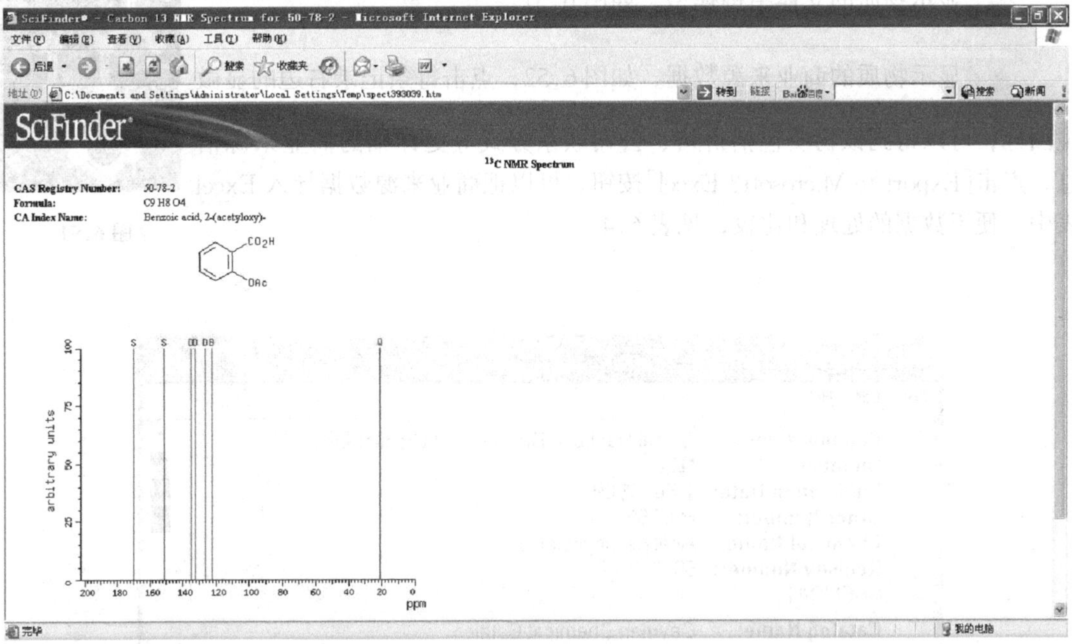

图 6.49

在物质记录上方会有图标显示，点击图标，会得到物质的相关数据。

显示与物质相关的参考文献，点击该图标后，会出现如图 6.50 对话框，可以对感兴趣的副主题进行选择。

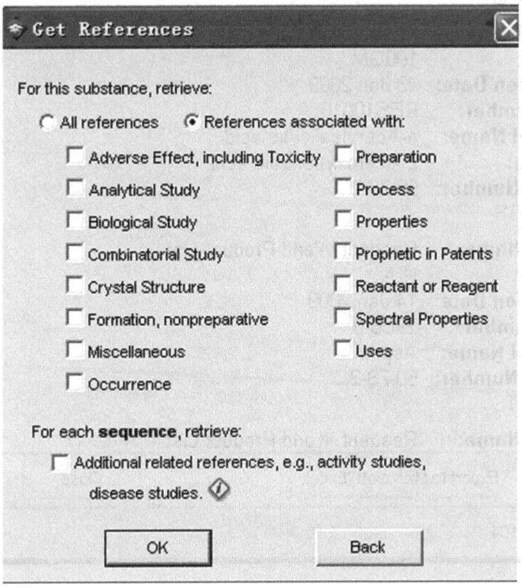

图 6.50

显示物质的立体结构模型，如图 6.51。

显示物质的商业来源数据，如图 6.52，点击每条记录右边的显微镜图标，可以得到该物质包括价格、公司联系方式等更详细的商业来源信息，点击[Export to Microsoft? Excel]按钮，可以把商业来源数据导入 Excel 表中，便于数据的处理和比较，见表 6.4。

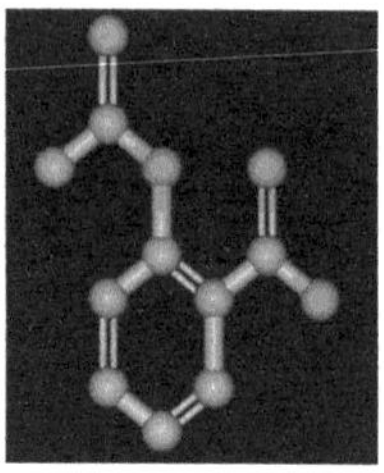

图 6.51

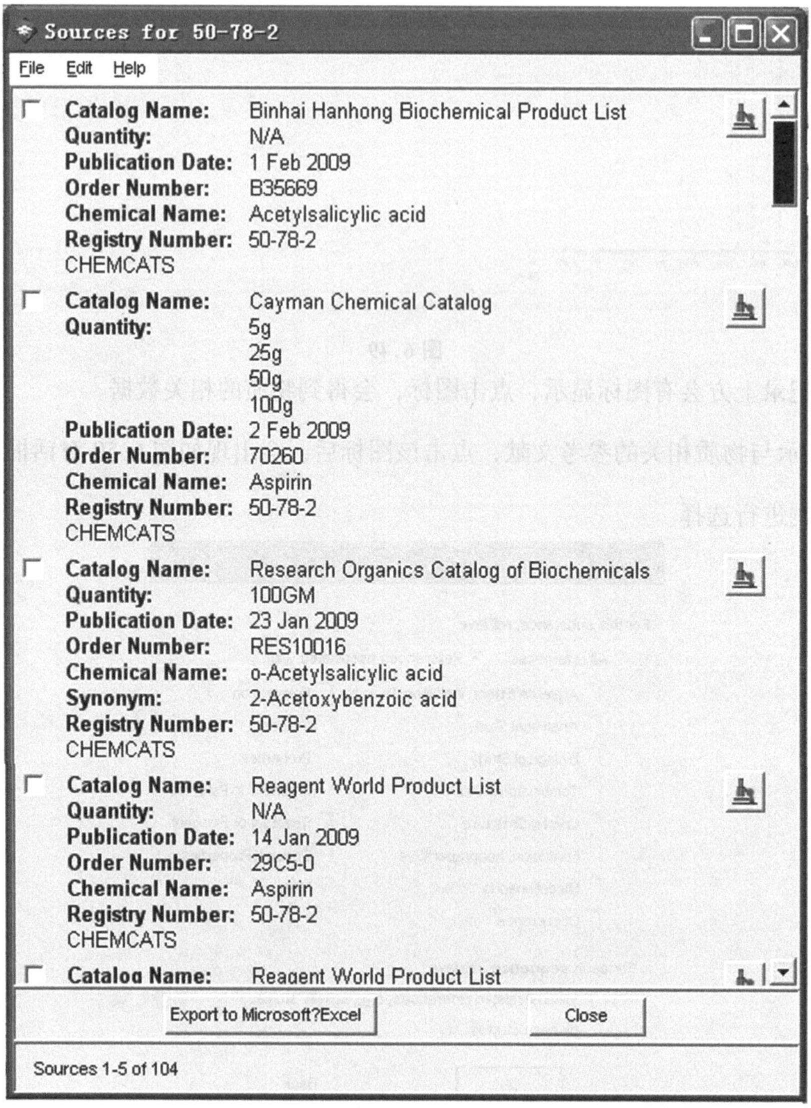

图 6.52

表 6.4

Microsoft Excel - Sheet1

D9　Janssens Pharmaceuticalaan 3A

	Chemical Name	Catalog Name	Company Name	Street Address	City	State or Province	Country	Zip or Postal	Additional Comp Informa
51	Acetylsalicylic Acid	Wako Pure Chemicals Product List	Wako Pure Chemical Industries, Ltd.	1-2, Doshomachi 3-Chome	Chuo-ku	Osaka	Japan	540-8605	Phone: +81-6-6203-3741 Fax: +81-6-6201-5964
52	O-Acetylsalicylic acid	Alfa Aesar	Alfa Aesar A Johnson Matthey Company	111-13 Falcon Street Parnell	Auckland		New Zealand		Phone: (64) 9373 2949 Fax: (64) 9309 4250
53	Acetylsalicylic acid (Aspirin)	The Biomarker Catalogue	Chiron AS	Stiklestadveien 1	Trondheim		Norway	NO-7041	Phone: +47 73 87 44 90 Fax: +47 73 87 44 99 Email: chiron@chiron.n
54	Acetylsalicylic acid (Aspirin)	The Biomarker Catalogue	Chiron AS	Stiklestadveien 1	Trondheim		Norway	NO-7041	Phone: +47 73 87 44 90 Fax: +47 73 87 44 99 Email: chiron@chiron.n
55	Acetylsalicylic acid	Binhai Hanhong Biochemical Product List	Binhai Hanhong Biochemical Co., Ltd.	Room 308, NO.1 Building Jiachuan Road 245, Xuhui District	Shanghai		People's Republic of China		Phone: 0086-21-6476273 Fax: 0086-21-54291107 Email: info@hanhonggro
56	O-Acetylsalicylic acid	Hebei Smart Product List	Hebei Smart Chemicals Co., Ltd	2702 Information Tower 1403 Minsheng Road	Shanghai		People's Republic of China	200135	Phone: 0086-21-3392-77 Phone: 0086-21-3392-73 Phone: 0086-21-3392-74 Fax: 0086-21-3392-7943 Email: info@hebeismart
57	Acetylsalicylic acidAspirin	BetaPharma Shanghai Product List	BetaPharma Shanghai Co., Ltd.	No.17#-4D. 830 Lane, Maotai Road	Shanghai		People's Republic of China	200336	Phone: 86-21-62951620 Fax: 86-21-32082820 Email: sales@betapharm

Report for CAS RN 50-78-2

显示物质管制和注册数据，如图 6.53。

Regulated Chemicals Listing for 50-78-2

File　Edit　Help

Accession Number: 18 CHEMLIST

CAS Registry Number: 50-78-2

Chemical Name
Benzoic acid, 2-(acetyloxy)- (TSCA, DSL, ENCS, AICS, SWISS, PICCS, ASIA-PAC, NZIoC)
Acide O-acetylsalicylique (French) (DSL, EINECS)
O-acetylsalicylic acid (EINECS)
O-Acetylsalicylsaure (German) (EINECS)
acido O-acetilsalicilico (Spanish) (EINECS)
2-(Acetyloxy)benzoic acid (ECL)
ACETYLSALICYLSAEURE (German) (SWISS)
ASPIRIN (PICCS)
SALICYLIC ACID, ACETYL- (PICCS)
2-(ACETLOYXYBENZOIC) ACID (PICCS)
2-Acetoxybenzoic acid
2-Carboxyphenyl acetate
A.S.A. Empirin
AC 5230
Acenterine
Acesal
Acesan
Acetard
Aceticyl
Acetilum acidulatum
Acetisal
Acetol
Acetonyl
Acetophen
Acetosal
Acetosalic acid
Acetosalin

Close

Regulated Chemicals Listing 1 of 1

图 6.53

显示物质的反应数据，点击该图标后，会出现如图 6.54 对话框，选择在反应中的角色后，即可得到物质的反应信息。

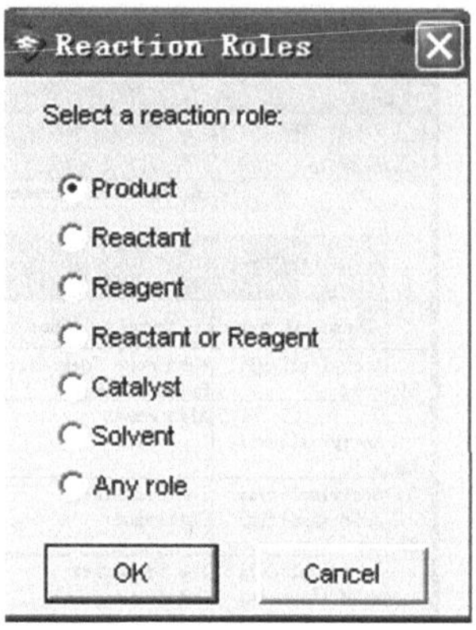

图 6.54

除上述图标外，点击物质检索结果下方的[Get References]按钮和点击图标一样，也可以获得该物质的相关文献；点击[Get Reactions]按钮，可以获得物质的反应信息。

4. SciFinder Scholar 物质检索的后处理功能

SciFinder Scholar 物质检索与文献检索一样，也拥有强大的后处理功能，对检索结果进行精确和提炼。

(1) 分析工具

分析可以更好地了解检索物质的结构，而分析其环构造、原子取代和键等，有助于找出理想结构，以对下列结构的亚结构检索为例来说明物质检索的分析功能，其中 R_1 定义为 O 或 S。

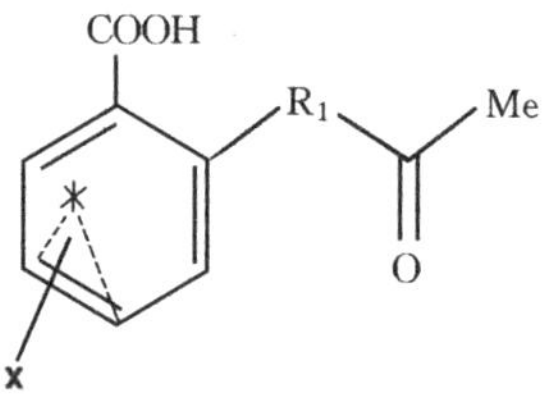

在检索结果窗口点击[Analyze/Refine]按钮，进入分析和限制检索窗口，选择[Analyze]按钮，启动分析工具，如图 6.55。

SciFinder Scholar 提供了 6 种物质分析功能

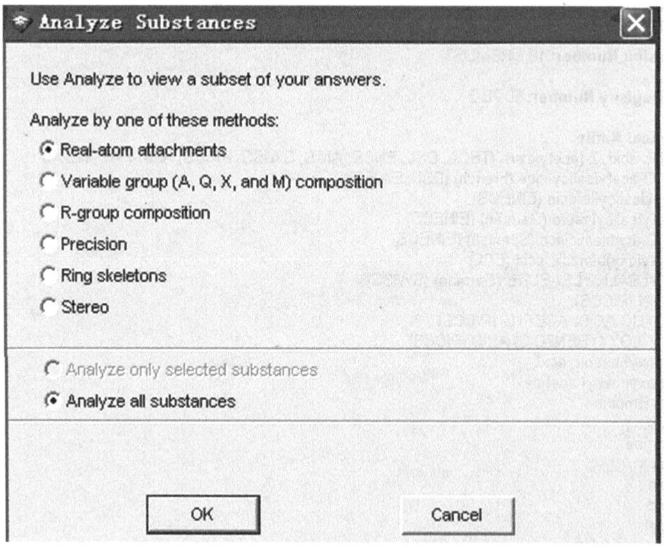

图 6.55

① 取代原子分析。分析在物质检索结果中的指定位置的取代原子。

选取 Analyze 中的 Real-atom attachments 选项，并点击[OK]按钮。View Real-atom Attachments 对话框会被启动，如图 6.56；将鼠标放置于想要确认的取代原子的节点上，并加以点击。这个原子将会被突出显示，在它旁边会出现红色问号。在对话框内的 Atom attachments 部分，便会看到在这个位置的所有取代原子以黑色或蓝色原子显示出来；在前面的复选框中勾选感兴趣的取代原子，点击[Get Substances]按钮。

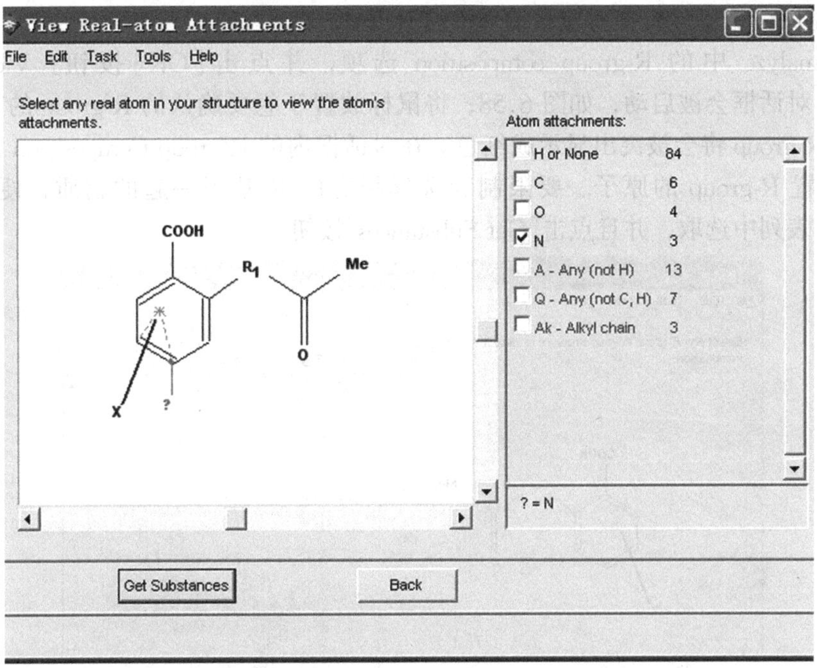

图 6.56

② 可变基团分析。分析在物质检索结果中的可变基团。

选取 Analyze 中的 Variable group (A, Q, X, and M) composition 选项，并点击[OK]按钮；View Variable Group (A, Q, X, and M) Composition 对话框会被启动，如图 6.57；将鼠标放置于想要确认的可变原子的节点上，并加以点击，原子将会被突出显示成红色。在对话框内的 Variable Group Composition 部分，便会看到在这位置的可变原子；要限制和选择指定可变基团的物质，便从 Variable Group Composition 表列中选取，并且点击[Get Substances]按钮。

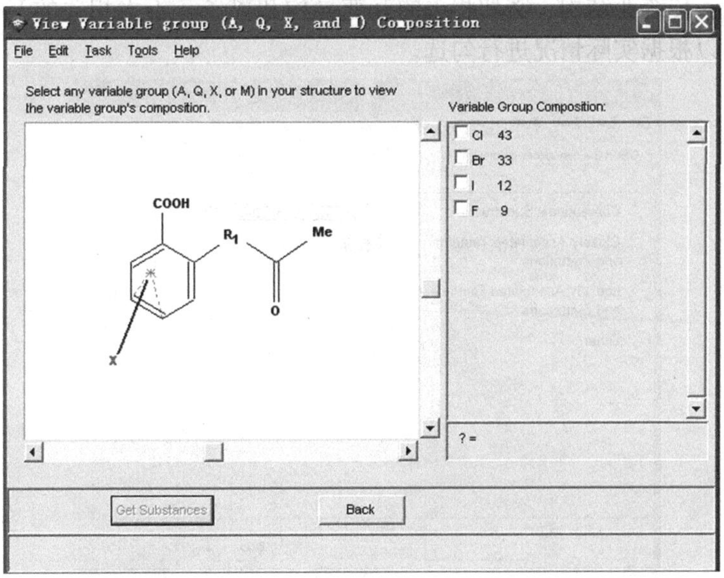

图 6.57

③ R 基团分析。分析物质检索结果中的 R 基团。

选取 Analyze 中的 R-group composition 选项，并点击[OK]按钮。View R-group Composition 对话框会被启动，如图 6.58；将鼠标放置于想要确认的 R-group 的节点上，并加以点击。R-group 将会被突出显示成红色。在对话框内的 R-group Composition 部分，便会看到在这位置 R-group 的原子。要限制和选择指定的 R 基团一起的物质，便从 R-group Composition 表列中选取，并且点击[Get Substances]按钮。

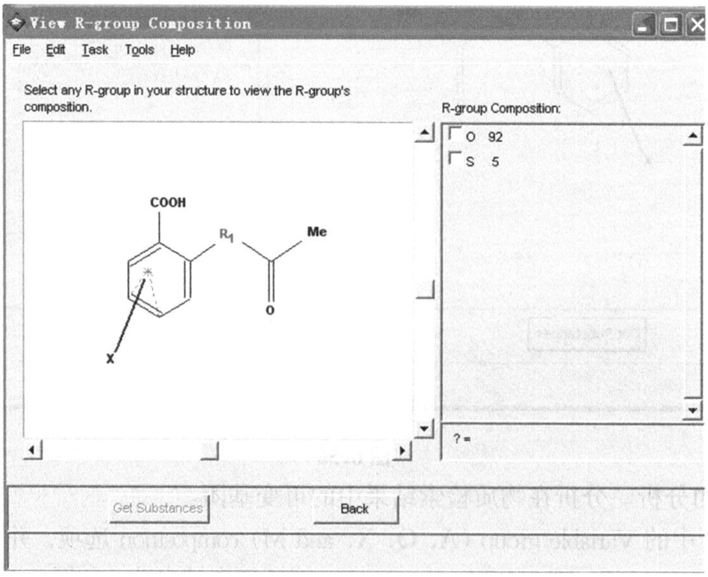

图 6.58

④ 结构精确度分析。要分析物质结构的精确度。

选取在 Analyze 对话框内的 Precision 选项，启动 Precision Analysis 对话框，如图 6.59，会出现 4 种选项：传统亚结构、密切相关的互变异构和离子、不太相关的互变异构和离子、其他。检索者可以根据实际情况进行勾选。

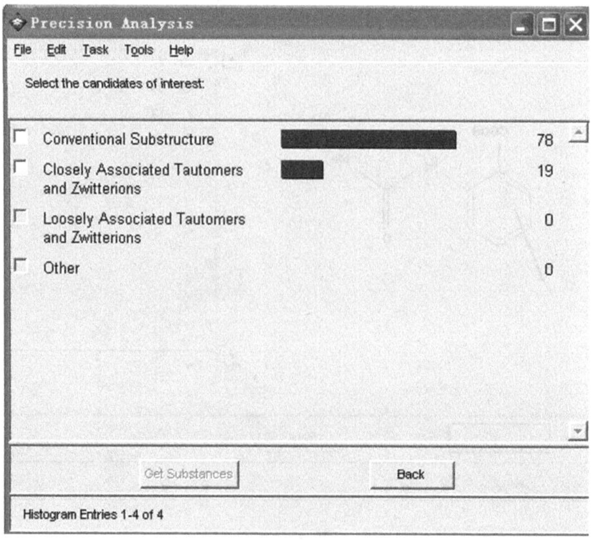

图 6.59

⑤ 环骨架分析。通过环骨架分析，检索结果会以不同的基本环骨架来分类。

选取 Analyze 对话框的 Ring skeletons 选项，Ring Analyze 对话框会被启动，如图 6.60，有 3 种分析方法：只分析环骨架，分析环骨架和原子，分析环骨架、组成原子及键。选取其中的一种，点击[OK]按钮，如选择分析环骨架、组成原子及键，结果如图 6.61。

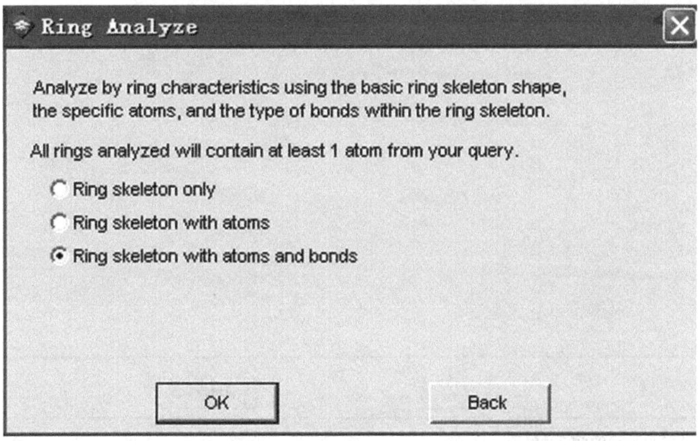

图 6.60

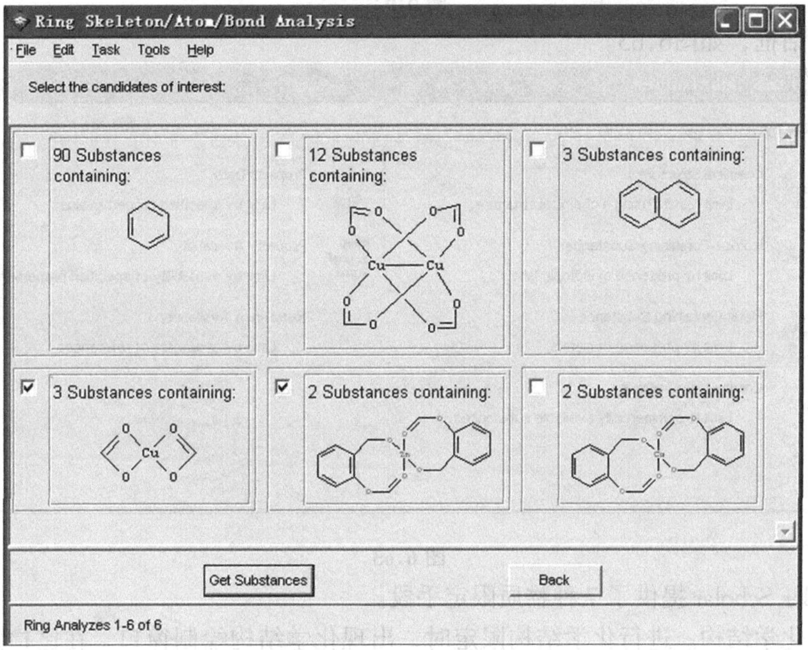

图 6.61

⑥ 立体结构分析。对有无立体结构进行分析。

选取 Analyze 对话框中的 Stereo 选项，点击[OK]按钮，Stereo Analysis 对话框会出现，如图 6.62。物质会被分类成“有”或“没有”立体结构两种类型，检索者可以根据实际情况进行勾选，点击[Get Substances]按钮，获取相应的物质。

(2) 限定工具

在物质检索时，如果检索到的物质太多，可以使用物质检索的限定功能，对检索结果进行精练。进行细化，点击[Analyze/Refine]按钮，并选择[Refine]按钮，出现 Refine

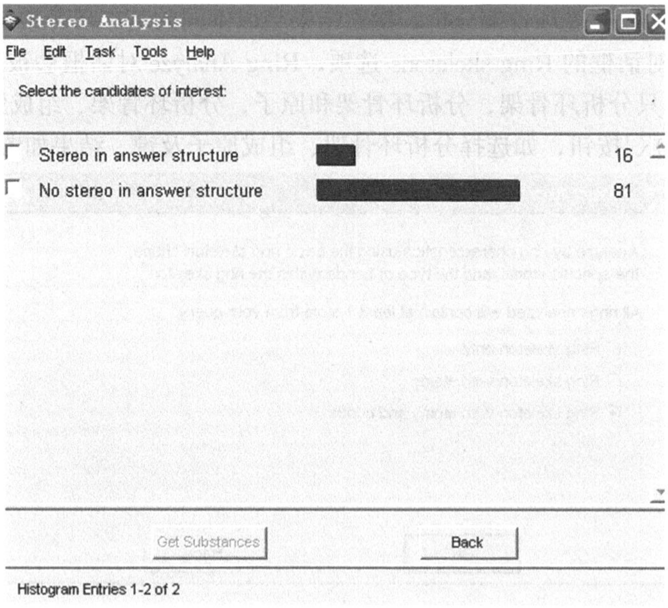

图 6.62

Substances对话框，如图6.63。

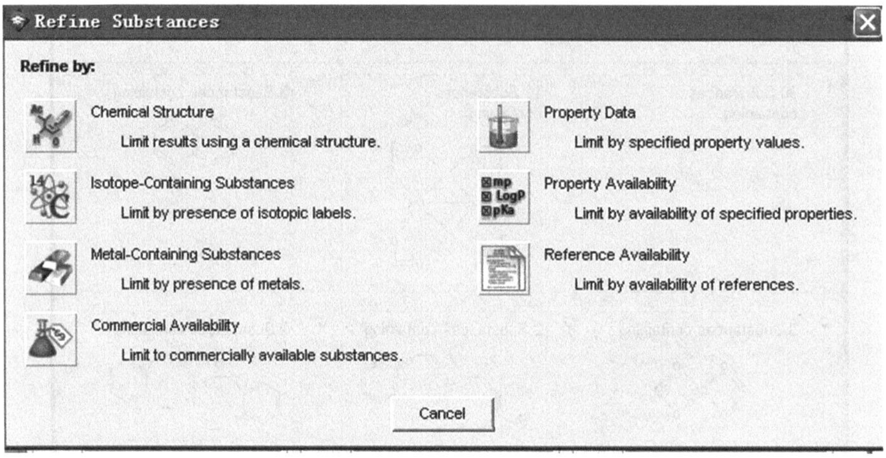

图 6.63

SciFinder Scholar 提供了 7 种物质限定手段。

① 限定化学结构。进行化学结构限定时，出现化学结构绘制窗口，在已检索的结构旁绘制取代基团或其他结构，点击[Get Substances]按钮之后，检索结果限制为与新加入的条件匹配。

② 限定含同位素。可限定含/不含同位素。

③ 限定含金属。可限定含/不含金属。

④ 限定可获得商业来源。限定只检索能获得商业来源的物质。

⑤ 对物质性质限定。可以通过限定物质特性的数值来缩小检索范围。选择 Property Data 后，便会出现 Refine by Property Data 对话框，如图 6.64。

⑥ 限定可获得物质的性质。限定只检索能获得某一性质的物质，选择 Property

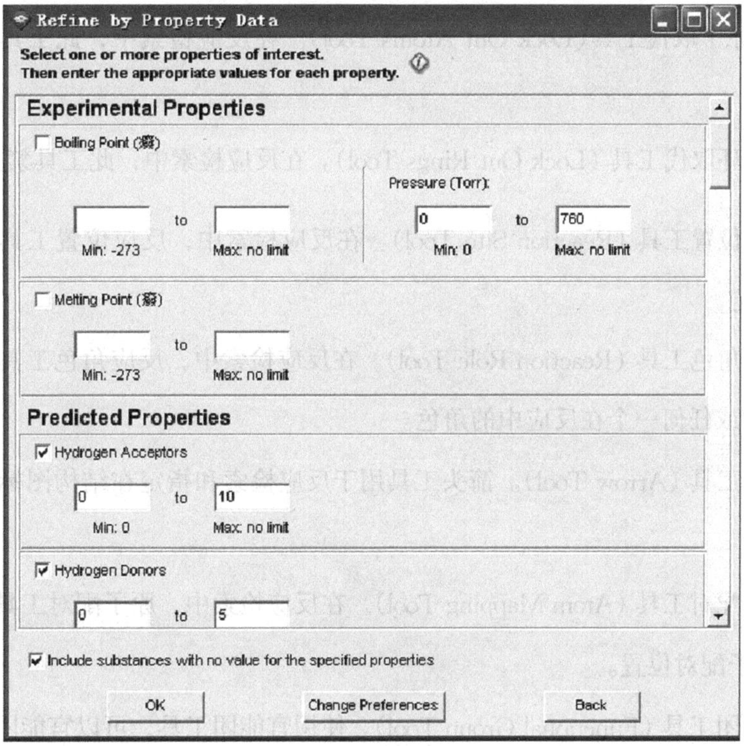

图 6.64

Availability后，出现 Refine by Property Availability 对话框，如图 6.65。可以选择任何特性、任何实验特性、任何计算特性或者特定的实验特性。

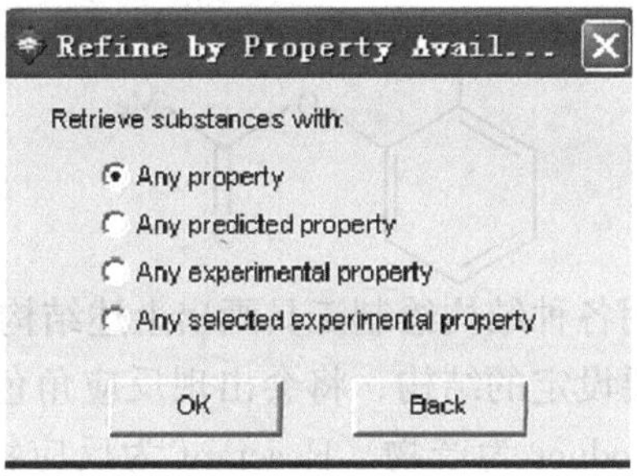

图 6.65

⑦ 限定可获得文献。可选择有相关文献的物质。

(三) SciFinder Scholar 的反应检索

在 SciFinder Scholar 中，既可以通过化学结构检索反应，并设定物质在反应中的角色(反应物、试剂、产物或任何角色)，也可以用反应位置工具和原子绘图工具作精确的反应检索。同时，SciFinder Scholar 提供了强大的后处理功能，对检索到的反应进行分析与限定。

1. SciFinder Scholar 反应检索的途径

在 SciFinder Scholar 中，可以通过化学结构和官能团两种方式检索反应

(1) 通过化学结构检索反应

① 反应检索的工具。

锁定原子取代工具(Lock Out Atoms Tool)。在反应检索中，此工具能禁止原子取代。

锁定环取代工具 (Lock Out Rings Tool)。在反应检索中，此工具禁止环取代。

反应位置工具 (Reaction Site Tool)。在反应检索中，反应位置工具可以对反应位置的键进行标记。

反应角色工具 (Reaction Role Tool)。在反应检索中，反应角色工具用来设定反应物/试剂、产物或任何一个在反应中的角色。

箭头工具 (Arrow Tool)。箭头工具用于反应检索和指定在结构图标窗口中的化学反应角色。

原子配对工具 (Atom Mapping Tool)。在反应检索中，原子配对工具用于指定反应物和产物的原子配对位置。

官能团工具 (Functional Group Tool)。使用官能团工具，可以官能团名字来绘制和检索反应。

② 检索方法。以下列结构为例，说明化学结构检索反应的方法，要求它是产物，而且不允许环取代。

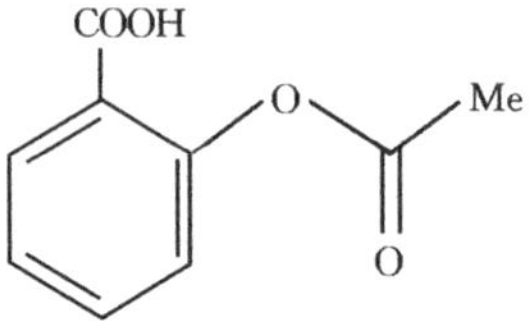

• 在结构绘制窗口，利用各种结构绘制工具画出上述结构。

• 点击反应角色工具和要设定的结构，将会出现反应角色对话框，如图 6.66，设定物质在反应中的角色。其中，Product 为产物、Reactant 为反应物、Reagent 为试剂、Reactant or Reagent 为反应物或试剂、Any role 为任何角色。本例中选择为产物，点击[OK]按钮。

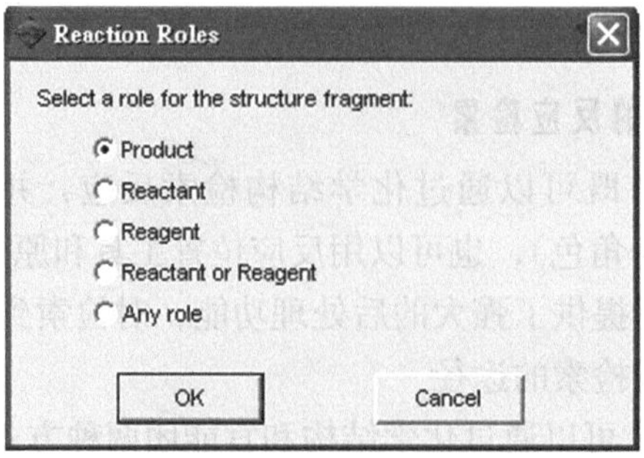

图 6.66

• 在结构绘制板中点击[Get Reaction]按钮，出现反应检索窗口，如图 6.67。

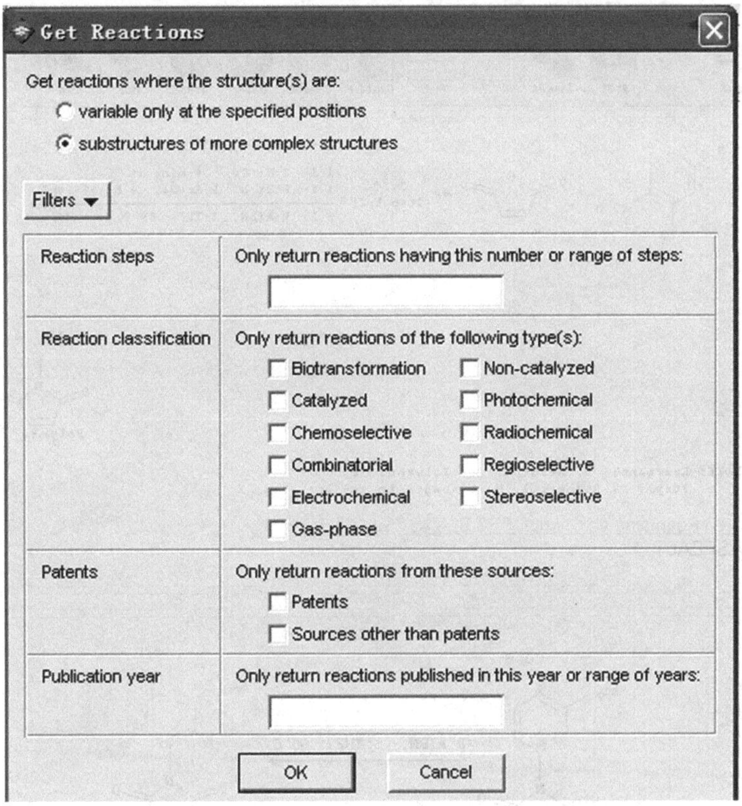

图 6.67

首先选择检索方法，是以该特定结构参与反应，还是以该结构为亚结构参与反应，本例中选择以亚结构参与反应。

如想缩小检索范围，可点击 Filters，对过滤功能进行选择。SciFinder Scholar 提供了 4 种反应检索的过滤功能。

• 限定反应步数。

• 限定反应类型。包括生物转化、催化反应、化学选择、组合、电气化学反应、气相反应、非催化化学、光化学、放射化学、区域选择及立体选择。

• 限定专利。限制为来源于专利文献中提到的反应。

• 限定出版年。

选择后点击[OK]按钮，即可得到检索结果，如图 6.68。

检索的亚结构部分显示为红色，方便查看。检索结果按照存取号顺序来排列(最新文献开始)，用户可以在主工具列的浏览中选择反序排列。在检索的每条记录中，可以得到反应式、详细反应条件、CAS 的编者写下的重点(NOTE)及文摘链接。除此之外，以鼠标右键点击反应式中的任何物质，便可以轻易取得其相关资料。

点击下方的[Get References]按钮，可以得到有关反应的文献，对于多步反应，点击左侧的显微镜图标，可以显示反应步骤。

(2) 通过官能团检索反应

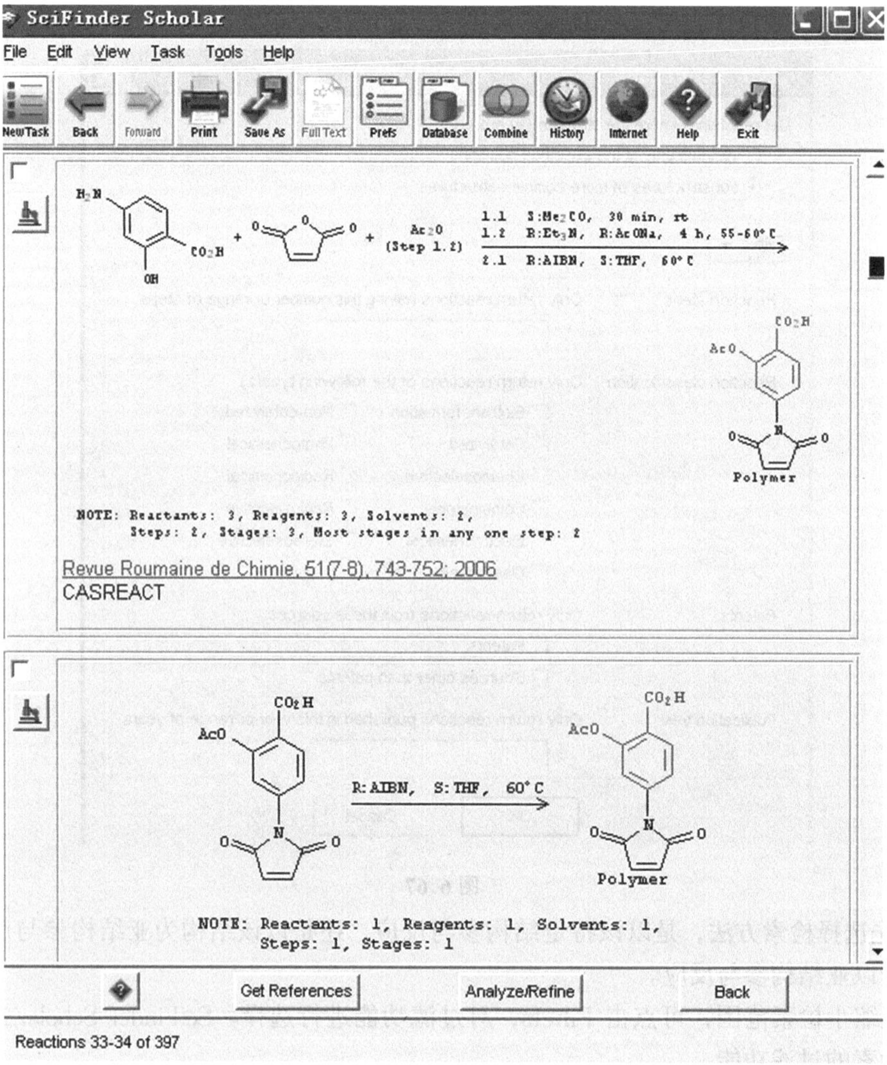

图 6.68

SciFinder Scholar 可以通过官能团名称去检索反应，利用官能团检索可以得到用什么样的催化剂或在什么样的实验条件下去进行相关官能团的反应。

如欲检索由芳基卤生成卤酸的反应，过程如下。

① 点击  官能团工具图标。出现官能团对话框，如图 6.69，有四种不同显示形式可供选择。

- 所有官能团(All)。所有官能团分类和官能团都会以英文字母顺序排列。
- 主要官能团分类(Class Terms)。显示官能团的大分类。选择官能团分类的名称后，系统可以列出其下的小分类。
- 有环的官能团(Rings)。选择有环的官能团后，其结构便会在右边显示。
- 没有环的官能团 (Non-rings)。

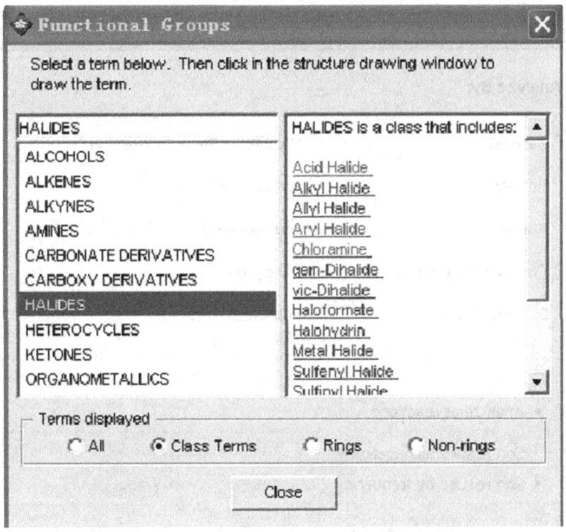

图 6.69

该例中选择主要官能团大类(Class Terms)中的卤化物(HALIDES)，在其右边的小类中选择芳基卤(Aryl Halide)和卤酸(Acid Halide)。

② 在结构图标窗口中绘制好官能团，点击反应角色工具图标

，出现反应角色对话框，选择芳基卤为反应物，卤酸为产物。

③ 点击箭头工具图标来绘制反应箭头，从芳基卤至卤酸。

④ 点击[Get Reactions]按钮，会出现反应检索窗口。选择 Substructure of more complex structure，点击[OK]按钮，即可完成反应检索，如欲缩小检索范围，可以利用 Filters 的过滤功能去实现。

另外，在检索结果窗口，点击下面的[Get References]按钮，即可获得有关反应的文献信息，而在前面所述的文献检索结果窗口，点击[Get Substances]和[Get Reactions]按钮，可以得到文献中涉及的物质及反应信息；在物质检索结果窗口点击[Get References]和[Get Reactions]按钮，可以得到该物质的文献和有关反应，可以看出 SciFinder Scholar 实现了 6 个数据库之间无缝链接的跨库检索，用户可以从文献、物质或反应 3 个入口进行检索，获得的检索结果也可以在文献数据库、物质数据库和反应数据库中相互链接，也就是说，SciFinder Scholar 能让用户从一点信息入手，获得与之相关的、最为全面的文献、物质和反应信息，这是其他单一的文献数据库所无法比拟的特点。

2.SciFinder Scholar 反应检索的后处理功能

SciFinder Scholar 反应检索也同样拥有强大的后处理功能，对检索结果进行精确和提炼。

(1) 分析工具

分析可以更好地了解检索到的反应，而分析其催化剂、溶剂和反应步骤等信息，有助于找出理想的反应，以上述化学结构检索反应的例子来说明反应检索的分析功能。

在检索结果窗口点击[Analyze/Refine]按钮，进入分析和限制检索窗口，选择[Analyze]按钮，启动分析工具，如图 6.70。

SciFinder Scholar 提供了 10 种反应分析功能。

① 催化剂分析。选择感兴趣的催化剂，如图 6.71。

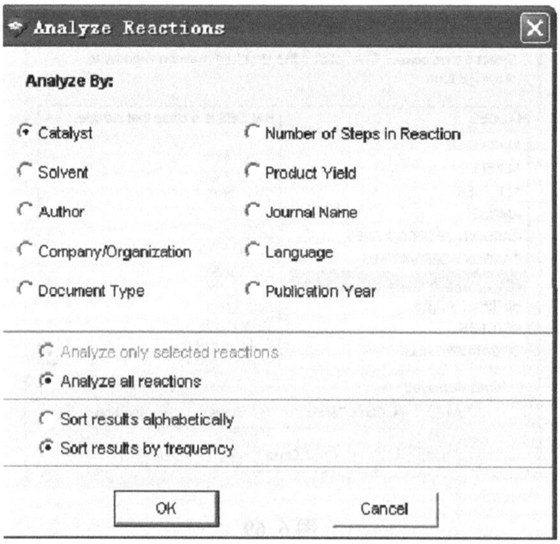

图 6.70

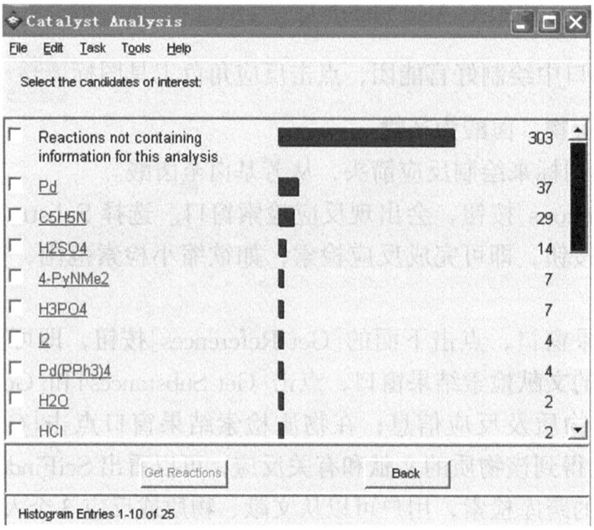

图 6.71

② 溶剂分析。选择感兴趣的溶剂。

③ 作者分析。帮助确定相关领域核心著者群。

④ 机构分析。发现该研究领域的核心研究机构。

⑤ 文献类型分析。了解该反应来源文献类型及文献量排名，帮助分析研究信息的新颖性、成熟性、系统性和实用性。

⑥ 反应步数分析。选择希望得到的反应步数。

⑦ 产率分析。选择合适的产率，如图 6.72。

⑧ 刊物分析。发现该研究领域的核心期刊。

⑨ 语种分析。了解该反应文献的语种分布情况，帮助了解信息的地域流向。

⑩ 出版年分析。了解该反应的研究历史、发展和热点时代。

(2) 限定工具

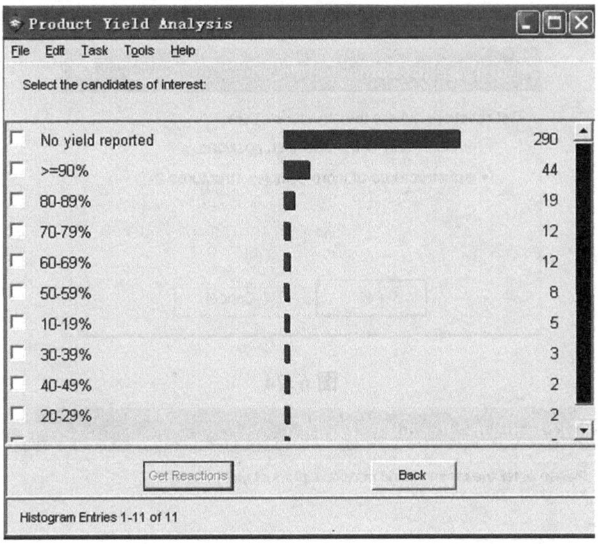

图 6.72

限定工具可以使反应检索的结果更精确。在反应检索结果窗口，点击[Analyze/Refine]按钮，进入分析和限定检索窗口，选择[Refine]按钮，启动限定工具，如图 6.73。

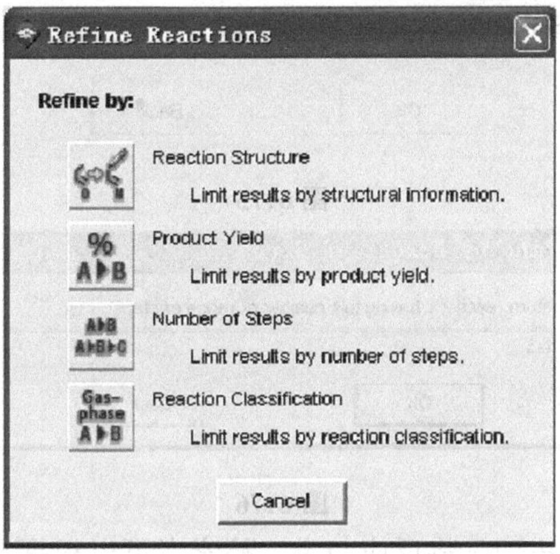

图 6.73

SciFinder Scholar 提供了 4 种反应限定手段。

① 限定反应结构。如在该例中，限定反应物必须为苯甲酸，点击[Reaction Structure]按钮，进入结构绘制窗口，利用结构绘制工具画出苯甲酸的结构；点击反应角色工具图标，选择反应角色为反应物；点击箭头工具图标，绘制反应箭头；点击[Get Reactions]按钮，会出现反应检索窗口，如图 6.74，选择以该结构作为亚结构检索反应，点击[OK]按钮，即可完成反应结构限定。

② 限定产率。在 Refine Reactions 中，点击[Product Yield]按钮，便能限制检索反应的产率范围或指定产率，如图 6.75，输入最高和最低的产率范围。因为有些反应没有提供产率资料，用户可点选 Include reactions that do not have yield data，将有关的反应包括在结果内，点击[OK]按钮，即完成对产率的限定。

③ 限定反应步数。点击[Number of Steps]按钮，出现限定反应步数对话框，如图 6.76，

输入想限制的步骤数目或范围，点击[OK]按钮，即可完成指定步数范围的反应检索。

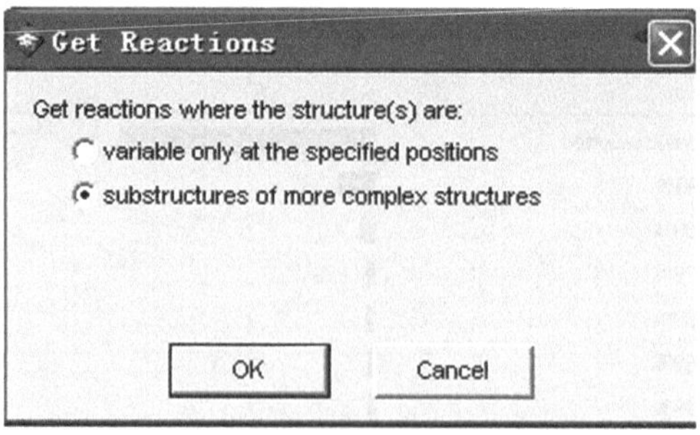

图 6.74

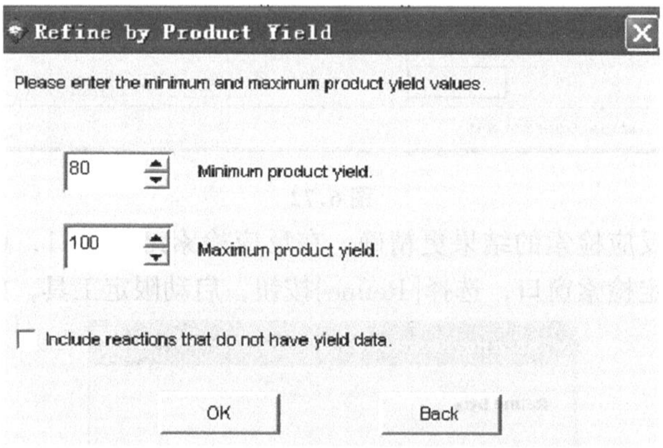

图 6.75

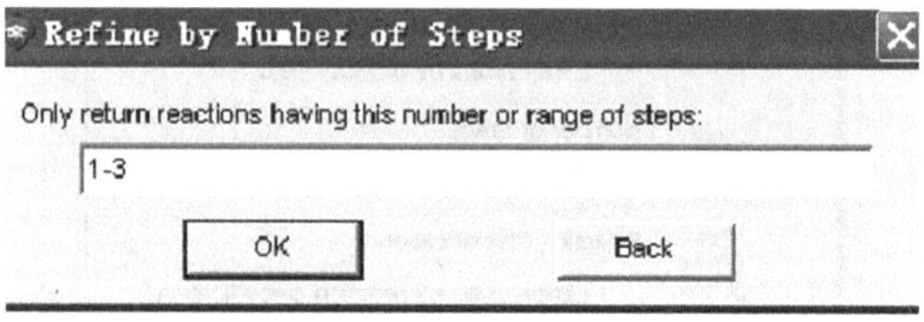

图 6.76

④ 限定反应类型。SciFinder 将反应归类，检索者可以根据需要，只选出特定类型的反应查看。点击[Reaction Classification]按钮，出现如图 6.77 对话框，检索者可以选择包括/不包括某一反应类型，有关反应类型见本节化学结构检索反应部分。

（四）SciFinder Scholar 的其他检索功能

1.SciFinder Scholar 的定位检索

SciFinder Scholar 的定位检索适用于对确定信息的检索，分为定位文献和定位物质。

选择菜单栏 New Task 对话框中的 Locate 或直接点击工具栏的[New Task]按钮，点击[Locate]按钮，即可进行定位检索的界面，如图 6.78。

(1) 定位文献

在 SciFinder Scholar，可以通过书目信息和文献标识符两种方法去定位文献。

① 通过书目信息定位文献。通过书目信息检索可以获得与已知文章标题、作者、专利号相对应的期刊论文及专利信息。

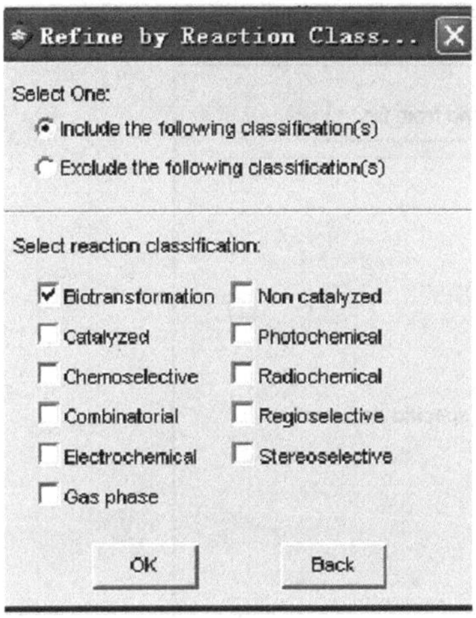

图 6.77

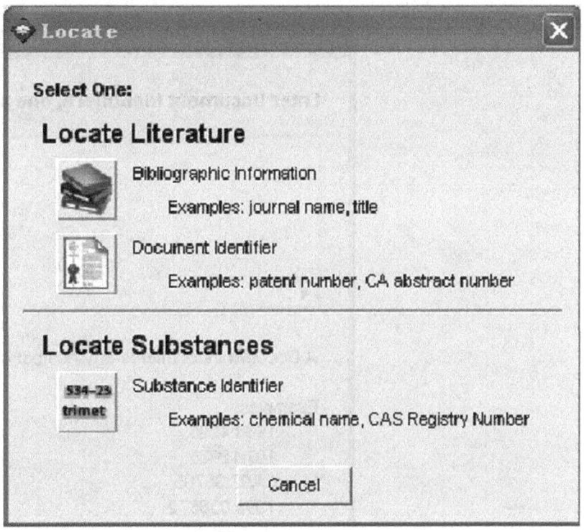

图 6.78

选择菜单栏 New Task 对话框中的 Locate 或直接点击工具栏的[New Task]按钮，点击 Locate Literature 下面的 Bibliographic Information 图标，出现如图 6.79 对话框。

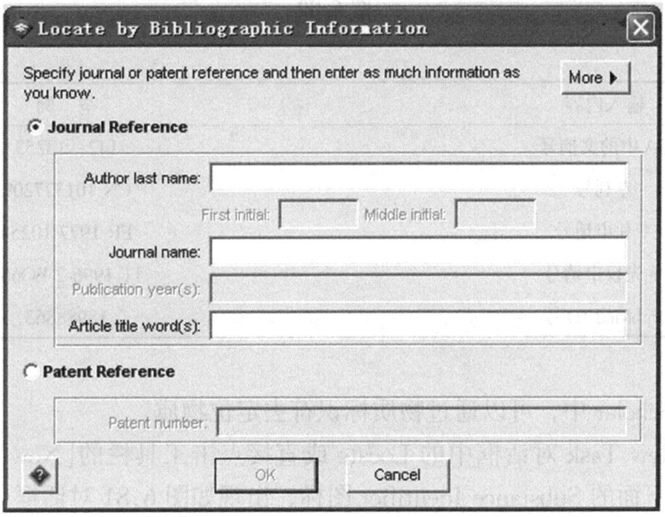

图 6.79

在该对话框中，上部分用来定位期刊论文，可以通过作者姓名、期刊名称及出版年以及文章的标题等信息来定位期刊论文。下部分用来定位专利文献，可以通过专利号、发明人、专利权人及出版年等信息来定位专利文献。

② 通过文献标识符定位文献。使用文献标识符检索可以获得已知文摘号、专利号、优先权专利号等相对应的文献。

选择菜单栏 New Task 对话框中的 Locate 或直接点击工具栏的[New Task]按钮，点击 Locate Literature 下面的 Document Identifier 图标，出现如图 6.80 对话框。

在窗口中输入已知的文献标识符，文献标识符的输入如表 6.5。

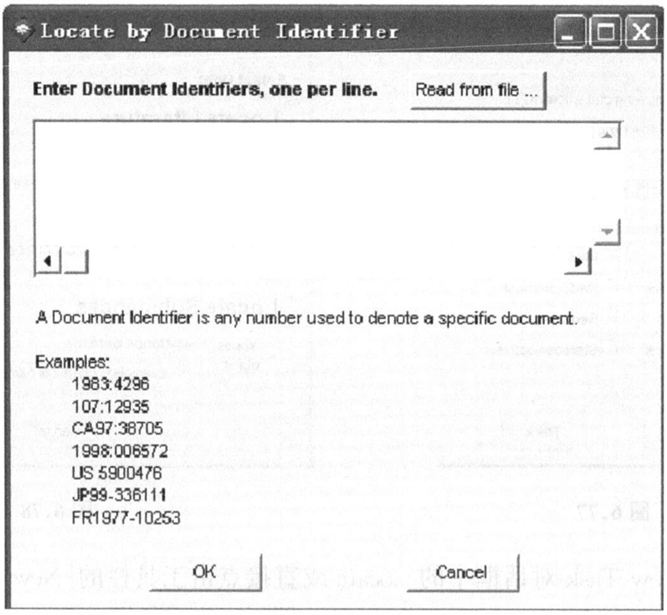

图 6.80

表 6.5

输入内容	举　例
CA 中的文摘号	142：13253
专利号	CN 101327209
专利申请号	FR 1977-10254
优先权申请号	IT 1996-2-BO661
PubMed ID 号	18988863

(2) 定位物质

在 SciFinder Scholar 中，可以通过物质标识符去定位物质。

选择菜单栏 New Task 对话框中的 Locate 或直接点击工具栏的[New Task]按钮，点击 Locate Substances 下面的 Substance Identifier 图标，出现如图 6.81 对话框。

在该对话框中，可以输入可输入物质的化学名、俗名、商品名、缩写和 CAS 登记号等信息。

输入时要注意：

- 每行只能输入一个标识符；
- 输入时，不用区分大小写；
- 可以包括空格和标点符号；
- 输入 CAS 登记号时，应包含连字符。

2.SciFinder Scholar 的期刊浏览

SciFinder Scholar 的期刊浏览功能用来浏览它收录的核心期刊的内容。

选择菜单栏 New Task 对话框中的 Browse 或直接点击工具栏的[New Task]按钮，点击 Browse 图标，出现核心期刊列表，如图 6.82，可以选择欲查阅的期刊，也可以通过 Edit 菜

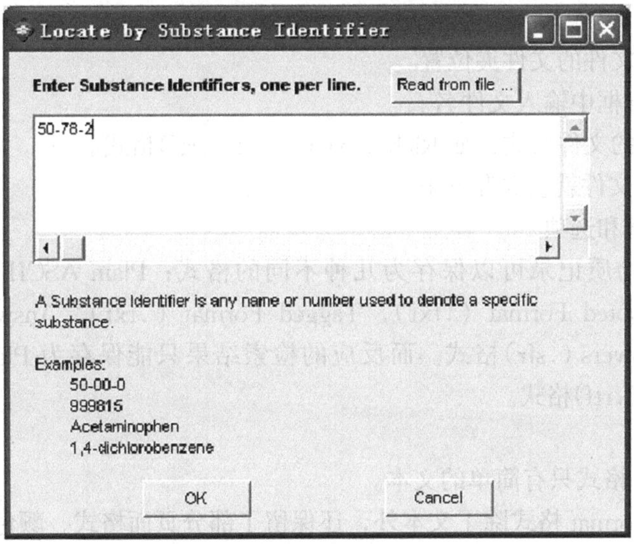

图 6.81

单中的Find去查找所需期刊，注意名称必须完全匹配，而且一次只能查看一种期刊，点击[View]按钮，默认结果显示的是最新一期的目录，可通过[Previouse Issue][Next Issue][Select Issue]按钮浏览其他期的目录。

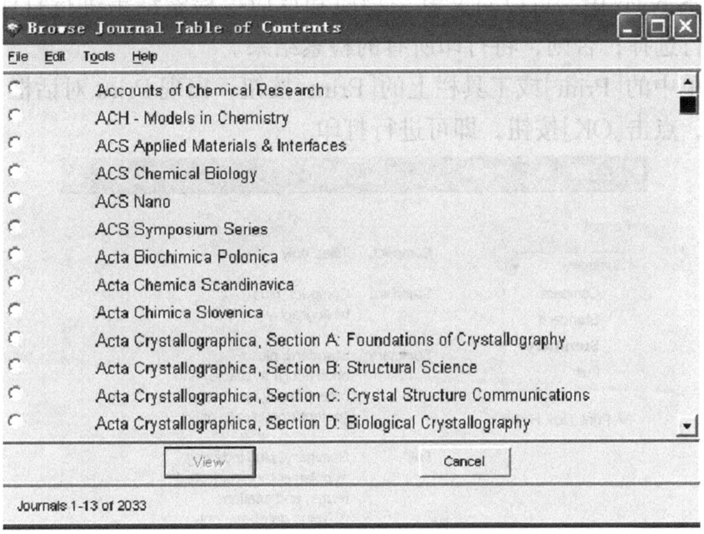

图 6.82

四、检索结果的处理

1. 保存

(1) 保存文件的方法

使用 Save As 命令可以将文献、物质和化学反应的检索结果及其他显示的信息保存在计算机内。

选择 File 菜单下的[Save As]或者点击工具栏上的[Save As]按钮，出现 Save As 或 Save

File As 对话框。

① 选择要保存文件的文件夹位置。

② 在 File name 框中输入文件名。

③ 选择要保存的文件格式，如 Rich Text Format (.rtf)格式。

④ 点击 Save，文件就会保存下来。

(2) 文件的类型和选项

检索的文献及物质记录可以保存为几种不同的格式：Plain ASCII (.txt)，Rich Text Format (.rtf)，Quoted Format (.txt)，Tagged Format (.txt)，Answer Keys (.txt)和 SciFinder Saved Answers (.sfr)格式。而反应的检索结果只能保存为 Plain ASCII (.txt)和 Rich Text Formats (.rtf)格式。

其中：

- Plain ASCII 格式只有简单的文本。
- Rich Text Format 格式除了文本外，还保留了部分页面格式、颜色和图形。
- Quoted Format 格式可以创建需要的定界文件类型。
- Tagged Format 文件用来输入数据到参考文献数据库程序。
- Answer Keys 可以用在根据文献标识符检索和其他查询功能内。

2. 打印

在 SciFinder Scholar 中，可以对文献、物质和反应等检索结果进行打印。在打印之前，先对检索结果进行选择；否则，将打印所有的检索结果。

选择 File 菜单中的[Print]或工具栏上的[Print]按钮，出现 Print 对话框，如图 6.83。选定好打印选项后，点击[OK]按钮，即可进行打印。

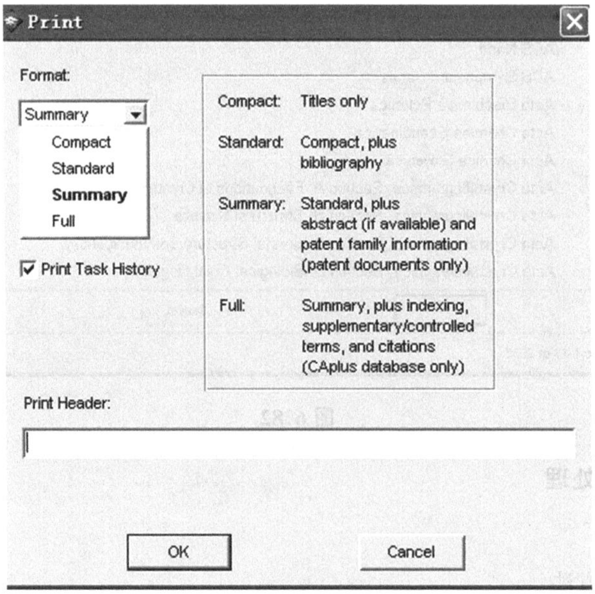

图 6.83

第三节 MEDLINE 光盘数据库

一、概 述

（1）数据库简介

MEDLINE 光盘数据库是目前世界公认的最具权威性和代表性的医学文献数据库，1983 年由美国国立医学图书馆出版。数据库收录了 1966 年以来世界 70 多个国家 40 多个语种的约 3400 种生物医学期刊的题录及文摘 1000 余万条，每年以 30 万～40 万条的速度递增。其中英文文献占 80%，75%～85% 的文献含有文摘，内容涉及基础医学、临床医学、实验医学、环境和公共卫生、药理学和药学、牙科学、护理学等生物医学的各个领域。

MEDLINE 光盘数据库包括三种重要索引：《医学索引》(Index Medicus)、《牙科文献索引》(Index to Dental Literature)、《国际护理学索引》(International Nursing Index)。

该数据库的检索软件有多种，现以美国银盘公司(Silverplatter)的 WinSPIRS 为例，介绍该检索系统。

（2）数据库结构

MEDLINE 光盘数据库由多条文献记录组成，如图 6.84 为一完整记录。

```
TI:   Adherence to a prophylactic medication regimen in patients with symptomatic versus asymptomatic
      ischemic heart disease.
AU:   Carney-RM; Freedland-KE; Eisen-SA; Rich-MW; Skala-JA; Jaffe-AS
AD:   Department of Psychiatry, Washington University School of Medicine, St. Louis, Missouri, USA.
SO:   Behav-Med. 1998 Spring; 24(1): 35-9
ISSN: 0896-4289 |
PY:   1998
LA:   ENGLISH
CP:   UNITED-STATES
AB:   Although angina pectoris is the most common symptom of coronary artery disease, some patients do
      not experience angina during ischemic episodes. The effects of asymptomatic (silent) heart
      disease on patient self-management have rarely been studied. Studies of other patient populations
      with asymptomatic illnesses indicate that patients with silent myocardial ischemia might adhere
      less well to a prophylactic medication regimen than would those with symptomatic ischemia.
      Depression, a state associated with poor adherence to medical regimens is more common among
      patients with symptomatic ischemia. For prevention of thromboembolic events, 37 patients with
      documented ischemic heart disease who denied having anginal symptoms and 28 patients who reported
      almost daily symptoms were given a 3-week supply of low-dose aspirin packaged in an unobtrusive
      electronic adherence monitor. All other medications were provided in standard pill bottles. The
      symptomatic patients removed their prescribed aspirin on 62.4% of the days; the patients with
      silent ischemia took their medication on 77.3% of the days. Possible explanations for these
      results, their clinical implications, and directions for future research are discussed.
MESH: Aged-; Chi-Square-Distribution; Depression-psychology; Drug-Administration-Schedule;
      Psychological-Tests
MESH: *Aspirin-administration-and-dosage; *Knowledge,-Attitudes,-Practice; *Myocardial-Ischemia-drug-
      therapy; *Myocardial-Ischemia-psychology; *Patient-Compliance
TG:   Comparative-Study; Female; Human; Male; Support,-U.S.-Gov't,-P.H.S.
PT:   CLINICAL-TRIAL; JOURNAL-ARTICLE
CN:   R01HL4242703HLNHLBI
RN:   50-78-2
NM:   Aspirin
AN:   1998236302
UD:   199808
```

图 6.84

其中每条记录由 17～24 个字段组成，常用字段如表 6.6。

表 6.6

标识符	字段名	中文名
AB	Abstract	文摘
AD	Address of Author	作者地址
AN	Accession Number	存取号
AU	Author	作者
CN	Contract or Grant Numbers	合同号或资助号
CP	Country of Publication	出版国

续表 6.6

标识符	字段名	中文名
GS	Gene Symbol	基因号
IS	International Standard Serial Number	国际标准刊号
LA	Language	语种
MESH	Medical Subject Descriptors	医学主题词
MIME	Minor MeSH Descriptors	次要医学主题词
MJME	Major MeSH Descriptors	主要医学主题词
NM	Name of Substance	物质名称
PS	Personal Name as Subject	个人主题
PT	Publication Type	出版类型
PY	Publication Year	出版年
RN	CAS Registry Number or EC Number	化学物质登记号或酶命名号
SB	Subset	子文档
SH	Subheadings	副主题词
SO	Source	文献出处
TG	Check Tags	特征词
TI	Title	篇名
UD	Update Code	更新代码

二、数据库检索系统

MEDLINE 光盘检索系统的主界面如图 6.85，自上而下可分为五个区域，分别为命令菜单栏、功能按钮区、检索区、检索史区和检索结果显示区。

(1) 命令菜单栏

WinSPIRS 系统的每个命令菜单中都包含下拉式菜单选项供选择，针对打开的不同选项，会有相应的命令菜单选项，如命令选项为灰色状态，意为当前不可用。

(2) 功能按钮区

WinSPIRS 系统在主屏幕中设置多个常用功能按钮，供检索时使用。

① Database。选择数据库按钮。

② Print。打印按钮。

③ Download。拷贝按钮。

④ Searches。自由词检索按钮。

⑤ Index。索引词检索按钮。

⑥ Thesaurus。主题词检索按钮。

(3) 检索区

检索区提供了检索词输入框及[Search][Suggest]按钮。

(4) 检索史区

该区显示检索序号(No.)、命中文献数(Records)和相应的检索式(Search)。在该区内有

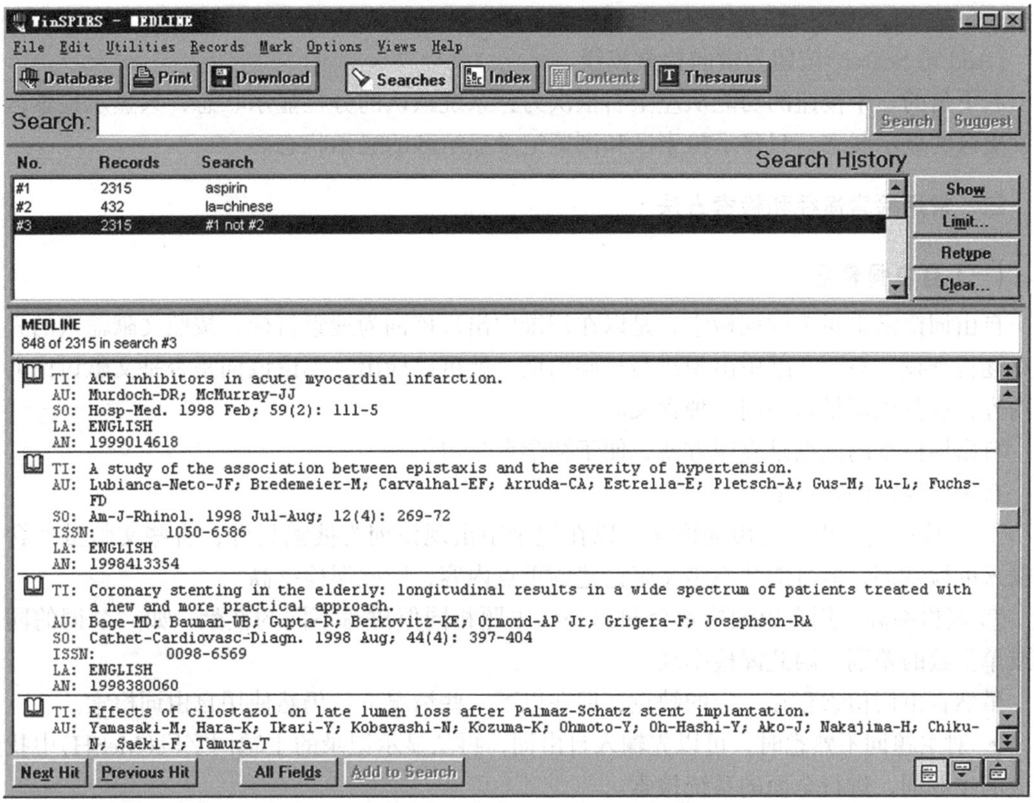

图 6.85

[Show][Limit][Retype]和[Clear]四个功能按钮。

- [Show]为显示按钮。
- [Limit]为限制按钮。
- [Retype]为再输入按钮。
- [Clear]为清除检索式按钮。

(5) 检索结果显示区

该区可分为以下几个部分。

① 该区的最上端为显示记录的提示栏。当一项检索完成之后，此区自动显示相应的检索结果的提示信息：该检索结果来自哪个数据库、命中文献数、当前浏览的是第几条记录等。

② 检索记录显示区。该区为当前浏览记录的内容栏，位于每条记录左侧的图标为记录标记图标。如在浏览过程中对某个记录有兴趣，欲将其打印或拷贝存盘，可以用鼠标点击该图标，即完成对该条记录的标记。

③ 位于该区的最下方有 7 个功能按钮，分述如下。

[Next Hit]和[Previons Hit]按钮是对检索词在记录中出现的快速查找的功能按钮。即每点一次鼠标，系统自动在所有浏览记录中查找下一个或前一个检索词。

[All Fields]按钮是在检索记录显示区显示浏览记录的全部字段和默认字段的切换按钮。即用鼠标点击一下该按钮，屏幕显示记录的全部字段，再点击一下，则还原到默认字段状态

显示，包括 TI，AU，SO，ISSN，LA，AN。

[Add to Search]按钮为横向检索按钮。

右下角的三个按钮的功能从左至右依次为：系统默认的分栏显示状态，只显示检索区和检索史区的显示状态，只显示检索区和浏览记录显示区的显示状态。

三、常用检索途径和检索方法

（一）自由词检索

自由词检索也叫关键词检索，是以在记录中出现该词为搜索目标，按照文献输入的先后顺序逐行查找，只要文献中出现拼写相同的词，就可以检出，不论该词是否是文献讨论的主要内容，以及该词是否为同一种含义。

自由词检索的优点是直观方便，便于初学者学习。

自由词检索的缺点如下。

① 误检率高。由于自由词检索是以在记录中出现该词为搜索目标，有些文献虽然含有所输入的检索词，但可能并不是文献论述的重点内容，因此误检率高。

② 漏检率高。用自由词检索会漏掉一些主题相同但拼写不同的文献，如一个词的同义词或单复数的差别，因此漏检率高。

虽然自由词检索存在一定的缺点，但在以下一些情况下，仍然使用自由词检索。

• 对主题词不熟悉时，可以先输入自由词，再从显示记录的主题词字段(MeSH)中找到相应的主题词，进行全面的系统检索。

• 对主题词检索的结果不满意时，可以采用自由词检索，这样可以扩大检索范围，并可根据检索记录中显示的主题词，比较使用的主题词是否正确。

• 某些概念和物质没有相应的主题词，必须用自由词检索，如最新学科与技术词汇；新发现的物质、疾病、综合征等。

如欲用自由词检索有关 penicillin G 的文献，其方法如下。

• 点击[Search]按钮，进入自由词检索状态。

• 在检索式输入框输入 penicillin G。

• 点击检索式输入框右边的[Search]按钮或回车，系统便会把所有有关 penicillin G 的文献查找出来，如图 6.86。

（二）主题词检索

从文献中标引的主题词都是文献论述的重点内容，在文章中占有一定的比例和篇幅，而且不受文献中使用何种名称、何种词形、拼写和单复数的限制，所以用主题词检索具有以下优点。

① 查全率高。因为主题词是经过规范化的，对于同一主题，不管文章作者使用何种名称、何种形式，都会被标引到同一规范的主题词下，因此查全率较高。

② 查准率高。文献中标引的主题词是文章论述的主要内容，因此用主题词检索可以避免自由词检索专指性不强的弊端，查准率较高。

另外，在主题词检索时，通常要和副主题词进行组配，MeSH(医学主题词表)共有 82 个副主题词，副主题词的作用是对主题词进行限制，检索更为专指的文献。

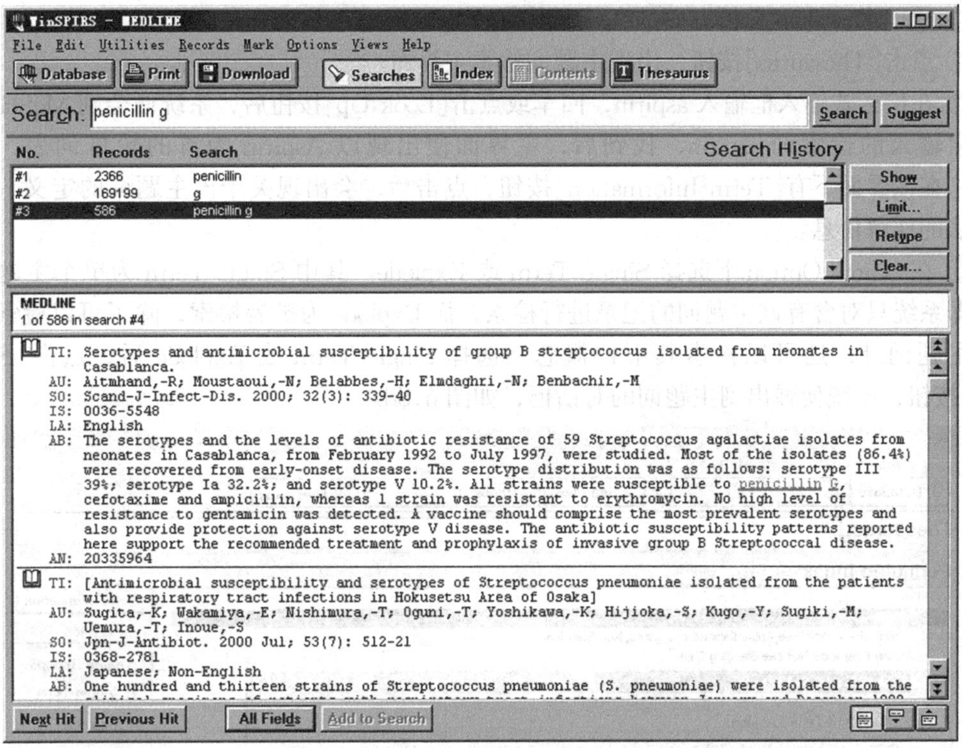
WinSPIRS - MEDLINE
File Edit Utilities Records Mark Options Views Help
Database Print Download Searches Index Contents Thesaurus
Search: penicillin g
Search Suggest
No. Records Search
Search History
#1 2366 penicillin
#2 169199 g
#3 586 penicillin g
Show
Limit...
Retype
Clear...
MEDLINE
1 of 586 in search #4
TI: Serotypes and antimicrobial susceptibility of group B streptococcus isolated from neonates in Casablanca.
AU: Aitmhand,-R; Moustaoui,-N; Belabbes,-H; Elmdaghri,-N; Benbachir,-M
SO: Scand-J-Infect-Dis. 2000; 32(3): 339-40
IS: 0036-5548
LA: English
AB: The serotypes and the levels of antibiotic resistance of 59 Streptococcus agalactiae isolates from neonates in Casablanca, from February 1992 to July 1997, were studied. Most of the isolates (86.4%) were recovered from early-onset disease. The serotype distribution was as follows: serotype III 39%; serotype Ia 32.2%; and serotype V 10.2%. All strains were susceptible to penicillin G, cefotaxime and ampicillin, whereas 1 strain was resistant to erythromycin. No high level of resistance to gentamicin was detected. A vaccine should comprise the most prevalent serotypes and also provide protection against serotype V disease. The antibiotic susceptibility patterns reported here support the recommended treatment and prophylaxis of invasive group B Streptococcal disease.
AN: 20335964
TI: [Antimicrobial susceptibility and serotypes of Streptococcus pneumoniae isolated from the patients with respiratory tract infections in Hokusetsu Area of Osaka]
AU: Sugita,-K; Wakamiya,-E; Nishimura,-T; Oguni,-T; Yoshikawa,-K; Hijioka,-S; Kugo,-Y; Sugiki,-M; Uemura,-T; Inoue,-S
SO: Jpn-J-Antibiot. 2000 Jul; 53(7): 512-21
IS: 0368-2781
LA: Japanese; Non-English
AB: One hundred and thirteen strains of Streptococcus pneumoniae (S. pneumoniae) were isolated from the
Next Hit Previous Hit All Fields Add to Search

图 6.86

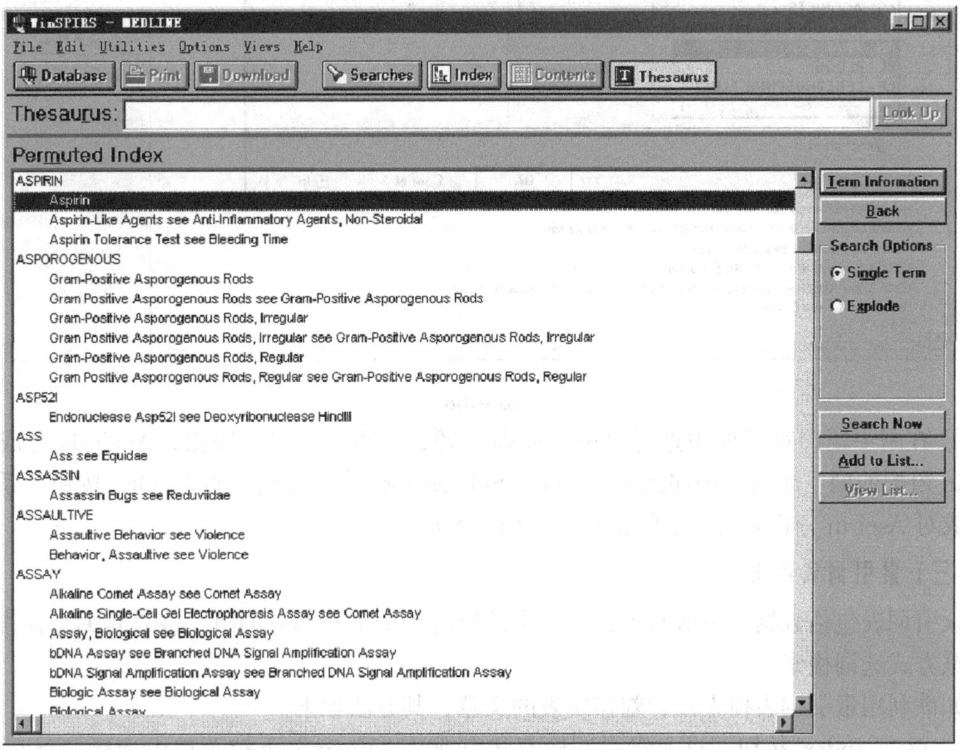
WinSPIRS - MEDLINE
File Edit Utilities Options Views Help
Database Print Download Searches Index Contents Thesaurus
Thesaurus:
Look Up
Permuted Index
ASPIRIN
Aspirin
Aspirin-Like Agents see Anti-Inflammatory Agents, Non-Steroidal
Aspirin Tolerance Test see Bleeding Time
ASPOROGENOUS
Gram-Positive Asporogenous Rods
Gram Positive Asporogenous Rods see Gram-Positive Asporogenous Rods
Gram-Positive Asporogenous Rods, Irregular
Gram Positive Asporogenous Rods, Irregular see Gram-Positive Asporogenous Rods, Irregular
Gram-Positive Asporogenous Rods, Regular
Gram Positive Asporogenous Rods, Regular see Gram-Positive Asporogenous Rods, Regular
ASP52I
Endonuclease Asp52I see Deoxyribonuclease HindIII
ASS
Ass see Equidae
ASSASSIN
Assassin Bugs see Reduviidae
ASSAULTIVE
Assaultive Behavior see Violence
Behavior, Assaultive see Violence
ASSAY
Alkaline Comet Assay see Comet Assay
Alkaline Single-Cell Gel Electrophoresis Assay see Comet Assay
Assay, Biological see Biological Assay
bDNA Assay see Branched DNA Signal Amplification Assay
bDNA Signal Amplification Assay see Branched DNA Signal Amplification Assay
Biologic Assay see Biological Assay
Term Information
Back
Search Options
Single Term
Explode
Search Now
Add to List...
View List...

图 6.87

如欲检索 aspirin 分析方面的文献，其方法如下。

① 点击[Thesaurus]按钮，出现主题词检索主界面。

② 在检索式输入框输入 aspirin，回车或点击[Look Up]按钮后，系统便会到 MeSH 词表中搜索输入的检索词 aspirin，找到后，主界面便出现以 Aspirin 为首的轮排词表。如图 6.87。在该界面下有[Term Information]按钮，点击后，会出现关于该主题词的定义、范围及用法的详解信息。

③ 在 Search Option 下选择 Single Term 或 Explode。其中 Single Term 为单个主题词检索，即系统只对含有该主题词的记录进行检索，而 Explode 为扩展检索，除了可以检索出输入的主题词外，还可以检索其下位概念。选择 Single Term 或 Explode 后，点击[Search Now]按钮，系统便弹出副主题词的对话框，如图 6.88。

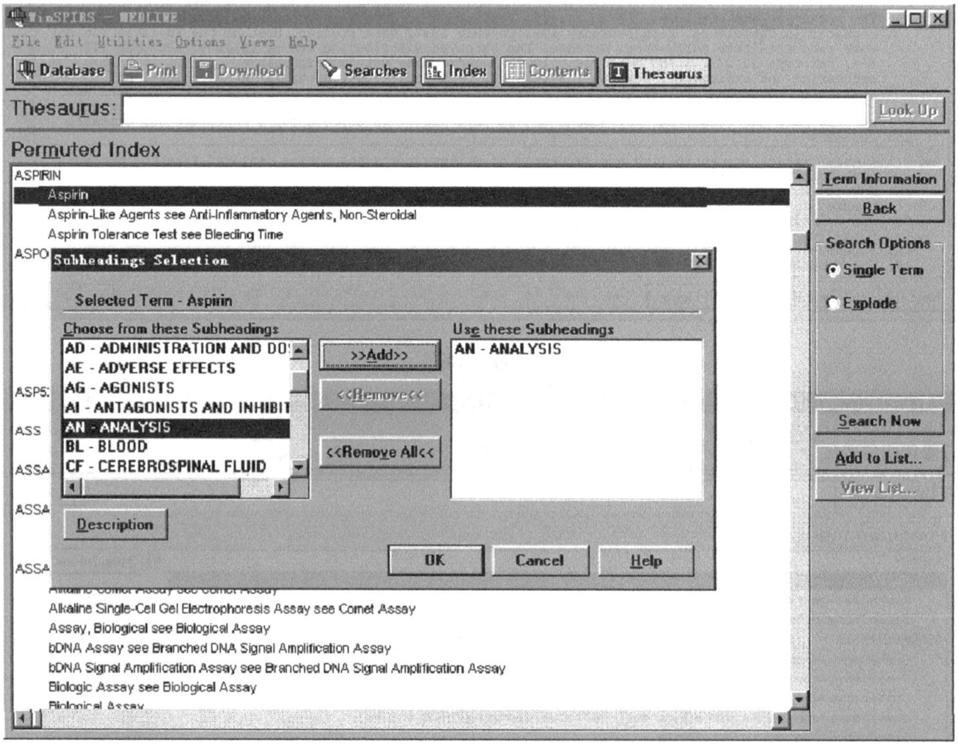

图 6.88

④ 在副主题词对话框中选择 Analysis 副主题词，点击[Add]按钮，Analysis 便成为与 Aspirin 组配的副主题词，添加到 User these Subheadings 中。之后，点击[OK]按钮，系统便会完成对 Aspirin 分析方面文献的检索。如图 6.89。

（三）索引词表检索

索引词表包括数据库中所有可检字段中的所有单个字和部分词组，该表有助于检索者通过浏览方式选词检索。

如欲利用索引词表检索作者刘伟发表的文章，其方法如下。

① 点击[Index]按钮，进入索引词检索状态或从“Views”下拉菜单中选择“Index”选项。

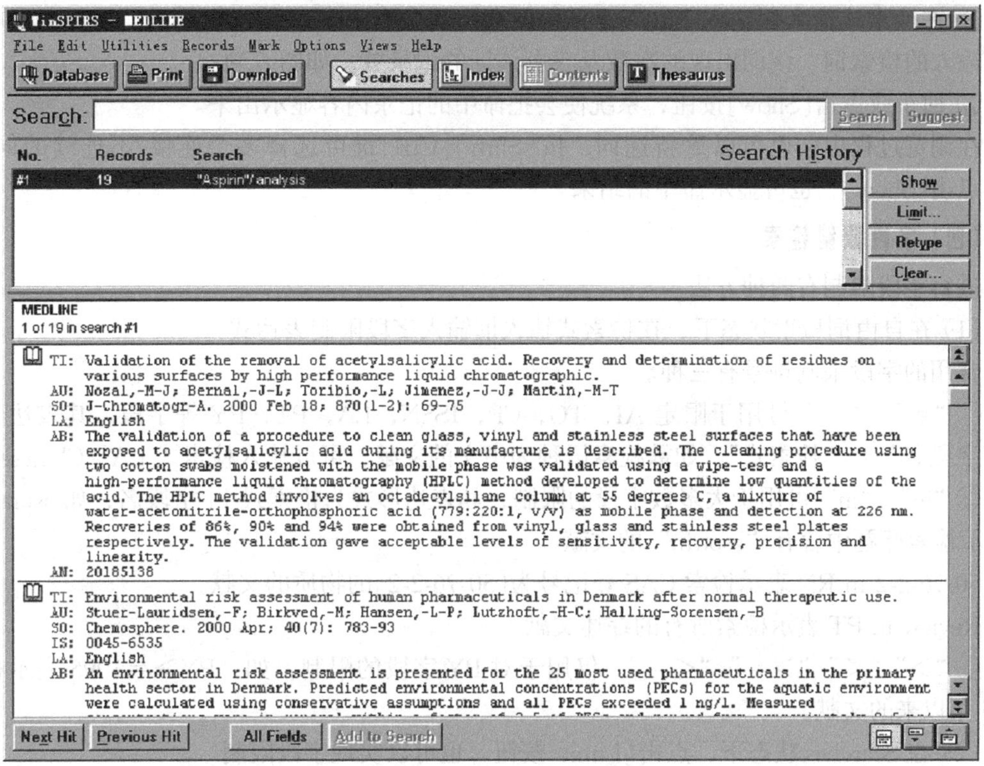
WinSPIRS - MEDLINE
File Edit Utilities Records Mark Options Views Help
Database Print Download Searches Index Contents Thesaurus
Search:
Search Suggest
No. Records Search
Search History
#1 19 "Aspirin"/analysis
Show
Limit...
Retype
Clear...
MEDLINE
1 of 19 in search #1
TI: Validation of the removal of acetylsalicylic acid. Recovery and determination of residues on various surfaces by high performance liquid chromatographic.
AU: Nozal,-M-J; Bernal,-J-L; Toribio,-L; Jimenez,-J-J; Martin,-M-T
SO: J-Chromatogr-A. 2000 Feb 18; 870(1-2): 69-75
LA: English
AB: The validation of a procedure to clean glass, vinyl and stainless steel surfaces that have been exposed to acetylsalicylic acid during its manufacture is described. The cleaning procedure using two cotton swabs moistened with the mobile phase was validated using a wipe-test and a high-performance liquid chromatography (HPLC) method developed to determine low quantities of the acid. The HPLC method involves an octadecylsilane column at 55 degrees C, a mixture of water-acetonitrile-orthophosphoric acid (779:220:1, v/v) as mobile phase and detection at 226 nm. Recoveries of 86%, 90% and 94% were obtained from vinyl, glass and stainless steel plates respectively. The validation gave acceptable levels of sensitivity, recovery, precision and linearity.
AN: 20165138
TI: Environmental risk assessment of human pharmaceuticals in Denmark after normal therapeutic use.
AU: Stuer-Lauridsen,-F; Birkved,-M; Hansen,-L-P; Lutzhoft,-H-C; Halling-Sorensen,-B
SO: Chemosphere. 2000 Apr; 40(7): 783-93
IS: 0045-6535
LA: English
AB: An environmental risk assessment is presented for the 25 most used pharmaceuticals in the primary health sector in Denmark. Predicted environmental concentrations (PECs) for the aquatic environment were calculated using conservative assumptions and all PECs exceeded 1 ng/l. Measured
Next Hit Previous Hit All Fields Add to Search

图 6.89

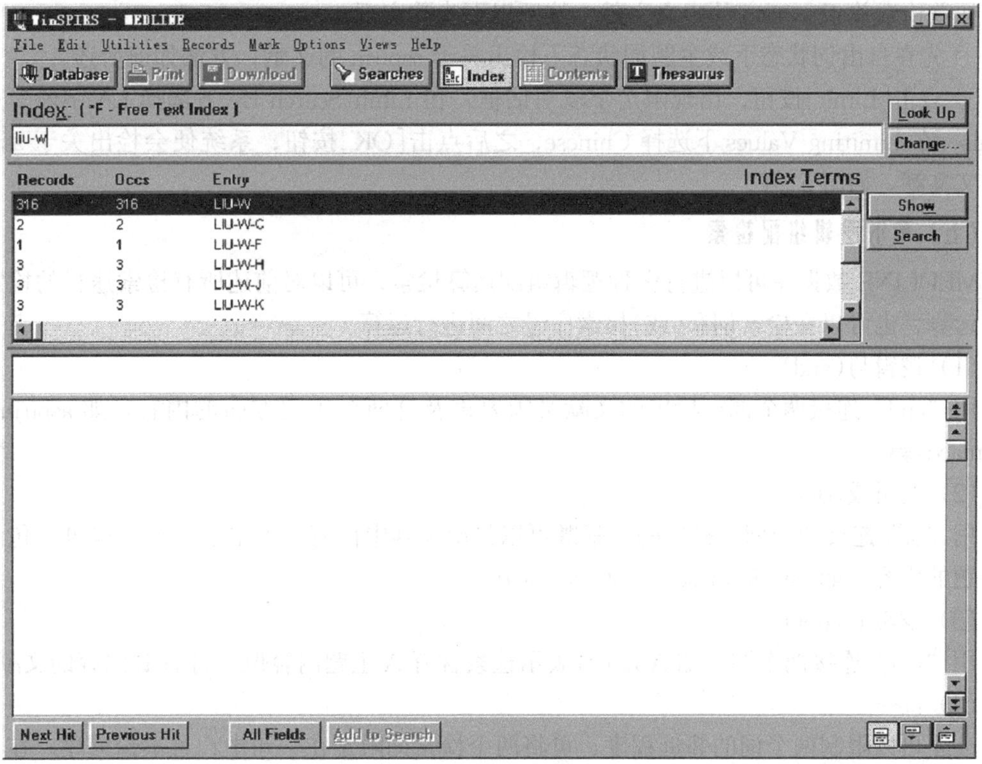
WinSPIRS - MEDLINE
File Edit Utilities Records Mark Options Views Help
Database Print Download Searches Index Contents Thesaurus
Index: (*F - Free Text Index)
Look Up
liu-w
Change...
Records Occs Entry
Index Terms
316 316 LIU-W
2 2 LIU-W-C
1 1 LIU-W-F
3 3 LIU-W-H
3 3 LIU-W-J
3 3 LIU-W-K
Show
Search
Next Hit Previous Hit All Fields Add to Search

图 6.90

② 在检索式输入框输入 Liu-W，系统便会出现含有 Liu-W 的索引词表。光标条所在处可见输入的检索词、该词出现的次数及含有该词的记录数。如图 6.90。

③ 回车或点击[Show]按钮，系统便会把命中的记录内容显示出来。

在浏览过程中，也可以重新选词，按[Shift][Ctrl]键可选择多个连接/不连续的词汇，然后点击[Show]，也可显示命中的结果。

（四）字段限制检索

进行字段限制有两种方法。

(1) 在自由词检索状态下，在检索式输入框输入字段限制表达式

常用的字段限制符号有三种。

①“=”。“=”号用于限定 AI，TG，CP，ISSN，LA，PT，PY 等字段，其表达形式为“字段名” = “检索式”。如欲检索语种为中文的文献，可以输入检索式 LA=Chinese。

②“in”。“in”可用于大多数字段的限制，其表达形式为检索式 in 字段名，如 aspirin in ti 表示检索标题中含有“aspirin”的文献。

50-76-2-2 in RN 表示检索 CAS 登记号为[50-76-2-2]的物质的文献。

Review in PT 表示检索所有的综述文献。

③“>”“<”“>=”“<=”。仅用于对 PY 字段的限制，如：PY>=1995 表示检索 1995 年以来的文献。

(2) 在 Searches 状态下，点击[Limit]按钮，也可以实现字段限制

“Limit”可以对检索结果进行语种、出版类型和特征词等多种字段的限定。

如欲检索关于 aspirin 的中文文献，按照以下步骤实现。

① 先在自由词状态下或主题词状态下检出关于 aspirin 的文献，方法如前所述。

② 点击[Limit]按钮，出现限定字段对话框，在 Limit Search By 下选择 LA 字段，选择 Equals，在 Limiting Values 下选择 Chinese，之后点击[OK]按钮，系统便会检出关于 aspirin 的中文文献。如图 6.91。

（五）布尔逻辑组配检索

MEDLINE 数据库可以进行多种逻辑组配运算检索，可以对前述所有检索途径的检索式进行运算，也可以在检索词和(或)检索序号之间进行运算。

(1) 逻辑与(and)

用“and”连接两个词，检出的文献必须要论及这两个主题方面的内容。如 aspirin and pharmacology。

(2) 逻辑或(or)

用“or”连接两个词，检出的文献既可以只论及其中任何一个主题内容，也可以包含两个主题的内容。如 aspirin or acetylsalicylic acid。

(3) 逻辑非(not)

用“not”连接两个词，如 A not B 表示检索含有 A 主题内容但不含有 B 内容的文献。

(4) near

near 可以限制两个词的邻近程度，可将两个检索词限定在一句中，且不论词序。在 near 后面加上一个数字，可指定两个词的邻近程度，如 artificial near2 arm 检出结果是在一个句

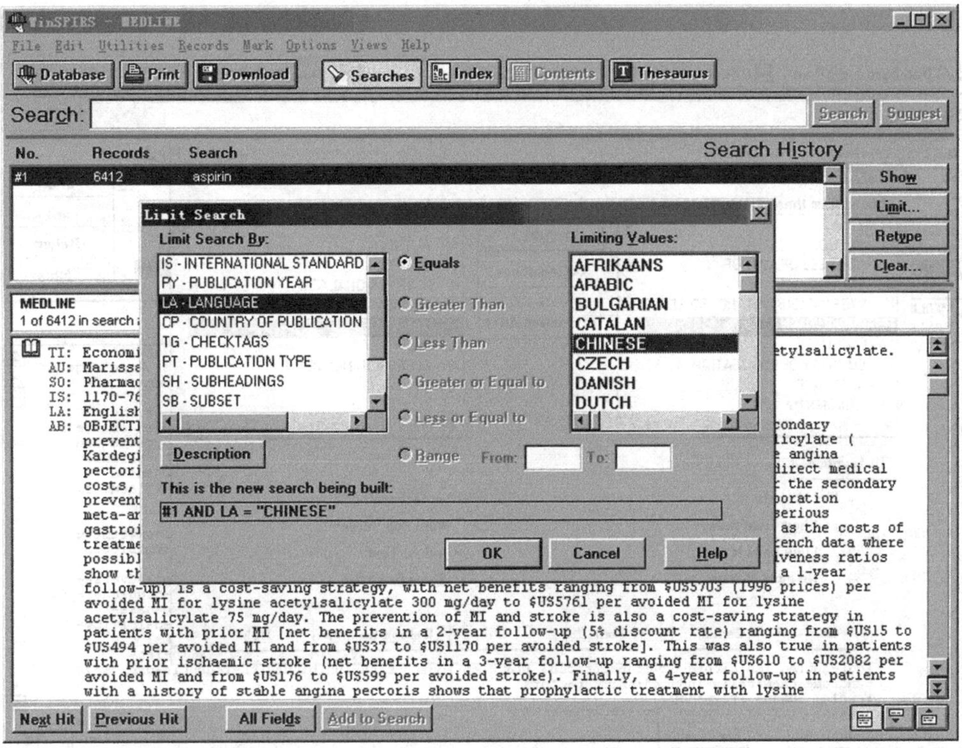

图 6.91

中含有这两个词且两词之间的单词数不超过两个。

(5) with

with 限定两个词必须在同一字段(ti，ab 等字段)中出现，如 aspirin with pharmacology in ti 表示检索 aspirin 与 phamacology 同时出现在 ti 字段。

(6) in

in 用来限定某词或某词组出现在某个字段中。

四、检索结果的输出

(一) 显示

在完成每个检索任务后，系统会自动在结果显示区显示检索结果。显示的内容除用结果显示区下方的[All Fields]和[Brief Fields] 按钮切换外，也可以通过菜单进行修改，方法如下。

① 选择“Options”菜单。

② 选择其中的“Show Options”，系统便会弹出如图 6.92 对话框。

③ 选择需要显示的字段，然后点击[Add]按钮，添加到右栏中，也可以对字段名称的显示方式及其他项目进行修改。

另外，在显示过程中，可以对检索结果进行标记，方法是：将光标移向记录左上角的书形图标，光标自动变为笔形，点击鼠标左键，在图标处打上红钩“√”作为标记，并在记录的左侧加上红色竖线，取消标记只需要重复以上操作即可。

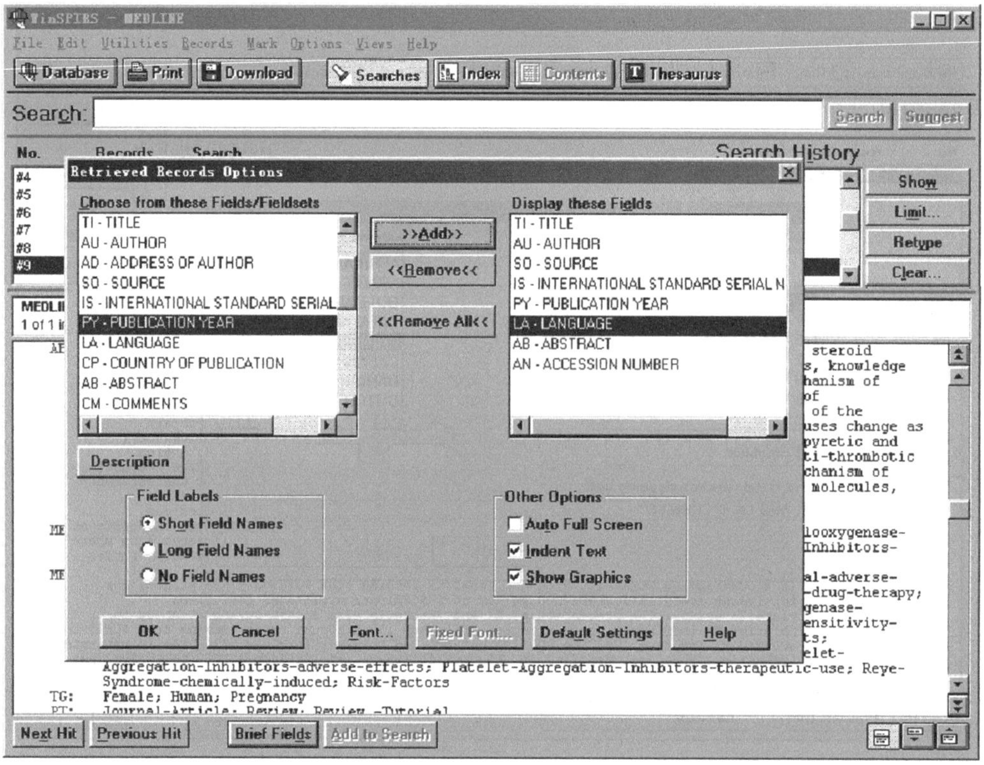

WinSPIRS - MEDLINE
File Edit Utilities Records Mark Options Views Help
Database
Print
Download
Searches
Index
Contents
Thesaurus
Search:
Search
Suggest
Search History
Retrieved Records Options
Choose from these Fields/Fieldsets
TI - TITLE
AU - AUTHOR
AD - ADDRESS OF AUTHOR
SO - SOURCE
IS - INTERNATIONAL STANDARD SERIAL
PY - PUBLICATION YEAR
LA - LANGUAGE
CP - COUNTRY OF PUBLICATION
AB - ABSTRACT
CM - COMMENTS
>>Add>>
<<Remove<<
<<Remove All<<
Display these Fields
TI - TITLE
AU - AUTHOR
SO - SOURCE
IS - INTERNATIONAL STANDARD SERIAL N
PY - PUBLICATION YEAR
LA - LANGUAGE
AB - ABSTRACT
AN - ACCESSION NUMBER
Description
Field Labels
Short Field Names
Long Field Names
No Field Names
Other Options
Auto Full Screen
Indent Text
Show Graphics
OK
Cancel
Font...
Fixed Font...
Default Settings
Help
Show
Limit...
Retype
Clear...
Syndrome-chemically-induced; Risk-Factors
TG: Female; Human; Pregnancy
Next Hit
Previous Hit
Brief Fields
Add to Search

图 6.92

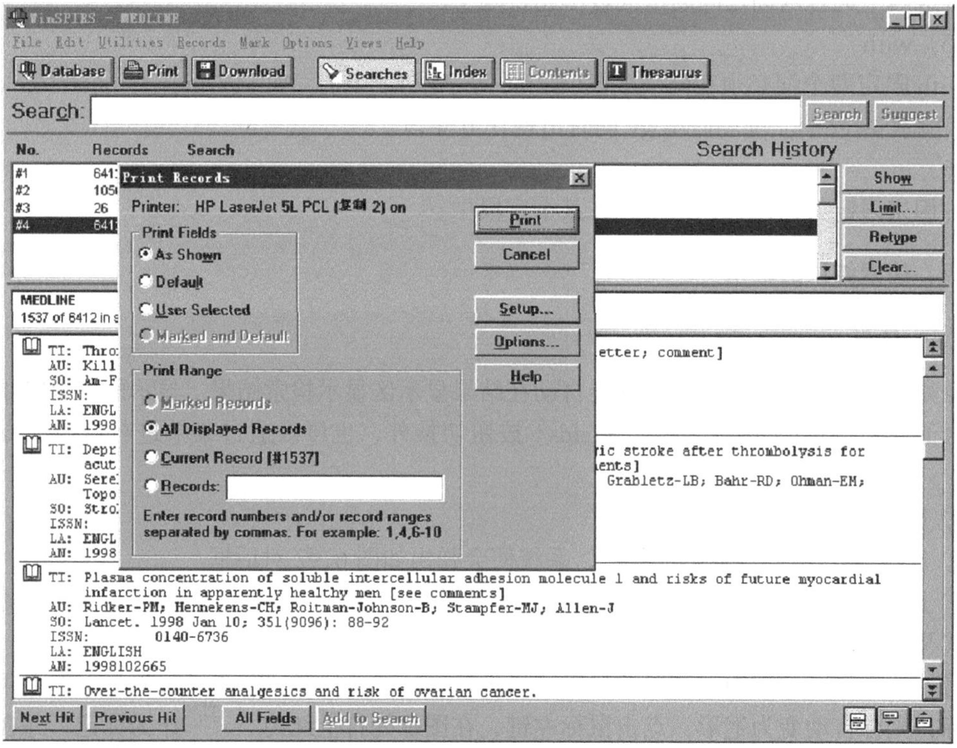

WinSPIRS - MEDLINE
File Edit Utilities Records Mark Options Views Help
Database
Print
Download
Searches
Index
Contents
Thesaurus
Search:
Search
Suggest
No.
Records
Search
Search History
Print Records
Printer: HP LaserJet 5L PCL (复制 2) on
Print Fields
As Shown
Default
User Selected
Marked and Default
Print Range
Marked Records
All Displayed Records
Current Record [#1537]
Records:
Enter record numbers and/or record ranges separated by commas. For example: 1,4,6-10
Print
Cancel
Setup...
Options...
Help
Show
Limit...
Retype
Clear...
MEDLINE
1537 of 6412 in s
TI: Plasma concentration of soluble intercellular adhesion molecule 1 and risks of future myocardial infarction in apparently healthy men [see comments]
AU: Ridker-PM; Hennekens-CH; Roitman-Johnson-B; Stampfer-MJ; Allen-J
SO: Lancet. 1998 Jan 10; 351(9096): 88-92
ISSN: 0140-6736
LA: ENGLISH
AN: 1998102665
TI: Over-the-counter analgesics and risk of ovarian cancer.
Next Hit
Previous Hit
All Fields
Add to Search

图 6.93

（二）存盘

点击[Download]按钮，系统便弹出存盘对话框，如图 6.94，依次完成填写文件名(File Name)、选择驱动器(Drives)，也可以改变 Options，方法同显示的 Show Option 的修改。确认后点击[Download]按钮，系统便开始保存文件，文件格式为文本文件。

（三）打印

点击[Print]按钮，系统便弹出打印对话框，如图 6.93，按照提示完成选项即可。

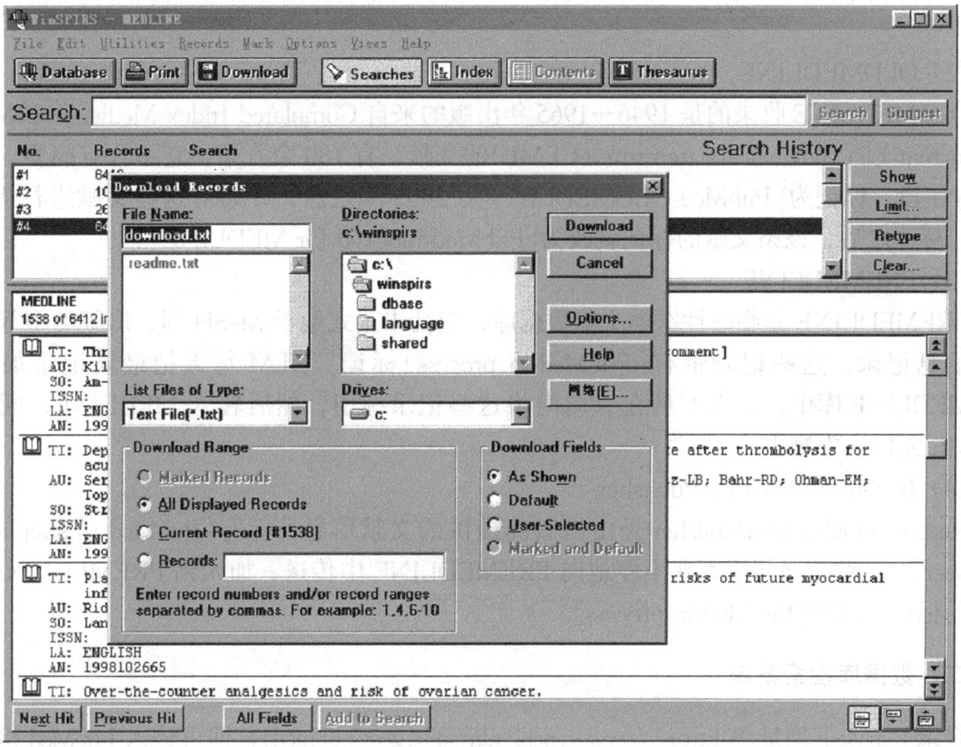

图 6.94

第四节　PubMed 数据库

一、概　述

PubMed 是美国国立医学图书馆(NLM)下属的国家生物技术信息中心(NCBI)开发的基于 WWW 的生物医学文献检索系统。从 1997 年 6 月起，PubMed 在网上免费向全世界的用户开放。该系统通过网络途径免费提供包括 MEDLINE 在内的 70 多个国家 5500 多种生物医学文献数据，并提供部分免费和付费的全文链接服务。它具有界面友好、检索途径多、功能齐全、链接点多、更新周期短、部分文章可以在网上直接获得全文等特点，并且由于 NCBI 与多家出版商达成协议，出版商在期刊出版之前或在期刊出版的同时，将期刊论文题录提供给 PubMed，通过部分文献，可以链接到出版商的网站，从而获取相应期刊的全文，是世界上使用最广泛的免费生物医学文献检索系统。

PubMed 收录的文献来源于四个部分，即 MEDLINE，OLDMEDLINE，PREMEDLINE 和 Record Suppled by Publisher。

（1）MEDLINE

MEDLINE 是 NLM 最早的数据库，内容涉及医学、护理学、牙科学、兽医学、卫生保健和基础医学等。目前，收录用 37 种文字出版的 5500 余种生物医学期刊，这些期刊来自世界上 70 多个国家和地区，其中 47%来自美国的出版物，90%的文献用英文出版或者有英文文摘。累计收录的文献达 1700 多万余条，每条记录均带有[PubMed-indexed for MEDLINE]标记。

（2）OLDMEDLINE

OLDMEDLINE 收录的是 1946—1965 年出版的来自 Cumulated Index Medicus（CIM）和 the Current List of Medical Literature（CLML)的文献，有 180 余万条，它不含有摘要，没有 MeSH 字段，标记为[PubMed-OLDMEDLIEN]。2005 年之后，开始对这些文献进行 MeSH 标注，标注之后，该条文献的标记就改为[PubMed-indexed for MEDLINE]。

（3）PREMEDLINE

PREMEDLINE 是临时性医学文献数据库，包括未正式给予 MeSH 词、出版类型等深度标引信息记录，这些记录带有[PubMed-in process]标记。NLM 每天把最新记录加入到 PREMEDLINE 库中，工作人员在一周内将这些记录标引，然后转入 MEDLINE，同时从 PREMEDLINE 中删去。

（4）Record Suppled by Publisher

Record Suppled by Publisher 是由出版商提供的文献信息，标有[PubMed-as supplied by publisher]。这些记录每天都在不停地向 PREMEDLINE 中传送，加入到 PREMEDLINE 后，原有的标记将改为[PubMed-in process]。

二、数据库检索系统

登录 PubMed(网址为 http://www.ncbi.nlm.nih.gov/pubmed)，即可进入 PubMed 检索主界面，如图 6.95。可以分为四个区域，即数据库区、检索区、辅助区和检索提示区。

数据库区位于主页上部，PubMed 在其主页上与 NCBI 的众多数据库建立了超链接，包括 Nucleotide(DNA 序列数据库)、Protein(蛋白质序列数据库)、Genome(基因组序列数据库)、Structure(分子结构模型数据库)、OMIM(人类孟德尔遗传学在线数据库)、PMC 文献中心、期刊和图书数据库。

检索区域位于数据库区域下方，包括基本检索区和辅助检索区。在该区域可以完成检索操作。

辅助区位于主页左侧，包括 Entrez 简介、PubMed 服务及相关资源的介绍等内容。

检索提示区位于页面的中间位置，对各项检索功能进行简单描述及显示检索结果。

三、常用检索途径和检索方法

PubMed 的检索方法包括基本检索、辅助检索、高级检索及 Mesh 检索。

（一）基本检索

图 6.96 为基本检索窗口，在 for 后的检索式输入框中输入检索词，单击[Go]按钮或按

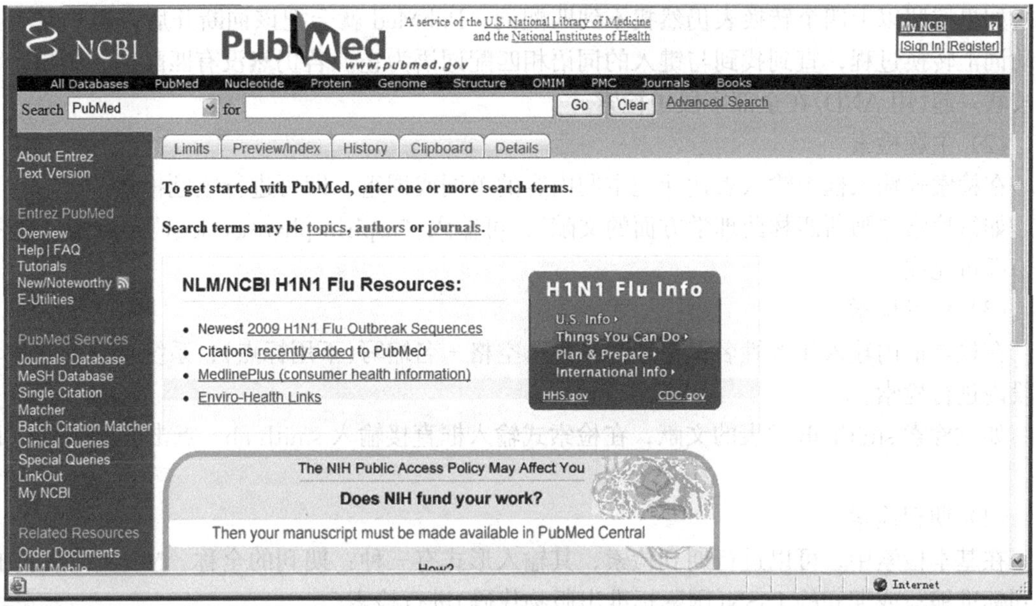

图 6.95

回车键，PubMed将会自动开始检索，并将检索到的相关条目显示在屏幕上，[Clear]按钮用于清除检索框中的内容，重新输入检索词。在基本检索中，可以进行主题检索、作者检索、期刊检索、强制短语检索、布尔逻辑检索和截词检索。

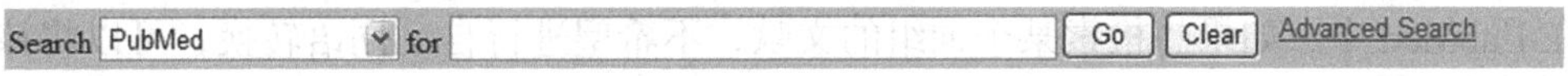

图 6.96

（1）基本检索的自动词语匹配

在基本检索框中，输入一个或多个检索词，PubMed 对于输入检索框中的任何检索词，将按照 MeSH 转换表(MeSH Translation Table)、刊名转换表(Journal Translation Table)、短语表(Phrase List)、著者索引表(Author Index)的顺序进行自动转换，然后进行检索。

① MeSH 转换表。包括 MeSH 词、副主题词等。若系统在该表中发现了与检索词相匹配的词，则会自动将其转换为相应的 MeSH 词和 Text Word 词进行检索。

例如，键入“vitamin c”，系统将其转换成“ascorbic acid”[MeSH Terms] OR (“ascorbic”[All Fields] AND “acid”[All Fields]) OR “ascorbic acid”[All Fields] OR “vitamin c”[All Fields]后进行检索。

② 刊名转换表。刊名转换表包括刊名全称、MEDLINE 中的缩写和 ISSN 号，该转换表能把键入的刊名全称转换为“MEDLINE 缩写[Journal Name]”后进行检索。

例如，在检索提问框中键入“American Journal of Pharmaceutical Education”，PubMed 将其转换为“Am J Pharm Educ”[Journal] OR “american journal of pharmaceutical education”[All Fields]后进行检索。

③ 短语表。短语表中的短语来自 MeSH、统一医学语言系统和补充概念(物质)名称表，若 PubMed 系统在 MeSH 表和刊名转换表中未发现与检索词相匹配的词，则会查找短语表。

④ 著者索引表。如果键入的词语未在上述各表中找到相匹配的词，或者键入的词是一个后面跟有 1~2 个字母的短语，PubMed 即查著者索引。

如果按照以上四个转换表仍然找不到匹配词，PubMed 就会把该词断开后，再重复上述自动词汇转换过程，直到找到与键入的词语相匹配词语为止。若仍然没有匹配词，则单个词会被联一起(用 AND)在全部字段中检索。

(2) 主题检索

在检索式输入框中输入表达课题主题内容的单词或词组，即可进行主题检索。

如欲检索“阿斯匹林药理学方面的文献”，可输入“aspirin pharmacology”，点击[Go]按钮，即可完成。

(3) 作者检索

在检索框内输入作者姓名，格式为：姓+空格+名缩写(不用标点)，系统会自动在作者字段内进行检索。

如欲检索 smith ab 发表的文献，在检索式输入框直接输入 smith ab，点击[Go]按钮，即可。

(4) 期刊检索

在基本检索中，可以进行期刊检索，其输入形式有三种：期刊的全称、MEDLINE 中的期刊标准缩写或期刊的 ISSN(国际标准出版物代码)进行检索。

如欲检索“American Journal of Pharmaceutical Education”上的文献，可以直接输入“American Journal of Pharmaceutical Education”或“Am J Pharm Educ”或“0002-9459”，均可以完成检索。

(5) 强制短语检索

在 PubMed 中，如果想检索某个词组的文献，不希望进行自动词语转换，可以将该短语用双引号“”括起来，来强制系统进行短语检索。例如，在 PubMed 主页的检索提问框中键入“single cell”，并用双引号引起来，然后点击［Go］按钮，系统会将其作为一个不可分割的词组在数据库的全部字段中进行检索。使用双引号检索时，词汇转换功能自动关闭。

(6) 布尔逻辑检索

在检索输入框中可以输入逻辑表达式进行检索，逻辑运算符为 AND，NOT 和 OR，但要注意一定要大写，而且执行的顺序是从左向右，可用括号来改变此顺序。如可输入“aspirin AND pharmacology”进行检索。

(7) 截词检索

在基本检索中，也可以进行截词检索，截词符为星号(*)，它可以代表多个字符，将*加在检索词后，表示对所有以该词开头的词进行检索，如输入 pharm*，可以检出含有 pharmacology，pharmacy，pharmaceutical 等词的文献。使用截词功能时，词汇转换功能自动关闭。

(二) 辅助检索

除基本检索外，PubMed 还提供了五种辅助检索功能。

(1) 限定(Limits)

Limits 可以实现对检索词的限定和修饰，点击 PubMed 主界面中检索区的[Limits]按钮，即可进入限定功能，如图 6.97。

① 限定作者。点击“Search by Author”后的[Add Author]按钮，可以输入作者姓名进行限定。

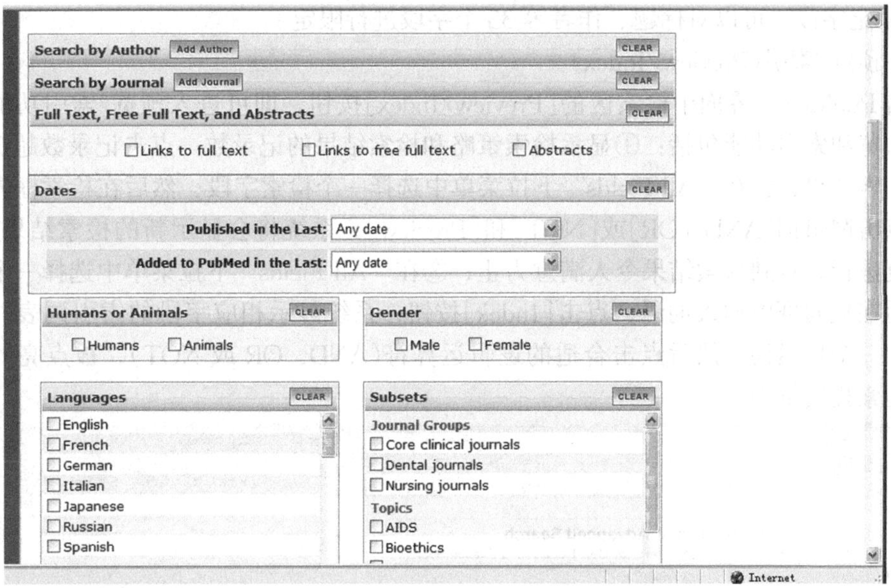

(a)

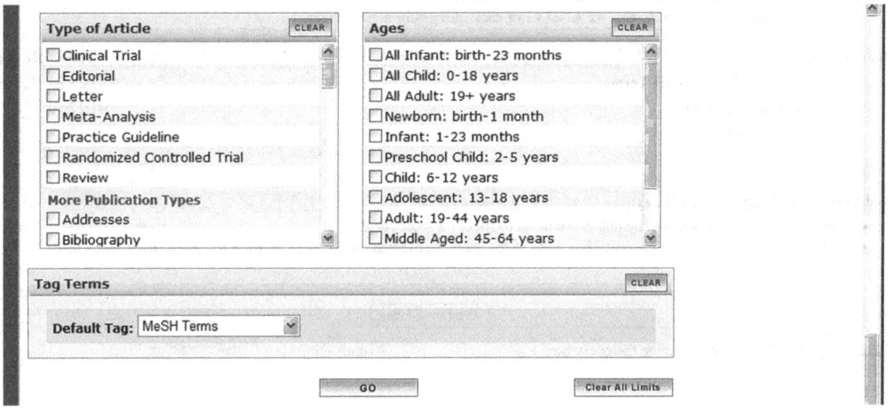

(b)

图 6.97

② 限定刊物。点击“Search by Journal”后的[Add Journal]按钮，可以输入刊名进行限定。

③ 限定文摘或全文。有三种选择，即只链接有全文的文献、链接有免费全文的文献和有文摘的文献。

④ 限定时间。可以限定文献的出版时间和入库(PubMed)的时间，可以选择 30 天、60 天、1 年、10 年等，也可以限定为具体的某一天。

⑤ 人或动物的限定。可以限定是关于人的研究还是动物实验。

⑥ 限定性别。可以限定研究对象是男(雄)性还是女(雌)性。

⑦ 限定语种。可以对文献的语种进行限定。

⑧ 限定子集。可以限定文献来源于 13 个子集中的某一个或某几个。

⑨ 限定文献类型。可以对文献类型进行限定。

⑩ 限定年龄。可以对研究对象的年龄组进行限定。

⑪ 限定字段。可以对标题、作者等 33 个字段进行限定。

(2) 预览/索引(Preview/Index)

点击 PubMed 主界面中检索区的[Preview/Index]按钮，即可进入预览/索引功能，如图 6.98。预览和索引功能包括：①显示检索策略和检索结果的记录数。点击记录数超链接，系统显示检索结果；②在“All Fields”下拉菜单中选择一个检索字段，然后在检索框内增加检索词，点击逻辑词[AND][OR]或[NOT]和[Preview]，系统将会显示新的检索结果记录数。这样反复进行，直到检索结果令人满意为止；③在“All Fields”下拉菜单中选择一个检索字段，然后在提问框内输入词语，点击[Index]按钮，系统显示相应字段的索引词表。用鼠标点亮其中一个检索词，然后点击合适的逻辑运算符(AND，OR 或 NOT)，被点亮的词会自动加进检索提问框中。

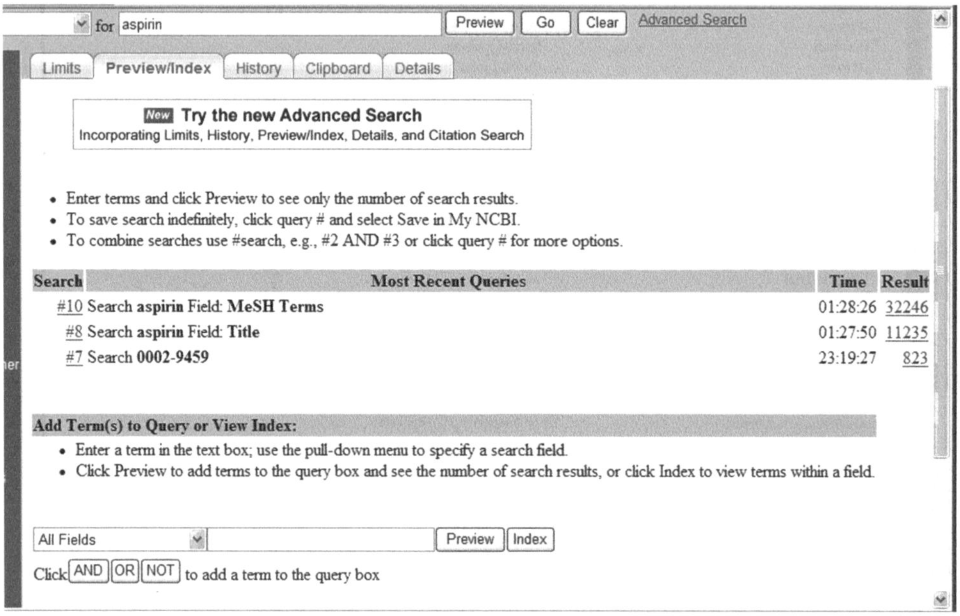

图 6.98

(3) 检索历史(History)

检索历史功能用于查看检索的历史，也可以用于查看检索结果记录数量。点击 PubMed 主界面中检索区的[History]按钮，即可以进入检索历史功能，如图 6.99，可以显示检索序号、检索策略、检索时间和检索结果数。要查看检索到的记录，直接点击检索结果数即可。在“History”状态下，可以将检索式用逻辑运算符连接起来后再检索。要清除检索史，点击[Clear History]键即可。PubMed 最多可以保留 100 个检索式，超过 100 个时，自动删除最早的检索式。

(4) 剪切板(Clipboard)

剪切板用于对检索记录的暂时保存，方便用户集中打印、下载或索取原文。剪贴板中可存的最多记录为 500 条，如果一小时内无任何操作，记录将自动消失。

(5) 详细信息(Details)

点击[Details]按钮，可以显示检索词转换匹配运算详细过程，如图 6.100，该功能可用来了解 PubMed 通过自动词语匹配功能、句法规则转换出的实际检索策略，并对检索策略进

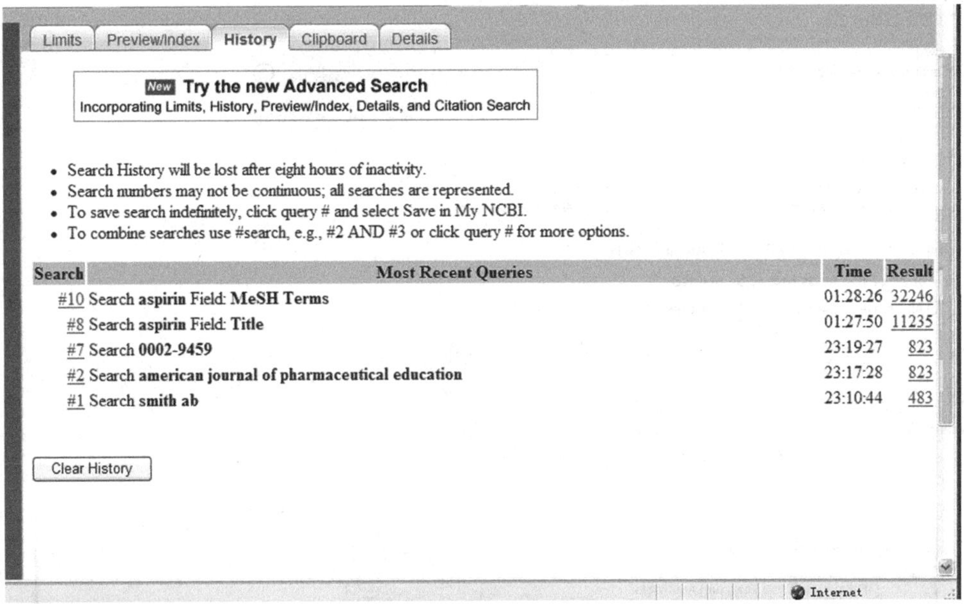

图 6.99

行调整、保存等。在检索框下面，显示出检索结果的总数。可以在检索框中修改检索策略，再点击[Search]按钮，重新执行检索。

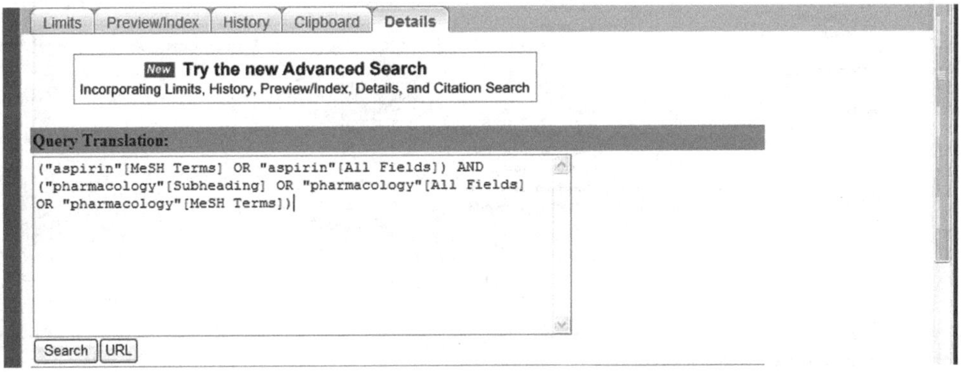

图 6.100

（三）高级检索

从 2009 年开始，PubMed 增加了高级检索(Advanced Search)功能，点击基本检索框右侧的[Advanced Search]按钮，即进入高级检索界面，如图 6.101。新增加的高级检索(Advanced Search)整合了限定(Limits)、预览/索引(Preview/Index)、检索史(History)、详细信息(Details)及单一引文匹配(Single Citation Matcher)等功能，并最终将取代上述各功能按钮。

高级检索上部为检索式输入框，下部为检索限制区。

① 浏览检索史(PubMed Search History)。检索历史功能用于查看检索的历史，也可以将检索式用逻辑运算符连接起来后再检索。

② 限定作者、刊名、出版时间等条件(Search by Author, Journal, Publication Date, and more)。可以对作者、刊名等 33 个字段进行限定，也可以对多个字段进行逻辑与(and)和逻辑或(or)的组配，对输入的检索词可以进行索引浏览(Index)。

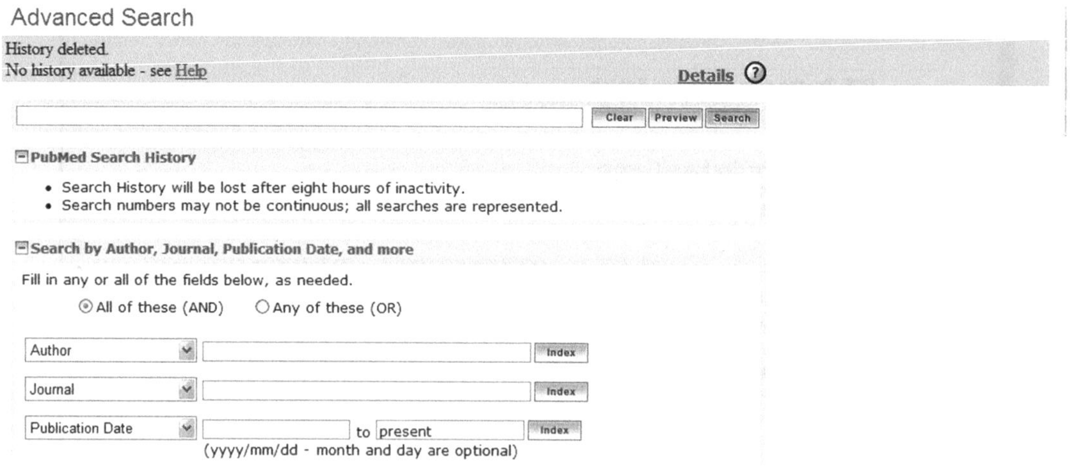
Advanced Search
History deleted.
No history available - see Help
Details
Clear
Preview
Search
PubMed Search History
Search History will be lost after eight hours of inactivity.
Search numbers may not be continuous; all searches are represented.
Search by Author, Journal, Publication Date, and more
Fill in any or all of the fields below, as needed.
All of these (AND)
Any of these (OR)
Author
Index
Journal
Index
Publication Date
to
present
Index
(yyyy/mm/dd - month and day are optional)

(a)

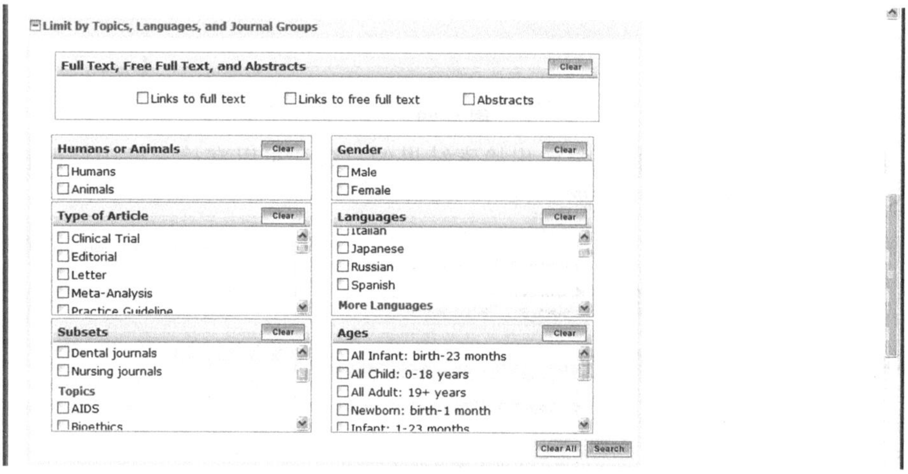
Limit by Topics, Languages, and Journal Groups
Full Text, Free Full Text, and Abstracts
Clear
Links to full text
Links to free full text
Abstracts
Humans or Animals
Clear
Humans
Animals
Gender
Clear
Male
Female
Type of Article
Clear
Clinical Trial
Editorial
Letter
Meta-Analysis
Languages
Clear
Japanese
Russian
Spanish
More Languages
Subsets
Clear
Dental journals
Nursing journals
Topics
AIDS
Ages
Clear
All Infant: birth-23 months
All Child: 0-18 years
All Adult: 19+ years
Newborn: birth-1 month
Clear All
Search

(b)

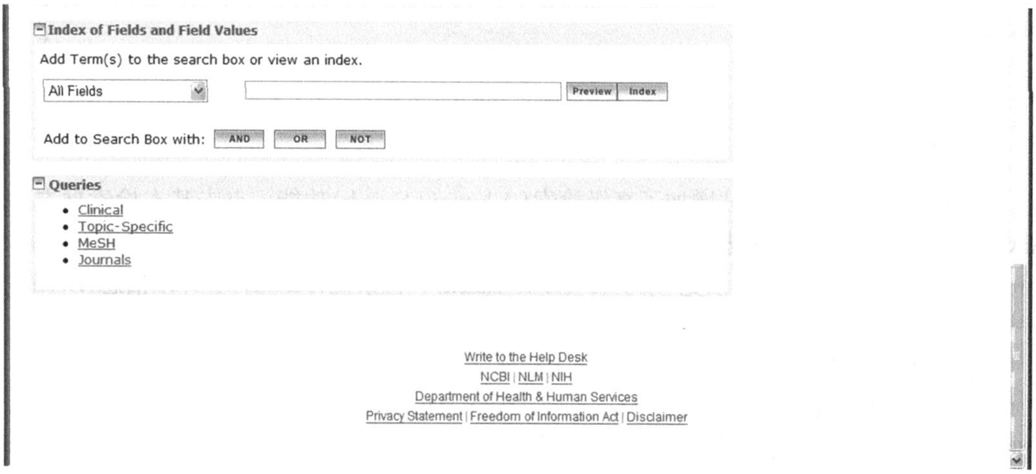
Index of Fields and Field Values
Add Term(s) to the search box or view an index.
All Fields
Preview
Index
Add to Search Box with:
AND
OR
NOT
Queries
Clinical
Topic-Specific
MeSH
Journals
Write to the Help Desk
NCBI | NLM | NIH
Department of Health & Human Services
Privacy Statement | Freedom of Information Act | Disclaimer

(c)

图 6.101

③ 限定主题、语言及子集等(Limit by Topics，Languages，and Journal Groups)。在该项下，可以对研究对象及其性别、年龄，文献语种、类型及子集进行限定。

④ 字段索引(Index of Fields and Field Values)。对特定字段及其值进行限定，并且可以通过下面的[AND][OR][NOT]按钮，将字段限制填加到检索框中，在限定过程中，可以进行预览(Preview)和索引浏览(Index)。

⑤ 其他检索的链接(Queries)。在高级检索界面的下方提供了其他检索的链接，有临床查询(Clinical)、特定主题检索(Topic-Specific)、MeSH检索(MeSH)及期刊检索(Journals)。

(四) MeSH 检索

MeSH是Medical Subject Headings的缩略词，即医学主题词，是用规范化的医学术语来描述生物医学概念。NIH的工作人员按照MeSH词表规定，浏览生物医学期刊全文后，标引出每篇文献中的MeSH主题词，其功能相当于MEDLINE数据库中的thesaurus，用主题词可以提高查全率和查准率。点击侧栏的[MeSH Database]按钮，或在检索区Search后的下拉列表中直接选择MeSH，即可进入MeSH检索界面，在for的检索式输入框输入检索词，点击[Go]按钮，即可进行MeSH检索。

如欲检索肺炎的药物治疗，选择MeSH后，在输入框中输入pneumonia，点击[Go]按钮，出现如图6.102界面，共有29个与pneumonia相关的主题词，选择第一个，点击单词的链接，出现如图6.103窗口，在主题词pneumonia下面出现副主题词，本例中欲检索关于肺炎的药物治疗，因此副主题词选择“drug therapy”，在“Send to”下拉菜单中，选择相应按钮，可以将检索式填加到检索框中，如图6.104，之后点击［Search PubMed］按钮，执行检索。

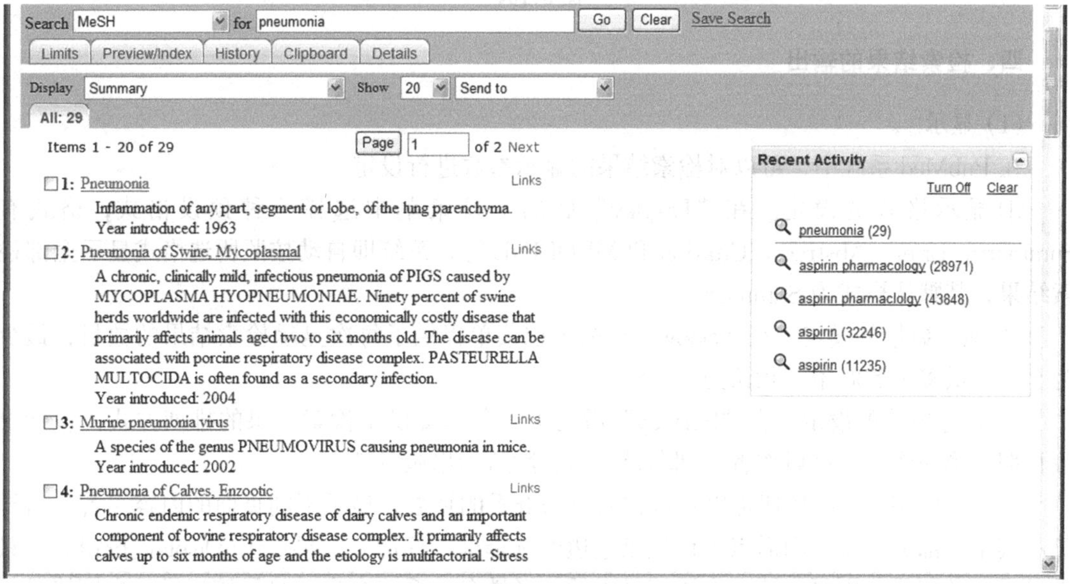

图6.102

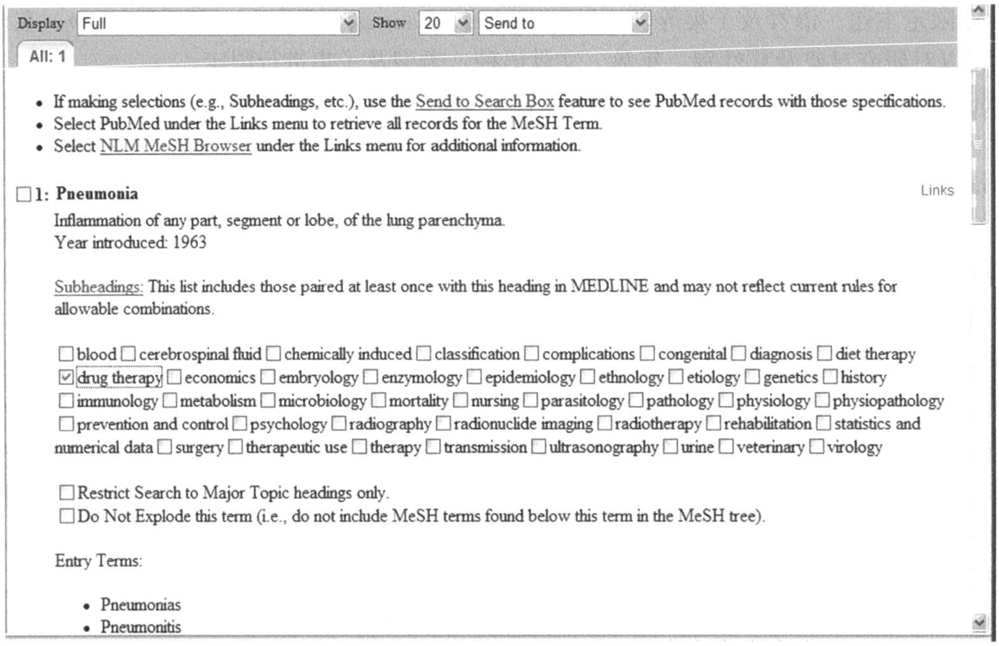

图 6.103

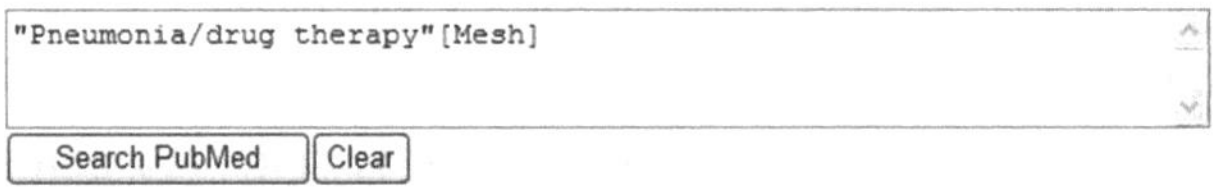

图 6.104

四、检索结果的输出

(1) 显示

在 PubMed 系统中，可以对检索结果的显示参数进行设定。

① 显示格式的设定。在“Display”后的下拉菜单中选择一种预设格式，格式有 Summary，Brief，Abstract，Citation 和 MEDLINE 等，系统即自动按照所选格式显示全部检索结果，其默认格式为 Summary。

② 显示数量的设定。在“Show”后的下拉菜单提供了每次显示检索结果的数目，最少为 5 条，最多为 500 条，默认为 20 条。

③ 排序方式的设定。在“Sort by”后的下拉菜单提供了检索结果的排列方式，包括出版日期、第一作者、最后作者、刊名及篇名，默认为出版日期。

另外，使用[Page]按钮可以直接输入所需查看的页数，显示不同页面的内容。若只需要显示其中一部分记录，则需点击该记录左边的选择框，标记后，再点击[Display]按钮。若只需显示一条记录，则可直接点击该记录中的作者姓名，系统会自动显示该记录的文摘格式。

(2) 保存

PubMed 也可以不同的格式(同显示格式)保存检索结果，其默认 Summary 格式。选择下拉菜单中的一种格式后，点击[Send to]按钮，可以分别将结果保存为 Text(文本)、保存为 File(文件)、复制到 Clipboard(剪贴板)，或发送至指定的 E-mail(电子邮件)或选择 Order(订购)。

(3) 打印

使用浏览器的打印功能，可以打印当前页面上显示的检索记录，默认值为 20 条。若检索结果超过 20 条，则需要修改每页显示的记录数。如果要有选择地打印，可以首先将所选的文献添加到 Clipboard，然后打印。

第五节　Elsevier 全文数据库

一、概　述

世界著名出版商荷兰 Elsevier 公司是历史悠久的跨国科学出版公司，1880 年建立了现代意义上的 Elsevier 公司，至今已有一百多年的历史。其出版的期刊是世界公认的高品位学术期刊，内容涉及数学、物理、化学、生命科学、计算机、医学、环境科学、材料科学、航空航天、工程技术与能源科学、地球科学、天文学、商业及经济管理和社会科学等学科。其中的大部分期刊都是 SCI 和 EI 等国际公认的权威大型检索数据库收录的各个学科的核心学术期刊。该公司将其全部印刷版期刊转换为电子版，建立了全文数据库，并通过网络提供服务。目前可以回溯到 1995 年的数据，部分刊物可回溯至创刊号，最早的期刊 LANCET 回溯至 1823 年。2000 年清华大学与该公司合作，在中国设立了两个服务器，开通数据库，供中国用户使用。2006 年底，Elsevier 电子期刊数据库进行了升级。升级后的 Elsevier 全文数据库(http: //www.sciencedirect.com)检索平台可以提供更多的检索功能和个性化服务。

二、检索方法

Elsevier数据库提供四种检索方法：Browse(浏览检索)、Quick Search(快速检索)、Advanced Search(高级检索)和 Expert Search(专家检索)。

(1) 浏览检索

进入 Elsevier 数据库主页，该页面提供了两种浏览途径。

① Browse by Title。该数据库可以按照刊名字母顺序浏览期刊或者图书。单击任意字母，则显示以该字母开头的相关期刊或者图书列表。例如，浏览期刊《Pharmacology & Therapeutics》，则点击以字母 P 开头的期刊一览表。

② Browse by Subject。该数据库可以按照主题类目浏览期刊或者图书。共有 4 个主题类目，Physical Sciences and Engineering(物理科学与工程)、Life Sciences(生命科学)、Health Sciences(医药卫生)和 Social Sciences and Humanities(社会科学与人文科学)。单击任意主题类目，即可链接到这个主题类目的刊名列表，而且在任意类目中，期刊也是按照字母顺序排列的。例如，在“Life Sciences”主题类目下的“Neuroscience”次主题类目列表中，选择刊名《Alzheimer’s & Dementia》，即可链接到该刊。

(2) 快速检索

Quick Search 可以检索的字段有主题、作者、出版物(期刊/书)名称、出版物卷、期和页码。在主题输入区域输入多个检索词时，系统自动在各个检索词之间进行 AND 运算，需要精确匹配的短语，可以用双引号括起来。以作者姓名作为检索点时，应该使用作者的姓氏加上名字全称或名字首字母缩写进行检索。

(3) 高级检索

Advanced Search 可以检索的字段有 All Fields(所有字段)、Abstract(文摘)、Title(题名)、Keywords(关键词)、Authors(作者)、Source Title(期刊名或丛书名)、References(参考文献)、ISSN(国际标准期刊号)、ISBN(国际标准图书号)、Affiliation(机构)和 Full Text(全文),检索词之间可以进行布尔逻辑运算。在输入框内输入检索词或短语后选择文献类型:Journals(期刊)或 All Books(图书),再从“All Sources”“Subscribed Sources”和“Favorite Sources”中选择文献出处。然后选择学科主题类目,可以单选或多选若干类目,并限定出版时间。例如,检索 2000 年以后超氧化物歧化酶和炎症之间关系的文献,在 Term(s)输入框内,分别输入检索词“superoxide dismutase”和“inflammation”,并进行布尔逻辑运算,同时选择期刊和图书、所有学科及出版时间(2000-Present),点击[Search]按钮即可,如图 6.105。

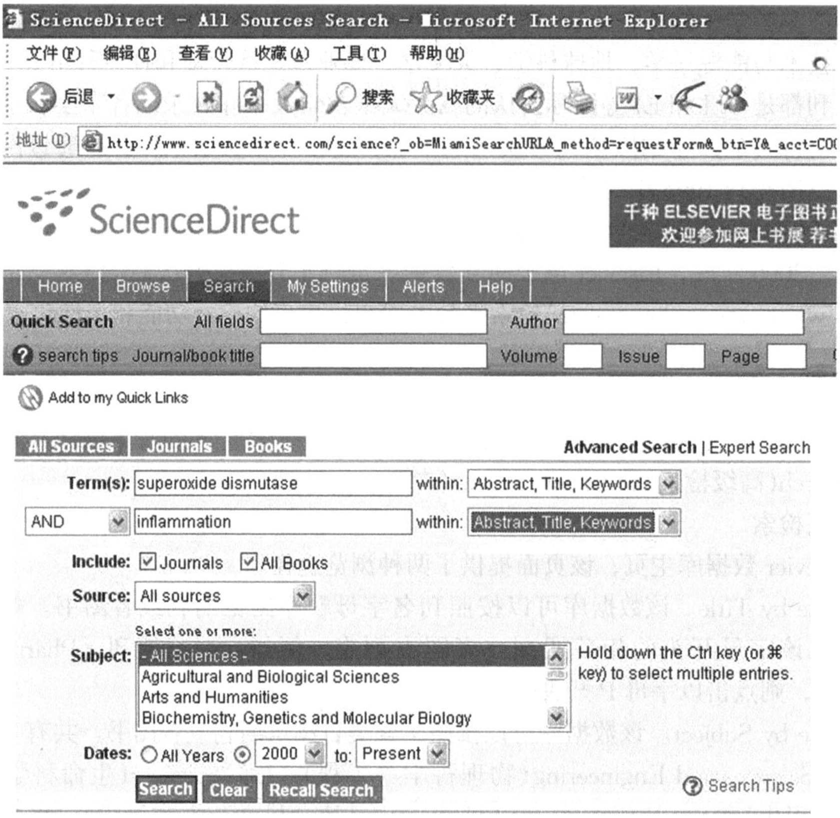

图 6.105

(4) 专家检索

专家检索是使用命令检索文献的方法,可以用命令书写各检索词之间的布尔逻辑运算关系,也可以进行位置运算。例如,检索 2000 年以后超氧化物歧化酶和炎症之间关系的文献,在 Term(s)输入框内输入“superoxide dismutase” and inflammation,其他选项同高级检索,然后点击[Search]按钮即可,如图 6.106。

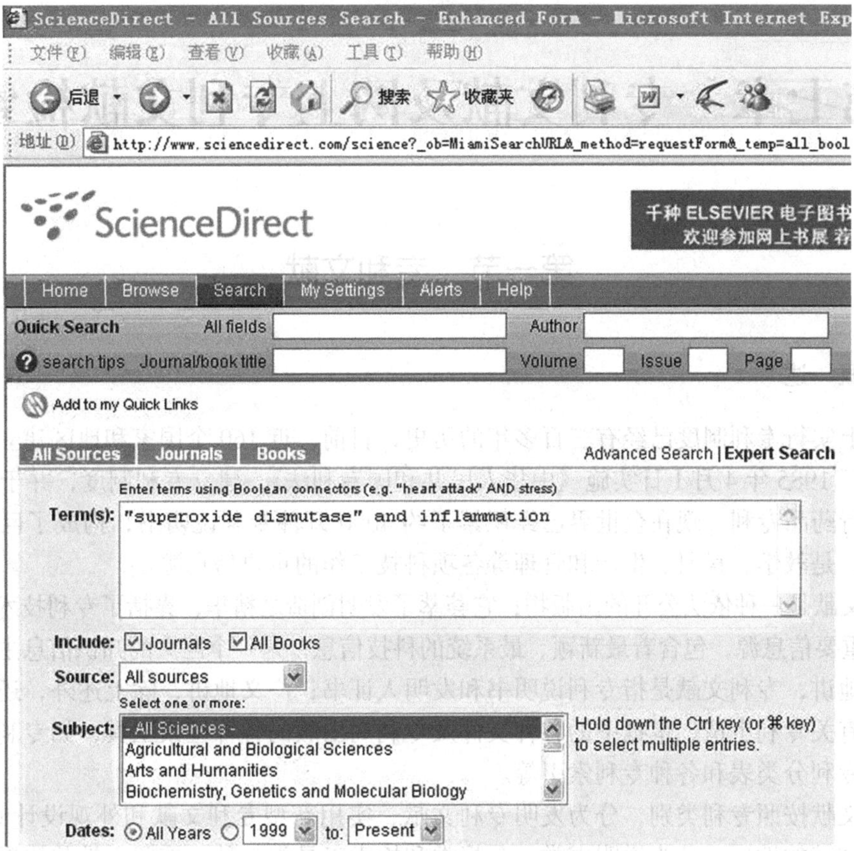

图 6.106

三、检索结果的处理

检索结果页面可以对检索得到的文献按照日期(Sort by Date)或相关度(Sort by Relevance)排序。如要保存检索结果，既可以将文献发送到指定的电子邮箱(E-mail Articles)，也可以将文献保存到指定文件夹(Export Citations)。

第七章　专利文献及网上专利文献检索

第一节　专利文献

一、概　述

世界上实行专利制度已经有三百多年的历史，目前，近160个国家和地区建立了专利制度。我国于1985年4月1日实施《中华人民共和国专利法》，建立专利制度，并于1993年1月1日实行药品专利。现在全世界已经积累了约4000万件专利说明书，构成了巨大的知识信息宝库，是教学、科研、生产和管理等各项科技工作的重要信息源。

专利文献是一种依法公开的出版物；它荟萃了发明创造之精华，囊括了专利技术、法律和经济三大重要信息源，包含着最新颖、最系统的科技信息，是一个巨大的知识信息主体。

狭义地讲，专利文献是指专利说明书和发明人证书；广义地讲，除上述外，还包括不公开发行的有关专利申请、审批中的各种文件及专利局出版的各种检索工具，如专利公报、专利文摘、专利分类表和各种专利索引等。

专利文献按照专利类别，分为发明专利文献、实用新型专利文献和外观设计专利文献；按照专利文献的性质，分为说明书类、公报类和检索工具类三种；按照文献载体形式，分为纸型专利文献、缩微型专利文献和磁带型专利文献。

专利说明书是专利文献的主体，也是最基本、最主要的原始文献，是专利文献检索的最终目标。目前，全世界有90多个国家出版公布各种载体的专利说明书4000多万件，并以每年100万件的速度递增。

各国对专利说明书的格式、内容和要求都有统一的规定，基本大同小异。1970年以前一般由标头、正文(发明内容、权利要求等)和附图三部分组成；1970年以后，多数国家的专利说明书标头部分改为扉页。

扉页上著录与发明人和法律等有关的各种项目，包括文献号、申请号、申请日期、国际专利分类号、国别或机构、申请人、发明人、发明项目和文摘等。

正文部分的内容包括发明背景、发明所属技术领域和技术特征等详细叙述、权利要求等；实用新型专利说明书的正文内容主要是权利要求部分；外观设计专利只是该外观设计的若干幅图或照片。

二、专利文献的特点

从内容到形式，专利说明书等专利文献都有别于其他文献资料，其主要特点如下。

(1) 文字精练，叙述严谨

专利说明书等专利文件是经过法律程序审查批准具有法律性的文件，因此，在文字上，要求明确、精练，特别是权利要求部分，必须明确、严谨，不能含混其词，应该达到既公开内容，又保护自身利益。

(2) 技术新颖，内容广泛

经过专利局批准公开的专利文献，在当时都具有新颖性，一般都超过同领域的技术水平；专利文献包括所有应用技术领域，从日常生活小用品到高精尖技术，几乎无所不包，内容范围十分广泛。

(3) 系统完整，实用详尽

世界上实行专利制度已经有三百多年的历史，人们有了发明创造，都想申请专利保护，因此，专利文献系统地汇总、累积了几百年来人类发明创造的技术资料，从中可以了解某领域技术发展的来龙去脉和当前水平；实用性是授予专利权的重要条件，而且要求专利说明书叙述的内容能够使同行业普通专业人员据以实施为准，所以专利文献比一般文献详尽、具体和实用。

(4) 出版迅速，报道及时

多数国家的专利制度实行先申请、早期公开、延迟审查制。因此，发明人竞相争取早申请，专利局对专利申请必须自申请日起，18 个月内公开申请说明书，而实质审查则可在三年内进行。所以专利文献出版和传递的速度一般比其他出版物快 5～7 年。

(5) 著录规范，格式统一

各国出版的专利说明书基本都按照国际统一的格式印刷，著录项目采用统一的识别代码，并标注统一的国际专利分类号。专利说明书有三个统一，即内容和写法有统一的格式，审查有统一的标准，文献的编排有统一的分类。

(6) 重复出版，语种多样

世界知识产权组织公布，每年约出版专利说明书 100 万件，但基本专利说明书约 35 万件，重复出版达三分之二。其原因：一是专利申请的不同审批阶段多次重复出版；二是同一项专利在几个甚至几十个国家申请，形成多个国家出版同一专利文献。各国出版的专利文献各自使用本国语言，形成专利文献的多语种现象。据统计，专利文献有 30 个语种。

(7) 具有相对的局限性

专利技术受到法律保护，但其保护期限和范围是有限度的。发明专利的保护期一般为 15～20 年，实用新型和外观设计专利的保护期一般为 5 年。由于技术更新快和发明人交不起专利年费等原因，许多专利未到期就提前失效。同时，大约有三分之二的专利申请不能授予专利权。失效后的专利技术和未授权的专利技术不受到法律保护，可以无偿使用。

专利的保护范围一般限于授予专利权的国家和地域内。在不受到保护的国家内，可以无偿地使用。所以查阅专利文献要注意专利权的有效期和保护的地域范围。

此外，专利文献的内容主要是应用技术，涉及科学理论内容的较少。

(8) 集技术、法律和经济信息于一体

专利文献不仅记载着发明的技术内容，而且记载着权利归属等法律状况。同时，从专利保护的国家、地区的地理分布，可以分析产品和技术的销售规模及潜在市场等情况。所以，专利文献是技术、法律、经济信息融为一体的重要信息源。

三、专利文献检索途径

专利文献检索包含法律的、技术的和经济的多种重要的信息检索。它对于科学研究、科技开发、产品开发、技术改造、科技决策和管理等，都具有重要意义。

专利文献检索可以有多条途径，但主要有以下三条途径。

(1) 分类途径

利用分类途径检索的关键是确定待查课题的专利分类号。因此检索时，首先要分析课题，明确技术主题；然后利用《国际专利分类表》大类目录，查得该技术主题所属的“部”和大类号；接着从《国际专利分类表》的相关“部”细分表中，查得包括待查课题内容的具体分类号；有了确定的分类号，就可以利用相关的专利分类索引，查出所需的专利文献号(或专利号)；最后用文献号(或专利号)查阅专利文献，索取专利说明书。

(2) 专利权人途径

利用专利权人途径检索，关键是要准确知道专利权人(或申请人)的名称。专利权人或申请人不一定是发明人本身，往往是他所在的单位或公司；有些检索工具以公司名称的代码作为排检标目，所以在检索时，必须将公司名的全称转换为代码，再进行检索。

检索时，用专利权人(或申请人)索引。英文按照专利权人名称字母的字顺，中文按照汉语拼音字顺查阅，在索引中查得待查专利权人名称，即可在其项下找到发明项目的名称、专利号或申请号等；然后根据需要查阅文摘或说明书。当需要有目的地了解某一特定公司单位的专利情况时，利用专利权人途径检索最为直接和方便。

(3) 号码途径

专利文献的检索工具一般都提供号码索引，主要的有专利号索引、申请号索引和入藏号索引等。当已知某专利的专利号时，可以用来查阅文摘或索取说明书。并且可以此为出发点，进一步通过分类途径或专利权人途径，用倒查法检索出更多的相关专利文献。

此外，如果平时留意专利线索，常常可以发现有用的专利信息，便可以方便地索取专利文献。专利线索的来源比较广泛。例如，一些商品常注有专利号；一些产品样本上常印有专利号；国外的一些综合性报刊上常报道比较重要的发明专利，如美国《纽约时报》，英国《新科学家》等都设有专栏报道专利；三百多种国外科技期刊辟有介绍本专业领域新专利的栏目；一些著名的检索刊物，如美国的《化学文摘》、苏联的《文摘杂志》等，都收录相当多的专利文献。不失为检索专利的良好工具。我国也有越来越多的检索刊物和信息刊物中报道专利。所以，只要留意寻求，用心浏览，就可以获得有用的专利线索，便可以用来借阅或委托复制专利说明书。

第二节　网上专利文献检索

Internet 网上的专利文献检索途径与手工检索大体相同，主要包括分类途径、号码途径、名称途径和主题途径等。其中最大的优点是利用一些免费网站，可以直接检索到专利的原始文献。

一、中国专利文献数据库

(1) 中国国家知识产权局网站(http：//www.sipo.gov.cn/sipo2008/)

中国国家知识产权局专利数据库是中国专利文献的全文数据库，内容包括中国专利局自1985年以来公布的所有专利，可以按照申请号、专利号、主题词、分类号、专利申请人及发明人等各种途径检索专利文摘及全文。

进入主页后，点击[文献服务]按钮，进入专利文献服务界面，之后点击[专利检索]按钮，即可进入专利检索主界面，如图 7.1。

图 7.1

检索时，可以按照界面提供的各个检索途径进行检索，也可以进行逻辑组配检索。例如，欲检索“阿司匹林的有关文献”，在名称后输入“阿司匹林”，如图 7.2。

共检出发明专利 117 条，实用新型专利 2 条，外观设计专利 6 条。如图 7.3。

点击专利标题，即可阅览专利说明书全文。如图 7.4。

该专利也可以按照申请号、发明人和申请人等途径检索出来。

(2) 中国专利数据库(http：//www.patent.com.cn)

中国专利数据库是中国专利信息网上提供专利检索的数据库。该数据库集中了我国自 1985 年 4 月 1 日起实施《专利法》以来全部的发明专利和实用新型专利，共约 108 万件。该数据库为全文检索数据库，用户注册并登录成功后，就可以使用各项检索功能，在检索过程中，输入检索词、专利号和分类号等，即可以进行检索，检索结果为专利的各项著录项目(包括申请号、公告号、申请日、公告日、授权日、授权公告日、发明名称、专利分类号、国别、省别、申请人、申请人通讯地址、发明人、代理机构、代理人、法律状态、说明书页数、附图页数、权项数和说明书摘要等共计 25 项内容)。正式和高级用户可以查看并打印、下载说明书的全部内容；免费用户可以自由浏览专利全文说明书的首页。此外，在中国专利信息网上，除可以检索中国专利外，还有世界上各个国家、地区及专利组织的免费专利的链接。该网站的中国专利数据库传输速度快，是 Guide to the IPC 专利检索数据库之一。

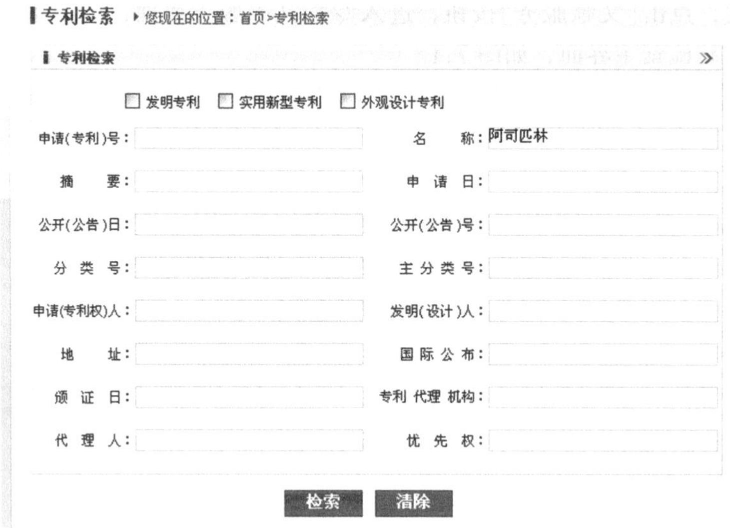

图 7.2

专利检索　您现在的位置：首页>专利检索

▪ 发明专利（117）条　▪ 实用新型专利（2）条　▪ 外观设计专利（6）条

序号	申请号	专利名称
1	02146488.X	含有苦参素、前列腺素E_1和阿司匹林的复方制剂及其制备方法和用途
2	02156846.4	治疗感冒发热的阿司匹林口腔崩解片及其制备方法
3	01115990.1	钠离子通道阻断剂和阿司匹林在制备用于对哺乳动物进行协同镇痛的药物中的应用
4	03117683.6	抗炎镇痛抗血栓用阿司匹林复方制剂
5	03111818.6	阿司匹林缓释片
6	94110576.8	阿司匹林与潘生丁复方多层片的制备方法
7	98801175.1	含有阿司匹林的稳定软膏剂
8	98801157.3	包含阿司匹林的稳定外用制剂
9	99115481.9	阿司匹林在制备2-(乙酰氧基)苯甲酸可溶性粉剂作为农业上植物生长调节剂方面的用途
10	00804880.0	凝血因子Xa抑制剂与阿司匹林、组织纤溶酶原激活物(TPA)、GPⅡb/Ⅲa拮抗剂、低分子量肝素或肝素……
11	200710137925.0	辛伐他汀和阿司匹林的稳定剂型
12	200610129720.3	一种犬用阿司匹林咀嚼片
13	200810020313.8	一种阿司匹林缓释片及其制备方法
14	200680028751.8	纳米粒氯吡格雷和阿司匹林组合制剂
15	03325455.9	包装盒（阿司匹林肠溶片）
16	200730106952.2	包装盒(阿司匹林肠溶片2)
17	200730106953.7	包装盒(阿司匹林肠溶片1)

图 7.3

(3) 中国专利文献数据库(http：//www.beic.gov.cn/fuwu/fuwu-zhuanli.htm)

该数据库由北京市经济信息中心和北京市专利局共同开发，可供网上用户免费查询中国专利文献。收录了中国专利局自1985年4月以来，公布的所有发明专利和实用新型专利文摘。用户可以通过点击“全部专利文献数据库”或“失效专利数据库”进入检索界面。每一个专利记录包括发明名称、文摘、权力要求、申请人及申请人地址、发明人、代理人及代理

■ 申请公开说明书（8）页

申　请　号：	03117683.6	申　请　日：	2003.04.10
名　　　称：	抗炎镇痛抗血栓用阿司匹林复方制剂		
公开（公告）号：	CN1443536	公开(公告)日：	2003.09.24
主 分 类 号：	A61K31/616	分案原申请号：	
分　类　号：	A61K31/616;A61P29/00;A61P7/02		
颁　证　日：		优　先　权：	
申请(专利权)人：	昆明贵金属研究所		
地　　　址：	650221云南省昆明市二环北路核桃箐		
发 明 (设计)人：	刘伟平;谌喜珠;何键;刘洋	国 际 申 请：	
国 际 公 布：		进入国家日期：	
专利代理机构：	昆明正原专利代理有限责任公司	代　理　人：	赛晓刚

图 7.4

人机构、申请号、公告号、申请日、公告日、授权日、国际专利、分类号、法律状态、权项数据、优先项等共计 27 个字段，用户可以根据需要，选择其中一个字段，输入检索词，进行单项全文检索；也可以选择两个以上字段，进行布尔逻辑检索。此外，本网站还与国家专利局合作推出了中国专利全文查询、中国台湾地区、外国专利全文查询等服务。其网址为：http：//www.exin.net/patent/。

二、美国专利文献数据库

（一）美国专利与商标局文献数据库(http：//www.uspto.gov)

由美国专利与商标局提供，收录了 1976 年 1 月 1 日至今的美国专利，数据每周更新一次。美国专利与商标局文献数据库网上专利检索数据库分为两部分：①Issued Patents。可以检索 1790 年以来出版的所有授权的美国专利说明书扫描图形，其中，1976 年以后的说明书实现了全文代码化；②Patent Applications。可以检索 2001 年 3 月 15 日以来所有公开（未授权)的美国专利申请说明书扫描图形。两数据库检索方法基本相似，有快速检索、高级检索和专利号检索三种方式，并且能够免费检索专利全文。

美国专利与商标局主页如图 7.5。

图 7.5

在 Patents 下点击[Search patents]按钮，进入检索主界面，如图 7.6。

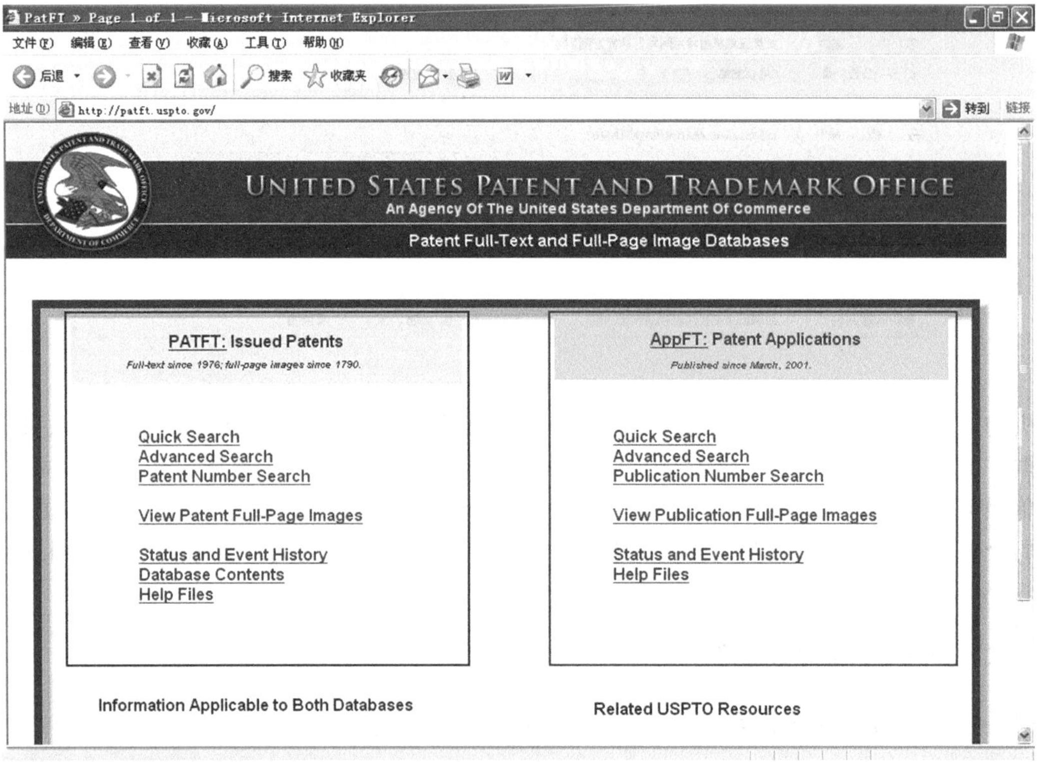

图 7.6

(1) 快速检索

快速检索是指直接通过下拉菜单选择字段名称，再将各字段进行布尔逻辑运算而完成的检索。该方法比较直观、简便。

如欲检索有关“阿司匹林及衍生物的合成方法”的专利，其方法如下。

① 点击[Quick Search]按钮，进入快速检索界面，如图 7.7。

② 在 Field 1 中选择 Title，在 Term 1 中输入 aspirin。

③ 在 Field 2 中选择 Title，在 Term 2 中输入 preparation。

④ 逻辑关系选择 and。

⑤ 年限选择 1790 to present[entire database]，如图 7.8，之后点击[Search]按钮。

⑥ 检索结果如图 7.9，共检出 10 篇专利，列出各专利的专利号和题目。

⑦ 点击专利题目，即可阅读该专利说明书的全文。

(2) 高级检索

高级检索是在输入框中直接输入检索表达式而完成的检索。如检索有关“阿司匹林及衍生物的合成方法”的专利，其方法如下。

① 选择[Advanced Search]按钮，进入快速检索界面，如图 7.10。

② 在 Query 框中输入表达式“ttl/aspirin and ttl/preparation”，如图 7.11。

③ 年限选择 1790 to present[entire database]，之后点击[Search]按钮。

检索结果与快速检索相同，如图 7.9。

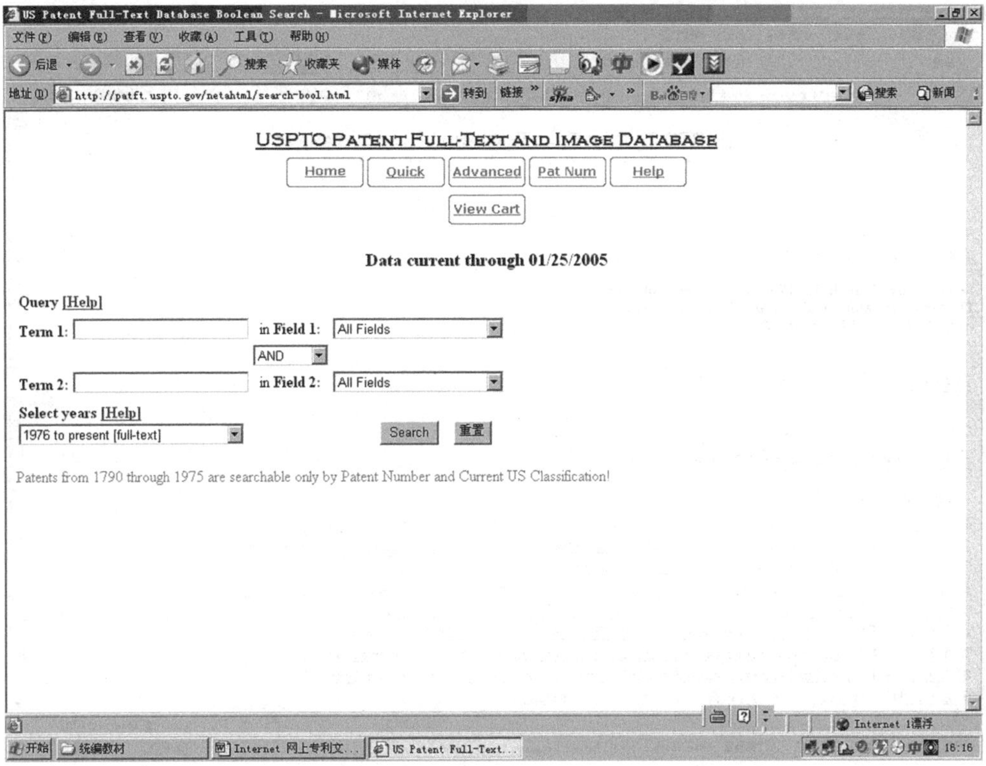
USPTO PATENT FULL-TEXT AND IMAGE DATABASE
Home
Quick
Advanced
Pat Num
Help
View Cart
Data current through 01/25/2005
Query [Help]
Term 1:
in Field 1:
All Fields
AND
Term 2:
in Field 2:
All Fields
Select years [Help]
1976 to present [full-text]
Search
重置
Patents from 1790 through 1975 are searchable only by Patent Number and Current US Classification!

图 7.7

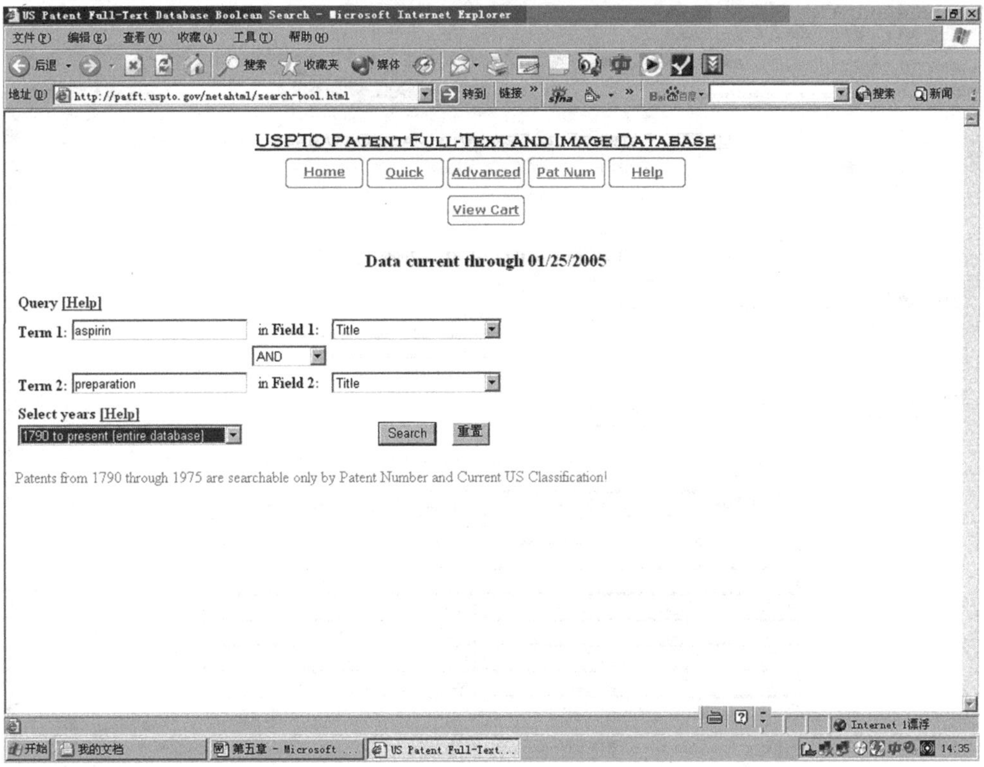
USPTO PATENT FULL-TEXT AND IMAGE DATABASE
Home
Quick
Advanced
Pat Num
Help
View Cart
Data current through 01/25/2005
Query [Help]
Term 1: aspirin
in Field 1:
Title
AND
Term 2: preparation
in Field 2:
Title
Select years [Help]
1790 to present [entire database]
Search
重置
Patents from 1790 through 1975 are searchable only by Patent Number and Current US Classification!

图 7.8

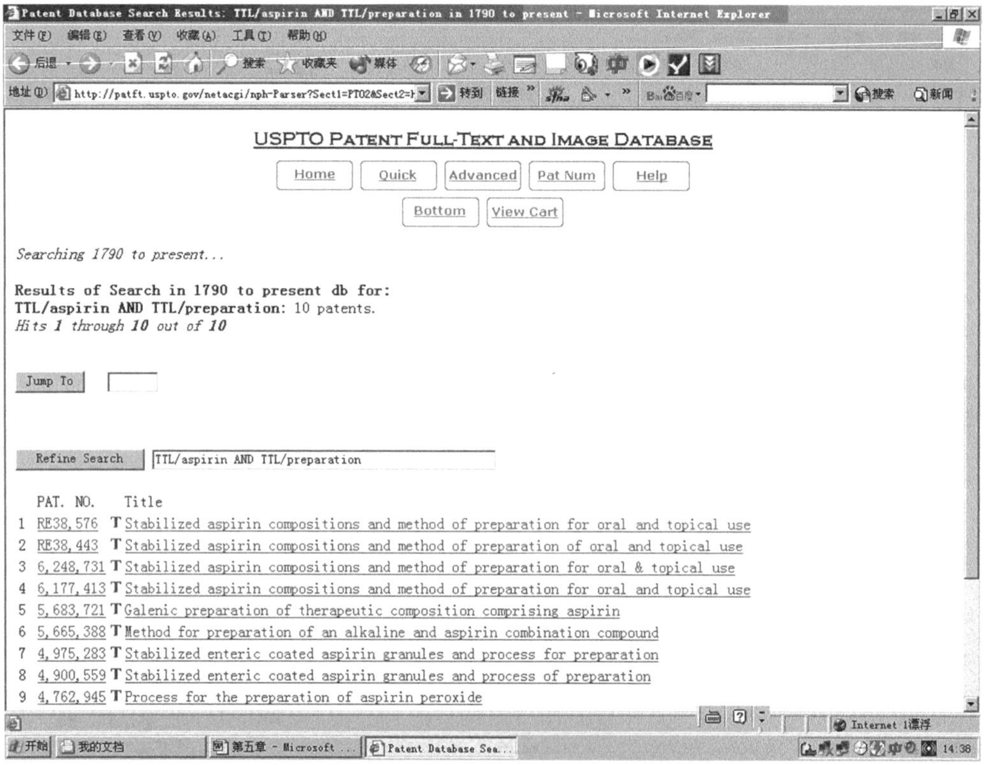
Patent Database Search Results: TTL/aspirin AND TTL/preparation in 1790 to present - Microsoft Internet Explorer
文件(F) 编辑(E) 查看(V) 收藏(A) 工具(T) 帮助(H)
地址(D) http://patft.uspto.gov/netacgi/nph-Parser?Sect1=PTO2&Sect2=
USPTO PATENT FULL-TEXT AND IMAGE DATABASE
Home Quick Advanced Pat Num Help
Bottom View Cart
Searching 1790 to present...
Results of Search in 1790 to present db for:
TTL/aspirin AND TTL/preparation: 10 patents.
Hits 1 through 10 out of 10
Jump To
Refine Search TTL/aspirin AND TTL/preparation
PAT. NO. Title
1 RE38,576 T Stabilized aspirin compositions and method of preparation for oral and topical use
2 RE38,443 T Stabilized aspirin compositions and method of preparation of oral and topical use
3 6,248,731 T Stabilized aspirin compositions and method of preparation for oral & topical use
4 6,177,413 T Stabilized aspirin compositions and method of preparation for oral and topical use
5 5,683,721 T Galenic preparation of therapeutic composition comprising aspirin
6 5,665,388 T Method for preparation of an alkaline and aspirin combination compound
7 4,975,283 T Stabilized enteric coated aspirin granules and process for preparation
8 4,900,559 T Stabilized enteric coated aspirin granules and process of preparation
9 4,762,945 T Process for the preparation of aspirin peroxide

图 7.9

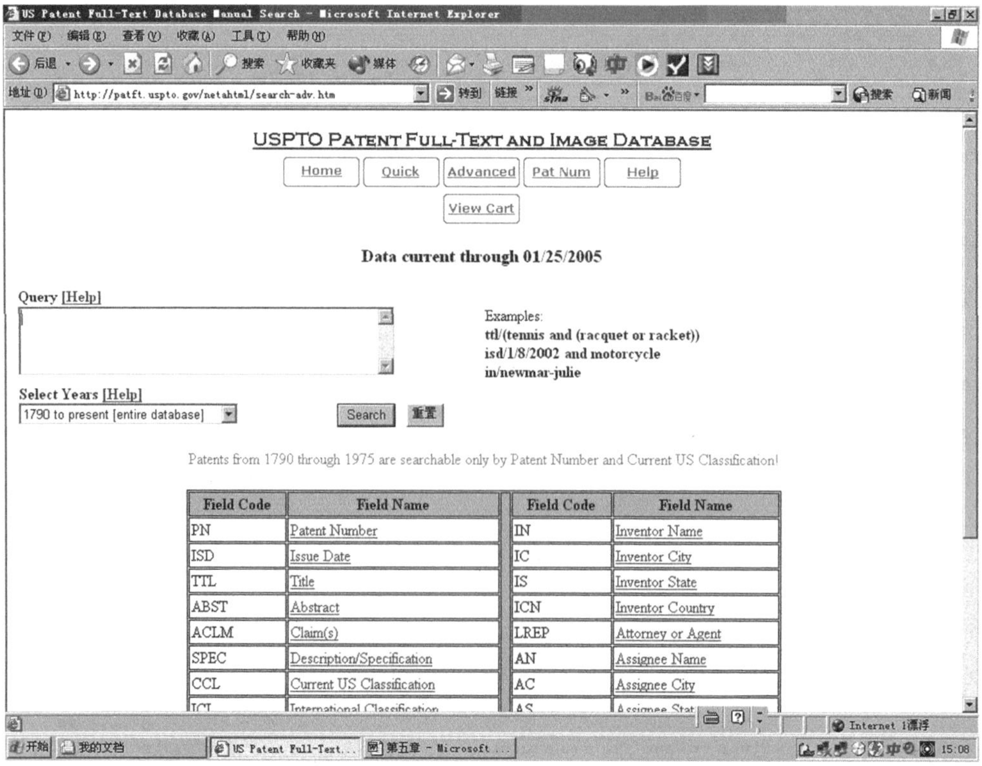
US Patent Full-Text Database Manual Search - Microsoft Internet Explorer
文件(F) 编辑(E) 查看(V) 收藏(A) 工具(T) 帮助(H)
地址(D) http://patft.uspto.gov/netahtml/search-adv.htm
USPTO PATENT FULL-TEXT AND IMAGE DATABASE
Home Quick Advanced Pat Num Help
View Cart
Data current through 01/25/2005
Query [Help]
Examples:
ttl/(tennis and (racquet or racket))
isd/1/8/2002 and motorcycle
in/newmar-julie
Select Years [Help]
1790 to present [entire database]
Search 重置
Patents from 1790 through 1975 are searchable only by Patent Number and Current US Classification!
Field Code | Field Name | Field Code | Field Name
PN | Patent Number | IN | Inventor Name
ISD | Issue Date | IC | Inventor City
TTL | Title | IS | Inventor State
ABST | Abstract | ICN | Inventor Country
ACLM | Claim(s) | LREP | Attorney or Agent
SPEC | Description/Specification | AN | Assignee Name
CCL | Current US Classification | AC | Assignee City

图 7.10

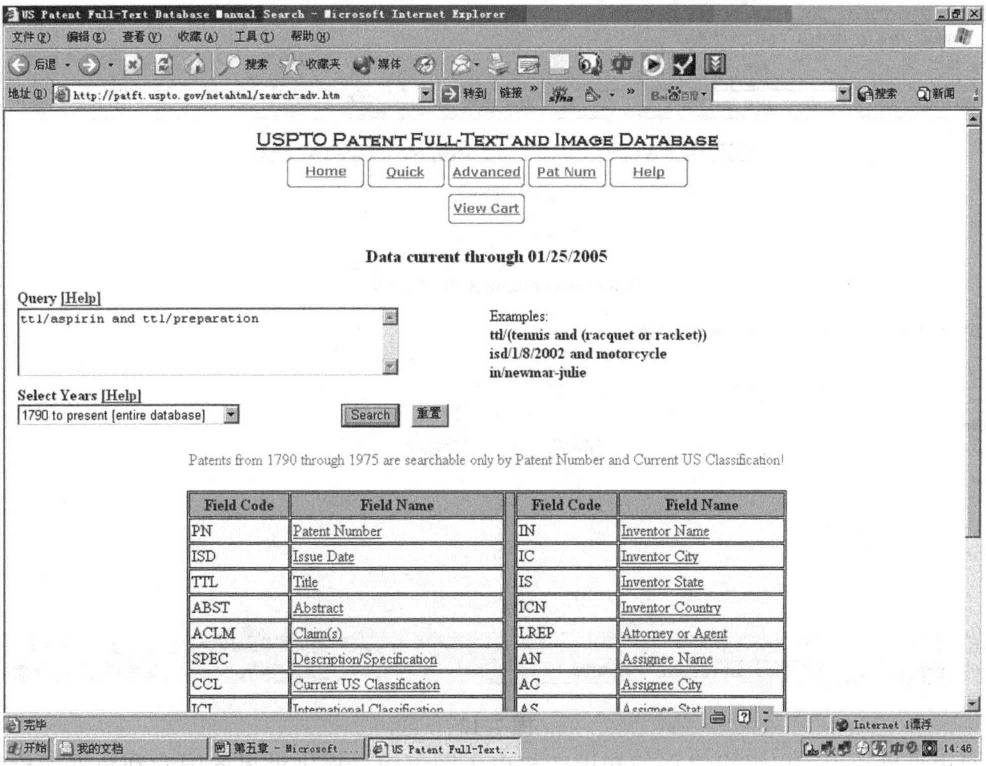

图 7.11

（3）专利号检索

专利号检索是指通过专利号来检索专利文献的一种方法。只对 1976 年至今的专利进行检索，不需要限定年限。检索界面如图 7.12，在 Query 框中输入一个或多个预检索的专利号，点击[Search]按钮，即可完成检索。

（二）IBM 美国专利数据库(http：//www.patents.ibm.com)

IBM 公司制作的美国专利数据库是一个较好的查找美国专利的网络数据库，完全免费检索，并且可以将专利文献全文免费下载，给网上用户提供了一个便捷的专利获取途径。该数据库的特点是检索年代较长，它收录 1971—1973 年的部分专利和 1974 年以后美国专利商标局公布的所有专利文献，总计 200 多万条，可以分为两个时段查询。有简单检索、专利号检索、布尔检索和高级检索四种检索途径供用户选择。此外，美国 IBM 公司提供的该网址可以通过其检索美国专利数据库、日本专利数据库、欧洲专利数据库、PCT 国际专利数据库和 IBM 技术公开通报。

三、世界专利文献数据库

（1）PCT 国际专利(http：//petgazette.wipo.int)

由世界知识产权组织提供，目前可以检索 1997 年 1 月以后公开的所有 PCT 国际专利说明书的扉页、题录、文摘和图形。数据库每周公开日及时更新著录项目和摘要等内容，扫描图形在公开 14 天后被放入数据库。

（2）WIPO 的 IPDL(http：//www.ipdl.wipo.int)

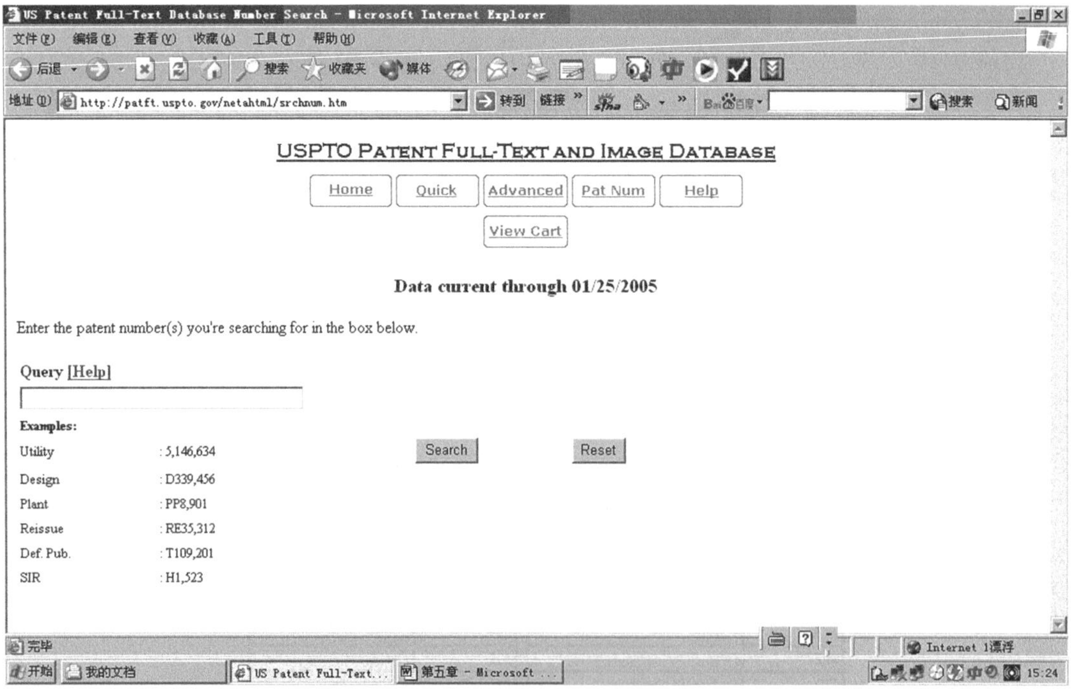

图 7.12

是由世界知识产权组织建立的知识产权电子图书馆，提供世界各国专利数据库检索服务，其中包括 PCT 国际专利数据库、中国专利英文数据库、印度专利数据库、美国专利数据库、加拿大专利数据库、欧洲专利数据库和法国专利数据库等。

(3) DWT 公司的 WPI 专利数据库(http://www.derwent.co.uk)

英国 Derwent 公司是世界上规模最大的专利收集机构，它建立了具有权威性的世界专利数据库检索服务体系，可以通过联机查询专利权人代码及名称，联机浏览《International Patent Classification》《Official Catchword Index》，另外，它还设立了 Derwent 的国际专利拷贝服务，可以向用户提供世界上各主要专利机构发布的专利说明书。

四、欧洲专利数据库

为了促进专利信息的利用，帮助世界范围的用户从网上获取免费的专利信息资源，1998 年夏，欧洲专利局、欧洲专利组织成员国及欧洲专利委员会共同研究开发了欧洲专利局专利数据库网站这一网上免费检索系统。2005 年，该网站进行了全新改版。可以使用英、德、法三种语言检索 EP，WO（PCT）及世界范围的专利文献。其网址为 http://ep.espacenet.com。

该数据库包括如下三个子库：

① WIPO - esp@cenet 专利数据库。收录最近 24 个月公布的 PCT 申请的专利。

② EP - esp@cenet 专利数据库。收录最近 24 个月公布的欧洲专利申请的专利。

③ Worldwide 专利数据库。截至 2006 年 11 月，收录了 80 多个国家的 5600 万件专利的著录项目。

欧洲专利数据库检索主界面如图 7.13。

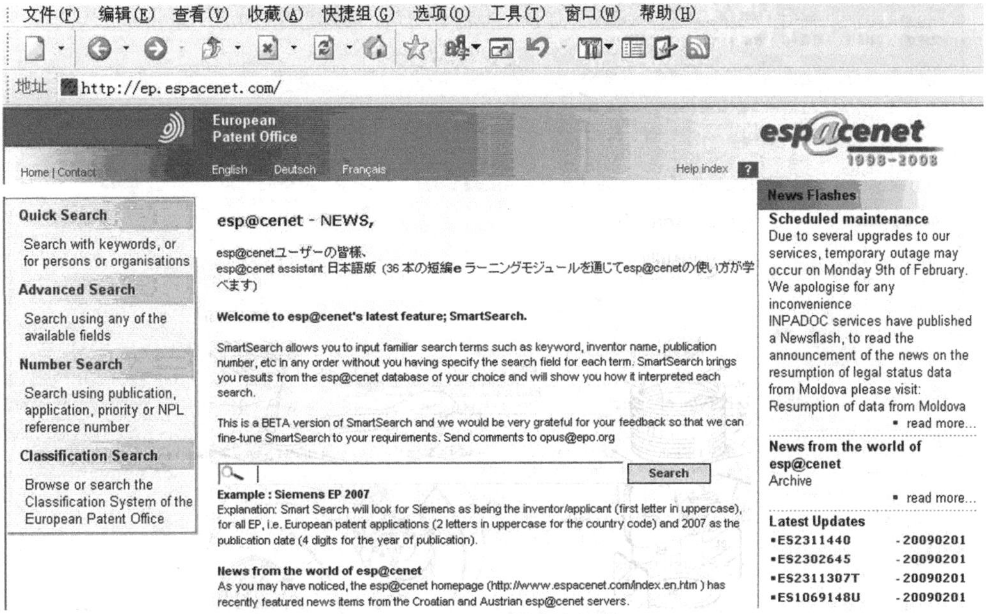

图 7.13

其检索方式包括快速检索、高级检索、专利号检索和分类检索。

(1) 快速检索

快速检索界面如图 7.14，包括三个检索步骤。

① 数据库选择。从 WIPO，Worldwide，EP 三库中选择预检索的数据库。

② 选择检索方式。有两种检索方式选择，即从题目或文摘中的词检索或通过人名及机构检索。

③ 输入检索表达式。输入欲检索的表达式。

(2) 高级检索

高级检索界面如图 7.15，如欲检索关于“阿司匹林”的中国专利，可以如图 7.15 进行输入。

(3) 专利号检索

在已知专利号的情况下，可以选择专利号检索方式，如欲检索专利号为 CN1356433 的专利，如图 7.16，在 Number 后输入 CN1356433，即可进行检索。

(4) 分类检索

按照欧洲专利分类进行检索，检索界面如图 7.17。

五、日本专利数据库

日本专利电子图书馆是日本专利局把已有的专利文献作成数据库，并在因特网上提供免费查询的检索系统。其网址为 http：//www.ipdl.jpo-miti.go.jp/homepg.ipdl。日本专利文献库收集了各种公告的日本专利(特许和实用新案)，有英语和日语两种工作语言，收录了 1994 年至今的日本专利题录及摘要，并定期更新。该库由专利说明书图像、书目数据和专利的文本组成，通过对书目数据和文本数据进行检索时所命中的专利列表，可以调出相应的专利说明书图形文件，提供用户查看和下载。

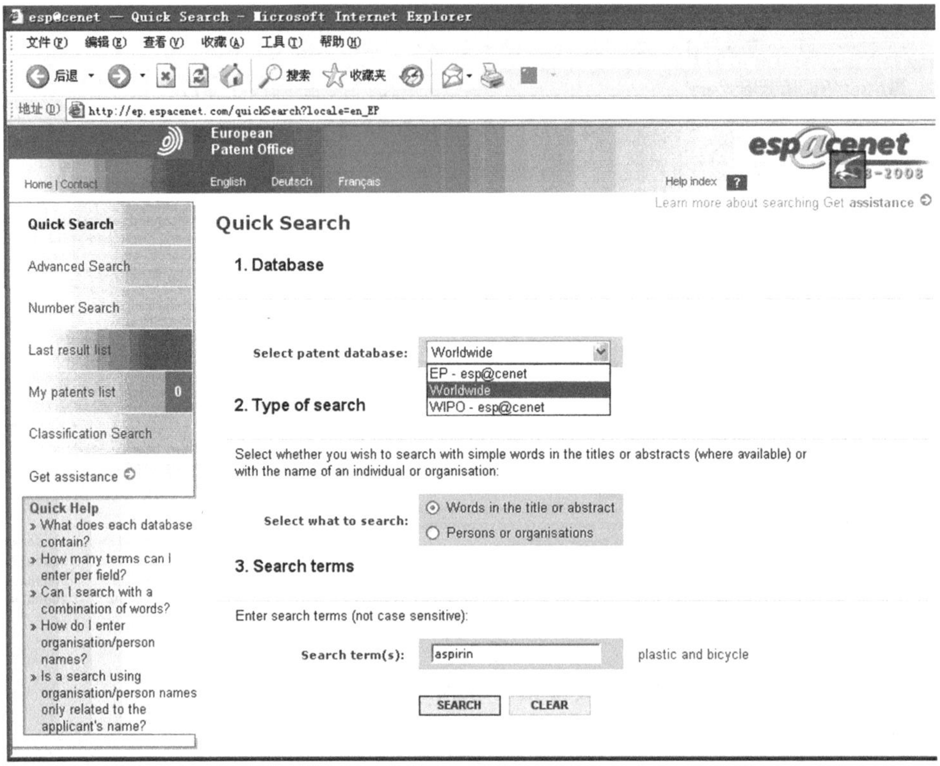
esp@cenet — Quick Search - Microsoft Internet Explorer
文件(F) 编辑(E) 查看(V) 收藏(A) 工具(T) 帮助(H)
后退 搜索 收藏夹
地址(D) http://ep.espacenet.com/quickSearch?locale=en_EP
European Patent Office
espacenet
Home | Contact
English Deutsch Français
Help index
Learn more about searching Get assistance
Quick Search
Advanced Search
Number Search
Last result list
My patents list 0
Classification Search
Get assistance
Quick Help
What does each database contain?
How many terms can I enter per field?
Can I search with a combination of words?
How do I enter organisation/person names?
Is a search using organisation/person names only related to the applicant's name?
Quick Search
1. Database
Select patent database:
Worldwide
EP - esp@cenet
Worldwide
WIPO - esp@cenet
2. Type of search
Select whether you wish to search with simple words in the titles or abstracts (where available) or with the name of an individual or organisation:
Select what to search:
Words in the title or abstract
Persons or organisations
3. Search terms
Enter search terms (not case sensitive):
Search term(s):
aspirin
plastic and bicycle
SEARCH
CLEAR

图 7.14

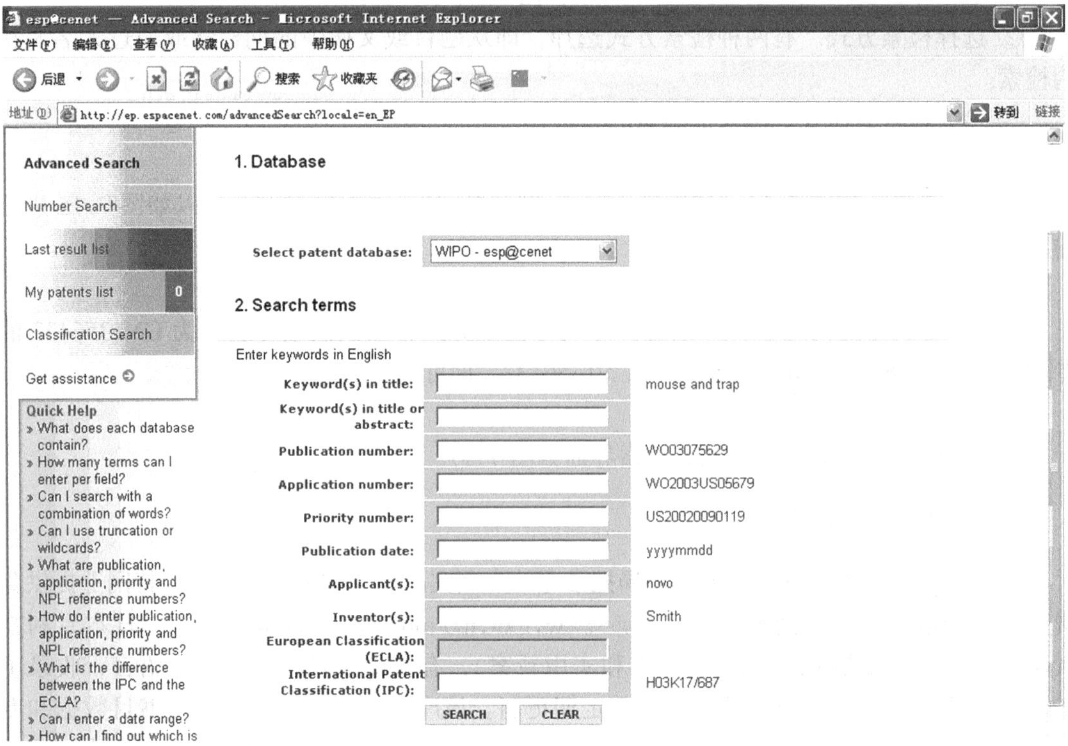
esp@cenet — Advanced Search - Microsoft Internet Explorer
文件(F) 编辑(E) 查看(V) 收藏(A) 工具(T) 帮助(H)
后退 搜索 收藏夹
地址(D) http://ep.espacenet.com/advancedSearch?locale=en_EP
转到 链接
Advanced Search
Number Search
Last result list
My patents list 0
Classification Search
Get assistance
Quick Help
What does each database contain?
How many terms can I enter per field?
Can I search with a combination of words?
Can I use truncation or wildcards?
What are publication, application, priority and NPL reference numbers?
How do I enter publication, application, priority and NPL reference numbers?
What is the difference between the IPC and the ECLA?
Can I enter a date range?
How can I find out which is
1. Database
Select patent database:
WIPO - esp@cenet
2. Search terms
Enter keywords in English
Keyword(s) in title:
mouse and trap
Keyword(s) in title or abstract:
Publication number:
WO03075629
Application number:
WO2003US05679
Priority number:
US20020090119
Publication date:
yyyymmdd
Applicant(s):
novo
Inventor(s):
Smith
European Classification (ECLA):
International Patent Classification (IPC):
H03K17/687
SEARCH
CLEAR

图 7.15

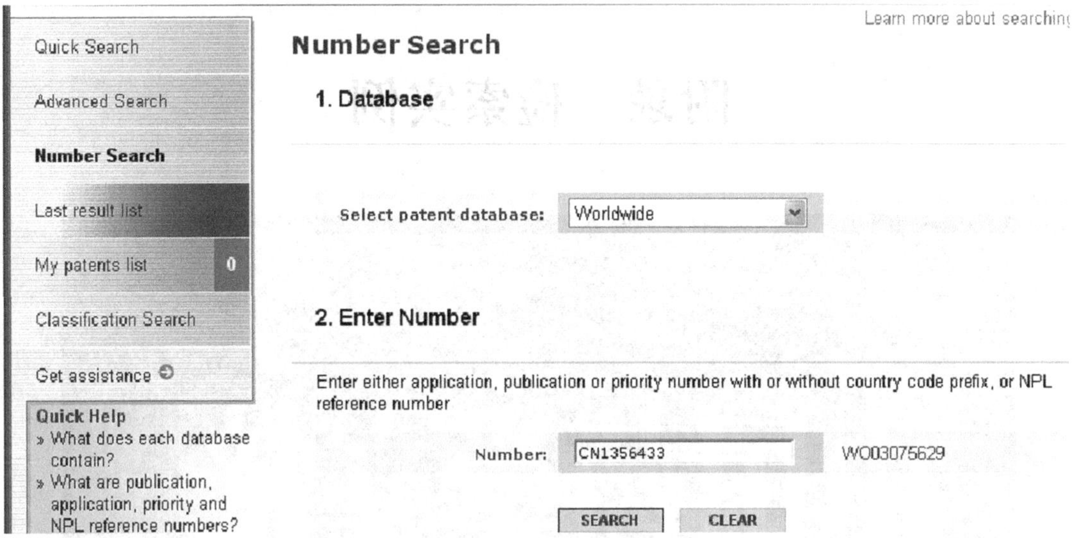
Learn more about searching
Quick Search
Advanced Search
Number Search
Last result list
My patents list
0
Classification Search
Get assistance
Quick Help
» What does each database contain?
» What are publication, application, priority and NPL reference numbers?
Number Search
1. Database
Select patent database:
Worldwide
2. Enter Number
Enter either application, publication or priority number with or without country code prefix, or NPL reference number
Number:
CN1356433
WO03075629
SEARCH
CLEAR

图 7.16

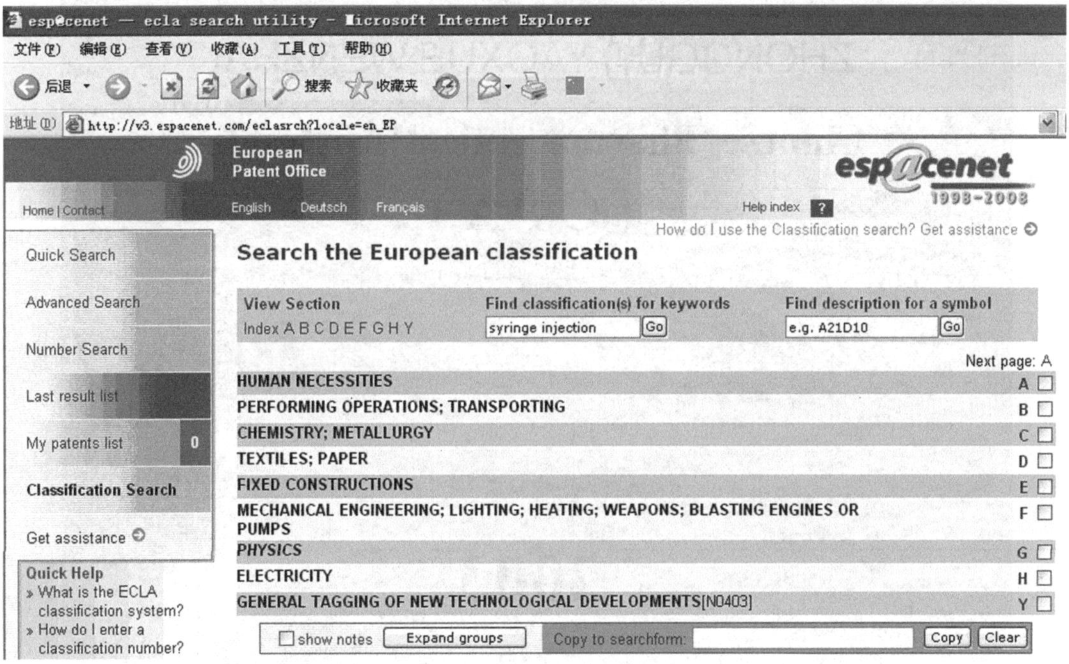
esp@cenet — ecla search utility - Microsoft Internet Explorer
文件(F) 编辑(E) 查看(V) 收藏(A) 工具(T) 帮助(H)
后退
搜索
收藏夹
地址(D) http://v3.espacenet.com/eclasrch?locale=en_EP
European
Patent Office
espacenet
1998-2008
Home | Contact
English
Deutsch
Français
Help index
How do I use the Classification search? Get assistance
Quick Search
Advanced Search
Number Search
Last result list
My patents list
0
Classification Search
Get assistance
Quick Help
» What is the ECLA classification system?
» How do I enter a classification number?
Search the European classification
View Section
Index A B C D E F G H Y
Find classification(s) for keywords
syringe injection
Go
Find description for a symbol
e.g. A21D10
Go
Next page: A
HUMAN NECESSITIES
A
PERFORMING OPERATIONS; TRANSPORTING
B
CHEMISTRY; METALLURGY
C
TEXTILES; PAPER
D
FIXED CONSTRUCTIONS
E
MECHANICAL ENGINEERING; LIGHTING; HEATING; WEAPONS; BLASTING ENGINES OR PUMPS
F
PHYSICS
G
ELECTRICITY
H
GENERAL TAGGING OF NEW TECHNOLOGICAL DEVELOPMENTS[N0403]
Y
show notes
Expand groups
Copy to searchform:
Copy
Clear

图 7.17

附录　检索实例

ISSN　1003-3521

中国药学文摘

ZHONGGUO YAOXUE WENZHAI

Chinese Pharmaceutical Abstracts

(CPA)

200326101～200328500

全国科技文献检索期刊评比一等奖
国家优秀科技信息成果二等奖
第二届国家期刊奖百种重点科技期刊奖

2003

第20卷　第12期

国家食品药品监督管理局信息中心

ISSN 1003-3521

12>

9 771003 352007

中国药学文摘

CHINESE PHARMACEUTICAL ABSTRACTS
月刊　第20卷　第12期　2003年12月出版　200326101～200328500

主　管：国家食品药品监督管理局
主　办：国家食品药品监督管理局信息中心
协办单位：云南白药集团医药电子商务有限公司
中国药科大学制药有限公司
编辑出版：《中国药学文摘》编辑部，100810
北京市西城区北礼士路甲38号
电　话：(010)62214715、62214665
传　真：(010)62214715
主　编：郭丰文
常务副主编：魏金明
副主编：张华吉　王　强
特邀编委：陈幼亭
编　辑：刘　晴　冯　岚　盛东飚
印　刷：北京燕南印刷厂
国内发行：《中国药学文摘》编辑部
国外发行：中国国际图书贸易总公司
刊　号：ISSN1003－3521 / CN11－2529/R
广告经营许可证号：京西工商广字第0111号
网址：http://www2.cpi.ac.cn/demo/trip.html
Email：zgyxwz@163.com
Editor and Publisher: Editorial Department of Chinese Pharmaceutical Abstracts
Address: A38 Beilishi Road, Xicheng District, Beijing 100810, China
Tel: (010)62214715、62214665
Fax: (010)62214715
Printer: Beijing Longhua Printing House
Domestic Distribution: Editorial Department of Chinese Pharmaceutical Abstracts
Overseas Distribution: China International Book Trading Corporation
Periodical Registration: ISSN1003－3521 / CN11－2529/R
如有印装质量问题，请向本刊编辑部调换
本期责任编辑：盛东飚

分类目次

采用转统制备方法时，由于硼酸（Ⅰ）在70%乙醇中溶解度较小（1∶18），因此溶解时间过长，当室温低时即析出结晶。改进后的制备方法属热溶法，根据Ⅰ在沸水中易溶解原理，其溶解速度快、溶解完全，所得溶液澄清，即便在低温时亦无结晶析出。所制备的Ⅰ滴耳液符合规范要求。

TQ460.6　　053　　**200326508**
聚维酮碘乳膏的研制及质量控制/张京维（广东庆发药业有限公司）//中国药业.-2003,12(9).-49～50
对聚维酮碘乳膏作回收率试验及质量控制检验，研究处方工艺。结果：回收率RSD为0.68%，稳定性加速试验显示质量稳定，动力粘度符合要求。

TQ460.6　　053　　**200326509**
替硝唑冲洗液的研制及临床应用/卢登华（四川省成都市第二人民医院）；卢惠莉，章媛媛…//中国药业.-2003,12(9).-47～48
研制满足手术科室冲洗腹腔及切口，预防术后感染、发热及其他不良反应的新制剂。以替硝唑为主药、注射用水为溶媒制成冲洗溶液，并制定质量标准。结果：所得制剂质量可控，性质稳定，经妇产科用于剖宫产术冲洗62例，与对照组56例对比，冲洗组术后5d最高体温明显低于对照组（$P<0.01$）。

TQ460.6　　053　　**200326510**
盐酸多巴酚丁胺葡萄糖注射液制备工艺研究/王贵法（浙江省人民医院）；黄萍//中国药业.-2003,12(9).-43～44
参考美国药典处方考察不同浓度的稳定剂、葡萄糖及盐酸多巴酚丁胺的吸附脱气，不同的灭菌条件及pH值。结果：制定了盐酸多巴酚丁胺葡萄糖注射液的处方与制备工艺。结论：制剂处方合理，工艺简便。

TQ463　　053　　**200326511**
奥沙普嗪凝胶的配制与质量控制/杨义（佳木斯大学附属第一医院）；曲桂霞，王晶…//黑龙江医药科学.-2003,26(4).-18

TQ463　　053　　**200326512**
复方维生素E乳膏的制备与临床应用/宋成英（江苏省连云港市第一人民医院）；李瑞真，孙安国//医药导报.-2003,22(8).-565～566
以维生素E为主要原料制成乳膏，用于180例色素沉着患者，外搽，bid，15d为1个疗程。结果：该制剂制备工艺简单，临床应用总有效率为95.0%。结论：复方维生素E乳膏质量稳定，临床疗效较好。

TQ463　　053　　**200326513**
环孢素缓释栓剂的制备及体外释放度研究/贺国芳（华中科技大学同济医学院附属同济医院）；方淑贤，刘东…//华中科技大学学报（医学版）.-2003,32(4).-371～373
先用复凝聚法将环孢素制成微囊（Ⅰ），进而制成微囊栓剂（Ⅱ），并与普通环孢素栓剂（Ⅲ）作对照，进行体外释放度研究。结果：Ⅰ及Ⅱ的T_{50}、T_d、T_{80}比Ⅲ明显延长，存在极显著差异（$P<0.01$），且Ⅱ的T_{50}、T_d、T_{80}也比Ⅰ明显延长，存在极显著差异（$P<0.01$）。结论：Ⅰ及Ⅱ均具有一定的缓释作用，且Ⅱ的缓释作用时间更长。

TQ463　　053　　**200326514**
盐酸特拉唑嗪贴剂的研制/刘茂柏（福建医科大学附属协和医院）；曲俊兵//中国药学杂志.-2003,38(9).-664

TQ465　　053　　**200326515**
复方呋喃西林滴鼻液3种配制方法的探讨/朱春根（江苏大学附属医院）//江苏大学学报（医学版）.-2003,13(4).-362

R283.61　　054　　**200326516**
101果汁澄清剂在中药口服液中的应用研究/陈昕（江苏省连云港中药学校）//时珍国医国药.-2003,14(9).-568
对近十年来与之有关的文献进行检索，综述。结果：101澄清剂不但澄清药液，而且保持药液的有效成分。参8。

R283.61　　054　　**200326517**
天然澄清剂在乐脉口服液澄清工艺中的应用/龚涛（四川大学华西药学院）；郭涛，陶云平…//中草药.-2003,34(8).-715～717

R943　　054　　**200326518**
磷脂类衍生物作为鼻粘膜药物吸收促进剂的应用/史振祺（复旦大学药学院）；蒋新国//国外医学药学分册.-2003,30(4).-241～245
在筛选合适鼻粘膜促进剂的过程中，经常发现有毒性存在。磷脂类衍生物作为体内磷脂的代谢产物，因其低毒性而成为促进鼻粘膜吸收的研究热点之一。对磷脂类衍生物的结构、应用及毒性等进行综述，并对其发展前景进行了展望。

R975　　054　　**200326519**
改造HBV作为基因治疗载体/韩聚强（北京军区总医院肝病研究所）；胡大荣，吴忆贫…//中国生物工程杂志.-2003,23(7).-10
HBV具备改造作为肝靶向性基因治疗载体的基本条件——天然嗜肝特异性，能够在肝细胞内持续复制、反复感染，病毒本身对细胞没有明显的细胞毒性；能够携带外源基因并被包装成病毒颗粒；能够介导外源基因的转移和表达。但由于基因结构复杂，目前改造的HBV载体的存在载容量小、复制包装效率低及安全性差等缺点。就近年相关研究进展进行综述。

TQ460.4　　054　　**200326520**
两种高分子生物材料的细胞粘附性比较/曾永前（华中科技大学同济医学院附属协和医院）；郑启新，王运涛//华中科技大学学报（医学版）.-2003,32(4).-435～438
抽取兔骨髓，离心提取骨髓基质干细胞，在培养皿中培养并传代，传至第3代后，分别接种在上述两种材料上培养24h，然后通过体视学计数法、MTT法以及扫描电镜观察来测量或评价两种材料粘附率。结果：体视学计数法所测聚-DL-乳酸（PDLLA）

主题索引

W

X

外文药名索引

U

V

W

X

Z

(中国药科大学)…//中国中药杂志. -2001,(12). -835~837

0259355　千崖子蘘吾的萜类成分研究/李云森(中国药科大学)…//中国药学杂志. -2002,(1). -12~14

0259356　菱叶紫菊的化学成分/廖志新(中国科学院成都生物研究所)…//药学学报. -2002,(1). -37~40

0259357　莱菔子中芥子碱的含量测定/刘丽芳(中国药科大学)…//中成药. -2002,(1). -52~54

0259358　银杏叶中银杏萜内酯的高效液相色谱-电喷雾电离-质谱分析/卢定强(南京工业大学制药与生命科学学院)…//药物分析杂志. -2002,(1). -9~11

0259359　反相高效液相色谱法测定银杏叶中银杏萜内酯的含量/卢定强(南京工业大学制药与生命科学学院)…//药物分析杂志. -2002,(1). -70~72

0259360　蒙药姜黄中化学成分的研究/罗素琴(内蒙古医学院)…//中国民族医药杂志. -2002,(1). -43~44

0259361　滇白珠地上部分化学成分研究/马小军(北京大学药学院)…//中国中药杂志. -2001,(12). -844~846

0259362　木香 CO_2 超临界萃取物中木香烃内酯、去氢木香内酯的鉴别与含量测定/孟青(广东药学院药物研究所)…//广东药学院学报. -2001,(4). -284~286

0259363　大孔吸附树脂在中草药研究中的应用进展/米靖宇(上海中医药大学)…//中成药. -2001,(12). -914~917

0259364　升麻地上部分皂苷类成分研究/潘瑞乐(中国医学科学院中国协和医科大学药用植物研究所)…//药学学报. -2002,(2). -117~120

0259365　紫珠叶黄酮类化合物的研究/任风芝(北京军事医学科学院毒物药物研究所)…//中国中药杂志. -2001,(12). -841~844

0259366　枳椇子的化学成分研究/沙美(中国药科大学)…//中国药科大学学报. -2001,(6). -418~420

0259367　山橘的化学成分研究/沈小玲(广州中医药大学新药开发研究中心)…//中国药学杂志. -2002,(1). -14~17

0259368　高效毛细管电泳法测定番泻叶中番泻苷 A 的含量/石上梅(中国药品生物制品检定所)…//药物分析杂志. -2002,(1). -24~26

0259369　槐果皮中两个山柰酚三糖苷成分/唐于平(中国药科大学)…//中国中药杂志. -2001,(12). -839~841

0259370　槐树种子的化学成分研究/王景华(中国药科大学)…//中国药科大学学报. -2001,(6). -471~473

0259371　大黄中总大黄素成分含量测定条件优选/魏凤玲(北京中日友好医院)…//中国实验方剂学杂志. -2002,(1). -14~15

0259372　荷叶、莲子心化学成分的薄层比较分析/翁榕安(湖南省高等医学专科学校)…//湖南中医药导报. -2001,(12). -608~609

0259373　反相高效液相色谱法测定沙棘油中维生素 E 的含量/吴虹(安徽中医学院)…//安徽中医学院学报. -2002,(1). -47~49

0259374　一支箭中抗胃溃疡的倍半萜内酯苷/吴少华(中国科学院昆明植物研究所)…//药学学报. -2002,(1). -33~36

0259375　红藻海头红化学成分的研究Ⅱ/苑辉卿(山东大学医学院)…//中国药学杂志. -2001,(12). -806~808

0259376　大叶紫玉盘化学成分研究/张海玲(中国医学科学院中国协和医科大学药

主 题 索 引

A

a 阿

ai 癌、艾、爱

an 安、氨、按、胺

《中文科技资料目录·中草药》(双月刊)

ZHONGWEN KEJIZILIAO MULU ZHONGCAOYAO

2004 年第 27 卷 第 2 期 (0402401-0404800)

目 次

分类类目

珍国医国药.-2004,15(2).-95

0402824 固体粉末化技术在液态油性中药中的研究与应用/游剑(沈阳药科大学),崔福德,李青坡…//中国中药杂志.-2004,29(1).-7～10

0402825 甘草饮片超微粉碎前后甘草酸溶出行为的比较研究/李志猛(北京同仁堂股份有限公司科学研究所),王跃生,李晓明…//中国中药杂志.-2003,28(11).-1030～1033

0402826 微细化工艺制备的三七的溶出度及活性研究/何希辉(清华大学生物科学与技术系),程杰,孙虹…//中国药学杂志.-2004,39(1).-14～17

0402827 溶剂中大黄颗粒的溶胀行为/吕阳成(清华大学化学工程系),骆广生,戴猷元//清华大学学报:自然科学版.-2003,43(6).-742～745

0402828 我国红景天提取工艺和含量测定研究概述/张俊钰(解放军西藏军区总医院),周斌,江涛…//中药材.-2003,26(12).-908～910

0402829 青风藤单提及与其他药味共提对青藤碱提取率的影响/潘林梅(南京中医药大学),陈丹丹,董洁…//中草药.-2003,34(12).-1096～1098

0402830 不同的提取方法对喘平方主要药效的影响/朱盛山(广东药学院中药研究所),刘强,余林中…//中药新药与临床药理.-2004,15(1).-14～16

0402831 超声波提取杜仲叶中有效成分工艺研究/董娟娥(西北农林科技大学),马柏林,刘丽…//西北林学院学报.-2003,18(3).-66～68

0402832 正交试验对川芎提取工艺的筛选研究/刘旭(第一军医大学),杨雪梅,徐江平…//广东药学.-2003,13(6).-3～5

0402833 正交试验法优化蜂胶黄酮的提取工艺研究/焦连庆(吉林省中医中药研究院),于敏//特产研究.-2003,25(4).-49～51

0402834 大孔树脂吸附技术在中药制剂中的应用/刘彬果(第二军医大学药学院),郭文勇,钟蕾…//解放军药学学报.-2003,19(6).-452～455

0402835 正交实验优选川芎羌活的提取工艺/苏本正(山东省中医药研究院),黄丁毅,于宗渊//时珍国医国药.-2004,15(1).-13

0402836 丹参提取工艺条件的优选/杨巧巧(太极集团重庆桐君阁药厂),高君柱//中成药.-2004,26(1).-84～85

0402837 番泻叶提取工艺研究/邓远辉(广州中医药大学第二附属医院),冯怡,黄家华//中国实验方剂学杂志.-2004,10(1).-20～21

0402838 多指标综合评分法优选葛根提取工艺/张彤(上海中药大学中药学院),徐莲英,陶建生…//中草药.-2003,35(1).-38～40

0402839 正交试验法优选黄芪提取工艺/刘勇(甘肃定西扶正制药有限公司)//中兽医医药杂志.-2003,22(3).-10～11

0402840 蒙药居日很-芍沙中总黄酮提取工艺研究/陈波(内蒙古医学院第一附属医院),成瑞,宋宏春//中国民族医药杂志.-2004,10(1).-34～35

0402841 淫羊藿提取工艺条件的研究/陶君彦(湖北省暨武汉市中药现代化工程技术研究中心),徐绍新,李志雄…//时珍国医国药.-2004,15(1).-11～12

0402842 红参循环渗漉提取工艺的优化研究/王丹(华西医科大学制药厂),龚涛,孙冰…//四川大学学报:医学版.-2004,35(1).-110～112

0402843 用于渗漉提取过程分析的中药有效组分近红外光谱快速测定法/刘全(浙江大学中药科学与工程学系),瞿海斌,程翼宇…//化工学报.-2003,54(11).-1586～1591

0402844 地黄不同方法提取物制剂降糖作用的实验研究/万昌武(贵阳医学院),张雅丽,桂华珍…//贵阳医药.-2003,27(12).-1112～1113

0402845 小叶榕树叶总黄酮水提醇沉工艺研究/叶荣科(广州白云山制药总厂),张德志,周宏兵…//广东药学院学报.-2003,19(4).-330～331

0402846 中药固真方制备工艺研究/朱爱华(上海华联制药有限公司药物研究所)//上海医药.-2004,25(1).-36～38

0402847 正交试验优选赤芍水煎煮工艺/蒋宇利(南京医科大学第一附属医院)//现代中药研究与实践.-2003,17(5).-48～49

0402848 灵芝中抑制羟基自由基活性成分及其提取条件研究/何慧(华中农业大学食品科技学院),孙颉,谢笔钧//食用菌学报.-2003,10(4).-7～10

0402849 微波辅助萃取葛根和刺五加微观机制的

主 题 索 引

（按汉语拼音字顺排列）

A

B

R

VOLUME 138　　CODEN: CHABA8
ISSN: 0009-2258　　NUMBER 16

CHEMICAL ABSTRACTS®

KEY TO THE WORLD'S CHEMICAL LITERATURE®

A publication of CHEMICAL ABSTRACTS SERVICE *published weekly by*

△ THE AMERICAN CHEMICAL SOCIETY △

(PART 1 of 2 PARTS)

APRIL 21, 2003

1K *Chemical Abstracts* *Vol. 138, No. 16, 2003*

KEYWORD INDEX

The purpose of this index is to provide quick entry into the subject content of the abstracts. One or more keyword entries are derived from the title, text, or content of the abstract. **There is no specific relationship between the keyword phrases in the Keyword Index and the much more detailed index entries which appear in the subsequent *CA* Volume Indexes for the same abstract.** No major effort has been directed toward standardization of terms in the Keyword Index. Therefore, it is necessary to search several related terms to obtain all information on a certain subject. For instance, "heat" and "enthalpy" are used interchangeably. Likewise, to search for all articles on blood pressure, "hypertension" and "hypotension" as well as "blood pressure" are entry points. Synonyms, however, are not usually included as additional keywords for the same abstract. Several significant words may be used in a keyword entry allowing the user to locate pertinent information by a number of access points. "Catalyst cracking petroleum" is an example of a keyword entry with three significant terms, any of which is an entry point depending on the user's scope of interest. The Keyword Index is not an articulated index; the words need not have a syntactical relationship. In those instances where chemical substances are included in a keyword entry, the basic structural unit is used as a keyword entry. The name of the complete substance may at times also be used in its uninverted form, e.g. "isopropylphenanthrene". Standard positional and isomeric locants are rarely used. All concepts and substance names are given in the singular form. Abbreviations and acronyms employed in keyword phrases include those listed at the beginning of each issue of *CA*, those listed in the current issue of the *Index Guide*, and others frequently used in the original literature. Single-letter abbreviations, those that contain internal punctuation (for example, a.c., m.p.), and abbreviations that spell a word are not used. Keyword entries beginning with significant words from *CA* section titles may appear less frequently for abstracts appearing in the respective section, e.g., the word "catalysis" as an initial word of keyword entries for appropriate abstracts appearing in *CA* Section 67 (Catalysis, Reaction Kinetics, and Inorganic Reaction Mechanisms). Therefore, the "Also scan Section 67" cross reference at "Catalysis" reminds the searcher that the entire Section 67 should be scanned for abstracts of potential interest. The keyword "Erratum" refers to errors cited in the published literature.

The first word of a keyword phrase appears at the left margin of a column. The remainder of the phrase and the reference are indented under it. If two or more keyword phrases begin with the same word, that word appears only once.

Patent abstracts are indicated by a P preceding the abstract number.

A
- activation domain phosphorylation TonEBP human protein kinase 232878p
- adding enzyme tRNA Synechocystis Deinococcus evolution CCA CC 233933q
- alkylene oxide adduct diglycidyl ether bisphenol P 245535z
- amino acid transport acidemia protein degrdn muscle system 235194y
- analog antimicrobial activity temporin 234672r
- analog cyclization prepn cyclopeptide triostin 238422g
- antitumor combination breast cancer NO apoptosis fenretinide cyclosporin 231290d
- antivirus rabeprazole sodium influenza 231556v
- auditory phenotype nonmuscle myosin heavy chain 236097f
- azathioprine pancreas kidney transplantation tacrolimus mycophenolate mofetil cyclosporine 231477v
- B transmission hemagglutinin protein gene sequence influenza virus 235833f
- Be star circumstellar dust cryst silicate Herbig 245090a
- beta carotene supplement absorption vitamin 237317q
- binding peritoneal macrophage oxidized lipoprotein 235949y
- blood vessel morphogenesis vascular endothelial growth factor 235281z
- cardiotoxicity matrix metalloproteinase immunosuppressant cyclosporine 231490u
- cDNA sequence Paragonimus yolk ferritin saposin 232485h
- cecropin A hybrid peptide anticoagulant activity antimicrobial temporin 234672r
- chip DNA protein microarray silicon lab on P 234422j
- copolymer phenyl carbonate bisphenol P 239208d
- Coruna trace metal pollution rain 242657e
- crystn microwave radiation zeolite 239995h
- Cs isoform sequence human cDNA protein kinase P 235507c
- Cs isoform sequence sheep mouse cDNA protein kinase P 235507c
- deficiency control progress book nutrition vitamin 237377j
- differentiation therapy myeloid leukemia review cotylenin 231160m
- dystonia therapy failure antibody Botulin 231576b
- E selenium steel worker magnetic field antioxidant vitamin 234084a
- epoxy resin silica sealant glass bisphenol P 239203y
- eukaryote elongation factor antiviral drug target ribosome 231306p
- expression erratum TGF FLRG activin 232187n
- expression hematopoiesis erratum FLRG activin 232187n
- fluorescence light photosystem II superoxide chlorophyll 234882j
- gene mild phenotype compd heterozygosity xeroderma pigmentosum complementation 236025f
- glycidyl ether triethylenetetramine glass sealant crosslinker bisphenol P 239203y
- heart failure calcium channel phosphorylation protein kinase 235925n
- hybrid peptide anticoagulant activity antimicrobial temporin A cecropin 234672r
- hybrid peptide antimicrobial activity cecropin A temporin 234672r
- I high density lipoprotein HDL gel filtration apolipoprotein 234216v
- IPDI TDI polyurethane propylene oxide hydrogenerated bisphenol P 238851w
- irradn skin fibroblast photoaging UV 234081x
- isoform Cs sperm mRNA protein kinase P 235507c
- manuf condensation acetone phenol bisphenol P 238541v
- manuf condensation acetone phenol catalyst bisphenol P 238541v
- marker atherosclerosis hyperlipidemia pregnancy assocd plasma protein 235929s
- mechanism leukocyte lymphotoxin immunosuppressant cyclosporin 231485w
- mRNA cyclin D1 RT PCR normalization CD20 cyclophilin 232386b
- oxime deriv prepn antibacterial atypical mycobacterial infection erythromycin P 238387z
- oxime prepn antibacterial atypical mycobacterial infection acetyldemethylerythromycin P 238387z
- phase detection modulation spectroscopy RNase 234239e
- phosphorylation ryanodine receptor heart failure protein kinase 235925n
- placenta blood preeclampsia fetus growth restriction activin inhibin 236228z
- polylactide glycolide microsphere cyclosporin 243112k
- potassium current inhibition hippocampus neuron Alzheimer disease huperzine 231596h
- Rab27A neuroendocrine cell neuropeptide Y secretion granuphilin 235201y
- relaxin bronchi migration cilia beating protein kinase 231946x
- reproductive system male bisphenol 231665e
- review atherosclerosis lipoprotein 235654y
- salt bridge missense mutation metachromatic leukodystrophy arylsulphatase 233916m
- sperm testis damage bisphenol 231665e
- spinal cord CB1 receptor pain tactile response dynorphin 231953x
- supplement laying hen mineral histopathol zinc vitamin 237311h
- Suzuki macrocyclization asym synthesis diterpene phomactin 238315z
- synthesis hydroazulene portion guanacastepene 238307y
- temporin A hybrid peptide antimicrobial activity cecropin 234672r
- trans prepn crystal structure abs configuration epothilone 237914g
- treating pain fibromyalgia botulin P 231770k
- virus gene expression immunity recombinant adenovirus hepatitis 232919c
- virus human clam mutation codon usage hepatitis 232726n
- virus RNA capsid structure hepatitis 232726n
- virus sequence RNA polyprotein VP1 VP2 VP3 hepatitis 232726n
- 19F NMR membrane oriented conformation gramicidin 233642u
- 4HPR breast cancer resistance cyclosporin 231290d

AAA
- ATPase DctD magnesium BeF3 receiver domain sigma54 signaling 233947x

AAS
- fluoropentadione complexation chromium speciation electrothermal 247703b
- ICP OES flow system diaphragm pump preconcn flame 247641e
- preconcn nitroso R salt resin gold detn 247699e
- preconcn nitroso R salt resin palladium detn 247699e
- preconcn nitroso R salt resin platinum detn 247699e

AAV2
- AAV3 chimera cap gene replacement rescue vector prodn 232503n

AAV3
- chimera cap gene replacement rescue vector prodn AAV2 232503n

Ab
- incident flux detector multilayer radiation attenuation extreme UV P 245379b
- initio adsorption carbon monoxide zinc oxide cluster wurtzitelike 243906x
- initio bromobenzene photodissocn soln dynamics 245427r
- initio chlorinated ethyl hydroperoxide mol rotational barrier DFT 237641r
- initio DFT van der Waals interaction rare gas 243607a
- initio disilane formation 243927e
- initio disilene formation 243927e
- initio disilyne formation 243927e
- initio electronic structure calcn spin fluctuation 243560e
- initio error excited state atom CI Laguerre orbital 243486k
- initio formylmethyl acetyl radical formation reverse dissocns 237633q
- initio hydrogen oxygen cluster zwitterion 243655q
- initio kinetics reaction trichlorovinyl radical chlorine 237683f
- initio methyl radical reaction formaldehyde mechanism kinetics 237645v
- initio MO proton transfer C20 hydroxyl deriv fullerene 243899x
- initio mol dynamics molten germanium chalcogenide 243715j
- initio mol dynamics phys property germanium sulfide glass 243708j
- initio nitrosyl trifluoride thiazyl trifluoride preferred connectivity 243529b
- initio quantum mech method cryst materials local 243476g
- initio reaction atomic hydrogen ketene 237633q
- initio structure dipole moment divinyl diepoxy liq crystal 237630m
- initio structure methanediazonium shellvated hydrogen atom NQR EFG 237621j
- initio structure stability singlet state cation DFT 243610w
- initio substituted butene optical rotation conformational effect 237639w
- initio sulfanylium propyne reaction potential energy surface 237638v
- initio thiazole deriv photochem isomerization mechanism Dewar isomer 237615k

AB
- toxin review membrane translocation bioassay bacteria 233075m

ABA
- gibberellate Brassica light frost resistance photosynthesis 234885n
- response motif protoplast DcECP31 promoter 232463z
- thermog thermal imaging Arabidopsis stomata regulation mutation 234234z

Abandoned
- silver tin mine groundwater pollutant source characterization Bolivia 242628w
- underground building site gas hazard detn control mine 242023v
- underground mine detn control indoor air pollution gas 242023v

Abatement
- org compd carbon monoxide redn thermal wet P 242215j
- system waste silane safety wet P 242231m

Abberation
- ALL Philadelphia chromosome BCR ABL fusion gene 235734z

ABC
- transporter cytochrome assembly cysteine export Escherichia 234591p
- transporter homolog YwoA bacitracin resistance Bacillus 234666s
- transporter review drug design 231134f
- transporter review glutathione conjugate export pump 233448k

ABCA1
- HDL lipid cholesterol microdomain apo AI 233703q
- scavenger receptor cholesterol transport blood brain barrier 235242n
- scavenger receptor HDL3 brain capillary endothelium 235242n

ABCA4
- mutation haplotype retinal dystrophy gene 236111f

ABCD1
- gene mitochondria X linked adrenoleukodystrophy ALDP protein 236143t

ABCG2
- multidrug transporter drug transport ATP hydrolysis 233583a

Abciximab
- coronary artery disease percutaneous coronary revascularization stent tirofiban 231508f

ABC1
- COQ8 gene Saccharomyces coenzyme Q antioxidant biosynthesis 232813p

Abdominal
- aortic aneurysm review 235612h
- gene transcription embryogenesis mRNA Drosophila iab enhancer silencer 232879q
- radiotherapy colon mucosal muscle innervation VIP substance P 234143u
- surgery transforming growth factor TGFbeta1 peritoneum adhesion 235960v

Abelian
- theory fermion form factor massive 244250r

Aberrant
- DNA methylation human cancer review genome scanning 232244d
- gene silencing neoplasm DNMT1 gene CpG island methylation 235765k

Aberration
- biodosimetry radiation exposure chromosome 234022d
- breast cancer cell chromosome fragile site integration rearrangement 235725x
- correction imaging review electron optics 246061d
- glioblastoma chromosome 7p 10q 235789w
- keratoacanthoma chromosomal 235795v
- REL JAK2 gene Hodgkin lymphoma cell chromosomal 235775p
- simulation model review radiation chromosome 234007c
- sister chromatid exchange DNaseI X ray chromosomal 234069z
- solid tumor metastasis genome project review chromosome 235626r
- spontaneous abortion fetus chromosome 236226x

Ability
- aq acrylic coating tourmaline silica charcoal deodoring P 239459m

ABL
- fusion gene abberation ALL Philadelphia chromosome BCR 235734z
- fusion gene acute lymphoblastic leukemia Philadelphia chromosome BCR 235734z
- JUN kinase RP apoptosis gamma irradn prostate carcinoma 234137v
- MYC RB1 gene activation human differentiated cell nucleus 232792f
- MYC RB1 transcription granulocyte human chromatin organization 232792f

Abl
- signaling Src kinase inhibitor PP1 cKit Bcr 236848b

Ablated
- plasma interaction ambient nitrogen atm aluminum nitride laser 244938w

Ablation
- biol tissue review pulsed laser 234020b
- crit current density SQUID magnetometer YBCO film laser 246540j
- electrostatic field iron molybdenum sulfide implantation laser 246249w
- epitaxy zinc oxide sodium chloride pulsed laser 245784e

prepn neuronal damage treatment pyridinecarboxamide P 238021a
pyridinecarboxamide prepn sodium channel blocker P 238021a
substituted binaphthyl addn reaction diethylzinc aldehyde asym catalyst 237569y
substituted binaphthyl compd asym catalysis 237569y
substituted pyridine sodium channel blocker P 238024d
sulfide asym sulfimidation arylsulfonyl azide alkyl P 237896c
sulfotransferase hydroxtsteroid sulfotransferase substrate QSAR 231283d
tetrafluoroborate zinc arylzincate electrophilic amination diazonium salt 238243z

Arylalkanol
cyclocondensation formaldehyde propanol heptane solvent P 238013z

Arylalkyl
prepn dioxanedione 238093a

Arylamide
ester prepn kinetics acid catalyzed hydrolysis zwitterion phosphoric 238231u

Arylarylidenethioxothiazolidineone
structure antiinflammatory design inflammation 231275c

Arylated
pyrrolidinone morpholinone potassium channel opener 231264y

Arylation
acrylonitrile aryl iodide water Heck 237875v
arom ketone ruthenium catalyst arylboronate 237856q
aryl halide palladacycle catalyst erratum 238266j
aryl halide palladacycle erratum olefin 238266j
catalyst phosphine free erratum Heck 238266j
cyclization phenol enol prepn benzopyran bismuth catalyst oxidn 237974b
intramol palladium mediated aryl halide ketone 238281k
phosphine free palladacycle erratum catalyst 238266j

Arylazobenzene
dye hydrosilylation product intraocular lens polysiloxane P 243355s

Arylazobisacetoximato
prepn copper 247588t

Arylazobisacetoxime
prepn chelation copper 247588t

Arylazoresorcinol
distn styrene polymn inhibitor P 237894a

Arylboronate
arylation arom ketone ruthenium catalyst 237856q

Arylboronic
acid alkenone rhodium DigmBINAP asym addn 237853m
acid palladium tetraphosphine coupling aryl bromide 237831c

Arylbutylamine
fluorescent probe prepn 239387m

Aryldiazonium
salt diazene diaryl prepn electrophilic amination arylzincate 238243z

Arylether
dendrimer catalyst support review polystyrene 237561q

Arylhexanol
prepn antimicrobial P 237892y

Arylhydroxyalkylmethyl
prepn NK 2 receptor antagonist piperazine P 238203m

Arylhydroxyalkylmethylpiperazine
prepn NK 2 receptor antagonist P 238203m

Arylhydroxylactam
arylthiolactam DMSO solvolysis kinetics 237680c

Arylidenemalononitrile
prepn 237876w

Arylmethylamino
prepn cellular proliferation inhibitor human purine P 238196m

Arylmethylaminopurine
prepn antiproliferative antitumor gout lupus treatment diabetic restenosis P 238196m

Arylmethyleneindazole
prepn ene reaction phenyltriazoledione 238063r

Aryloxy
epoxypropane deriv synthesis 237937s
phenylpropylamine deriv chemosensitizer cancer treatment P 231718z
phenylpropylamine deriv chemosensitizer multidrug resistant cancer treatment P 231718z

Aryloxypropanolamine
piperidinomethyl prepn adrenergic agonist 237978f

Arylphenazonium
fluorescence quencher bioassay diazo triaryl P 234441q

Arylpiperidinylbutanamine
CCR5 binding mol model 231286g

Arylpropargyl
ether liq cryst ring conformation inversion dielec permeability 237650t

Arylpyrazolyl
prepn neuropeptide Y5 receptor antagonist indancarboxamide 238068w

Arylpyridazinone
prepn p38 MAP kinase inhibitor imidazopyridyl 238104e
p38 MAP kinase inhibition selectivity structure imidazopyridyl 238104e

Arylsulfinic
acid reaction sulfone vitamin intermediate trimethylcyclohexene allyl halide P 243255j

Arylsulfonyl
azide alkyl aryl sulfide asym sulfimidation P 237896c
azide salen ruthenium catalyst sulfimidation P 237896c

Arylsulfonylaminophenyl
prepn histone deacetylase inhibitor antitumor agent acrylamide 237794t
prepn histone deacetylase inhibitor antitumor agent hydroxyacrylamide 237794t

Arylsulphatase
A salt bridge missense mutation metachromatic leukodystrophy 233916m

Arylthiolactam
DMSO solvolysis kinetics arylhydroxylactam 237680c

Arylzincate
aryldiazonium salt diazene diaryl prepn electrophilic amination 238243z
electrophilic amination diazonium salt aryl tetrafluoroborate zinc 238243z

Asbestos
contg gasket packing safety airborne fiber exposure dry 242058k
fiber transformation Escherichia antibiotic resistance plasmid 234627e

Asbolus
radiative transfer visible spectra scattering theory Centaur Pholus 240859y

Ascaris
muscle anthelmintic paraherquamide cholinergic receptor subtype 231615p

Ascidian
hemocyte reactive oxygen species b cytochrome 234965p
Lissoclinum bistratamide cyclic hexapeptide 234960h
spermatozoa chemoattractant 234947j

Ascidians
metamorphosis protein sequence 234986w

ASCOM
complex trithorax group ASC2 cointegrator 233619s

Ascomycin
analog design genetic engineer human neuroregeneration neuroprotectant neurodegeneration 231622p
oxirane deriv ketone hemiketal equil 243000x
oxirane deriv NMR cis trans equil 243000x
oxirane deriv NMR conformation configuration 243000x

Ascophyllum
ext growth performance immune function Salmonella challenge 231675h

Ascorbate
aq humor exfoliation syndrome 236085a
cognition deficit oxidative stress propionic acidemia 231586e
cognition deficit propionate memory oxidative stress antioxidant 231586e
cosmetic collagen glucopyranosyl P 242880x
electron transport redn iron cytotoxicity glucose NADPH 233162n
liver retina oxidative stress antioxidant glutathione ATP tocopherol 237324q
oil polyoxyalkylene silicone cosmetic emulsion P 242873x
oxidative stress nitroglycerin tolerance isoprostane antiischemic 231538r
oxidn SDS microemulsion phase diagram 233729c
pressure Muscadine grape juice anthocyanin 237167r
sausage food analysis extn HPLC 237059g
skin aging sunscreen cosmetic emulsion alpha liponic acid P 242893d

Ascorbic
acid detn oscilloamperometric titrn *243418q*
acid developer phenol compd P 245495m
acid phosphate immunosensor alk phosphatase immunoassay 234303w

Ascotis
epoxynonadecadiene communication disruption P 233430y

ASCT2
amino acid transporter syncytin syncytialization syncytiotrophoblast differentiation 235416x

ASC2
cointegrator ASCOM complex trithorax group 233619s

Asexual
rDNA IGS RNA phosphorus growth rate Daphnia 232685y
reprodn TCEN49 protein Planaria regeneration 235075k

Ash
aluminum removal grinding desalination cement raw material incinerator P 241888u
blend silica reactivity autoclave soundness test cement fly 241863g
boiler electron microscopy cooccurrence carbonaceous inorg matter fly 240320r
boiler LIBS coal combustion control system P 240442g
chlorodibenzodioxin formation chlorophenol oxidn cupric oxide fly 242095v
chlorodibenzofuran formation chlorophenol oxidn cupric oxide fly 242095v
compn application sewage sludge incineration 242389u
composite reactive sintering property aluminum fly 241258p
concrete repairing material fly P 241894t
cupric oxide redn chlorophenol simulated fly 242095v
deposit boiler model microstructure thermal cond 241434t
dioxin formation chlorophenol oxidn cupric oxide fly 242095v
dioxin heavy metal fluidized bed furnace incinerator P 242225n
EDTA acid extn heavy metal incinerator fly 242418c
fluidized bed carbon fly 242405w
fluidized bed cement setting pozzolanic admixt recycling fly 241857h
free friction controlling agent internal combustion engine oil P 240396v
gasification furnace slag discharge port P 242469v
gasification reactivity coal char Pingshuo 240337b
heavy metal electrodialytic removal incinerator fly 242416a
heavy metal extn acid chelating agent incinerator fly 242418c
heavy metal removal municipal refuse incinerator fly 242416a 242418c
immobilization chromium lead hazardous wastewater waste cement fly 242363f
incineration clinker prevention wastewater P 242459s
lead removal from wastewater fly 242367k
limestone diatomite silica gypsum blast furnace slag fly P 241901t
martian meteorite ozone mass independent isotope oxygen volcanic 240814e
melting combustion nitrogen oxide suppression P 242468u
melting furnace combustion app P 242468u
melting point increase incineration wastewater P 242459s
metal recovery melting crushing safety incinerator P 240976j
moisture transport high performance concrete silica fume fly 241877q
photosynthesis growth protein lysine wheat Alternaria fly 234854b
pond groundwater pollution 242611k
reactor zeolite continuous manuf P 240037d
recycling cement substitute concrete sewage sludge 241867m
recycling construction material bentonite glass cullet sludge incinerator P 241929h
sensitive spectrophotometry detn trace mercury fly 247674t
slurry foundry metal mold coating rice husk P 241489q
solidification mech property incinerator 242409a
unsatd polyester silane light wt printer roller fly P 239139g
unsatd polyester silane mech strength printer roller fly P 239139g
waste incineration cupric oxide redn chlorophenol simulated fly 242095v

Ashbya
DNA vitamin B2 ferm sequence P 233033w
riboflavin transcription RNA processing translation P 233033w
septation gene CYK1 protein sequence 234607y

Ashes
graphite waste plasma torch melting app incinerator P 242477w

Asia
air pollution global warming industrialized livestock 242046e

Asialoglycoprotein
receptor hepatocyte hepatitis C virus protein binding 234617b

Asian
irritant contact dermatitis review Caucasians blacks 233131b

ASL
gene sequence mutation human argininosuccinate lyase 232711d

Asparaginase
Streptomyces 234561d

Asparagus
crown herbicide sprinkling irrigation 233369k
seedling growth inhibition Altiloxin analog prepn rice 238306x

Aspartamide
tumor MRI contrast gadolinium chloride 243043p

Aspartate
alanine aminotransferase Helisoma Lymnaea copper pollution glutamate dehydrogenase 233198d
D amino acid mammalian body review 235150f
endoprotease food additive whey protein coagulation glutamate P 237229n
glutamate histidine electrostatic charge interaction protein 233666e
phosphatase Rap cDNA sequence human protein P 232990u
ploy acetonitrile Bacillus subtilis protease di ethyl 233878a
transaminase folate vitamin B12 hemodialysis hyperhomocysteinemia prognosis marker 236201k
transaminase serum homocysteine hemodialysis uremia 236201k

Aspartic
acid enzymic thermal racemization 236963k
protease enzyme inhibitor design hydrogen bond electronic property P 233994k
protease inhibitor norstatine peptide isostere library renin 238425k

Asparticylase
gene human adenovirus delivery petit mal epilepsy 231580y

Aspartoacylase
gene therapy epilepsy antiepileptic adenoviral 231580y

Aspartokinase
cyanobacteria 233828j

Aspect
Europe biogas plant animal manure treatment economic 242337a
ratio vertical instability tokamak fusion plasma std 244575a

Aspegillus
pulse feed fed batch fermn reduced viscosity 236949k

Aspen
gene expression EST sequence leaf 232757y 232758z 232759a 232760u
vascular development cDNA quaking 234803j

Aspergillosis
airway remodeling review allergic bronchopulmonary 236374u
immunotherapy review allergic bronchopulmonary 236376w
review animal model allergic bronchopulmonary 236373t
review Aspergillus antigen allergic bronchopulmonary 236377x
review MHC restriction allergic bronchopulmonary 236378y

Aspergillus
aflatoxin dates 237152g
amadoriase expression fructosylamine veA gene 232786g
antigen allergic bronchopulmonary aspergillosis review 236377x
bakery product phenyllactic acid fungicide Penicillium 234673s
cellulase endoglucanase 233827h
citric acid fermn sorghum molasses sucrose P 237014p
conidia gene expression suppression subtractive hybridization 232317e
faoA expression fructosylamine veA gene 232786g
food review PCR mycotoxin fungi Penicillium Fusarium 232238e
fructosyl amino acid oxidase expression fructosylamine veA gene 232786g
gibberellic acid fermn mevalonic 236951e
glucan synthase glucosamine phosphate isomerase gene sequence P 233989n
glutamate decarboxylase gene gadA sequence expression 232742q
microbicide hydroxyaspergillate P 233398u
N substituted cyclic imino acid immobilization racemization enzyme P 233998q
Pseudomonas lymphocyte cystic fibrosis interleukin 10 protein kinase 236703a
sequence fructosyl amino acid oxidase gene 232786g

Asphalt
calcium oxide desiccant dispersion rubber P 239261r
cement fiber concrete P 241889v
coating secondary battery sealing resin gasket rubber P 240599p
composite gasket sealed lithium battery plastic rubber P 240600g
concrete antifreeze agent recycling petroleum sludge P 241928g
concrete road bitumen rubber shale oil P 241906y
membrane roofing siding isotactic polyolefin P 241932d
pavement acrylic polymer reinforcer water permeable P 241918d
pavement surface energy atomic force microscopy 241883p
pavement surface morphol strategic highway research program modeling 241884q
pavement unsatd polyester reinforcer water permeable P 241917c
paving aggregate manuf blast furnace slag abrasion resistance P 241912x
polymer membrane roofing siding P 241932d
resin solvent deasphalting syngas manufg heat recovery P 240421z
waterproofing coiled material pavement material P 241914z

Asphaltene
hydrocarbon generation 240180v
kinetics hydrocarbons petroleum genesis 240168x
toluene silica gel interface kinetics irreversible adsorption isotherm 240208k

Aspirating
dispersing app dry powder fire retardant hygroscopic P 239814y

Aspirin
heparin anticoagulant antiplatelet IIb IIIa antagonist P 231744e
platelet aggregation review ibuprofen 242952x
transdermal tape silicone adhesive P 243285u

ASP2
cleavage amyloid precursor pH pro domain removal 236061q

Assay
antibacterial activity indirect conductimetric 234265k
antibody myristoylglycine myristoyltransferase ELISA 233771k
aquatic pollution osmolality sea urchin micronucleus 242591d
Bacillus spore dipicolinate release sterilization P 234429s

tion or disorder of nails using the plasters. The dysfunction or disorder of nails may be induced or caused by drugs, systemic diseases, chem. compds., phys. influences, fungal, yeast, or bacterial infection of the nails and/or the nail beds, or in the context of skin diseases. The plaster shows good therapeutically effects on the dysfunction or disorder of nails without the need of drilling a hole into the nail and/or daily scraping of the nail. A preferred embodiment of the plaster consists of an occlusive backing layer and a contact layer attached to the backing layer. The contact layer comes in close contact with the nail and optionally with the surrounding skin. The contact layer is made of a adhesive, a skin and/or nail permeation enhancer, and suitable additives. Thus, a formulation contained Eudragit E100 42.2, di–Bu sebacate 19.0, succinic acid 3.8, acetone 21.0, isopropanol 2.3, and EtOH 11.7 g.

138: **243274q Plaster for the treatment of dysfunctions and disorders of nail growth.** Susilo, Rudy (Trommsdorff G.m.b.H. & Co. K.–G. Arzneimittel, Germany) **PCT Int. Appl. WO 03 20,250** (Cl. A61K9/70), 13 Mar 2003, EP Appl. 2001/121,202, 4 Sep 2001; 29 pp. (Eng). The present invention relates to plasters for prophylaxis and/or treatment of dysfunctions or disorders of nails and/or nail growth, the use of the plasters and methods for prophylaxis and/or treatment of a dysfunction or disorder of nails and/or nail growth using the plasters. A preferred embodiment of the plaster consists of an occlusive backing layer and a contact layer attached to the backing layer. The contact layer comes in close contact with the nail and optionally with the surrounding skin. The contact layer is made of a adhesive, a skin and/or nail permeation enhancer, a therapeutically effective amt. of a drug, and suitable additives. Thus, a formulation contained sertaconazole 1.4, Durotek 387–2825 8.80, lactic acid 0.11, Aerosil–200 0.33, and aluminum acetylacetonate 0.11 mg. The efficacy of the plaster was investigated in patients suffering from onychodystrophy of the fingernails. One patient had a 40% dystrophic nail involvement at the start of treatment, which was decreased to 15% after 24 wk of treatment with the plaster.

138: **243275r L–Methionine as a stabilizer for NESP/EPO in HSA–free formulations.** Li, Tiansheng; Chang, Byeong S.; Sloey, Christopher (Kirin–Amgen, Inc., USA) **PCT Int. Appl. WO 03 20,299** (Cl. A61K38/00), 13 Mar 2003, US Appl. 945,517, 30 Aug 2001; 40 pp. (Eng). The present invention relates to single use and multi–dose pharmaceutical formulations with improved stability comprising a biol. active agent and 0.5–50 mM of methionine, wherein the formulations do not contain human serum albumin (HSA). The biol. active agent is selected form peptides, carbohydrates, nucleic acids, lipids, or proteins, such as erythropoietin (EPO) and a novel erythropoiesis–stimulating protein (NESP). The formulation further comprises a stabilizing amt. of a sorbitan mono–9–octadecenoate poly(oxy–1,2–ethanediyl) deriv. (about 0.001–0.1%).

138: **243276s Vascular implants containing combretastatin A–4 or combretastatin A–4 phosphate.** Wnendt, Stephan; Chaplin, David; Kuttler, Bernd; Lorenz, Guenter (Oxygene Inc., USA) **PCT Int. Appl. WO 03 20,331** (Cl. A61L33/16), 13 Mar 2003, DE Appl. 10,142,897, 3 Sep 2001; 61 pp. (Ger). The invention relates to implants, in particular intracavernous or intravascular implants, preferably for the treatment or prophylaxis of coronary or peripheral vascular occlusion, strictures or stenosis, in particular for the prophylaxis of restenosis. The implants contain combretastatin A–4 or combretastatin A–4 phosphate that is chem. bonded in a covalent or non–covalent form or is in a phys. fixed form. Stents prepd. from alloys, polymers or their combination, also with alumina coating are treated with the alc. soln. of combretastatin A–4 or combretastatin A–4 phosphate under sterile condition. According to an other method combretastatin A–4 or combretastatin A–4 phosphate are included in a biodegradable polymer for coating. Other drugs can be added to the implants.

138: **243277t Paroxetine isethionate salt, process of preparation and use in the treatment of depression.** Callewaert, George Leo (Spurcourt Limited, UK) **PCT Int. Appl. WO 03 20,717** (Cl. C07D405/12), 13 Mar 2003, GB Appl. 2001/27,203, 9 Nov 2001; 42 pp. (Eng). A salt in cryst. form derived from isethionic acid and paroxetine free base is described. The paroxetine isethionate salt together with a pharmaceutically acceptable carrier, diluent or excipient is formulated into dosage forms, e.g., tablets, useful for the treatment of a disease state ameliorated by administration of a 5–HT uptake inhibitor, e.g., depression or anxiety.

138: **243278u Over–coated chewing gum formulations.** Ream, Ronald L.; Greenberg, Michael J.; Wokas, William J.; Corriveau, Christine L. (USA) **U.S. Pat. Appl. Publ. US 2003 49,208** (Cl. 424–48; A61K9/68), 13 Mar 2003, US Appl. 510,878, 23 Feb 2000; 20 pp., Cont.–in–part of U.S. 6,355,265. (Eng). A method for delivering a medicament or agent to an individual using a chewing gum–like product, specifically a coated gum–like product is provided. The medicament or agent is present within the coating that surrounds a center comprising a gum base. By chewing the product, the medicament or agent is released from the product. Continuing to chew the product creates a pressure within the buccal cavity forcing the agent or medicament directly into the systemic system of the individual through the oral mucosa contained in the buccal cavity. This greatly enhances the absorption of the drug into the systemic system as well as the bioavailability of the drug within the system. For example, an acetaminophen coated product contained (a) gum base center (1 g), and (b) coating (1 g) made of acetaminophen 80.0 g, encapsulated aspartame 20.0 g, aspartame 50.0 g, salt flour 2.5 g, dextrose 643.5 g, and flavor 4.0 g.

138: **243279v Process to precipitate drug particles.** Hitt, James E.; Tucker, Christopher J.; Evans, Jonathan C.; Curtis, Cathy A.; Svenson, Sonke (USA) **U.S. Pat. Appl. Publ. US 2003 49,323** (Cl. 424–489; A61K9/14), 13 Mar 2003, US Appl. PV315,560, 29 Aug 2001; 8 pp. (Eng). A process for prepg. cryst. particles of a drug substance is disclosed, comprising recirculating an anti–solvent through a mixing zone, dissolving the drug substance in a solvent to form a soln., adding the soln. to the mixing zone to form a particle slurry in the anti–solvent, and recirculating at least a portion of the particle slurry back through the mixing zone. Particles produced from the process are also disclosed. The present invention has the ability to be operated in a continuous fashion, resulting in a more efficient process and a more uniform product. The present invention has the addnl. advantage of having the ability to operate at a relatively low solvent ratio, thereby increasing the drug to excipient ratio. For example, naproxen (30.07 g) in methanol was added to deionized water contg. 2.5% polyvinylpyrrolidone as a stabilizer to form a particle slurry. The slurry was then fed to a wiped film evaporator resulting in av. particle size of 0.292 μm.

138: **243280p Preparation of heart–strengthening card.** Mao, Guoqiang (Peop. Rep. China) **Faming Zhuanli Shenqing Gongkai Shuomingshu CN 1,360,956** (Cl. A61N5/06), 31 Jul 2002, Appl. 2,000,136,194, 27 Dec 2000; 4 pp. (Ch). The card is composed of biol. far–IR macromol. ceramic material and card–making macromol. material. The chem. component of the ceramic material is composed of $BaSO_4$ 40–60, CaO_3 30–40, B_2O_3 15–25, Fe_2O_3 5–8%. The use of the card can accelerate the activation of cells.

138: **243281q Acidic water soluble azulene liquid medicine.** Kakihara, Shinichi; Katayama, Masahide; Shimizu, Toshihito (Sato Pharmaceutical Co., Ltd., Japan) **Jpn. Kokai Tokkyo Koho JP 2003 81,822** (Cl. A61K31/185), 19 Mar 2003, Appl. 2001/272,981, 10 Sep 2001; 5 pp. (Japan). The acidic water sol. azulene liqs. contain alkali metal salts of azulene sulfonate 0.001–1.0 wt.% at pH 3.0–6.5, with addn. of antibacterial quaternary ammonium salts, including cetylpyridinium chloride and benzalkonium chloride, with good stability and without causing any turbidity.

138: **243282r Pharmaceutical compositions containing zafirlukast.** Okudaira, Ichiro; Ichihara, Takashi; Nakagami, Joji; Nakagawa, Yasuo; Aikawa, Katsuyoshi (Taisho Pharmaceutical Co., Ltd., Japan) **Jpn. Kokai Tokkyo Koho JP 2003 81,828** (Cl. A61K31/404), 19 Mar 2003, Appl. 2001/275,900, 12 Sep 2001; 5 pp. (Japan). The invention relates to a pharmaceutical compn. for treatment of excess nasal discharge due to common cold and rhinitis, etc., wherein the compn. is characterized by contg. (1) zafirlukast, and (2) Atropa belladonna alkaloid, Atropa belladonna ext., Solanaceae root ext., isopropamide iodide, and /or Datura ext. Tablets were prepd. from zafirlukast 40, isopropamide iodide 5, lysozyme hydrochloride 90, caffeine anhydride 75, lactose 150, fine cryst. cellulose 130, magnesium stearate 10 g.

138: **243283s Barium sulfate x–ray contrast media.** Hara, Kozo; Yamamoto, Manabu; Narita, Mitsuhiro (Kyosei Seiyaku Co., Ltd., Japan) **Jpn. Kokai Tokkyo Koho JP 2003 81,882** (Cl. A61K49/04), 19 Mar 2003, Appl. 2001/273,790, 10 Sep 2001; 6 pp. (Japan). This invention relates to $BaSO_4$ x–ray contrast media which adhere well on the digestive tract and have a reduced viscosity. The x–ray contrast media are obtained by coating $BaSO_4$ particles with a suspending agent which is selected from the group consisting of Na CMC, Ca CMC, Na alginate, carrageenan, arabic gum, xanthan gum, tragacanth gum, Na chondroitin sulfate, polyvinyl alc., and Me cellulose. The media can be in powders or sols.

138: **243284t Aerosol compositions containing local anesthesia, antipuritic, antihistamine, and/or antiinflammatory agents.** Ano, Rikako; Inoue, Makoto (Rohto Pharmaceutical Co., Ltd., Japan) **Jpn. Kokai Tokkyo Koho JP 2003 81,812** (Cl. A61K9/12), 19 Mar 2003, JP Appl. 2001/204,404, 5 Jul 2001; 15 pp. (Japan). The invention relates to an aerosol compn. contg. (A) local anesthesia, antipuritic, antihistamine, and/or antiinflammatory agent as an active ingredient, wherein the compn. further contain (B) urea, glycyrrhizinic acid, glycyrrhizinic acid deriv, glycyrrhetinic acid, glycyrrhetinic acid deriv., allantoin, and/or allantoin deriv, (C) essential oil component, and (D) propellant. The aerosol compn. shows enhanced pharmaceutical effect. An aerosol compn. contg. crotamiton 5, diphenhydramine 0.5, urea 10, l–menthol 1, 1,3–butylene glycol 5, ethanol 38.5, and water balance to 100 % was formulated.

138: **243285u Transdermal tapes having aspirin–containing silicone adhesive layers.** Kawahara, Koji; Aramomi, Yasuhiko (Nichiban Co., Ltd., Japan) **Jpn. Kokai Tokkyo Koho JP 2003 81,816** (Cl. A61K9/70), 19 Mar 2003, Appl. 2001/269,720, 6 Sep 2001; 7 pp. (Japan). The invention provides a transdermal tape having an aspirin–contg. silicone adhesive layer, wherein the transdermal tape shows improved storage stability of aspirin. The aspirin–contg. silicone adhesive layer may further contain a propylene glycol fatty acid ester as a percutaneous absorption promoter. A transdermal tape having an aspirin–contg. silicone adhesive (Q 7–4501) was prepd.

138: **243286v Taurine powder compositions for use in tablets.** Miyazaki, Atsunori; Iwanami, Koichi; Miyamoto, Itaru (NOF Corporation, Japan) **Jpn. Kokai Tokkyo Koho JP 2003 81,823** (Cl. A61K31/185), 19 Mar 2003, Appl. 2001/274,490, 11 Sep 2001; 5 pp. (Japan). The invention provides a taurine powder compn. suitable for use directly in tableting process for manuf. of pharmaceutical or health food tablets, wherein the compn. contains taurine powder having an av. particle size of 50–500 μm 29–70, and water–sol. saccharide 29–70 %. A compn. contg. taurine powder having an av. particle size of 200 μm 33, lactose 46, cryst. cellulose 20, and other ingredients 1 % was formulated, and tested for its tableting property.

Chemical Abstracts

Published by the

American Chemical Society

Volume 66

Subject Index, A–I

January-June, 1967

A publication of the

CHEMICAL ABSTRACTS SERVICE

THE OHIO STATE UNIVERSITY, COLUMBUS, OHIO 43210

Inquiries concerning editorial contents should be sent to:
The Chemical Abstracts Service, The Ohio State University, Columbus, Ohio 43210

Inquiries concerning subscriptions and distribution should be sent to:
Subscription Service Department, American Chemical Society, 1155 Sixteenth St., N.W., Washington, D. C. 20036

——, **glycyl-L-isoleucyl-L-valyl-L-glutamyl-L-glutaminyl-*S*-benzyl-L-cysteinyl-*S*-benzyl-L-cysteinyl-L-alanylglycyl-L-valyl-*S*-benzyl-L-cysteinyl-L-seryl-L-leucyl-L-tyrosyl-L-glutaminyl-L-leucyl-L-glutamyl-L-asparaginyl-L-tyrosyl-*S*-benzyl-L-cysteinyl-**
hydrobromide, L-, **66**:2767y
——, **glycyl-L-isoleucyl-L-valyl-L-glutamyl-L-glutaminyl-L-cysteinyl-L-cysteinyl-L-alanylglycyl-L-valyl-L-cysteinyl-L-seryl-L-leucyl-L-tyrosyl-L-glutaminyl-L-leucyl-L-glutamyl-L-asparaginyl-L-tyrosyl-L-cysteinyl-**
L-, as structure for A-chain of sheep insulin, **66**:2767y, 18848e
S,S,S,S-tetrasulfonate-L-, **66**:18848e
——, **glycyl-L-isoleucyl-L-valyl-L-glutamyl-L-glutaminyl-L-cysteinyl-L-cysteinyl-L-alanyl-L-seryl-L-valyl-L-cysteinyl-L-seryl-L-leucyl-L-tyrosyl-L-glutaminyl-L-leucyl-L-glutamyl-L-asparaginyl-L-tyrosyl-L-cysteinyl-**
L-, **66**:38229g
S,S′,S″,S‴-tetrakis(hydrogen sulfate), L-, **66**:38229g
S,S′,S″,S‴-tetrakis(hydrogen sulfate), L-, as structure for sulfonated A-chain of bovine insulin, prepn. and combination with sulfonated B-chain of insulin, **66**:18850z
——, **glycyl-*1*-^{14}*C*-L-isoleucyl-L-valyl-L-glutamyl-L-glutaminyl-L-cysteinyl-L-cysteinyl-L-alanyl-L-seryl-L-valyl-L-cysteinyl-L-seryl-L-leucyl-L-tyrosyl-L-glutaminyl-L-leucyl-L-glutamyl-L-asparaginyl-L-tyrosyl-L-cysteinyl-**
S,S′,S″,S‴-tetrakis(hydrogen sulfate), L-, **66**:76290c
——, **N^2-[[3-hydroxy-5-(hydroxymethyl)-2-methyl-4-pyridyl]methylene]-**
copper complex, L-, circular dichroism of, **66**:82p
L-, circular dichroism of, **66**:82p
——, **N-isobutyl-**
L-, prepn. and chromatog. of, **66**:29051r
——, **N^2-isobutylidene-**
monosodium salt, L-, O.R.D. of, **66**:2751r
——, **N-isopropyl-**
L-, prepn. and chromatog. of, **66**:29051r
——, **N-methyl-**
L-, prepn. and chromatog. of, **66**:29051r
——, **N^2-(4-nitro-3-pyridyl)-**
DL-, **66**:11165u
——, **N-pentyl-**
L-, prepn. and chromatog. of, **66**:29051r
——, **N-propyl-**
L-, prepn. and chromatog. of, **66**:29051r
——, **N^2-(thiobenzoyl)-**
compd. with cyclohexylamine (1:1), L-, circular dichroism and uv spectrum of, **66**:38213x
L-, circular dichroism and uv spectrum of, **66**:38213x
——, **valylaspartylaspartylaspartylaspartyllysylisoleucylvalylglycylglycyltyrosylthreonylcysteinylglycylalanylasparaginylthreonylvalylprolyltyrosylglutaminylvalylserylleucylasparaginylserylglycyltyrosylhistidylphenylalanylcysteinylglycylglycylserylleucylisoleucylasparaginylserylglutaminyltryptophylvalylvalylserylalanylalanylhistidylcysteinyltyrosyllysylserylglycylisoleucylglutaminylvalylarginylleucylglycylglutaminylaspartylasparaginylisoleucylasparaginylvalylvalylglutamylglycylasparaginylglutaminylglutaminylphenylalanylisoleucylserylalanylseryllysylserylisoleucylvalylhistidylprolylseryltyrosylasparaginylserylasparaginylthreonylleucylasparaginylasparaginylaspartylisoleucylmethionylleucylisoleucyllysylleucyllysylserylalanylalanylserylleucylasparaginylserylarginylvalylalanylserylisoleucylserylleucylprolylthreonylserylcysteinylalanylserylalanylglycylthreonylglutaminylcysteinylleucylisoleucylserylglycyltryptophylglycylasparaginylthreonyllysylserylserylglycylthreonylseryltyrosylprolylaspartylvalylleucyllysylcysteinylleucyllysylalanylprolylisoleucylleucylserylasparaginylserylserylcysteinyllysylserylalanyltryosylprolylglycylglutaminylisoleucylthreonylserylasparaginylmethionylphenylalanylcysteinylalanylglycyltyrosylleucylglutamylglycylglycyllysylasparaginylserylcysteinylglutaminylglycylasparaginylserylglycylglycylprolylvalylvalylcysteinylserylglycyllysylleucylglutaminylglycylisoleucylvalylseryltryptophylglycylserylglycylcysteinylalanylglutaminyllysylasparaginyllysylprolylglycylvalyltyrosylthreonyllysylvalylcysteinylasparaginyl tyrosylvalylseryltryptophylisoleucyllysylglutaminylthreonylisoleucylalanylseryl-**
hexakis (disulfide), **66**:55746r
Asparagine-*2,3,3-d*$_3$
DL-, **66**:18842y
L-, **66**:18842y
prepn. of, **66**:115940m
——, **N^2-acetyl-**
D-, **66**:18842y
DL-, **66**:18842y
α-Asparagine. See *Succinamic acid, 3-amino-*
Asparagine compounds
DL-, magnesium salt (2:1), heart glucose and fatty acid metabolism response to, **66**:54031s
L-, magnesium complex, heart circulation response to, **66**:64071u
monohydrate, spectrum (ir) of, **66**:24003s
L-, ribonucleic acid complex, hydrolysis of, **66**:61993k
monosodium salt, L-, catalysts from cadmium or zinc compds. and, for polymn. of episulfide, **66**:P 55961g
3-phenyl-2-thiohydantoin—see *4-Imidazolidineacetamide, 5-oxo-1-phenyl-2-thioxo-*
Asparagine derivatives (*general*)
DL-, surface-active, **66**:PC 96507g
L-, dialkyl, dye mixts. with diethylene glycol, ethylene oxide-nonylphenol condensates, etc., for keratin fiber, **66**:P 108177q
Asparagine esters
L-, *p*-nitrobenzyl ester, monohydrobromide, **66**:29075b
Asparaginic acid. See *Aspartic acid*
Asparagus
acids in, during storage, **66**:75092c
Aresin residues in, persistence of, **66**:75004a
caffeic, chlorogenic and ferulic acids in, **66**:45594a
freeze-dried, packaging for, aluminum foil and polyethylene plastic laminates as, **66**:84812q
glucosidases and mannosidases of seed of, **66**:112916x
melanins of, structure of, **66**:101948h
weed control in, by linuron, **66**:54447g
officinalis, flavonoids from leaves of, **66**:44249e
β-Aspartaldehydic acid. See *Succinaldehydic acid, 2-amino-*
Aspartase. See *Ammonia-lyases, aspartate*
Aspartic acid (*aminosuccinic acid*)
HOOC.CH$_2$.CH(NH$_2$).COOH
This heading has been divided according to the policy stated on p. 4 I of the Introduction
The L-isomer has been assumed unless otherwise stated in the original document. When synthetic aspartic acid has been clearly indicated in the original document, the DL-isomer has been assumed. These assumptions have also been made for their *N*-substituted derivs. and for their unsubstituted and *N*-substituted acid derivs. (e.g., esters, hydrazides)
1-oxime—see β-*Alanine, 3-(dihydroxyformimdoyl)-*
Aspartic acid, analysis
L-,
ascorbic acid detn. in pharmaceutical prepn. contg., **66**:49274u
chromatog. of, **66**:22271d, 26484y
detection of, in parenteral solns., **66**:79642e
detn. in blood serum, **66**:16957r
in cereals and foods, **66**:84794k
chromatographic, **66**:16976w
in food, **66**:18026k
in *Saccharomyces cerevisiae* exts., chromatographic, **66**:92265d
in urine, **66**:16974u
Aspartic acid, biological studies
D-,
growth inhibition by, in chick, **66**:63053c
metabolism of, by nerve center of brain, **66**:53560b
protein formation by brain inhibition by, after electrical stimulation, **66**:53557f
DL-,
cycloheximide toxicity to *Pythium aphanidernatum* in response to, **66**:10141b
2,4-diaminobutyric acid formation from homoserine and, by *Lathyrus sylvestris*, **66**:524f
Fusarium oxysporum cumini response to, **66**:113294e
L-,
activation of, by enzymes, antibiotic effect on, **66**:26006u
ammonia incorporation into urea *in vivo* in response to, **66**:74029a
in ammonia intoxication prevention, **66**:54081h
ammonia poisoning prevention by ornithine and, **66**:1244n
in anabasine formation in tobacco, **66**:17142h
in antigen A of adenovirus 5, **66**:36216b
aspartate carbamoyltransferase inhibition by metal ions in presence of, **66**:183e
in beef, storage effect on, **66**:1673x
bilirubin in blood serum after administration of, in neonates, **66**:9916p
in blood serum in atherosclerosis, vitamins B$_6$, B$_{12}$ and C in relation to, **66**:53335g
in blood serum in systemic scleroderma, **66**:9463e
in brain, **66**:92899p
chlorpromazine effect on, **66**:45328s
in α,γ-diaminobutyric and β,β′-iminodipropionitrile poisoning thyroxine effect on, **66**:45325p
in thiosemicarbazide-induced convulsions, **66**:93738k
after x-irradiation, **66**:26438m
in brain lipoproteins in maturation, **66**:63190v
brain membrane depolarization by, **66**:9232h
in cancer of uterine cervix, **66**:17603j
carbohydrate metabolism response to, in kidney and liver of lizards, **66**:17330t
in carrot tissues *in vitro*, photoperiodism effect on, **66**:8802p
in *Chrysophrys auratus* and *Clarias anguillaris*, **66**:10029a
in dates, **66**:54366e
deamination of, by hepatoma, **66**:9341b
in eggs of frogs, **66**:17326w
in elastin of artery, senescence and, **66**:107q
in ethylene formation by tomatoes, **66**:101827t
formation of, from acetate and carbon dioxide by *Clostridium butyricum*, **66**:603j
from acetate by *Mycobacterium tuberculosis*, **66**:102660v
from alanine in wine transformation to champagne, **66**:104014m
in carbon dioxide fixation by soybean cotyledons, **66**:73282r
from glucose and pyruvic acid by brain, triperidol effect on, **66**:74591c
from glucose by brain after hepatectomy, **66**:53525u
by glutamate transamination, malonate effect on, **66**:52213d
β-galactosidase formation by *Escherichia coli* in response to, **66**:92642z
in germinating soybeans, **66**:8795e
glutamate formation from, by brain, **66**:17548v
in gramicidin S formation by *Bacillus brevis*, **66**:8913x
in healthy and infected orange fruits, **66**:8860v
in hemolymph of honeybees, development and, **66**:113395p
hypocholesterolemic diet and, **66**:26974h
in immunoglobulin A *N*-terminal position, in colostrum of human, **66**:45036v
in kidneys in myocarditis, **66**:27202s
in lactoferrin and transferrin, glucosamine linkage with, **66**:8375z
in lamb, **66**:54344w
in liver in secondary disease, **66**:113949x
metabolism of, by adipose tissue, effect of glucose and insulin on, **66**:83811b
by *Aeromonas*, taxonomy and, **66**:17207h
in brain and liver, L-glutamic acid-γ-hydrazide effect on, **66**:9677a
by brain, 4-aminobutyric acid and, **66**:9286y
by brain mitochondria, 4-aminobutyric acid and glutamic acid in relation to, **66**:61897g
by brain of newborn, **66**:63350x
by caimans and turtles, **66**:44546z
by corn, pH effect on, **66**:17111x
by leaves, effect of oxygen and water on, **66**:44298v
by lichen, **66**:541y
by liver of embryo of chick, **66**:92771r
by mitochondria at low temp., **66**:26020u
in nerve centers of brain, **66**:53560b
by *Nitrosomonas europaea*, **66**:113192v
by plants, simazine effect on, **66**:18213u
by wheat in ontogenesis, **66**:83144m
muscle (smooth) recovery response to, after stimulation by metabolites and sugars, **66**:73971q
in neoplasms, **66**:27172g
in nicotinamide adenine dinucleotide deamination by mitochondria of brain, **66**:61972c
in nicotinic acid formation by *mycobacterium tuberculosis* BCG, **66**:34750x
in osmotic pressure regulation by brain of toad, **66**:35686t
oxidn. by brain in mitochondria, **66**:113779s
oxidative dissimilation of, in sewage microorganisms, **66**:88485h
in passionflower juice, **66**:45593z
in plants, polyploidy and, **66**:62644j
in pollen of *Lilium candidum*, **66**:397d
in purine nucleotide formation by skin, **66**:74038c
in radiation-damage prevention, **66**:52766m
in ribonuclease active site, substrate binding and, **66**:232r
ribonucleic acid specific for, in mitochondria of *Neurospora crassa*, **66**:101835u
in rice seedling exudates, **66**:73258n
in shells of clams, fossil bivalves and oysters, **66**:35668p
in toxoids of *Clostridium tetani*, **66**:68869h
triosephosphate isomerase stimulation by, **66**:16677z
in wheat, effect of maturation and milling on, **66**:1649g
in wort during fermentation, **66**:1578w
Aspartic acid, occurrence
L-,
in beans (canned), effect of sterilization and storage temps. on, **66**:27828a
in potatoes, d. and storage in relation to, **66**:27826y
in protein concentrate from dried juice of alfalfa and pea vines, **66**:54383h
Aspartic acid, preparation
DL-,
from fumaric acid, by cobalt-60 γ-irradiation, **66**:115938s
L-,
chromatog. (paper and thin-layer) in, **66**:108566r
formation of, from cyanoacetylene, **66**:74y
manuf. of, **66**:P 115954u
by *Brevibacterium ammoniagenes*, **66**:P 54266x
by *Bacillus subtilis*, **66**:P 54268z
by *Pseudomonas*, **66**:64348q
under primitive Earth conditions, **66**:18838b

49273 Chemical Abstracts Vol. 66, 1967 Page 4668

sulfuric acid (40% vol./vol.), which moreover contained 0.02% sulfanilic acid, was heated in a closed test tube for 90 min. in a boiling water bath. After rapid cooling the extinction was measured at 280–2 mμ. J. Musil

49273t Determination of lanatoside C in the leaves of domestic wooly foxglove (Digitalis lanata). A. Boichinov, Khr. Akhtardzhiev, and Dim. Kolev. *Farm.* (Sofia) **14**(5), 12–16(1964) (Bulg). A modified 1-dimensional paper chromatographic method is proposed for the detn. of lanatoside C. After the development, the spots were made visible with uv light, eluted with MeOH, and detd. colorimetrically with picric acid and NaOH. Samples of the leaves of the domestic *D. lanata* had 0.14, 0.15, and 0.17% lanatoside C by this method. From *CZ* **1966**(21), Abstr. No. 1724. MRCR

49274u Indirect, complexometric determination of L-ascorbic acid in the presence of amino acids. Stefan Baczyk and Ofelia Kachelska (Hochsch. Koerperkultur, Poznan, Poland). *Mikrochim. Acta* **1966**(6), 1059–61(Ger); cf. *CA* **61**, 12637*h*. L-Ascorbic acid in the presence of several amino acids was detd. quant. The method is based on the redn. of $Cu(OAc)_2$ to Cu_2O, followed by a complexometric titrn. of Cu with EDTA. Glycine, alanine, valine, leucine, and isoleucine did not interfere. Aspartic acid, arginine, phenylalanine, histidine, and methionine gave lower results, while tryptophan and glutathione gave higher results. B. T. Kho

49275v Comparative assay methods: mannitol. D. Fearnley and C. P. Roberts (Pharm. Dept., Gen. Infirmary, Leeds, Engl.). *J. Hosp. Pharm.* **23**(5), 248–50(1966)(Eng). Mannitol solns. (10% and 25%) are used for treating acute renal failure and for decompression in neurosurgical cases. Four samples of mannitol soln., three from different com. sources and the fourth of bacteriol. grade, were taken for assaying by chem., polarimetric, and refractometric detn. The chem. method gave results of reasonable conformity and required less expensive app., but this method required labor and gave high results with the bacteriol. grade mannitol. The polarimetric detn. required costly optical app. and took at least an hr. The refractometric method was most accurate and quickest for detg. mannitol in soln. Umesh Chandra Misra

49276w Chromatographic analysis of galenic preparations from Passiflora. Photios. Theodossiou (Univ. Athens). *Arch. Pharm.* (Athens) **21**(5–6), 69–76(1965)(Greek). See *CA* **65**, 10425*f*. N. Constantsas

49277x Determination of salicylazosulfapyridine by polarography. Bengt Nygard, Jan Olofsson, and Martin Sandberg (Res. Div., AB Pharm., Uppsala, Swed.). *Acta Pharm. Suecica* **3**(5), 343–52(1966)(Eng). When solns. contg. about 65 γ/ml. of salicylazosulfapyridine were analyzed polarographically in phosphate–citrate buffer of pH 5.2, they gave waves with half-wave potentials near −0.25 v. In an assay of 8 samples these waves indicated concns. within 87–95% of theory, in good agreement with a spectrophotometric assay. The presence of 0.8% and 1.6% human albumin diminished the height of the polarographic wave markedly, but addn. of diphenyldioxobutylpyrazolidine in a concn. of 1 mg./ml. largely eliminated this interference. Otto H. Muller

49278y Quantitative determination of escin. Wolfgang Schlemmer (Chem. Pharm. Fabrik Adolf Klinge Co., Munich, Ger.). *Deut. Apoth. Ztg.* **106**(38), 1315–20(1966)(Ger). Dissolve a sample of horse chestnut ext. contg. about 20 mg. escin in 30 ml. of 0.1*N* HCl and ext. with a mixt. of 20 ml. PrOH and 50 ml. $CHCl_3$. Shake the sepd. lower phase with a mixt. of 20 ml. PrOH, 30 ml. 0.1*N* HCl, and 50 ml. $CHCl_3$. Evap. the lower phase to dryness at 40–50° under reduced pressure. Remove sterols and fats from the dried residue by extn. with 2–10 ml. portions of ether. Dissolve the defatted material in HOAc and make to a vol. of 50.0 ml. Into a 6–10 ml. capacity, glass-stoppered tube, pipet 1 ml. of the above HOAc soln. and 4 ml. of color development reagent (75 mg. $FeCl_3.6H_2O$) dissolved in 50 ml. HOAc; followed by addn., with shaking and cooling, of 50 ml. concd. H_2SO_4). Heat the mixt. for 25 min. in a water bath at 60°. Cool and measure the absorbance at 540 mμ; compare with the absorbance of 1 ml. β-escin standard treated in the same way. The standard β-escin soln. is 25 mg. β-escin in 50.0 ml. HOAc. The relative standard deviation of the method is 2.8%. 13 references. William W. Merk

49279z Gas-chromatographic study of some acetylated adrenergic amines. Jaakko Halmekoski (Univ. Helsinki). *Farm. Aikak.* **75**(10), 313–21(1966)(Eng). A gas chromatograph equipped with a flame-ionization detector was used. The column was 80–100 mesh silane-treated Gas-Chrom Q, coated with 7% silicone oil DC-560 T and 1% ethylene glycol succinate combined with phenylmethylsiloxane copolymer (EGSS-Z). The compds. were introduced in MeOH or Me_2CO soln. The temp. of the column was 210°, and of the injection block 260°. The flow rate of the carrier gas (N) was 70 ml./min. The retention and the relative retention times when phenanthrene is used as an internal standard are given for *O*-acetyltyramine-HCl (I), *N*-acetyltyramine (II), *N,O*-diacetyltyramine (III), triacetyloxedrine (IV), *O,O*-diacetyleffortil-HCl (V), *N,O*[4]-diacetyloxedrine, *N*-acetylephedrine (VI), acetylamphetamine (VII), *O*-acetylpseudoephedrine-HCl (VIII), *O*-acetylephedrine-HCl (IX), *O*-acetylchlorprenaline-HCl (X), and *N,O*[4]-diacetylvasculat (XI). The gas chromatographic sepn. of a mixt. of **VII**, **X**, **VI**, **III**, **II**, **IV**, and **XI** is possible. When I and VII are sepd. the temp. was 180°. The thermal stability studies of the derivs. show that acetylation of the amino groups results in stable products while the derivs. of hydroxyl groups decomp. under the conditions used. Decompn. of **VIII**, **IX**, and **V** was esp. studied. When Me_2CO was added to MeOH soln. I gives a double peak which is caused by an azomethine deriv. formed between I and Me_2CO. Irja Rautiainen

49280t Paper chromatography of pharmaceutical preparations which contain amine polycarboxylic acids and their chelates. J. Sykora and V. Eybl (Charles Univ., Pilsen, Czech.). *Pharmazie* **21**(9), 563(1966)(Ger). Descending paper chromatog. was used with Whatman No. 1 paper, with Me_2CO–H_2O (4:1) as the mobile solvent. Standards were 10% solns. of Na_2H_2 EDTA or of Na_3H_2 DTPA; reagent were 1% $CaCl_2.6H_2O$ and 2% $K_2Cr_2O_7$ in 10% AcOH soln. with this system, 5 γ amino polycarboxylic acid complex could be detected. The method was demonstrated with 11 prepns., including Edtacal, Cobaltin forte, Fe complex, Pb complex, Mn complex, Mg complex, and Pb complex. By adding $CaCl_2$ to Edtacal, a spot appears at the starting point representing Ca_2 EDTA, while with addn. of Na_2H_2 EDTA, 2 spots appear, one of Na_2H_2 EDTA, the other of $CaNa_2$ EDTA. George M. Hocking

49281u Separation of organic bases by Craig partition. VI. Correlations between the configuration and the phase distribution behavior of aminoacylephedrines. H. Schoenenberger and R. Brinkmann (Univ. Munich, Ger.). *Arch. Pharm.* (Weinheim) **229**(11), 952–65(1966)(Ger); cf. *CA* **62**, 7857*h*. A series of diasteromeric aminoacylephedrine compds. were sepd. in a Craig phase distribution process in a mixt. of $CHCl_3$, MeOH, and citrate buffer soln. (vol. 10:1:9) at 20° (distribution coeff., *K*, and sepn. factor, $\beta = K_2/K_D$, given): (L-*N*-dimethylphenylalanyl)-L-amphetamine, 1.1, —; (D-*N*-dimethylphenylalanyl)-L-amphetamine, 0.75, 1.4; *N*-(L-*N*-dimethylphenylalanyl)-L-norephedrine, 2.5, —; *N*-(L-*N*-dimethylphenylalanyl)-D-norephedrine, 0.7, 3.5; *N*-(L-*N*-dimethylphenylalanyl)-L-nor-ψ-ephedrine, 1.2, —; *N*-(D-*N*-dimethylphenylalanyl)-L-nor-ψ-ephedrine, 0.35, 3.4; (L-*N*-dimethylphenylalanyl)-L-pervitine, 4.3, —; (D-*N*-dimethylphenylalanyl)-L-pervitine, 4.8, 1.1; *N*-(D-*N*-dimethylphenylalanyl)-L-ephedrine, 4.0, —; *N*-(D-*N*-dimethylphenylalanyl)-L-ephedrine, 0.87, 3.1; *N*-(D-*N*-dimethylphenylalanyl)-L-ψ-ephedrine, 7.2, —; *N*-(D-*N*-dimethylphenylalanyl)-L-ψ-ephedrine, 0.95, 7.9; *N*-(L-*N*-dimethylphenylalanyl)-D-*erythro*-diphenylethanolamine, 0.62, —; *N*-(D-*N*-dimethylphenylalanyl)-D-*erythro*-diphenylethanolamine, 0.58, 1.07; *N*-(L-*N*-dimethylalanyl)-D-*threo*-diphenylethanolamine, 0.61, —; *N*-(L-*N*-dimethylalanyl)-L-*threo*-diphenylethanolamine, 0.52, 1.17; *N*-(L-*N*-dimethylphenylalanyl)-D-*erythro*-diphenylethanolamine, 1.4, —; *N*-(D-*N*-dimethylphenylalanyl)-D-*erythro*-diphenylethanolamine, 0.35, 4.0; *N*-(L-*N*-dimethylphenylalanyl)-D-*threo*-diphenylethanolamine, 0.9, —; *N*-(D-*N*-dimethylphenylalanyl)-D-*threo*-diphenylethanolamine, 0.51, 1.75. The varying behavior of these compds. is based on interactions between the amide group and the OH group which are exposed to different configurational effects at the three asym. centers of the mol. G. W. Scherf

49282v Nitrofuran derivatives and their analogs. II. Separation and determination of cis- and trans-1-(5-nitro-2-furyl)-2-methylthioethylene. Kinji Harada and Sakae Emoto (Inst. Phys. Chem. Res., Tokyo). *Chem. Pharm. Bull.* (Tokyo) **14**(11), 1300–2(1966)(Eng); cf. *CA* **63**, 573*g*. The isomeric mixt. previously reported (*loc. cit.*) dissolved in a little CS_2 and the soln. allowed to evap. at room temp. gave crystals of *trans*-1-(5-nitro-2-furyl)-2-methylthioethylene (I) which could be sepd. mech. from the *cis*-isomer; a 2nd crystn. from CS_2 gave pure *trans*-I, m. 75.5°; uv $\lambda_{max.}^{EtOH}$ 404, 272 mμ (log ε 4.31, 4.16); ir $\nu_{max.}^{KBr}$ 1503, 1358 cm.$^{-1}$ Crude cis isomer chromatographed on neutral alumina with petroleum ether–AcOEt (20:1) gave pure cis-isomer (II), m. 86–86.5; $\lambda_{max.}^{EtOH}$ 385, 266.5 mμ (log ε 4.20, 4.05), $\nu_{max.}^{KBr}$ 1506, 1350 cm.$^{-1}$ The N.M.R. spectra of I and II are discussed and data for antibacterial action, in vitro, are given. Harry L. Yale

49283w Jenkins, Glenn L., Knevel, Adelbert M., and DiGangi, Frank E.: Quantitative Pharmaceutical Chemistry. 6th ed. New York: McGraw-Hill. 1967. 519 pp. $12.

See also: Pharmacodynamics, Section **15**. Noncondensed Aromatic Compounds, Section **25**. Heterocyclic Compounds, Sections **27** and **28**. Alkaloids, Section **31**. Steroids, Section **32**. Formation of some chem. components in several red pepper varieties of foreign origin depending on degree of fruit ripeness (Michna) **44268k**.

CODEN: CACICQ
ISSN: 0097-6474 13IG1

CHEMICAL ABSTRACTS

Thirteenth Collective Index

Volumes 116–125
1992–1996

INDEX GUIDE
A–M

A publication of CHEMICAL ABSTRACTS SERVICE
Published by the American Chemical Society

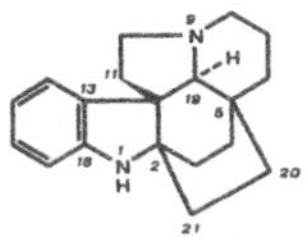

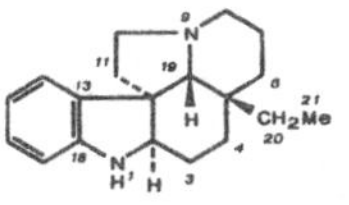

CODEN: CHABA8
ISSN: 0009-2258　　**130 CS2**

Chemical Abstracts

Published by the

American Chemical Society

Volume 130

Chemical Substance Index

Benzene-$^{14}C_6$...–2-Butanol

(Part 2 of 10 Parts)

January–June, 1999

A publication of

CHEMICAL ABSTRACTS SERVICE

P. O. Box 3012, COLUMBUS, OHIO 43210-0012 USA

2763CS *Chemical Abstracts* *Chemical Substance Index* *Vol. 130, 1999*

Benzoic acid, 2–(acetyloxy)–

peptoids as serine protease inhibitors, *pr* P 252684k

——, 4–[[[[[(1*S*,2*R*,3*E*)–2–[[*O*–(*N*–acetyl–α–neuraminosyl)–(2→3)–*O*–β–D–galactopyranosyl–(1→4)–β–D–glucopyranosyl]oxy]–1–(hydroxymethyl)–3–heptadecenyl]amino]carbonyl]oxy]methyl]–3–nitro–
methyl ester *[212124–68–0]*, chemoenzymic synthesis of potentially caged glycosphingolipids (GSLs) such as lyso–GM3 and its analog (Erratum), *pr* 282281u

——, 4–[[[[[(1*S*,2*R*,3*E*)–1–[[[*O*–(*N*–acetyl–α–neuraminosyl)–(2→3)–*O*–β–D–galactopyranosyl–(1→4)–β–D–glucopyranosyl]oxy]methyl]–2–hydroxy–3–heptadecenyl]amino]carbonyl]oxy]methyl]–3–nitro–
methyl ester *[212124–67–9]*, chemoenzymic synthesis of potentially caged glycosphingolipids (GSLs) such as lyso–GM3 and its analog (Erratum), *pr* 282281u

——, 4–[[[*O*–(*N*–acetyl–α–neuraminosyl)–(2→3)–*O*–β–D–galactopyranosyl–(1→4)–β–D–glucopyranosyl]oxy]methyl]–3–nitro–
2–(1–oxo–2–propenyl)hydrazide, polymer with 2–propenamide *[220799–03–1]*, prepn. and reaction of in the chemoenzymic synthesis of the G_{M3}–oligosaccharide on a water–sol. polymer support, *pr rct* 196893p

——, 2–(acetylnitrosoamino)– *[215784–96–6]*
prepn. and reactions of 1–bromo–2–[4–(N–piperidinosulfonyl)phenyl]ethanedione–1–arylhydrazone, *rct* 3811d
methyl ester *[215784–98–8]*, prepn. and reactions of 1–bromo–2–[4–(N–piperidinosulfonyl)phenyl]ethanedione–1–arylhydrazone, *rct* 3811d

——, 5–[acetyl(1–oxopropyl)amino]–2–hydroxy– *[217969–40–9]*
HPLC with fluorescence detection for detn. of 5–aminosalicylic and N–acetyl–5–aminosalicylic acid, 60537t

——, 2–(acetyloxy)– *(salicylic acid acetate) [50–78–2]*

acetaminophen, acetylsalicylic acid and ascorbic acid simultaneous detn. in tablets using reversed–phase HPLC, 187283n
acetylsalicylic acid and NS–398 prevention of NNK–induced lung tumorigenesis: COX–2–specific inhibitors as antitumor agents, 148351p
acetylsalicylic acid and thromboxane synthase inhibitors, R 89977x
acetylsalicylic acid effect on cytoskeletal organization and incorporation of contractile protein and integrin β_3 in thrombin–stimulated platelets, 347248k
activated protein C–antiplatelet agent combination for thrombotic disorder treatment, P 33030r
activation of genes for spasmolytic peptide and transforming growth factor–α and cycloxygenase–1 and –2 during gastric adaptation to aspirin damage in rats in relation to prostaglandin E_2 biosynthesis, 372a
α–adrenergic blockade effect on myocardial perfusion and function after coronary stenting in patients with acute myocardial infarction, 347106n
agglomerate of spherical polyvalent–metal alginate particulates, controlled–release prepn. comprising difficultly sol. drug supported on said agglomerate, and processes for producing the both, P 343018n
amtolmetin guacyl (MED 15) for treatment of inflammatory pathol. conditions, P 232492t
analgesic activity of individual and combinations of nonsteroidal anti–inflammatory drugs, 276387s
analgesic mixt. of aspirin, caffeine and codeine anal. by reversed–phase HPLC, 158507h
angiotensin–converting enzyme inhibitors interaction with, 60604n
antecedent aspirin therapy inhibits baseline platelet activity in humans presenting with acute myocardial infarction, 319p
anticoagulant prevention of stroke in humans at high risk, R 46946u
anticoagulant prevention of stroke in humans with nonvalvular atrial fibrillation, R 32567j
anticoagulation vs. antiplatelet therapy after coronary stent implantation, 162974a
anti–inflammatory agents aspirin and salicylate inhibit IκB kinase–β, 104988x
antiinflammatory agents for prophylaxis in parenteral administration of particulate dispersions in fluorocarbon emulsions, P 33019u
antimigraine drug with 5–HT_1 agonist and dextromethorphan or dextrorphan for migraine treatment, P 232532f
antiplatelet effects of a new sucralfate–coated aspirin formulation in humans, 213567e
antiplatelet therapy in acute cerebral ischemia, R 305927a
antiplatelet therapy in coronary artery disease, R 75607q
antiplatelet therapy in human cerebrovascular disease with, R 75608r
antisecretory drugs and sucralfate protect gastric mucosal barrier integrity against aspirin in rat, 320646b
antithrombotic and antiplatelet activity of salicylates with reduced ulcerogenic potential in rats, 246627c
antithrombotic drug clin. potential in human coronary syndromes, R 10220p
antithrombotic drugs in the primary medical management of intermittent claudication, R 346750f
antitumor drug contg. bromelain, P 357181x
arterial and venous thrombosis models inhibition by formulations of, 119349p
aspirin and clopidogrel prevention of secondary ischemic events in humans, 10466y
aspirin and dipyridamole for management of patients with decreased blood flow rate and coagulation during long–term hemodialysis, 246604t
aspirin and heparin prevent hepatic blood stasis and thrombosis induced by toxic glycoprotein bolesatin in mice, 219329a
aspirin and paracetamol sensitivity in humans with nimesulide–induced urticaria, 104798k
aspirin and risk of hemorrhagic stroke in humans, 204861u
aspirin combined with pizotifen in treatment of migraine, 133980u
aspirin dosage and mechanisms of prevention of myocardial infarction and stroke in humans, R 10244z
aspirin effect on arylamine N–acetyltransferase activity in Klebsiella pneumoniae, 133845d
aspirin effect on platelet and thrombin activity following cardiac catheterization in humans, 162967a
aspirin effect on thrombopoiesis in endotoxemia, 294915s
aspirin inhibits thrombopoietin effect on platelet activation and aggregation, 321179p
aspirin potentiation of the decrease in isoflurane anesthetic requirements produced by morphine, 231914v
aspirin reduces aluminum–mediated increase in peroxidn. in liver and kidneys of Swiss mice, 148398j
aspirin renog. in diagnosis of unilateral renovascular hypertension, 78014e
aspirin treatment effects on endothelial dysfunction in atherosclerotic humans, R 217446n
aspirin–triggered 15–epi–lipoxin A_4 generation by human leukocytes and murine peritonitis exudates, 104993v
aspirin vs. myelosuppressive agents in prevention of rethrombosis in humans with essential thrombocythemia, 347146a
assay of acetylsalicylic acid and three of its metabolites in human plasma and urine by nonaq. capillary electrophoresis, 231814n
autoantibodies in antiphospholipid syndrome and treatments in animal models, R 166818a
better increase in fibrin gel porosity by low dose than intermediate dose acetylsalicylic acid, 177313h
bleeding assocd. with use of; factor FVIIa for treatment of bleeding, P 90513z
blood level of drugs, elimination rate const. of the drug controlled–release dosage forms, 32695z
bronchial hyperresponsiveness, hypersensitivity to analgesics and urinary leukotriene E_4 excretion in patients with aspirin–intolerant asthma, 148488p
butyrylcholinesterase–catalyzed hydrolysis of aspirin and aspirin–related neutral esters, 10271f
cell–type–specific activation of c–Jun N–terminal kinase by salicylates: relevance for antiinflammatory actions, 347043q
chemopreventive activity in human breast cancer, 232074h
cleansing and conditioning article for skin or hair comprising surfactants and lipids, P 257184g
clin. trial comparing three antithrombotic–drug regimens after coronary–artery stenting in humans, 191656d
clopidogrel and aspirin and combined therapy in a porcine ex vivo model of high–shear induced stent thrombosis, 119332c
clopidogrel inhibition of stent and graft and vascular thrombogenesis with antithrombotic enhancement by aspirin in nonhuman primates and effect on platelet aggregation, 204849w
clopidogrel vs. aspirin in humans with peripheral vascular disease, R 75653b
^{13}C NMR of tunneling Me groups, *pr* 351878h
codeine, caffeine, butalbital and aspirin simultaneous detn. by free soln. capillary electrophoresis, 316724h
combination of acetaminophen, aspirin, and caffeine to alleviate the pain and symptoms of migraine, P 144184p
combination of antiinflammatory substance with immunity–stimulating agents and cytotoxic agents for treatment of tumors, P 20556s
combination of dipyridamole plus acetylsalicylic acid vs. acetylsalicylic acid alone in secondary prevention of stroke in humans, 261742e
combination with; acetylphenols for treating diabetes and related diseases, P 47486f
complexes with polyesters; tablets or biol. acceptable implants for long–term antiinflammatory drug release, *pr* P 100667u
compns. for inhibiting photoaging of skin, P 56997a
compression tableting method using punch coated with amorphous alloys, 129937t
controlled release of aspirin from temp.– and pH–sensitive hydrogels, 158358k
copper coomplex; effects of copper–aspirin complex on platelet aggregation and thrombosis in rabbits and mice, 148631e
coronary thrombosis/thrombolysis in pigs and effects of heparin, aspirin, and the thrombin inhibitor inogatran, 90257u
correlation between in vitro dissoln. and in vivo absorption of enteric–coated aspirin granules, 114897f
cox–2 inhibitors in combination with NMDA blockers for treating pain, P 10645f
COX–2–selective carprofen and related compds. for treating pain and inflammation in dogs, and comparative inhibition of COX–1 and –2 by carprofen and other NSAIDs, P 10625z
curve resoln. procedure for isolating spectra of unknown interferences from sample spectrum in analyte detns. applied to pharmaceutical and synthetic samples, 200993r
cyclooxygenase–2 selective and nitric oxide–releasing NSAIDs on gastric mucosal ulcerogenic and healing responses, 60750g
cyclooxygenase selectivity detd. by a human intact cell system and gastrointestinal complications of nonsteroidal anti–inflammatory drugs, 75954a
delayed contact hypersensitivity to non–steroidal anti–inflammatory drugs in humans, 246581h
derivs.; acetylsalicylic acid and its derivs. as pharmacol. agents and history of their discovery and development, R 191320q
dermal adhesive plasters for treating localized cutaneous affections, P 71591g
detn. of aspirin and acetaminophen in compd. antipyretic tablets by spectroscopy, 173079p
detn. of aspirin and paracetamol in antipyretic tablet for children by spectrophotometry, 130075s
detn. of aspirin in tablets by potentiometry, 257429r
detn. of codeine and aspirin in pain release medication by reversed–phase HPLC, 301789j
detn. of vitamin C in aspirin by HPLC, 7474u
development of ionic mobility–pore model for epidermal iontophoretic transport, 32645h
DHEA–contg. nutritional supplement for arrhythmia and stress treatment, P 213663h
differential effects of three radiog. contrast media on platelet aggregation: effect of aspirin, 334720h
dipyridamole and acetylsalicylic acid (ASA) in the secondary prevention of vascular events after stroke or TIA in humans, 47372r
direct assay of nonopioid analgesics and metabolites in human urine by capillary electrophoresis and capillary electrophoresis–mass spectrometry, 261396v
dithiocarbamate conjugates; prepn. of conjugates of dithiocarbamates with drugs, P 57211b
drug at toxic concn. effect on HbA1c detn. by immunoturbidimetric analyzers, multicenter evaluation, 278853q
drug interferences in blood serum biochem. analyses by Dax–48 Analyzer, 248978s
drug–releasing coatings for medical devices, P 29272d
dynamic changes of platelet aggregation by aspirin, 177294c
effect of acetylsalicylic acid on nitric oxide prodn. in infarcted heart in situ, 90258v
effect of analgesics on audible and ultrasonic pain–induced vocalization in the rat, 47393y
effect of anti–inflammatory drugs on histamine and serotonin release from peritoneal mast cells, 306278b
effect of antiplatelet drugs, heparin, and preanal. variables on platelet function detected by platelet function analyzer (PFA–100) in humans, 347145z
effect of aspirin in pregnant women is dependent on increase in bleeding time, 246688y
effect of drug properties on release from cellulose acetate phthalate microspheres prepd. by solvent evapn. method, 257277q
effect of Edoferon–KA on rat chromosomes and mitosis, 291548p
effect of MX_1 against acetylsalicylic acid– and indomethacin–induced gastric mucosal damage in rats, 306362z
effect of platelet–aggregating substance on blood sedimentation rate, 265348d
effect of thrombolytic therapy on platelet expression and plasma concn. of PECAM–1 in patients with acute myocardial infarction, 246664n
effect of trapidil and aspirin on cell proliferation and artery remodeling after balloon angioplasty, 232170m
effects of antiaggregant and antiinflammatory doses of aspirin on coronary hemodynamics and myocardial reactive hyperemia, 332567q
effects of antipyretics on mortality due to influenza B virus in a mouse model of Reye's syndrome, 119083x
effects of aspirin and hypothermia on platelet function in vivo in humans, 246716f
effects of aspirin treatment on survival in non–insulin–dependent diabetic patients with coronary artery disease, 217955c
effects of cyclooxygenase–2 selective and NO–releasing nonsteroidal anti–inflammatory drugs on gastric mucosa, 306231f
effects of in vitro incubation with acetylsalicylic acid on thrombocyte aggregation in whole blood from *normal ostriches*, 232176t
effects of low–mol.–wt. heparin and aspirin on pregnancy outcome in women with hypertensive disorders, 10407e
effects of some DNA–intercalators and antioxidative compds. on phagosome–lysosome fusion and F–actin content in murine peritoneal macrophages, 79110v
effects of ultrasound on catalytic activity and subunit assocn. of butyrylcholinesterase, 1625x
effects of very–low–dose and enteric–coated acetylsalicylic acid on prostacyclin and thromboxane formation and platelet aggregation in humans, 320575c
enhancement of chromatog. detail using IR spectra from chromatog./IR spectrometer systems for anal. for, 305800d
eptifibatide treatment in humans undergoing percutaneous coronary intervention and with acute coronary syndromes, R 276148q
evaluation of selective inhibition of canine cyclooxygenase 1 and 2 by carprofen and other nonsteroidal anti–inflammatory drugs, 162885x
evidence that platelets promote tube formation by endothelial cells on matrigel, 137266p
expression of cyclooxygenase–2 in human lung carcinomas, 108440k
extrusion treatment effect on volatile aroma components in raw material and soy sauce product, 167409e
factor Xa inhibitor alone or combined with platelet aggregation inhibitor for treatment of arterial thrombosis, P 61081b
fibrin gel structure in diabetic humans before and during treatment with acetylsalicylic acid,

MIPs were able to resolve the racemates of compds. whose structures corresponded to print mol. The results obtained showed that TLC based on MIPs could succeed the direct sepn. of enantiomers of adrenergic drugs as a method of sepn. The method offers a rapid, sensitive and reliable method for quality control of optically active compds.

130: **187279r Determination of paracetamol in intact tablets by use of near infrared transmittance spectroscopy.** Eustaquio, A.; Blanco, M.; Jee, R. D.; Moffat, A. C. (Unitad de Quimica Analitica, Departamento de Quimica, Universidad Autonoma de Barcelona, Bellaterra, Barcelona, Spain 08193). *Anal. Chim. Acta* **1999**, 383(3), 283–290 (Eng), Elsevier Science B.V.. Near IR transmittance spectroscopy was used to det. the content of the analgesic agent paracetamol in com. available tablets. The IR spectra were recorded on a dedicated instrument that measures the transmission of intact tablets over the wavelength range of 600–1900 nm. Spectral data were processed by 2 multivariate calibration methods: stepwise multiple linear regression (SMLR) and partial least–squares regression (PLSR). The paracetamol content data provided by the 2 calibration methods were comparable and differed by <1% from the ref. UV spectrophotometric value. The calibration graphs constructed to det. the mean paracetamol content were used to analyze content uniformity in the tablets.

130: **187280j Flow–injection solid–phase spectrophotometry for the determination of zinc in pharmaceutical preparations.** Teixeira, Leonardo S. G.; Rocha, Fabio R. P.; Korn, Mauro; Reis, Boaventura F.; Ferreira, Sergio L. C.; Costa, Antonio C. S. (Instituto de Quimica, Universidade Federal da Bahia, 13400–970 Piracicaba, SP, Brazil). *Anal. Chim. Acta* **1999**, 383(3), 309–315 (Eng), Elsevier Science B.V.. A flow injection system with solid–phase spectrophotometry was proposed for the detn. of zinc in pharmaceutical prepns. The chromogenic reagent 1–(2–thiazolylazo)–2–naphthol (TAN) was immobilized on C_{18} bonded silica loaded into a homemade flow cell with 1 mm optical path and 78 mm^2 cross section. The flow cell was designed to enhance the sensitivity and to minimize the attenuation of the 590–nm light beam due to scattering and absorption by the solid material. The flow cell was placed in the spectrophotometer so that the light beam was focused on the entire surface contg. the absorbing material. Reagent immobilization was performed online within 2 min and used for anal. for at least 1 mo. The analyte reaction, retention, and detection were performed simultaneously, followed by elution with 0.5 M HCl. The apparent molar absorptivity was estd. as 2.02×10^5 L/mol/cm and the procedure allowed the detn. of zinc in the 0.04–4.0 mg/L range with a coeff. of variation of 3.3% (n=10). A sample throughput of 45 detns. per h and a detection limit of 10 μg/L (99.7% confidence level) were achieved. Interferences from other cations (Cu, Co, Ni) and anions were minimal or could be diminished by sample pretreatment. Com. pharmaceutical prepns. contg. zinc (Hipoglos, Anaseptil, Gerimix, Magnesio Z, Stresstabs, Centrum) were analyzed by this method. The results agreed at a 95% confidence level with those found by inductively coupled plasma at. emission spectrometry.

130: **187281k Quantitative HPTLC determination of diphenhydramine hydrochloride in tablet, gel–cap, and capsule antihistamine pharmaceuticals.** Muller, Erin E.; Sherma, Joseph (Department of Chemistry, Lafayette College, Easton, PA 18042–1782 USA). *J. Liq. Chromatogr. Relat. Technol.* **1999**, 22(1), 153–159 (Eng), Marcel Dekker, Inc.. A quant. HPTLC method with automated sample application and UV–absorption scanning densitometry was developed for the detn. of diphenhydramine in tablets, gel–caps, and capsules. Sepn. was performed on high–performance silica gel plates contg. a fluorescent indicator, and the analyte was detected as fluorescence–quenched zones under short–wave UV light. Four different pharmaceutical products contg. diphenhydramine as an active ingredient were analyzed to test the applicability of the new method. Precision was validated by replicate anal. of samples and accuracy by anal. of spiked samples. The percent diphenhydramine in the tested pharmaceutical samples ranged from 86.8 to 111% compared to label values, precision ranged from 1.7 to 1.9% relative std. deviation, and the errors in the 2 spiking expts. were 0.00 and 0.81% compared to the fortification levels.

130: **187282m Development and validation of an HPLC method for the quantitation of tromethamine in iopamidol injection.** Naidong, Weng; Ghodbane, Samir (Analytical Development Department, ESI Lederle R and D, Cherry Hill, NJ 08003 USA). *J. Liq. Chromatogr. Relat. Technol.* **1999**, 22(3), 477–484 (Eng), Marcel Dekker, Inc.. An HPLC method using a precolumn derivatization with 1–(1–naphthyl)–Et isocyanate (NEIC) was developed for the quantitation of tromethamine, an excipient in iopamidol injection. In this procedure, both tromethamine and the internal std. reacted with NEIC. Following this pre–column derivatization, the soln. was injected onto an Inertsil ODS reversed–phase HPLC column. The peaks corresponding to the 2 derivs. were sepd. from each other and from the peaks corresponding to iopamidol and its related substances. The validation studies indicate that the method is specific, accurate, precise, and rugged over the concn. range (0.50–1.25 mg/mL) investigated.

130: **187283n Simultaneous determination of acetaminophen, acetylsalicylic acid and ascorbic acid in tablet form using HPLC.** Akay, Cemal; Gumusel, Bulent; Degim, Tuncer; Tartilmis, Senol; Cevheroglu, S. (Military Drug Factory, Faculty of Pharmacy, Gazi University, Ankara, Turk. 06100). *Drug Metab. Drug Interact.* **1999**, 15(2–3), 197–205 (Eng), Freund Publishing House Ltd.. A simple and accurate HPLC method was developed to measure simultaneously the 3 title agents in multidrug pharmaceutical formulations. The method used a Bondapak C18 stainless steel column (300 x 3.9 mm), mobile phase of methanol/water (1:2) adjusted to pH 3.0 with H_3PO_4, and UV detection at 235 nm. Com. pharmaceutical effervescent tablets Afebryl (SMB Technol., Belgium) were analyzed and the amt. of each of the 3 agents was detd. The method is more convenient than the current official pharmacopoeial procedures for each drug sep.

130: **187284p Piezoelectric detection of ion pairs between sulfonate and catecholamines for flow injection analysis of pharmaceutical preparations.** Mo, Zhihong; Long, Xiaohui; Zhang, Minjuan (College of Chemistry and Chemical Engineering, Chongqing University, Chungking, Peop. Rep. China 400044). *Talanta* **1999**, 48(3), 643–648 (Eng), Elsevier Science B.V.. Fundamentals of ion–pair flow injection anal. with piezoelec. detection were investigated exptl. and theor. for the adsorption of dodecylphenylsulfonate and interfacial ion–pair formation with epinephrine and L–dopa on silver electrode of quartz crystal microbalance. The influence of sulfonate concn. and operating parameters on the frequency response were demonstrated and provided the possibility for the discriminating detn. of mixts. The selected system of ion–pair flow injection with piezoelec. detection was applied to the detn. of epinephrine and L–dopa. Calibration curves were linear in ranges of 4.00–850 and 3.50–730 μg/mL, with detection limits of 1.22 and 1.05 μg/mL for epinephrine and L–dopa, resp. Processing frequencies of 120 samples h^{-1} were achieved. The method was applied to the detn. of catecholamines in pharmaceutical prepns.

130: **187285q Flow injection turbidimetric determination of thiamine in pharmaceutical formulations using silicotungstic acid as precipitant reagent.** Costa–Neto, Cicero Oliveira; Pereira, Airton Vicente; Aniceto, Clezio; Fatibello–Filho, Orlando (Departamento de Quimica, Grupo de Quimica Analitica, Centro de Ciencias Exatas e de Tecnologia, Universidade Federal de Sao Carlos, 13560–970 Sao Carlos, Brazil). *Talanta* **1999**, 48(3), 659–667 (Eng), Elsevier Science B.V.. A simple flow injection system is proposed for the detn. of thiamin in pharmaceutical formulations. The detn. is based on pptn. of thiamin with silicotungstic acid in acidic medium to form a thiamin silicotungstate suspension that is measured at 420 nm. Adding 0.05% polyethyleneglycol to the carrier soln. of 0.5 M HCl improved the sensitivity, repeatability, and baseline stability of the flow injection system. The calibration graph was linear in the thiamin concn. range of 5.0×10^{-5} to 3.0×10^{-4} M, with a detection limit of 1.0×10^{-5} M. The relative std. deviations for 10 successive measurements of at 10^{-4} M and 2.5×10^{-4} M thiamin were <1% and an anal. rate of 90 h^{-1} was obtained.

130: **187286r Derivative spectrophotometric assay of cephalexin in the presence of potassium sorbate.** Trajkovic–Jolevska, S.; Dimitrovska, A. (Inst. Drug Quality Control, Faculty Pharmacy, Skopje, Macedonia 91000). *Anal. Lab.* **1998**, 7(3), 148–151 (Eng), Spectrotech. A simple, rapid, and reproducible first–deriv. spectrophotometric method was developed for the detn. of cephalexin in pharmaceutical oral suspension contg. K sorbate as a preservative. The cephalexin content was detd. by measurement of the first–deriv. absorbance value ^1D at 254 nm in aq. soln. The Beer law was obeyed in the concn. range of 5–100 μg/mL, with the correlation coeff. of r = 0.9998. The relative std. deviation of the oral suspension anal. was 1.13%. The accuracy of the method was confirmed by the std. addn. method.

130: **187287s Kinetic determination of ascorbic acid in pharmaceutical samples.** Mitic, S. S.; Miletic, G. Zh.; Miletic, S. M.; Kostic, D. A. (Department of Chemistry, Faculty of Philosophy, University of Nis, 18000 Nis, Yugoslavia). *J. Serb. Chem. Soc.* **1999**, 64(2), 141–147 (Eng), Serbian Chemical Society. A kinetic method is described for the detn. of ascorbic acid based on its inhibiting effect on the Mn(II)–catalyzed oxidn. of Malachite Green with K periodate measured spectrophotometrically at 615 nm. The sensitivity of the method is 35.4 ng/mL. The relative error ranged between 2.66 and 7.45% for the concn. interval 35.4–354 ng/mL. Kinetic equations were proposed for the investigated process. The effects of certain interfering ions on the reaction rate were detd. for the assessment of the method selectivity. The method was used for the detn. of ascorbic acid in pharmaceutical samples.

130: **187288t Method development strategies for the enantioseparation of drugs by capillary electrophoresis using cyclodextrins as chiral additives.** Fillet, Marianne; Hubert, Philippe; Crommen, Jacques (Dep. Analytical Pharmaceutical Chem., Inst. Pharmacy, Univ. Liege, B–4000 Liege, Belg.). *Electrophoresis* **1998**, 19(16–17), 2834–2840 (Eng), Wiley–VCH Verlag GmbH. General strategies for the development of capillary electrophoretic methods for the enantiomeric sepn. of basic, acidic or neutral drugs were developed. For all kinds of compds., the use of a buffer made of 100 mM phosphoric acid adjusted to pH 3 with triethanolamine and contg. anionic and/or uncharged cyclodextrin (CD) derivs. as chiral selectors was recommended. 2 Different optimization schemes depending on the acidic or basic character of the analytes, were elaborated. For most basic compds. present in cationic form at pH 3, enantiomeric sepn. were achieved in the normal polarity mode. Different β–cyclodextrin derivs. were tested at a given concn. 5 Derivs. were particularly useful for enantiosepns. in capillary electrophoresis (CE): the anionic carboxymethyl–β–CD (CMCD) and sulfobutyl–β–CD (SBCD) and the neutral dimethyl–β–CD (DMCD), trimethyl–β–CD (TMCD), and hydroxypropyl–β–CD (HPCD). After selection of the most suitable CD, its concn. was optimized with respect to chiral resoln. If necessary, a further improvement in resoln. were often obtained for the enantiomers of cationic solutes by increasing the buffer pH from 3 to 5 using CMCD as chiral additive. Another possible alternative for enhancement in chiral resoln. was the addn. of MeOH or cyclohexanol to the buffer. For acidic drugs, essentially present in uncharged form at pH 3, and for neutral solutes, anionic CD derivs. such

CODEN: CHABA8 116 1GS-1556GS (1992)
ISSN: 0009-2258

116 GS 1

Chemical Abstracts

Published by the

American Chemical Society

Volume 116

General Subject Index, A–E

(Part 1 of 3 Parts)

January–June, 1992

A publication of the
CHEMICAL ABSTRACTS SERVICE
P. O. Box 3012, Columbus, Ohio 43210-0012 USA

tubulin with iodo[^{14}C]acetamide, with vinblastine and phomopsin A being strong inhibitors and maytansine having very little effect. Oxidn. of certain key sulfhydryl groups can inhibit microtubule assembly. One of these sulfhydryl groups appears to be cys_{239}, but there are others not yet identified. Sulfhydryl-oxidizing agents also interfere with microtubule-mediated processes in vivo, raising the question of the existence of a physiol. regulator of microtubule assembly. Potential physiol. regulators have been examd. to see if they can control microtubule assembly in vitro at their physiol. concns. Of the ones that have been examd., thioredoxin and thioredoxin reductase are much better candidates for being physiol. regulators than are either cystamine or glutathione.

116: 15177a **Anticancer drugs and DNA degradation.** Rahman, Arshad; Hadi, S. M. (Fac. Life Sci., Aligarh Muslim Univ., Aligarh, 202 002 India). *Med. Sci. Res.* **1991**, 19(19), 627-31 (Eng). A review with 102 refs. The mechanism of intercalation, the importance of hydroxide radical, and drugs that do and do not require reducing agents for DNA degrdn. are discussed.

116: 15178b **New anxiolytics.** Browne, Leslie J.; Shaw, Kenneth J. (Berlex Lab., Cedar Knolls, NJ 07927 USA). *Annu. Rep. Med. Chem.* **1991**, 26, 1-10 (Eng). A review with 47 refs. with special attention to the role of receptors in the pathophysiol. and pharmacol. of anxiety.

116: 15179c **Progress in antidepressant drugs.** Robertson, David W.; Fuller, Ray W. (Lilly Res. Lab., Indianapolis, IN 46285 USA). *Annu. Rep. Med. Chem.* **1991**, 26, 23-32 (Eng). A review with 115 refs.

116: 15180w **Antipsychotics.** Wise, Lawrence D.; Heffner, Thomas G. (Parke-Davis Pharm. Res. Div., Warner-Lambert Co., Ann Arbor, MI 48106 USA). *Annu. Rep. Med. Chem.* **1991**, 26, 53-62 (Eng). A review with 149 refs.

116: 15181x **Potassium channel activators.** Evans, John M.; Longman, Susan D. (Res. Div., SmithKline Beecham Pharm., Harlow/Essex, UK CM19 5AD). *Annu. Rep. Med. Chem.* **1991**, 26, 73-82 (Eng). A review with 123 refs.

116: 15182y **Emerging drug discovery targets in thrombosis and coagulation.** Shebuski, Ronald J. (Upjohn Lab., Kalamazoo, MI 49001 USA). *Annu. Rep. Med. Chem.* **1991**, 26, 93-101 (Eng). A review with 88 refs. dealing with new drug discovery targets related to *(1)* inhibition of platelet aggregation, (2) interruption of the coagulation cascade, and (3) modulation of the endogenous fibrinolytic system.

116: 15183z **Serotonin modulators and cardiovascular/gastrointestinal diseases.** Audia, James E.; Cohen, Marlene L. (Lilly Res. Lab., Eli Lilly and Co., Indianapolis, IN 46285 USA). *Annu. Rep. Med. Chem.* **1991**, 26, 103-12 (Eng). A review with 142 refs.

116: 15184a **Pulmonary and anti-allergy agents.** Wolanin, Donald J.; Campbell, James B. (ICI Americans Inc., Wilmington, DE 19897 USA). *Annu. Rep. Med. Chem.* **1991**, 26, 113-22 (Eng). A review with 146 refs.

116: 15185b **Antibacterial agents.** Brighty, Katherine E.; McGuirk, Paul R. (Cent. Res. Div., Pfizer Inc., Groton, CT 06340 USA). *Annu. Rep. Med. Chem.* **1991**, 26, 123-32 (Eng). A review with 140 refs.

116: 15186c **Antiviral agents.** Mansuri, Muzammil M.; Martin, John C. (Bristol-Myers Squibb Co., Wallingford, CT 06492-7660 USA). *Annu. Rep. Med. Chem.* **1991**, 26, 133-40 (Eng). A review with 128 refs. on development in the antiviral field, esp. on inhibitors of human immunodeficiency virus and herpes simplex virus.

116: 15187d **HIV protease inhibitors.** Norbeck, Daniel W.; Kempf, Dale J. (Abbott Lab., Abbott Park, IL 60064 USA). *Annu. Rep. Med. Chem.* **1991**, 26, 141-50 (Eng). A review with 93 refs.

116: 15188e **Antiparasitic agents.** Schmatz, Dennis M.; Schaeffer, James M. (Merck Sharp and Dohme Res. Lab., Rahway, NJ USA). *Annu. Rep. Med. Chem.* 1991, 26, 161-70 (Eng). A review with 78 refs. Avermectins, milbemycins, and other anthelmintics, and agents against protozoal disease are discussed.

116: 15189f **Immunology, endocrinology and metabolic diseases.** Sanner, Mark A.; Higgins, Terry J. (Dep. Med. Chem., Sterling Res. Group, Rensselaer, NY 12144 USA). *Annu. Rep. Med. Chem.* **1991**, 26, 181-90 (Eng). A review with 107 refs. on immune-mediated adverse drug reactions.

116: 15190z **Mechanism-based immunosuppressants.** Luly, Jay R. (Abbott Lab., Abbott Park, IL 60064 USA). *Annu. Rep. Med. Chem.* **1991**, 26, 211-20 (Eng). A review with 189 refs. Macrocyclic immunosuppressants, immunosuppressants blocking nucleotide synthesis, and misc. immunosuppressants are discussed.

116: 15191a **Sequence-defined oligonucleotides as potential therapeutics.** Matteucci, Mark D.; Bischofberger, Norbert (Gilead Sci., Foster City, CA USA). *Annu. Rep. Med. Chem.* **1991**, 26, 287-96 (Eng). A review with 97 refs. on sequence-defined oligonucleotides. Double-stranded DNA targeting by triple helix formation and mRNA targeting by duplex formation are discussed.

116: 15192b **Fluorine in medicinal chemistry.** Joshi, Krishna C.; Joshi, Rahul (Dep. Chem., Univ. Rajasthan, Jaipur, 302004 India). *Indian J. Heterocycl. Chem.* **1991**, 1(1), 47-50 (Eng). A review with 10 refs.

116: 15193c **Teicoplanin: an alternative in the treatment of infections due to Gram-positive bacteria.** Lopez Cabezas, Maria C.; Soy Muner, D.; Codina Jane, C. (Serv. Farm., Hosp. Clin. Provincial Barcelona, Barcelona, Spain 08036). *Farm. Hosp.* **1991**, 15(3), 107-13 (Span). A review with 32 refs.

116: 15194d **Cardiac responses to drugs at the extremes of age.** Papp, J. G. (Dep. Pharmacol., Albert Szent-Gyorgyi Med. Univ., H-6701 Szeged, Hung.). *Therapie* **1991**, 46(4), 283-91 (Eng). A review with 82 refs. on autonomic drugs, adrenergic agents, cholinergic agents, autacoids and hormones, inotropic and antiarrhythmic drugs in the prenatal human heart and adrenergic agents, cardiac glycosides, methylxanthines, and antiarrhythmics in the aged human heart.

116: 15195e **Fluconazole: a new systemic fungicide.** Cobos Garcia, F. J.; Morillo Montanes, L.; Buzo Sanchez, L. G.; Camean Fernandez, M.; Escudero Santos, I.; Miguel del Corral, M.; Rodriguez Castilla, J. C. (Serv. Farm., Hosp. Univ. Virgen de Valme, Seville, Spain). *Farm. Clin.* **1991**, 8(5), 423-33, 436-7 (Span). A review with 46 refs.

116: 15196f **Heparin-induced thrombocytopenia.** Warkentin, Theodore E.; Kelton, John G. (Dep. Lab. Med., Hamilton Civic Hosp., Hamilton, ON Can.). *Prog. Hemostasis Thromb.* **1991**, 10, 1-34 (Eng). A review with 225 refs.

116: 15197g **β-Lactam/β-lactamase inhibitor combinations for oral administration].** Franciolli, M. (Med. Universitaetsklin., Inselspital Bern., CH-3010 Bern, Switz.). *Schweiz. Med. Wochenschr.* **1991**, 121(39), 1399-407 (Ger). A review, with 46 refs., of the pharmacol. of 2 title combinations: amoxicillin/clavulanic acid and ampicillin/sulbactam.

116: 15198h **Monoamine specificity of antidepressants and prediction of therapeutic response.** Balon, R. (Sch. Med., Wayne State Univ., Detroit, MI USA). *Encephale* **1991**, 17(Num. Spec. 1), 121-2 (Eng). A review with 3 refs.

116: 15199j **Antidepressants. Current concepts of mode of action.** Leonard, B. E. (Dep. Pharmacol., Univ. Coll., Galway, Ire.). *Encephale* **1991**, 17(Num. Spec. 1), 127-31 (Eng). A review with 42 refs.

116: 15200c **Ivermectin as an antiparasitic agent for use in humans.** Campbell, William C. (Charles A. Dana Res. Inst. Sci. Emeriti, Drew Univ., Madison, NJ 07940 USA). *Annu. Rev. Microbiol.* **1991**, 45, 445-74 (Eng). A review with 103 ref.

116: 15201d **Pharmacological receptors on blood platelets.** Hourani, Susanna M. O.; Cusack, Noel J. (Sch. Biol. Sci., Univ. Surrey, Guildford/Surrey, UK). *Pharmacol. Rev.* **1991**, 43(3), 243-98 (Eng). A review with ≈800 refs.

116: 15202e **Organic nitrate esters: clinical use and mechanisms of actions.** Ahlner, Johan; Andersson, Rolf G. G.; Torfgaard, Kristina; Axelsson, Krister L. (Fac. Health Sci., Univ. Hosp., S-581 85 Linkoeping, Swed.). *Pharmacol. Rev.* **1991**, 43(3), 351-423 (Eng). A review with ≈900 refs.

116: 15203f **Complications of protamine treatment. Part 2. Treatment and prevention.** Hobbhahn, J.; Habazettl, H.; Conzen, P.; Peter, K. (Inst. Anaesthesiol., Klin. Grosshadern, W-8000 Munich, 70 Germany). *Anaesthesist* **1991**, 40(8), 421-8 (Ger). A review, with 62 refs., describing therapeutic and preventive measures for protamine hypersensitivity during heparin neutralization in humans.

116: 15204g **Molecular design of fluorine-containing pharmaceuticals.** Tsuchiya, Tsutomu (Inst. Bioorg. Chem., Kawasaki, Japan 211). *Farumashia* **1991**, 27(10), 1024-8 (Japan). A review, with 5 refs., on general characteristics of fluorinated compds. including the properties of F in aliph. compds., esp., in sugars, with pharmaceutical activities. K. Sempuku

116: 15205h **Antioxidants from natural drugs.** Song, Hongtao; Guo, Tao; Mi, Heming (Coll. Pharm., 2nd Mil. Med. Univ., Shanghai, Peop. Rep. China 200433). *Zhongcaoyao* **1991**, 22(7), 331-4 (Ch). A review, with 40 refs., of the pharmacol. of antioxidants from pharmaceutical natural products e.g. flavonoids, phenols, saponins, tannins, alkaloids, vitamins, enzymes, etc.

116: 15206j **Application of phospholipids to drugs. 3.** Hara, Kenji (Kao K. K., Japan). *Yushi* **1991**, 44(9), 80-6 (Japan). The part 3 of a review, with 565 refs. (including the previous parts), of the application of phospholipids in the treatment of liver metabolic disorders.

116: 15207k **Enzymic systems in relation to bio-transformative sulfoxidation.** Paulikova, I.; Helia, O. (Farm. Fak., UK, Bratislava, Czech.). *Farm. Obz.* **1991**, 60(8), 357-61 (Slo). A review with 32 refs. on drug metab. by sulfoxidn. and on the enzymes involved.

116: 15208m **Mechanisms of acquired resistance to DNA topoisomerase I inhibitors.** Okada, Kosuke; Andoh, Toshiwo (Med. Hosp., Hiroshima Univ., Hiroshima, Japan 734). *Gan to Kagaku Ryoho* **1991**, 18(10), 1562-7 (Japan). A review with 27 refs. The mechanisms of acquired resistance to mammalian DNA topoisomerase I inhibitor camptothecin or its deriv. (CPT-11) are discussed. Tumor cell lines contg. altered or reduced topoisomerase I are described.

116: 15209n **Mechanisms of resistance to DNA topoisomerase II inhibitors.** Kohno, Kimitoshi; Takano, Hiroshi; Kuwano, Michihiko (Dep. Biochem., Oita Med. Sch., Oita, Japan 879-55). *Gan to Kagaku Ryoho* **1991**, 18(10), 1568-73 (Japan). A review with 16 refs. Cytotoxicity of anticancer drugs are dependent on cellular differences of drug transport processes, drug metab. or proliferation process including DNA synthesis. Thus, resistance to anticancer drugs is likely due to many cellular changes. Mechanisms of resistance to anticancer drugs have been studied with cells selected for their ability to grow in the presence of drugs. In this paper, the mechanisms of cellular resistance to DNA topoisomerase II inhibitors were described.

116: 15210f **New antibiotics and antiviral agents.** Fukuhara, Hiroshi; Saito, Atsushi (Sch. Med., Ryukyu Univ., Okinawa, Japan). *Med. Philos.* **1991**, 10(8), 628-35 (Japan). A review, with 19 refs., of the type and pharmacol. of new antibiotic and virucides.

CODEN: CHABA8
ISSN: 0009-2258
131 F1

Chemical Abstracts

Published by the

American Chemical Society

Volume 131

Formula Index

A–$C_{12}H_{15}NO_{15}S_2$
(Part 1 of 4 Parts)

July–December, 1999

®

A publication of
CHEMICAL ABSTRACTS SERVICE
P. O. Box 3012, COLUMBUS, OHIO 43210-0012 USA

binding of *NSC 3053* (actinomycin D)(I) [50-76-0] and N^2-substituted I analogs contg. stable nitroxide free radicals (II [70804-00-1] and III [70804-07-8]) with nucleic acids, suggest that a substitution of the piperidinoxyl group on the chromophore decreases DNA binding ability of II such that it could not be detected. In contrast, when the piperidinoxyl group is sepd. by a 3 carbon chain, III intercalates into DNA since the interaction of the peptides with the DNA grooves will not reduce the motion of the nitroxide radical so drastically. Although the binding affinity is decreased, II and III retain G-D base pair specific binding to DNA, as demonstrated by their ability to inhibit DNA-dependent *RNA polymerase* [9014-24-8] only when G-C contg. polynucleotides are used as primers. II and III bind to erythrocyte membranes and the binding sites for these compds. are located in environments are not accessible to ferricyanide ions. In addn., II appears to interact more strongly to these membranes with III. This is significant since II has considerably more antitumor activity than III. Thus, these antitumor drugs may exert their cytotoxic activities not only by binding to nucleic acids but also by modifying cell membrane functions. However, cellular differences in uptake and metab. of the compds. may also play a significant role in biol. activity.

94: 167472h **An approach to the design and synthesis of mercaptoimidazole derivatives containing oxidized sulfur based on electron affinity sensitization.** Inayama, Seiichi; Hori, Hitoshi; Ohsaka, Tetsushi; Mori, Tomoyuki; Shibata, Chieko (Sch. Med., Keio Univ., Tokyo, Japan 160). *Gann* **1981**, 72(1), 156–9 (Eng). Mercaptoimidazole derivs. (I; R = H or

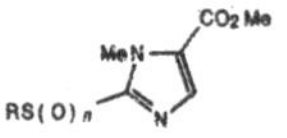

I

Me, and n = 0, 1, or 2) contg. oxidized S were designed and synthesized for screening with hypoxic radioresistant cells in place of nitroimidazoles, which are well-known radiosensitizing agents. The electron affinities of various mercaptoimidazole derivs. such as the sulfoxide and sulfone were estd. on the basis of the lowest unoccupied mol. orbital by using the CNDO/2 method. The sulfoxide and the sulfone derivs. were synthesized from the sulfide deriv. by metaperiodate oxidn. in 72% and 89% yields, resp. No appreciable activity was obsd. with these compds. upon in vitro screening, probably due to their low water-soly. Nevertheless, this approach may be useful for the development of improved radiosensitizers provided that mercaptoimidazole derivs. with adequate water-soly. can be obtained.

94: 167473j **Effects of imide analogs on enzymes required for cholesterol and fatty acid synthesis.** Hall, Iris H.; Chapman, James M.; Cocolas, George H. (Sch. Pharm., Univ. North Carolina, Chapel Hill, NC 27514 USA). *J. Pharm. Sci.* **1981**, 70(3), 326–8 (Eng). Twelve imide analogs were examd.

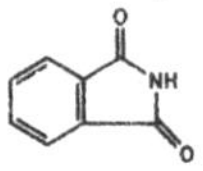
I
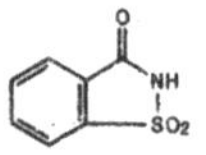
II

for their ability to lower serum cholesterol and triglyceride levels in mice. Potent activity was obsd. for compds. contg. a *phthalimide* (I) [85-41-6] or *saccharin* (II) [3783-77-5] ring structure. The ability to lower serum cholesterol appears to be related to the ability to suppress acetyl-CoA synthetase activity. The availability of acetyl-CoA in the cytoplasm is a key regulatory component for cholesterol and fatty acid synthesis. The capacity to reduce serum triglycerides was related directly to the ability of the compd. to inhibit *acetyl-CoA carboxylase* [9023-93-2] activity, the regulatory enzyme of fatty acid synthesis.

94: 167474k **Lysophosphatidic acid-induced aggregation of human and feline platelets: structure-activity relationship.** Tokumura, Akira; Fukuzawa, Kenji; Isobe, Junichi; Tsukatani, Hiroaki (Fac. Pharm. Sci., Tokushima Univ., Tokushima, Japan 770). *Biochem. Biophys. Res. Commun.* **1981**, 99(2), 391–8 (Eng). Lysophosphatidic acids induced aggregation of human and feline platelets, the activity depending on the structure of the *sn*-1-acyl moiety. A hydroxyl group at the *sn*-2 position was not necessary for the activity, but a wedge shaped structure was suitable for induction of aggregation. Almost all the lysophospholipids tested with a head-group attached to the phosphate portion had little or no activity, but the *sn*-2-acetylated analagos of these phospholipids were very active. These phospholipids with activity were suggested to induce aggregation by interaction with the same binding site on the cell surface.

94: 167475m **The use of QSAR in the synthesis of antiinflammatory arylaliphatic acids.** Kuchar, Miroslav (Res. Inst. Pharm. Biochem., 130 60 Prague, 3 Czech.). *Adv. Pharmacol. Res. Pract., Proc. Congr. Hung. Pharmacol. Soc., 3rd* 1979 (Pub. **1980**). 3(Chem. Struct.-Biol. Act. Relat., Quant. Approaches), 15-24 (Eng). Edited by Darvas, F. Pergamon: Oxford, Engl.

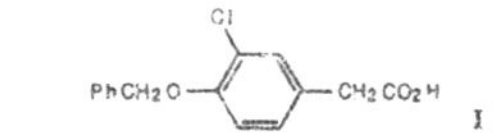

I

The quant. relationship between the in vitro and in vivo antiinflammatory activity and physicochem. properties of arylaliph. acids were examd. The activation of fibrinolysis and denaturation of serum albumin by these drugs were dependent on the lipophilicity of these agents, whereas the stabilization of the erythrocyte membrane depended on the electronic and steric effect of the substituents. The erythrocyte membrane stabilization correlated well with the antiinflammatory activity-structure relationship. The results of regression anal. of stabilizing activity of cinnamic and β-aryl-n-butyric acids were used to synthesize more potent benzyloxyarylacetic acids. With the aid of QSAR, the most active compd. of this series was found to be *benzofenac* (I) [60736-70-1].

94: 167476n **BEL FREE: a new method for predicting biological activity using indicator variables.** Darvas, F.; Rohricht, Julia; Bud..., Z.; Bordas, B. (Inst. Coordination of Comput. Tech., Budapest, Hung.). *Adv. Pharmacol. Res. Pract., Proc. Congr. Hung. Pharmacol. Soc., 3rd* 1979 (Pub. **1980**). 3(Chem. Struct.-Biol. Act. Relat., Quant. Approaches), 25–38 (Eng). Edited by Darvas, F. Pergamon: Oxford, Engl. Prediction studies on tetrahydro-1,4-benzodiazepines, cyanocyclohexylamines, and cycloalkanol ethers are briefly described. Compds. promising to be highly active were synthesized. Measured and predicted values (Free-Wilson and BEL FREE calcns.) are reported. The BEL FREE method is discussed. It consists of 3 steps: 1) calcn. of a Free-Wilson equation and selection of a compd. to be predicted; 2) stepwise elimination of those variables from the Free-Wilson equation which provide the widest confidence interval for the biol. activity of the selected compd.; 3) prediction of the biol. activity of the compd. on the basis of the confidence interval rather than on the estd. activity.

94: 167477p **QSAR of cholinergic ligand interactions.** Pratesi, P.; Villa, L.; Ferri, V.; De Micheli, C.; Grana, E.; Grieco, C.; Silipo, C.; Vittoria, A. (Inst. Pharm. Chem., Milan, Italy). *Adv. Pharmacol. Res. Pract., Proc. Congr. Hung. Pharmacol. Soc., 3rd* 1979 (Pub. **1980**). 3(Chem. Struct.-Biol. Act. Relat., Quant. Approaches), 71–8 (Eng). Edited by Darvas, F. Pergamon: Oxford, Engl. Quant. structure-activity relations (QSAR) for the interaction of rigid models of cholinergic structure with the cholinergic receptor were studied. For benzyltrimethylammonium salts, there was not only the anchoring of the cationic ending to an electronically rich binding site of the cholinergic receptor, but also an interaction with a lipophilic pocket of limited size, arranged at a suitable distance and characterized by an optimum degree of lipophilia. Comparison with pyridine and furan derivs. showed not only the existence of cooperative interactions, but also that structures with a suitable balance of steric, lipophilic, and polar characteristics allow a more complete utilization of the receptor binding site, with the result of a stabilization of its perturbation at the moment of interaction.

94: 167478q **Structure and antiarrhythmic activity of three ketophosphonium salts.** Henichart, J. P.; Houssin, R. (INSERM, F-59045 Lille, Fr.). *Experientia* **1981**, 37(3), 299–301 (Eng). Three alicyclic org. phosphonium salts with an

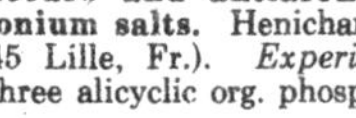
I
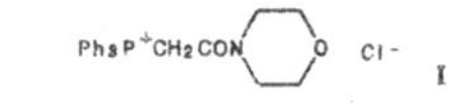
II
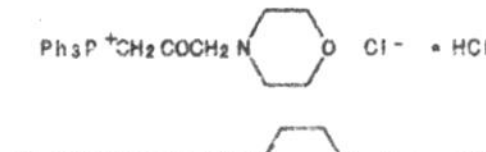
III

oxo and a morpholine group (I [60641-51-2], II [76394-50-8], and III [64502-92-7]) exhibited a substantial antiarrhythmic action. The different activity levels were tentatively related to the structural modifications that they could induce in the cardiac cell membrane. Structure activity relations are discussed.

94: 167479r **Role of terminal substituents in the pulmonary toxicity of bleomycins.** Raisfeld, Ilene H. (Health Sci. Cent., State Univ. New York, Stony Brook, NY 11794 USA). *Toxicol. Appl. Pharmacol.* **1981**, 57(3), 355–66 (Eng). When administered to mice by the intratracheal route, 6 bleomycins I [X = $NH(CH_2)_4NH_2$, $NH(CH_2)_3NH_2$, $NH(CH_2)_4NHC(:NH)NH_2$, etc.] produce pulmonary toxicity of varying severity. The terminal substituent of I apparently plays an important role in I-induced toxicity. Structure-activity relations are discussed.

CODEN: CHABA8
ISSN: 0009-2258 **130 A4**

Chemical Abstracts

Published by the

American Chemical Society

Volume 130

Author Index

Schikar...–Z

(Part 4 of 4 Parts)

January–June, 1999

A publication of

CHEMICAL ABSTRACTS SERVICE

P. O. Box 3012, COLUMBUS, OHIO 43210-0012 USA

with the C_3–sym., tribasic core leads to branched noncovalent complexes. The disk–shaped structure with its polar center makes stacking interactions possible. These were obsd. in soln., in the crystal, and in columnar liq. crystals.

130: **359565z Computer simulation studies of anisotropic systems. XXX. The phase behavior and structure of a Gay–Berne mesogen.** Bates, M. A.; Luckhurst, G. R. (Department of Chemistry and Southampton Liquid Crystal Institute, University of Southampton, Southampton, UK SO17 1BJ). *J. Chem. Phys.* **1999**, 110(14), 7087–7108 (Eng), American Institute of Physics. The Gay–Berne potential is proving to be a valuable model with which to study the behavior of liq. crystals using computer simulation techniques. The potential contains four independent parameters which control the anisotropy in the attractive and repulsive interactions. The choice of these parameters is not straightforward and it would seem that those employed in some simulations are not strictly appropriate for mesogenic rodlike mols. Here the authors report a detailed computer simulation study of Gay–Berne particles interacting via a potential parameterized to reflect the anisotropic forces based on a fit to a realistic mesogenic mol. The behavior of the phases and the transitions between them were studied for a system of 2000 particles using isothermal–isobaric Monte Carlo simulations. At low pressures, this Gay–Berne mesogen exhibits isotropic, smectic A and smectic B phases but, as the pressure is increased, so a nematic phase is added to the sequence. The nature of the phase transitions and the phase diagram are compared where possible with those of real mesogens. The structures of the four phases were studied in detail for a larger system of 16,000 particles using canonical mol. dynamics simulations at state points taken from the phase diagram detd. from the Monte Carlo simulations. A wide range of singlet and pair distribution functions were evaluated together with orientational correlation coeffs. and, for the smectic phases, a bond orientation correlation function. The results for these properties were used to identify the phases, to consider their structure at a quant. level and, where possible, to make contact with exptl. studies and the predictions of theories of liq. crystals. It would appear that with this parameterization, the Gay–Berne potential provides a powerful tool with which to understand the behavior of real liq. crystals and to test the predictions of theory.

130: **359566a Axially twisted chiral nematic structures in cylindrical cavities.** Ambrozic, M.; Zumer, S. (J. Stefan Institute, Jamova 39, Ljubljana, Slovenia SI–1000). *Phys. Rev. E: Stat. Phys., Plasmas, Fluids, Relat. Interdiscip. Top.* **1999**, 59(4), 4153–4160 (Eng), American Physical Society. Here the authors report a theor. study of chiral nematic liq. crystals, confined to cylindrical cavities with planar anchoring conditions. Three different model structures are considered: radially twisted, eccentric radially twisted, and axially twisted structure. The Frank–Oseen free energy with addnl. surface energy terms was used to find nematic director fields and free energies of the structures in different ranges of material parameters. The authors are particularly interested in the influence of chirality, anchoring strength, and the saddle–splay elastic const. on the stability regions of the described structures. For low chiralities the radially twisted structure is stable, while for high chiralities the axially twisted structure is stable. The stability region of the eccentric radially twisted structure is confined to a limited intervals of anchoring strengths and chiralities. Most of the authors' attention is devoted to details of the axially twisted structure. In the high chirality limit the axially twisted structure resembles a simpler model structure which in the authors' previous work the authors called an asym. conical structure. The tilt of the nematic director of the axially twisted structure out of the plane perpendicular to the cylinder axis is small except in the layer at the cylinder boundary. Polarization microscopy simulations of the three structures are also shown.

130: **359567b Nematic–isotropic transition in a lattice model with quenched disordered impurities: A Monte Carlo study.** Ilnytskyi, Jaroslav; Sokolowski, Stefan; Pizio, Orest (Faculty of Chemistry, Department for the Modelling of Physico–Chemical Processes, MSC University, 200–31 Lublin, Pol.). *Phys. Rev. E: Stat. Phys., Plasmas, Fluids, Relat. Interdiscip. Top.* **1999**, 59(4), 4161–4168 (Eng), American Physical Society. The authors have performed Monte Carlo (MC) simulations of the lattice model for a fluid of elongated particles, mimicking liq. cryst. behavior and of this model in the presence of disordered quenched impurities. The interparticle interaction is chosen similar to the angular dependent term of the Berne–Pechukas potential. A pronounced 1st–order nematic–isotropic transition was obtained for a bulk pure model at the value for the elongation parameter, a = 3. However, at a 5% concn. of disordered quenched impurities, the authors obsd. a very weak 1st–order transition in the simulations of the model at different sizes of the simulation vol. The authors have discussed a shift of the transition temp., a suppression of the latent heat and the maxima of the heat capacity and susceptibility due to the presence of impurities. A histogram anal. and a finite–size scaling was applied to the MC data. A comparison of the simulation data with the exptl. results for liq. crystals confined to SiO_2 aerogels and porous glasses also was performed.

130: **359568c Morphology transitions in diffusion– and kinetics–limited solidification of a liquid crystal.** Hutter, Jeffrey L.; Bechhoefer, John (Department of Physics, Simon Fraser University, Burnaby, BC Can. V5A 1S6). *Phys. Rev. E: Stat. Phys., Plasmas, Fluids, Relat. Interdiscip. Top.* **1999**, 59(4), 4342–4352 (Eng), American Physical Society. A single material can solidify into a variety of macroscopic morphologies depending on the undercooling. The manner in which one morphol. changes into another as the undercooling is varied has received inadequate exptl. attention, particularly for cases where the undercooling is large. There are two main possibilities: there can be distinct transitions, in analogy with equil. phase transitions, or there can be a continuous crossover, where one morphol. gradually transforms into the next. The authors have studied the isothermal crystn. of the liq. crystal 10OCB from its smectic–A phase. As the undercooling is varied, the authors see several sharp transitions in the growth structure, accompanied by singular points in the front velocity curve. The authors identify three types of morphol. transitions: strongly 1st order, where the front velocity is discontinuous; weakly 1st order, where the velocity curve, but not its deriv., is continuous (and the morphol. changes discontinuously); and 2nd order, which shows pretransitional effects and continuous changes in growth properties.

130: **359569d Determination of the molecular orientation of very thin films on solid substrates: surface liquid crystal layers and rubbed polyimide films.** Sakamoto, Kenji; Ito, Naoki; Arafune, Ryuichi; Ushioda, Sukekatsu (Aoba–ku, 2–1–1 Katahira, Research Institute of Electrical Communication, Tohoku University, Sendai, Japan). *Vib. Spectrosc.* **1999**, 19(1), 61–69 (Eng), Elsevier Science B.V.. The mol. orientation of very thin films on solid substrates can be detd. quant. by measuring the polarized IR absorption spectra of samples as a function of angle of incidence. The quant. mol. orientation is derived by fitting the incident angle dependence and the dichroic ratio with theor. calcns. The authors applied this method to a technol. important system: liq. crystal (LC)/rubbed polyimide film. To understand the alignment mechanism of LC mols. in contact with rubbed polyimide films, the authors have quant. detd. the mol. orientation of rubbed polyimide films and a surface LC layer in contact with a rubbed polyimide film. In this paper two relations are discussed: (1) correlation between the inclination angle of polyimide backbone structures in rubbed films and the pretilt angle of bulk LC in contact with them, and (2) relation among the mol. orientation of a rubbed polyimide film and those of surface and bulk LC layers in contact with it.

130: **359570x Orientation of liquid crystailine 5CB under an external electric field.** Ekgasit, Sanong; Fulleborn, Markus; Siesler, Heinz W. (Faculty of Science, Department of Chemistry, Chulalongkorn University, Bangkok, Thailand). *Vib. Spectrosc.* **1999**, 19(1), 85–91 (Eng), Elsevier Science B.V.. The orientation characteristics of pre–aligned liq. cryst. 5CB (4–n–pentyl–4'–cyanobiphenyl) in a Ge cell with unidirectional rubbed polyimide–coated surfaces were studied. Orientation of 5CB mols. near the polyimide surface and those representing av. properties of the system (i.e., the bulk) are compared. The orientation of the bulk was monitored by transmission FTIR spectroscopy while that of the mols. next to the surface is obsd. via attenuated total reflection (ATR) FTIR spectroscopy. There are significant differences in orientation characteristics between the two groups of mols. For mols. near the polyimide surface, there is an observable difference in orientation of the soft and hard segments of the liq. cryst. Also, they show depth dependent orientation.

130: **359571y Microscopic order parameter of two nematogenic compounds using X–rays.** Divya, A. P.; Revannasiddaiah, D.; Somashekar, R.; Madhava, M. S. (Department of Studies in Physics, University of Mysore, Mysore, 570 006 India). *Bull. Mater. Sci.* **1999**, 22(2), 129–132 (Eng), Indian Academy of Sciences. x–Ray Laue type diffraction patterns were recorded using the image plate system at different temps. in the nematic phase for two nematogenic compds. Micro-orientational order parameters were computed using different methods. These are compared with the microscopic orientational order parameters obtained from refractive index data. Higher order parameters also were computed and compared. Distribution function at various temps. for the two nematogenic compds. from Deutsch method is reported.

130: **359572z Room temperature bis–tolane liquid crystals.** Wu, Shin–Tson; Hsu, Chain–Shu; Chuang, Ya–Yuen (HRL Laboratories, Malibu, CA 90265 USA). *Jpn. J. Appl. Phys., Part 2* **1999**, 38(3B), L286–L288 (Eng), Japanese Journal of Applied Physics. Several room temp. bis–tolane liq. crystals were synthesized and their phys. properties evaluated at elevated temps. These highly conjugated liq. crystals exhibit not only high birefringence ($\Delta n > 0.4$) but also low melting temp. Their applications for flat panel displays employing light scattering or Bragg reflection and for IR spatial light modulators are emphasized.

130: **359573a On the theory of structural transformations in thin layers of ferronematics.** Zubarev, A. Yu.; Iskakova, L. Yu. (Ural State University, Yekaterinburg, Russia 620083). *Colloid J.* **1999**, 61(2), 183–189 (Eng), MAIK Nauka/Interperiodica Publishing. The Frederiks effect and corrugating effect of the free flat surface of ferronematics were studied. Probably the characteristic time of ferroparticle reorientation with respect to a liq.–cryst. solvent is very large. The anal. demonstrated that the Frederiks transition in these systems may be exhibited as a result of spatial sepn. of ferroparticles with different orientations of magnetic moments in a uniform external magnetic field. Unlike common magnetic fluids, the deformation of a free surface of such ferronematics may occur even in the absence of an external field. The crit. magnetization of a ferronematic corresponding to the loss of stability of a flat shape of its surface is calcd., and the equil. wave no. of the surface deformations is estd.

130: **359574b Convergent beam guided mode technique for use in liquid crystal studies.** Smith, N. J.; Sambles, J. R. (School of Physics, Thin Film Photonics Group, University of Exeter, Exeter, UK EX4 4QL). *J. Appl. Phys.* **1999**, 85(8, Pt. 1), 3984–3987 (Eng), American Institute of Physics. The use of a convergent beam to excite guided modes in a liq. crystal layer to det. the director profile is described. The technique has two main advantages over the conventional collimated

Chemical Abstracts——Vol. 93, No. 11——September 15, 1980

NUMERICAL PATENT INDEX

AUSTRIAN

NO.	REF.
355552	113937z
356101	114526b

BELGIAN

NO.	REF.
877609	114973v
878130	114173j
199	113972g

BRAZILIAN PEDIDO PI

NO.	REF.
78 00167	114313e
78 02773	113956e
794	114570m
78 06556	114577u
78 08202	113933v
549	114503a
621	114311c
79 00088	114541c
79 01320	113196g
79 02668	112326n
79 08335	113193d

BRITISH

NO.	REF.
1557506	114802p
1560892	113935x
893	113936y
1561648	114338a
1562855	112562m
1563202	113973h
1565365	110209c
1566731	110204x

BRITISH (AMENDED B)

NO.	REF.
1508168	114030k

BRITISH UK PATENT APPL.

NO.	REF.
2016452	114514w
2020288	114556m
2023145	114834a
146	114839f
594	114564n
598	114974w
599	114491m
603	114513v
2024821	113977n
823	114040p
824	114314f
2025406	114171g
409	113987r
410	114145b
414	114044t
416	114552g
930	114048x
934	114515x
943	114535d
953	114330h
962	114026p
2029025	112300z

CANADIAN

NO.	REF.
1071233	114162e
1075601	109859h
1076382	113194e
806	112334p
1078730	109031g

CZECHO-SLOVAKIAN

NO.	REF.
179137	114571n

EUROPEAN PATENT APPL.

NO.	REF.
3663	114154d
5746	114703g
747	114702f
6155	114139c
352	114032n
353	114033p
355	114833z
407	114516y
614	114518a
615	114307f
633	114517z
634	113942x
712	114502r
719	114031m
7486	114047w
600	114978a
609	113961c
672	114167k
673	113981j
676	109858g
930	114555k
8021	114493p
061	114125v
071	114523y
073	114522x
150	114524z
186	114567r
192	114562k
203	114506v
343	114549m
445	114159j
540	109011a
755	114527c
759	114510a
864	114569t
952	114831x
9008	114550e
206	114333m
262	113931t
429	113947c
468	114530y
822	113201e
10296	110211x
457	110203w
11174	112593x

FRENCH DEMANDE

NO.	REF.
2433013	114150z
528	114800m
2436571	110831z

GERMAN (OFFEN.)

NO.	REF.
2803127	114029e
2824386	113955d
2830766	114700d
2831852	114559q
2833140	114558p
2834455	114500p
2835157	114508x
445	114045u
2836054	114693d
085	114501q
470	114492n
2837161	114525a
2838364	114331j
437	114704h
750	114119w
2839462	114172h
931	110207a
2840467	114542d
2841237	114034q
2842284	114539h
315	114511t
715	114543e
801	114537f
2843195	114576t
767	113967j
887	114540b
957	114136z
2844398	112301a
555	113980h
880	113986q
2845974	113982k
2846148	113949e
184	113953b
2847068	113948d
069	113963e
971	114312d
2849401	112299f
2918878	114498u
2922316	114798a
2923815	114512u
2926480	114168m
2928854	114124u
855	114701e
2929758	114533b
770	114534c
2931295	114799t
2933000	110216c
2934550	114694e
2935232	114565p
2936434	114547j
2937292	112327p
867	114120q
911	114158h
2938039	112315h
646	110214a
2939510	114146c
914	114321f
965	110829e
2940133	114538g
167	114528d
2941449	114495r
551	112328q
2942375	114151a
2943192	114326m
704	113965g
2944376	114328p
2945151	113983m

GERMAN

NO.	REF.
2928483	114325k

GERMAN (EAST)

NO.	REF.
138659	114504t
770	114509y
903	114505u
983	114840z
139258	113959h
355	114130t
356	114148e
358	113958g
840	113946b
940	113934w
140056	112307g
150	112318m
198	109751s
207	114112p
251	114335p
252	114327n

HUNGARIAN TELJES

NO.	REF.
17346	114557n
835	109005b
836	109006c
914	114801n
18056	113208n

INDIAN

NO.	REF.
147013	112589a

ISRAELI

NO.	REF.
51394	114121r

JAPANESE TOKKYO KOHO

NO.	REF.
80 01035	112309j
786	112597b
80 02264	112561k
439	114832y
80 05490	112570n
80 06604	109013c
80 07218	112594y
229	112579x
80 08132	112578w
152	112316j
481	113191b
482	109002y
483	109001x
999	113954c
80 12237	112303c
402	109003z
80 16115	113203g
607	113204h

JAPANESE KOKAI TOKKYO KOHO

NO.	REF.
79 92982	114545g
79157559	114699k
79160340	114113q
79163550	114169n
553	114114r
818	109010z
80 07208	113932u
221	114975x
242	114976y
251	114310b
252	113976m
268	114548k
80 09013	114117u
039	114339t
044	114155e
045	114118v
80 11511	114143z
512	114144a
515	114309h
517	113940v
533	114122a
537	114329q
539	114116t
540	114115a
552	114156f
553	114157g
80 13215	114574r
216	114573q
230	113939b
232	108995n
240	114141x
80 15401	114324j
426	114494q
441	114317j
455	114554j
456	114566q
703	109754v
80 17362	114123t
80 19220	114579w
80 20723	114546h
741	114932f
749	113941w
755	114767f
756	114560h
80 22605	114519b
607	114561j
610	113978p
611	113984n
614	114140w
646	114497t
80 23941	109755w
80 24122	114340m
128	114189u
140	114316h
141	114315g
142	114323h
146	114830w
691	114575a
694	110206z
80 27113	114129z
154	114768g
80 28901	114553h
904	114147d
909	114164g
912	114318k
914	114126w
917	114027q
922	114496a
925	114934h
942	114127x
946	114536e
953	114191p
969	114041q
984	114190n
80 31010	114770b
011	114769h
017	114038u
018	114037t
80 33405	114520v
415	114521w
434	114936k
627	110208b
80 34029	112317k
80 35021	114108a
027	114110m
028	114109t
042	114192q
043	114706k
067	114929k
80 36420	113927w
421	113929y
422	113928x
432	113979q
447	114544f
80 37129	109753u
185	109752t
80 38301	114930d
322	114935j
345	114931e
363	114319m
804	114193r
80 40662	114837d
676	114320e
678	114334n
723	113189g
80 42270	113190a
534	112323j
535	112324k
537	112325m
550	112331k
80 43012	112302b
087	114050a
80 45320	112320f
633	113988a
640	114046v
643	113962d
80 47644	112304d
699	112305e
80 49301	109012b
322	114042r
400	114838e
80 50094	112560j
161	110221a
899	110217d
80 51028	113950y
033	113969m
055	113974j
80 52938	108707v
80 53239	114152b
240	114153c
250	114135y
80 54897	112329r
80 55104	108996p
105	109000w
80 57502	109015e
506	109014d
595	112601y
80 58459	110200t
461	110199z
80 59101	109017g
105	109016f
80 60599	112598c
847	110202v
854	110218e
855	110210w
80 61793	112319n
914	112563n
80 62095	112580r
80 64501	109019j
502	109020c
504	109004a
505	108997q
507	109018h
508	108998r
743	112571p
80 65288	113211h
289	113198j
290	113199k
80 67518	112584v
653	107429u
80 68218	113197h
245	112582t
251	112583u
259	112572q
270	112564p
272	112581s
295	112330j
297	112308h
80 69688	112567s
689	113188f
696	112588z
80 71456	112566r
464	112586x
474	112585w
475	112565q
476	112587y
689	113200d
80 74742	112591v
750	112599d
764	112596a
774	112574s
80 75988	113202f
80 77860	112576u
867	112600x
875	112575t
877	112577v

NETHERLANDS APPLICATION

NO.	REF.
78 09727	112602z
79 07318	109023f

PCT INT. APPL.

NO.	REF.
80 00574	110219f

POLISH

NO.	REF.
105820	114039v

ROMANIAN

NO.	REF.
63788	114142y
861	114332k
866	114529e
900	113944z
64112	114578v
551	113943y
664	114165h
677	114028r
65636	108708w
928	113985p
929	114138b
67297	114836c
389	114049y

SOUTH AFRICAN

NO.	REF.
78 07340	114507w
79 00599	112590u

SPANISH

NO.	REF.
476809	114933g

SWISS

NO.	REF.
614974	112306f
615157	114170f
616700	114804r
617318	108999s
574	110830y

USSR

NO.	REF.
151682	114128y
295430	114499v
594718	114697h
710515	113971f
717041	114137a
045	114322g
721000	114163f
381	113930s
407	114149f
411	114160c
413	113938a
415	114131u
419	113960b
430	114490k
433	114166j
722478	114132v
885	114111n
894	113945a
895	114133w
896	114134x
897	113968k
909	114161d
913	114696g
727626	109024g
630	114979b
644	114308g
656	114928j
729172	113195f
196	114937m
508	112332m
730682	114980v
686	114692c
689	114707m
690	109756x
732224	113192c
733595	109026j
612	112573r
657	107430n
734209	114698j
260	112333n
261	112321g
262	112322h
267	112310c
268	112311d
269	112312e
562	112559r
739041	113207m
042	113205j
043	113206k
066	114981w
103	110511v

UNITED STATES

NO.	REF.
4182862	114532a
4189431	114835b
4190586	114977z
4191549	113187e
552	114705j
691	114035r
707	114036s
767	114568s
825	114771c
4192799	110215b
4195022	114803q
030	114695f
4196133	114841a
287	114337r
297	114531z
4197324	112592w
4198351	113964f
397	109025h
412	114563m
530	113957f
4199590	114336q
4200110	110213z
434	112232d
435	110212y
501	113952a
553	114043s
592	113966h
625	110201u
651	110222b
654	109021d
664	109030f
744	114551f
750	114572p
765	113951z
4201565	109007d
868	113926v
4202356	110832a
665	110220z
4203253	109009f
892	112595z
911	113975k
927	113970e
4204837	112233e
989	112234f
4205092	112313f
096	109028m
126	111557b
4206197	109029n
284	112568t
285	112569u
4207075	112235g
091	109008e
146	110205y
330	107431p
345	112314g
4208185	112236h
405	112795q
4209531	112796r
4210437	113210g
438	113209p

U.S. PAT. APPL.

NO.	REF.
53475	109022e
83694	109027k

Obraztsy, Tovarnye Znaki **1980**, (10), 88–9. The prepn. of aliph. hydrocarbons by heating CO with steam (in the presence of a catalyst based on Fe) was improved to increase the yield of higher-mol.-wt. hydrocarbons by adding 0.5–1.8 vol.% C_2H_2 to the feed.

93: **113931t Epoxidation of olefins using in situ generated hydrogen peroxide.** Clinton, Nye Atwood (Union Carbide Corp.) **Eur. Pat. Appl. 9,262** (Cl. C07D303/04), 02 Apr 1980, US Appl. 945,548, 25 Sep 1978; 13 pp. Epoxidn. of alkenes over, e.g., $As(OEt)_3$, is improved by use of in situ generated H_2O_2 from oxidn. of hydroquinones. Thus, 1-octene in dioxane and undecane contg. durohydroquinone was epoxidized in 79% efficiency.

93: **113932u Stabilization of trifluorochloromethane.** Takaichi, Tadashi (Showa Denko K. K.) **Jpn. Kokai Tokkyo Koho 80 07,208** (Cl. C07C19/08), 19 Jan 1980, Appl. 78/78,075, 29 Jun 1978; 4 pp. F_3CCl was stabilized by addn. of vinyltoluene (I) and sorbic acid (II), Me sorbate, coumarin, PhNHNHPh, $PhNHNH_2$, H_2C:$CMeCO_2CH_2CH_2NMe_2$, H_2C:$CMeCO_2CH_2CH_2NEt_2$, or H_2C:$CMeCONH_2$. Thus, a mixt. of 50 wt. parts [MeCH(OH)CH_2]$_2NCH_2CH_2N$[$CH_2CH(OH)Me$]$_2$, 20 wt. parts F_3CCl, 0.4 wt.% I, and 0.1 wt.% II was autoclaved 30 days at 50° to give 820 ppm Cl^- ion and no turbidity. When 0.5 wt.% I and no II were added, 870 ppm Cl^- ion was detected and turbidity obsd.
K. Sempuku

93: **113933v 1,1-Dihalo-4-methyl-1,3-pentadienes.** Arlt, Dieter; Jautelat, Manfred (Bayer A.-G.) **Braz. Pedido PI 78 08,202** (Cl. C07C31/34), 07 Aug 1979, Ger. Appl. 2,756,271, 16 Dec 1977; 14 pp. R_2C:CHCH:CMe_2 (R = Cl, Br) were prepd. by treating $R^1OCH_2CMe_2CH$:CH_2 (R^1 = H, acyl) with CR_4 and decompg. $R_3CCH_2CHRCMe_2CH_2OR^1$ with base. Thus $AcOCH_2CMe_2CH$:CH_2 was treated with CCl_4 in the presence of BzOOBz to give 83% $Cl_3CCH_2CHClCMe_2CH_2OAc$ which on treatment with NaOEt gave 84% Cl_2C:CHCH:CMe_2.

93: **113934w Fluorochlorohydrocarbon compounds.** Dlaske, Rainer; Furcht, Guenther; Hannig, Heinz (VEB Chemiewerk Nuenchritz) **Ger. (East) 139,940** (Cl. C07C19/08), 30 Jan 1980, Appl. 155,846, 07 Jun 1971; 9 pp. SOF_2, inert toward F-Cl exchange with polychloroalkanes under ordinary conditions, was satisfactorily reactive at 200–400° in the presence of metal halides, esp. $SbCl_5$ or $FeCl_3$. Thus, N streams were passed through CCl_4 and SOF_2, combined, and passed over $FeCl_3$; at 300° the product mixt. (contact time ~2 min) contained 12.0 CCl_4 and 88.0% CCl_3F; at 325 the mixt. contained 4.6 CCl_4, 66.9 CCl_3F, and 28.5% CCl_2F_2; at 350° the values were, resp. 2.8, 20.4, and 76.8.

93: **113935x Method for producing dry alkyl halides.** Steele, John Mcguffin; Hanak, Frederick Mark; Panzarella, John Edward; Nino, Guillermo Jesus (Dow Chemical Co.) **Brit. 1,560,892** (Cl. C07C17/16), 13 Feb 1980, Appl. 76/37,339, 09 Sep 1976; 5 pp. The title method, which reduces the halide and aq. acid vented to the environment, comprises treating a C_{1-4} alc. with excess HX (X = halide) at 50–180° and 25–400 psig, withdrawing the vapor phase contg. alkyl halide and HX, and contacting the vapor phase with the same alkyl halide-HX liq. reflux. Thus, MeOH and HCl were fed at 9.07 and 15.8 kg/h, resp., to a reactor maintained at 120° and 150 psig. Vapor rising from the reactor was drawn through a packed column and contacted with a 2:1 reflux of dry MeCl satd. with HCl to give 4.2 kg HCl/h and 14.4 kg MeCl/h contg. 170 mol ppm H_2O and <1 mol ppm Me_2O. The reactor overflow comprising HCl, MeCl and Me_2O in H_2O was stripped to give a bottoms stream of 0.82 kg HCl/h and 5.2 kg H_2O/h contg. <1 mol ppm MeOH, MeCl and Me_2O, resp.

93: **113936y Method for drying water-wet methyl chloride.** Dow Chemical Co. **Brit. 1,560,893** (Cl. C07C17/38), 13 Feb 1980, 09 Dec 1976; 2 pp. Division of Brit. 1,560,892. The title method comprises distg. MeCl with ≥10 mol% HCl based on the total wt. of acid, H_2O and MeCl under superatm. pressure and from 100° to the azeotrope b.p. to give a bottoms stream of ≤36% aq. HCl and an overhead of MeCl and HCl contg. <400 mol ppm H_2O. Thus, effluent from the reaction of MeOH with excess HCl at 166° was fed to a 14.0-cm × 15.3-m distn. column packed with 0.5-in. saddles. The column was operated at 250 psig and 210° with a reflux condenser at 64° to give a gaseous product contg. <200 mol ppm H_2O and a bottoms stream contg. 9.95% aq. HCl.

93: **113937z Dichloroacetylated aliphatic secondary amine derivatives.** E. Gy. T. Gyogyszervegyeszeti Gyar **Austrian 355,552** (Cl. C07C103/34), 10 Mar 1980, Appl. 78/1,147, 16 Feb 1978; 7 pp. Dichloroacetamides $Cl_2CHCONR_2$ (R = e.g., allyl, Pr; R_2N = morpholino), useful as herbicides, were prepd. by reacting chloral with NaCN and R_2NH in aq. soln. Thus, treating chloral in aq. NaCN with diallylamine gave $Cl_2CHCON(CH_2CH$:$CH_2)_2$ which with $Pr_2NC(O)SEt$ gave ≤90% weed control.

93: **113938a O-Methylhydroxylamine.** Khokhlov, P. S.; Savenkov, N. F.; Sokolova, G. D. (All-Union Scientific-Research Institute of Phytopathology) **U.S.S.R. 721,413** (Cl. C07C83/00), 15 Mar 1980, Appl. 2,511,678, 27 Jul 1977. From *Otkrytiya, Izobret., Prom. Obraztsy, Tovarnye Znaki* **1980**, (10), 94. $MeONH_2$ was prepd. by neutralizing its HCl salt with ethylenediamine.

93: **113939b Isomerization of unsaturated alcohols.** Murata, Atsuo; Tsuchiya, Shuji; Suzuki, Hideo; Yamada, Shin (Nissan Chemical Industries, Ltd.) **Jpn. Kokai Tokkyo Koho 80 13,230** (Cl. C07C33/02), 30 Jan 1980, Appl. 78/85,956, 14 Jul 1978; 3 pp. Unsatd. alcs. were isomerized by heating with Group II or III metal oxides as catalysts. Thus, 30 g nerol (I) was heated with 9 g γ-Al_2O_3 4 h at 150° under N to give geraniol (II) with 25% conversion of I with 82% selectivity for II. Similarly, *trans*-2-hexenol was isomerized to *cis*-2-hexenol.
K. Sempuku

93: **113940v Methanol producing power plants.** Inaba, Hidetatsu (Hitachi Shipbuilding and Engineering Co., Ltd.) **Jpn. Kokai Tokkyo Koho 80 11,517** (Cl. C07C31/04), 26 Jan 1980, Appl. 78/83,222, 07 Jul 1978; 4 pp. A power plant capable of producing MeOH consists of a steam-driven turbine with a boiler in which natural gas or CH_4 was used as fuel, and the exhaust gas of CO_2 was combined with H in a compressor to form vaporized MeOH, which was combined with steam, cooled, and sepd. from catalysts to give aq. MeOH. Three app. diagrams were given.

93: **113941w Separation of glycols.** Shibatani, Haruo; Nakajima, Masato (Mitsubishi Petrochemical Co., Ltd.) **Jpn. Kokai Tokkyo Koho 80 20,749** (Cl. C07C31/20), 14 Feb 1980, Appl. 78/94,394, 02 Aug 1978; 5 pp. Aliph. C_{5-19} glycols were sepd. from nonglycols with similar b.p. by extg. the mixt. with solvents contg. ≥65 wt.% MeOH and ≤35 wt.% H_2O. Thus, a mixt. of 2 g 1,5-pentanediol (I) and 2 g *n*-decyl alc. was extd. with 65:35 MeOH-H_2O to sep. 69.9% (92.4% pure) I. Similarly, glycols were sepd. from the products of hydroformylation of C_{13-14} olefins.

93: **113942x Catalytic process for producing polyhydric alcohols.** Kaplan, Leonard (Union Carbide Corp.) **Eur. Pat. Appl. 6,634** (Cl. C07C29/16), 09 Jan 1980, US Appl. 920,828, 30 Jun 1978; 61 pp. Alkanepolyols were prepd. by reacting H with CO in a homogeneous liq. phase contg. a Rh carbonyl complex and a phosphine oxide compd. at 100–375° and 100–50,000 psi; the catalyst might optionally include also an amine and/or a salt. Thus, CO treated with equimolar H at 250° and 8000 psig for 4 h in sulfolane contg. 6 g $HOCH_2CH_2OH$ (I) and $Rh(CO)_2[CH(COMe)_2]$ 3.0, Ph_3PO 100, BzOCs 0.65 and 4-methylmorpholine 5.0 mmol gave 4.05 g MeOH and 11.70 g I, with 78% recovery of Rh and loss of 0.17 g I by decompn.

93: **113943y E-9-Dodecen-1-yl acetate.** Popovici, Nicolae Augustin Ion; Barabas, Andrei; Ceianu, Igor; Botar, Ana; Malos, Eugen (Institutul de Chimie Cluj) **Rom. 64,551** (Cl. C07C67/08), 23 Sep 1978, Appl. 84,814, 13 Feb 1976; 2 pp. The Grignard compd. from 7-bromo-1-heptyl 2-tetrahydropyranyl ether reacted with (*E*)-EtCH:$CHCH_2Br$ in $P(O)(NMe_2)_3$ and the product was treated with AcCl-HOAc at 30–40° to give (*E*)-EtCH:CH$(CH_2)_8$OAc.

93: **113944z 8,10-trans,trans-Dodecadien-1-ol.** Barabas, Andrei; Iacob, Maria; Goia, Ileana; Popovici, Nicolae Augustin Ioan; Malos, Eugen (Institutul de Chimie Cluj) **Rom. 63,900** (Cl. C07C33/00), 30 Sep 1978, Appl. 79/339, 28 Jun 1974; 3 pp. 6-(2-Tetrahydropyranyloxy)magnesium bromide was treated with *trans,trans*-MeCH:CHCH:$CHCH_2Br$ and Li_2CuCl_4 at -15° to yield *trans,trans*-8,10-dodecadien-1-ol.

93: **113945a Ethylene iodohydrin.** Khusid, A. Kh.; Lyubich, M. S.; Larina, S. M. (All-Union Scientific-Research Institute of the Photographic-Chemical Industry) **U.S.S.R. 722,894** (Cl. C07C31/34), 25 Mar 1980, Appl. 2,637,195, 06 Jul 1978. From *Otkrytiya, Izobret., Prom. Obraztsy, Tovarnye Znaki* **1980**, (11), 79. The title compd. was prepd. by treating ethylene chlorohydrin with NaI or KI in a mixt. of H_2O and benzene or toluene in presence of $Et_3N^+CH_2PhCl^-$.

93: **113946b Alkenols with 3 to 5 carbon atoms.** Franke, Peter; Hauthal, Hermann G.; Thieme, Helmut; Wendt, Gerhard (VEB Leuna-Werke "Walter Ulbricht") **Ger. (East) 139,840** (Cl. C07C33/02), 23 Jan 1980, Appl. 208,881, 06 Nov 1978; 6 pp. Title alkenols were prepd. by isomerization of the corresponding epoxides over Ni (II) phosphate on an inert carrier at 150–450°. Data for 6 runs with propylene oxide at 240–380° were given; the max. selectivity (73%) was obtained at 340°; the degree of conversion was 88%.

93: **113947c Functionalized undecadiene compounds containing a methylene-type substituent.** Morel, Didier (Rhone-Poulenc Industries S. A.) **Eur. Pat. Appl. 9,429** (Cl. C07C69/145), 02 Apr 1980, Fr. Appl. 78/26,509, 15 Sep 1978; 16 pp. Reaction of $RCR^1R^2CR^3$:$CR^4CR^5R^6CR^7R^8CR^9R^{10}CH$:$CR^{11}R^{12}$ [R = acyloxy, aryloxy, alkoxy, OH; R^1, R^2, R^4, R^7, R^8 (same or different) = H or alkyl; R^3, R^5, and R^6 = H or alkyl (at least one is H); R^9, R^{10}, R^{11}, R^{12} = H or alkyl (at least one is H)] with CH_2:$CR^{13}CR^{14}$:$CR^{15}R^{16}$ [R^{13}, R^{14}, R^{15}, R^{16} (same or different) = H, alkyl] was catalyzed by Rh compds. and trivalent P compds. and gave $RCR^1R^2CR^3$:$CR^4CR^5R^6CR^7R^8CR^9R^{10}C(:CR^{11}R^{12})CH_2C$=$R^{13}$:$CR^{14}CHR^{15}R^{16}$. A mixt. of $AcOCH_2CH$:$CH(CH_2)_3CH$:CH_2, CH_2:CHCH:CH_2, $RhCl_3$, and Ph_3P in EtOH was heated 6.5 h at

PATENT CONCORDANCE

Each time CAS receives a patent that corresponds to a patent for which an abstract has already been published in *CA*, it will not be abstracted but rather entered in this Concordance. No entries will be repeated from one issue to the next unless a new related patent is received, at which time the complete relationship will be printed. The Concordance is cumulated semiannually and in future collective indexes.

Column 1 lists the patents originating in the country identified in the heading. Column 2 lists other patents which cover the invention claimed by the patent listed in column 1. Column 3 gives the *CA* reference to the abstract of the patent shown in column 1. When no *CA* reference appears in column 3 no abstract has appeared specifically for that patent; in this instance, reference to the point at which the entry in column 2 appears in column 1 will provide the *CA* reference and a complete listing (in column 2) of all patents which *CA* has received that correspond to the patent first abstracted. Each of the patents listed in column 2 will be listed separately in the Concordance under the respective country with (cross) reference to the patent which was first abstracted.

References to *CA* prior to Volume 66 refer to column and fraction. References to later *CA* Volumes are to abstract number.

For a summary of *CA* patent coverage, see the introduction to the Volume *Patent Concordance*.

AUSTRALIAN

PATENT NUMBER	CORRESPONDING PATENT		CA REF. NUMBER
472031	Ger	2247599	
492025	Ger	2533930	
492181	Ger	2610503	
502042	US	4193778	
506546	US	3976637	
506933	S Afr	76 05215	
507894	Ger	2621937	
507917	Ger	2621835	
507922	Ger	2643487	
507953	Ger	2839883	
507983	Ger	2644472	
508035	Ger	2620723	
508055	US	3960616	
508077	Ger	2621690	
508162	Ger	2616399	
508163	Ger	2624130	
508181	Ger	2629889	
508237	Ger	2845829	
508239	Ger	2624967	
508241	Ger	2642147	
508260	US	3998750	
508261	Ger	2625641	
508262	Ger	2634430	
508278	Ger	2626623	
508280	Ger	2627995	
508282	Ger	2633984	
508362	Ger	2632105	
508363	Ger	2460787	
508423	Ger	2640912	
508424	Ger	2636328	
508463	Br Pl	76004365	
508544	Ger	2641219	
508559	US	4145337	
508580	Ger	2844558	
508585	Ger	2626583	
508602	Ger	2622902	
508605	Ger	2635876	
508606	Ger	2637785	
508637	Fr	2374950	
508645	Ger	2631675	
508727	Ger	2638507	
508804	Ger	2631911	
508826	Ger	2542009	
508846	Ger	2632877	
508868	Ger	2632149	
508884	Ger	2628475	
508949	Ger	2620981	
508950	Ger	2635549	
509006	Ger	2623009	
509009	Ger	2644504	
509026	Ger	2637771	
509048	Ger	2633559	
509049	Can	1070590	
509085	Ger	2615150	
509089	Ger	2633246	
509181	Ger	2541558	
509184	Ger	2628574	
509211	Ger	2634666	
509228	Ger	2613941	
509230	US	3994771	
509231	Ger	2623891	
509334	Ger	2657433	
509391	Ger	2637535	
509524	Ger	2607242	
509526	Ger	2631907	
509543	Belg	861866	
509547	Ger	2633261	
509558	Ger	2616616	

AUSTRIAN

PATENT NUMBER	CORRESPONDING PATENT		CA REF. NUMBER
314503	Ger	2138121	
315637	Ger	2214475	
315874	Ger	2141159	
316218	Ger	2261230	
316481	Ger	2141121	
316554	Ger	2164619	
318236	Ger	2057250	
318300	Ger	2223957	
318818	Ger	2132499	
319192	Ger	2165454	
319246	Ger	2164619	
319247	Ger	2164619	
320606	Ger	2235576	
320856	Ger	2109854	
320964	Ger	2301889	
321457	Ger	2143331	
321713	Ger	2064380	
321896	Ger	2163031	
322270	Ger	2260485	
322741	Ger	2143331	
323119	Ger	2165453	
323887	Ger	2109854	
323888	Ger	2109854	
323889	Ger	2109854	
323890	Ger	2109854	
323891	Ger	2109854	
323892	Ger	2109854	
325862	Fr	2121673	
326270	Ger	2158226	
327378	Ger	2304226	
328190	Ger	2245410	
328748	Ger	2227147	
329750	Ger	2412513	
331397	Ger	2364192	
331408	Ger	2323395	
331974	Ger	2422385	
332546	Ger	2434340	
332548	Ger	2412513	
333424	Ger	2323395	
334133	Ger	2551975	
334479	Ger	2261129	
334493	Ger	2513173	
334526	Ger	2412513	
334527	Ger	2412513	
334871	Ger	2439104	
335056	Ger	2412513	
335620	Ger	2417069	
335630	Ger	2415124	
336000	Ger	2500110	
336030	Ger	2423650	
336031	Ger	2423650	
336623	Ger	2407731	
337161	Ger	2500110	
337162	Ger	2500110	
337195	Ger	2451417	
337237	Ger	2411507	
337692	Ger	2444070	
337709	Ger	2451417	
337896	Ger	2514019	
338040	Ger	2547968	
338425	Ger	2434340	
338426	Ger	2434340	
338563	Ger	2456627	
339040	Ger	2502940	
339303	Ger	2460039	
339331	Ger	2512375	
339591	Ger	2502940	
339897	Neth	7608971	
339902	Ger	2501448	
340051	Ger	2547738	
340053	Ger	2434340	
340589	Ger	2519742	
340605	Ger	2415980	
340608	Ger	2330333	
340772	Ger	2328492	
341081	Ger	2516020	
341334	Ger	2328492	
341487	Ger	2552318	
341518	Fr	2267101	
341669	Ger	2517047	
341684	Ger	2336401	
341772	Ger	2435704	
342174	Ger	2513173	
342589	Ger	2461307	
342765	Ger	2534342	
342768	Ger	2537028	
342770	Ger	2515075	
343098	Ger	2528147	
343413	US	3962458	
343634	Ger	2364192	
343665	Ger	2523250	
343674	Ger	2541116	
343690	Ger	2623739	
343813	Ger	2515075	
343915	Ger	2457972	
344197	Ger	2617185	
344444	Ger	2536149	
344689	Ger	2436882	
344697	Ger	2520131	
344698	Ger	2527901	
344733	Ger	2542534	
344898	Ger	2626296	
345032	Ger	2439104	
345266	Ger	2642147	
345270	Ger	2528147	
345278	Ger	2625229	
345781	Ger	2619617	
345996	Ger	2415980	
346073	Ger	2540655	
346146	Ger	2654380	
347451	Belg	822028	
347463	Ger	2616616	
347545	Ger	2622902	
347740	Ger	2647481	
347783	Ger	2519581	
347918	Ger	2618557	
347935	Ger	2441201	
347936	Ger	2443297	
347939	Ger	2625848	
347952	Ger	2616616	
347966	Ger	2424618	
348260	Ger	2448472	
348499	US	4012405	
348501	US	4048224	
348525	Ger	2616616	
348552	Ger	2658272	
348678	Ger	2654647	
348686	Ger	2629195	
348768	Ger	2600516	
348830	Ger	2603643	
348993	Ger	2653635	
349042	Ger	2657728	
349148	Ger	2654647	
349149	Ger	2654647	
349153	Ger	2510633	
349215	Ger	2542009	
349439	US	4193778	
349453	Ger	2653635	
349458	Ger	2623077	
349461	Ger	2441202	
349477	Ger	2537673	
349481	Can	1076112	91, 123740c
349594	Ger	2611305	
349760	Ger	2540207	
350054	Ger	2635516	
350058	Ger	2639291	
350070	Ger	2716210	
350195	Ger	2606106	
350328	Ger	2643262	
350515	Ger	2634491	
350553	Ger	2444070	
350554	Ger	2444070	
350559	Ger	2710242	
350562	Ger	2655483	
350563	Ger	2655483	
350569	Ger	2627616	
350571	Ger	2627616	
350572	Ger	2627616	
350737	Ger	2538075	
350841	Ger	2643477	
351011	Belg	854488	
351012	Belg	854486	
351022	Ger	2655483	
351028	Ger	2630469	
351039	Ger	2639291	
351040	Ger	2639291	
351050	Ger	2628996	
351314	Ger	2607481	
351463	Belg	840493	
351533	US	4075230	
351544	Ger	2635516	
351556	Ger	2726114	
351675	Ger	2702954	
351858	Ger	2659172	
351863	Ger	2600799	
352117	Fr	2267101	
352124	Ger	2648427	
352136	Ger	2635516	
352138	Ger	2726394	
352280	Ger	2741066	
352281	Ger	2751395	
352400	Ger	2552174	
352465	Ger	2642147	
352493	Ger	2729286	
352720	Ger	2707746	
352722	Ger	2648427	
352736	Ger	2557425	
352751	Ger	2539963	
352853	Ger	2722636	
352873	Ger	2646004	
352875	Ger	2704104	
352917	Ger	2435331	
352918	Ger	2609154	
353251	Ger	2741764	
353261	Ger	2436882	
353271	Ger	2627616	
353282	Ger	2716838	
353546	Ger	2655407	
353750	Ger	2648562	
353795	Ger	2617205	
353804	Ger	2539963	
353986	Ger	2611162	
353987	Ger	2753791	
354078	Ger	2610422	
354981	Ger	2617288	
354987	Ger	2913347	
355005	Ger	2721185	
355011	Ger	2625242	
355030	US	4041163	
355033	Ger	2557425	
355035	Ger	2650876	
355042	Ger	2628574	
355208	Ger	2745219	
355555	Ger	2652422	
355575	Ger	2727387	
355579	Ger	2717415	
355720	Ger	2757057	
355734	Ger	2753880	
355803	Ger	2640546	
355866	Ger	2615435	
356016	Ger	2643478	
356079	US	3997540	
356103	Belg	856413	
356280	Belg	856628	
356300	Ger	2633559	
356448	Ger	2656290	
356455	Ger	2656747	
356457	Ger	2709264	
356510	Ger	2457972	
356618	Ger	2614393	
356665	Ger	2650876	
356668	Ger	2634430	
356684	Ger	2657433	
356818	Ger	2709500	
356898	Ger	2706827	
357820	Ger	2631948	
358078	Ger	2719810	
358154	Eur	5496	
358194	Ger	2538075	
358316	Ger	2650796	
358317	Br Pl	77007471	
358319	Ger	2703838	
358321	Ger	2709144	
358327	Ger	2800479	

BELGIAN

PATENT NUMBER	CORRESPONDING PATENT		CA REF. NUMBER
766345	Jpn	80 11744	
788888	Ger	2245389	
813168	Ger	2415980	
814727	Ger	2422385	
815019	Ger	2423650	
815333	Ger	2424618	
817681	Ger	2433943	
817789	Ger	2435611	
817968	Can	1034471	83, 89870t
	Fr	2239001	
	US	4165990	
	US	4207123	
818209	Ger	2434340	
818225	Ger	2435647	
818228	Ger	2437846	
818333	Ger	2436960	
818708	Ger	2438252	
818849	Ger	2439104	
819455	Ger	2441502	
819785	Ger	2451417	
820073	Ger	2446272	
820206	Ger	2444070	
821439	Ger	2448449	
821702	Ger	2451899	
822028	Aust	347451	83, 206240a
	Brit	1439089	
	Can	1038379	
	Czech	197238	
	Fr	2250526	
	Ger	2453147	
	Hung	11215	
	Isr	45950	
	Jpn K	75111066	
	Neth	7414519	
	Swiss	612429	
	USSR	615858	
	US	3963735	
822848	Ger	2456937	
823334	Ger	2456627	
823616	Ger	2461307	
824255	Ger	2500110	
824416	Ger	2502940	
824512	Ger	2500505	
824535	Ger	2501448	
824781	Ger	2501788	
824854	Ger	2502490	
824923	Ger	2504794	
825956	Ger	2507021	
826102	Ger	2410033	
827259	Ger	2513927	
827408	Ger	2514019	
827870	Fr	2267101	
827935	Ger	2516020	
827983	Ger	2516857	
828066	Ger	2517047	
828137	Ger	2516696	
828621	Ger	2520131	
828635	Ger	2519938	
828905	Ger	2518530	
828926	US	3900455	
829160	Ger	2519742	
829189	Ger	2423983	
829401	US	3950547	
829595	Ger	2523250	
830345	US	3906010	
830476	Ger	2429770	
830582	Ger	2527901	
830766	Ger	2528147	
831003	Ger	2432587	
831530	Ger	2530959	
831649	Ger	2435331	
831744	Ger	2435704	
831825	Ger	2533930	
831855	Ger	2436882	
831947	Ger	2534342	
831996	Ger	2437275	
832336	Ger	2536149	
832684	Ger	2440238	
832858	Ger	2441202	
832859	Ger	2441201	
833006	Ger	2539963	
833213	Ger	2539014	
833272	Ger	2443297	
833288	Ger	2541116	
833427	Ger	2540236	
833574	Ger	2541558	
834032	Ger	2448472	
834077	Ger	2544381	
834141	Ger	2544396	
834461	Ger	2545978	
834864	Ger	2547738	
834882	Ger	2547720	
835001	Ger	2457144	
835125	US	3945981	
835538	Ger	2454220	
835757	Ger	2552318	
836210	Ger	2457972	
836286	Jpn K	76 67282	
836384	Ger	2555568	
836413	Ger	2461949	
836568	Ger	2555209	
836691	Ger	2551975	
837438	Ger	2600516	
837926	Ger	2602495	
838096	Ger	2457144	
838198	Ger	2604278	
838277	Ger	2504659	
838298	Ger	2604047	
838500	US	3962458	
838757	US	3951981	
838758	Ger	2606106	
838923	Ger	2607418	
839187	Ger	2609154	
839191	Ger	2509251	
839380	Ger	2609889	
839459	Ger	2608514	
839517	Ger	2610422	
839533	Ger	2610503	
839610	Ger	2611305	
839804	Ger	2512375	
839837	US	3976613	
840132	Brit	1569474	87, 57382b
840431	Ger	2515075	
840450	Ger	2615349	
840470	Ger	2537028	
840493	Aust	351463	87, 11110h
	Brit	1527731	
	Can	1065508	
	Czech	194237	
	Fr	2306745	
	Jpn K	76122947	
	Neth	7603577	
	S Afr	76 01907	
	Swiss	612361	
840797	Ger	2616616	
840798	Ger	2616616	
840826	Ger	2546738	
840883	Ger	2616257	
840904	Ger	2617205	
840948	Ger	2617520	
841199	Ger	2519289	
841223	Ger	2607242	
841376	Ger	2616399	
841378	Ger	2519581	
841612	Ger	2618510	
841634	Ger	2619617	
841717	Ger	2620723	
841773	Ger	2620981	
841873	Ger	2620593	
841956	Ger	2522692	
841972	Ger	2621690	
842072	Ger	2522573	
842086	Ger	2622902	
842104	Ger	2622917	
842111	Ger	2621875	
842248	Ger	2623739	
842267	US	3969559	
842442	Ger	2624341	
842488	Ger	2623891	
842511	Ger	2623009	
842532	Ger	2623926	
842577	Ger	2625242	
842580	Ger	2625229	
842740	Ger	2625848	
842868	Ger	2625707	
842869	Ger	2625707	

Patent Concordance　*Vol. 93 No. 11, 1980*　9PC

PATENT NUMBER	CORRESPONDING PATENT		CA REF. NUMBER
2407267	US	4200453	91, 178939e
2407717	Brit	2008578	
2407905	Can	1077965	91, 124679b
2407926	Ger	2847622	
2407929	Ger	2847623	
2407934	Ger	2749640	
2407965	Ger	2847658	
2408665	Ger	2844558	
2409303	Ger	2849225	
2409322	Ger	2850210	
2409323	Ger	2850288	
2409324	Ger	2849745	
2410263	Br PI	78005390	
2410958	Belg	872626	
2411239	Belg	872620	
2411898	Ger	2756569	
2412312	Belg	872496	
2412529	Ger	2839883	
2412530	Ger	2839883	
2412531	Ger	2839883	
2412545	Ger	2802453	
2412617	Ger	2855254	
2413940	Ger	2900345	
2414181	US	4199414	
2414914	Brit	2008578	
2415165	Ger	2758871	
2415277	Br PI	79000296	
2415612	Ger	2902914	
2415648	Ger	2803104	
2416888	Ger	2904799	
2416954	S Afr	79 00536	92, 80026a
2416955	S Afr	79 00533	92, 80027b
2417510	US	4152450	
2418249	Ger	2901698	
2419945	Belg	874687	
2420537	Belg	875053	
2420538	Belg	875053	
2421556	Ger	2815287	
2421847	Ger	2913793	
2421903	Brit	2017705	
2421983	Jpn K	79150454	
2422397	Belg	875466	
2422684	Brit	2019407	
2422714	Brit	2018772	
2423446	Belg	875763	
2423487	Brit	2017087	
2423543	Belg	875527	
2424270	Ger	2916577	
2424324	Ger	2917287	
2424912	Jpn K	79144369	
2425419	Brit	2020656	
2425427	Brit	2021575	
2425880	Jpn K	79160709	
2426090	Brit	2021151	
2426274	Jpn K	79155065	93, 85245b
2426732	Brit	2021142	
2426743	Ger	2920384	
2426745	Ger	2920384	
2427094	Brit	2022413	
2427155	Eur	6056	92, 219633s
2427335	Brit	2022073	
2427337	Brit	2022090	
2427688	Span	481012	92, 225289a
2427820	Brit	2022414	93, 13092b
	Ger	2923009	
	Jpn K	79160740	
2427836	Eur	1448	
2428050	Ger	2922533	
2428621	Ger	2924275	
2429197	Jpn K	80 2659	
2429199	Brit	2023578	
2429210	Eur	6368	
2429758	Ger	2829272	
2429786	Brit	2024221	
2429787	Brit	2023580	
2429797	Belg	877197	
2430408	Eur	7205	
2430414	Brit	2024223	
2430575	Jpn K	80 8595	
2430723	Ger	2927908	
2430934	Neth	7905375	
2430937	Ger	2831496	
2430955	Brit	2025437	
2430982	Brit	2025468	
2431567	Br PI	79004486	93, 74208r
2431756	Ger	2831429	
2432015	Belg	875882	
2432041	Eur	7862	
2432330	Ger	2928869	
2432503	Brit	2020669	
2432538	Ger	2834028	
2432546	Brit	2027708	
2432557	Brit	2027745	
2432558	Eur	7883	
2432880	Ger	2930986	
2433008	Ger	2835480	
2433009	Belg	878164	
2433019	Belg	878170	
2433025	Brit	2027711	
2433164	Eur	8261	
2433191	Brit	2027923	
2433294	Ger	2933438	
2433369	Eur	8407	
2433372	Neth	7906039	
2433511	Belg	878131	
2433576	Brit	2018772	
2433583	Neth	7906111	
2433779	Ger	2932272	
2433871	Jpn K	80 28380	
2433971	Brit	2024643	
2434117	Ger	2927444	
2434181	Belg	878318	
2434229	Neth	7905736	
2434412	Ger	2934052	
2434446	Jpn K	80 30178	
2434489	US	4194062	
2434796	Ger	2935257	
2434816	US	4154930	
2434835	Jpn K	80 31900	
2434843	Jpn K	80 31889	
2434868	Ger	2933143	
2435065	Ger	2934751	
2435068	Ger	2934769	
2435211	Eur	9897	
2435253	Neth	7905166	
2435464	Brit	2027699	
2435478	Ger	2936255	
2435512	Jpn K	80 36230	
2435519	Ger	2839055	
2435539	Jpn K	80 45885	
2435945	Ger	2937290	
2435961	Ger	2936458	
2435968	Ger	2929307	
2435988	Eur	9433	
2436124	Ger	2840598	
2436125	Ger	2840598	
2436130	Ger	2936700	
2436133	Ger	2937175	
2436155	Eur	8997	
2436160	Eur	9432	
2436166	Ger	2842687	
2436169	Ger	2840120	
2436199	Ger	2840608	
2436390	Ger	2934405	
2436392	Ger	2901063	
2436478	Ger	2839759	
2436501	Eur	9442	
2436508	Ger	2935485	
2436602	Ger	2938041	
2436642	Ger	2938812	
2436757	Ger	2938421	
2436760	Ger	2936353	
2436771	Ger	2937516	
2436773	Ger	2938302	
2436774	Jpn K	80 43099	
2436794	Eur	9426	
2436798	Ger	2716838	
2436800	Ger	2937844	
2436806	Ger	2937721	
2436811	Ger	2840986	
2437066	Ger	2934299	
2437167	Eur	9616	
2437234	Ger	2939023	
2437240	Ger	2937945	
2437242	Ger	2939226	
2437384	Ger	2938966	
2437389	Ger	2938738	
2437395	Ger	2939001	
2437396	Ger	2939226	
2437408	Ger	2938571	
2437411	Ger	2938313	
2437415	Ger	2841898	
2437419	Ger	2926620	
2437425	Ger	2842186	
2437429	Eur	10467	
2437439	Ger	2938697	
2437460	Ger	2939549	
2437461	Ger	2938606	
2437857	Belg	879422	
2437858	Belg	879422	
2437859	Belg	879422	
2437864	Ger	2843383	
2437874	Ger	2843685	
2438019	Ger E	135726	
2438029	Belg	877973	
2438063	Ger	2843035	
2438065	Ger	2939335	
2438067	Jpn K	80 48239	
2438070	Ger	2939334	
2438071	Ger	2843475	
2438072	Ger	2843873	
2438079	Ger	2938896	
2438082	Ger	2939246	
2438085	Ger	2940510	
2438272	Ger	2939286	
2438478	US	4177258	
2438491	Ger	2931865	
2438625	Eur	10044	
2438628	Ger	2940689	
2438636	Ger	2937807	
2438642	Ger	2844636	
2438667	Ger	2940749	
2438687	Ger	2844167	
2438704	Ger	2844609	
2438914	Ger	2941476	
2439035	Ger	2938549	
2439182	Ger	2941080	
2439210	Ger	2942014	
2439211	Ger	2942367	
2439213	Ger	2942425	
2439214	Ger	2941997	
2439217	Ger	2939336	
2439219	Jpn K	80 54343	
2439220	Ger	2942424	
2439221	Ger	2941512	
2439223	Ger	2942376	
2439224	Ger	2941763	
2439226	Ger	2942398	
2439228	Ger	2928813	
2439229	Ger	2928810	
2439245	Ger	2941674	
2439267	Belg	879416	
2439477	Ger	2942203	
2439610	Ger	2942763	
2439662	Ger	2937982	
2439773	Ger	2846622	
2439782	Ger	2942661	
2439796	Ger	2943193	
2439797	Ger	2943380	
2439799	Ger	2943424	
2439800	Belg	879603	
2439803	Ger	2942744	
2439807	Ger	2846201	
2439808	Ger	2846149	
2439812	Ger	2942639	
2439821	Belg	879594	
2439827	Ger	2846486	
2439842	Ger	2846229	
2440080	Ger	2943435	
2440159	Ger	2944296	
2440386	Ger	2943205	
2440415	Ger	2943575	
2440433	Ger	2943606	
2440837	Ger	2923608	
2440931	Ger	2944914	
2440962	Ger	2944687	
2440963	Ger	2848559	
2440975	Ger	2943426	
2440976	Ger	2944791	
2441000	Ger	2944564	
2441004	Ger	2945345	
2441271	Ger	2944500	
2441377	Ger	2848337	
2441423	Ger	2943707	
2441471	Belg	880013	
2441582	Ger	2944482	
2441584	Ger	2850064	
2441605	Ger	2945004	
2441633	Ger	2945512	
2441638	Belg	879936	
2441650	Ger	2945962	
2441651	Belg	880005	
2441668	Ger	2945557	
2442264	Ger	2945737	
2442282	Ger	2946668	

GERMAN

PATENT NUMBER	CORRESPONDING PATENT		CA REF. NUMBER
1568043	US	3387049	
1903234	Brit	1264191	71, 114083a
	Czech	196234	
	Fr	2001241	
	Jpn	77 31387	
	Swiss	522699	
1905598	Brit	1253143	72, 20787b
	Brit	1255258	
	Brit	1260460	
	Czech	197202	
	Fr	2001791	
	Fr	2001792	
	Neth	7801458	
	S Afr	69 00866	
	S Afr	69 00984	
	Swiss	491600	
	Swiss	507647	
1935067	Swed	411771	73, 5159a
	US	3660225	
	US	3742735	
1948144	Brit	1223527	72, 121239e
	Can	957381	
	Fr	2018626	
	Ger	1967162	
	S Afr	69 05648	
	US	3641152	
1967162	Ger	1948144	
2000947	Neth	6901020	
2031871	Brit	1324197	76, 114981v
	Can	960142	
	Fr	2099212	
	Jpn	80 25165	
	US	3775537	
2036740	Brit	1314170	74, 89271n
	Fr	2056484	
	Jpn	80 25126	
	US	3937792	
2053497	Czech	196447	77, 90019e
	US	3811923	
	US	3961107	
2057250	Aust	318236	77, 75805q
	Brit	1324569	
	Fr	2115893	
	Jpn	80 4767	
	US	3772257	
2057572	Brit	1319145	75, 152909q
	Can	963620	
	Czech	196445	
	Jpn	73 20169	
	Jpn	75 3815	
	US	3770861	
2064380	Aust	321713	78, 65232g
	Brit	1381119	
	Can	960902	
	Fr	2121126	
	Jpn	80 25410	
	S Afr	71 08622	
	US	3776735	
2109854	Aust	320856	75, 150320s
	Aust	323887	
	Aust	323888	
	Aust	323889	
	Aust	323890	
	Aust	323891	
	Aust	323892	
	Brit	1321412	
	Can	960169	
	Czech	198108	
	Fr	2085702	
	S Afr	71 01262	
	US	B331417	
	US	3914157	
2115050	Brit	1353333	76, 47333v
	Jpn K	73 48600	
	US	3695925	
	US	3822327	
	US	3864156	
2119775	Brit	1380772	78, 30490n
	Fr	2134414	
	Jpn	80 25218	
	US	3875112	
2120004	Brit	1351241	76, 24716h
	Brit	1351242	
	Fr	2092923	
	Fr	2092924	
	Jpn	80 25175	
	S Afr	71 02642	
2127768	Brit	1390211	78, 128093k
	Brit	1390212	
	Can	974362	
	Can	989176	
	Czech	195668	
	Fr	2139799	
	US	3963825	
2128258	Brit	1298494	76, 59211s
	Fr	2100772	
	Jpn	80 25181	
	S Afr	71 03298	
2132499	Aust	318818	76, 123926h
	Belg	844333	
	Brit	1350295	
	Can	981581	
	Can	1060794	
	Fr	2098142	
	Jpn	80 25380	
	S Afr	76 04356	
	US	3991175	
2134518	Brit	[illegible]	78, 125836u
	Fr	2145992	
	Jpn	80 8545	
	US	3829439	
2138121	Aust	314503	78, 110868g
	Brit	1385409	
	Can	1001174	
	Fr	2147955	
	Jpn	80 25180	
	US	3959302	
2138586	Brit	1300516	76, 131504j
	Can	962192	
	Fr	2103451	
	Jpn	80 25162	
	Neth	7012460	
2141121	Aust	316481	77, 13275h
	Czech	196457	
	Fr	2108084	
	Ger E	92359	
	Rom	63592	
2141159	Aust	315874	78, 148791q
	Brit	1394135	
	Czech	198130	
	Fr	2149339	
	Jpn	76 28623	
	US	3842111	
	US	3873489	
	US	3978103	
	US	4076550	
2143331	Aust	321457	78, 159643u
	Aust	322741	
	Brit	1348984	
	Can	965089	
	Czech	194177	
	Finn	56686	
	Swiss	596226	
	USSR	640664	
2152511	Brit	1346367	77, 153901j
	Can	940920	
	Czech	196446	
	Fr	2111856	
	Swiss	564584	
	Swiss	583184	
2153232	Brit	1377223	77, 86658v
	Can	973492	
	Fr	2110070	
	Ger	2167078	
	Jpn	74 1871	
	Jpn	76 20575	
	Jpn	79 13511	
	Jpn	80 2352	
	Jpn K	73 13596	
	US	3804717	
	US	3868464	
2158226	Aust	326270	79, 45823t
	Brit	1412969	
	Can	993359	
	Czech	195670	
	Fr	2160410	
	S Afr	72 08198	
	Swiss	604727	
2159811	Brit	1402928	79, 57533m
	Fr	2161973	
	Jpn K	73 76369	
2162253	Brit	1404619	79, 81438e
	Fr	2165531	
	Jpn K	73 66590	
	US	3874592	
2163031	Aust	321896	79, 78416r
	Brit	1419977	
	Can	974540	
	Czech	195261	
	Fr	2163472	
2164619	Aust	316554	77, 139832f
	Aust	319246	
	Aust	319247	
	Brit	1374299	
	Can	990726	
	Fr	2119989	
	Jpn	73 32114	
	Jpn	80 378	
	Jpn	80 380	
	Jpn K	80 380	
	S Afr	71 08331	
	US	3846432	
2165453	Aust	323119	78, 42832p
	Can	976990	
	Czech	195663	
	Fr	2120862	
	Ital	913959	
	Jpn	77 33085	
	S Afr	71 08643	
	US	3784626	
2165454	Aust	319192	77, 115043y
	Brit	1340149	
	Can	957321	
	Czech	195664	
	Fr	2124658	
	Ital	913958	
	Jpn	78 28403	
	S Afr	71 08692	
	US	3860496	
2165455	Can	971906	77, 114010y
	Czech	195662	
	Fr	2120863	
	Ital	920557	
	Jpn	79 12456	
	Jpn K	72 12968	
	US	3816302	
2167078	Ger	2153232	
2200107	Brit	1395088	79, 137930d
	Fr	2167635	
	Jpn K	73 78231	
	US	3920632	
2201999	Dan	141785	79, 98472j
2204612	Brit	1379845	78, 5645j
	Can	1000903	
	Fr	2124463	
	Jpn K	80 89358	
	Swiss	565896	
2207909	Brit	1390381	78, 3010z
	Can	961051	
	Jpn	80 23880	
	US	3792067	
2212932	Brit	1315914	78, 4281a
	Can	982581	
	Fr	2130408	
	Jpn	80 25186	
	US	3728345	
2214475	Aust	315637	78, 36295z
	Brit	1373250	
	Can	982391	
	Czech	196450	
	Dan	140736	
	Fr	2130679	
	S Afr	72 01881	
	US	3809559	
2218097	Brit	1396941	78, 29282q
	Brit	1396942	
	Czech	197227	
	Dan	141231	
	Dan	141441	
	Fr	2133793	
	Isr	39219	
	S Afr	72 02519	
	US	4137070	
2221109	Brit	1327294	78, 43081e
	Can	982141	
	Czech	195255	
	Fr	2139847	
	Neth	7205688	
2223957	Aust	318300	78, 58102m
	Brit	1386992	
	Can	994239	
	Can	1009665	
	Czech	196508	
	Fr	2143678	
	Hung	6542	
	US	3886283	
2224300	Brit	1391678	78, 73969t
	Can	996835	
	Fr	2138912	
	S Afr	72 02758	
	Swed	414189	
2227147	Aust	328748	81, 106672h
	Brit	1385605	
	Can	1035099	
	Fr	2187844	
	Jpn	78 11033	
	Jpn K	74 69786	
	Jpn K	80 65212	
	Swed	414169	
	USSR	727132	
	US	4097423	
2229056	Brit	1400611	78, 112144s
	Can	973995	
	Fr	2141878	
	Jpn	80 25219	
	Neth	7208144	
	US	3738950	
2234283	Brit	1367903	78, 114736k
	Can	981704	
	Czech	196244	
	Fr	2145624	
	Jpn	77 10131	
	US	3876436	
2235005	Brit	1397281	78, 132713e
	Brit	1397282	
	Can	984290	
	Czech	198113	
	Fr	2146372	
	S Afr	72 04709	

2,258,366 (Cl. C 08*f*), 30 May 1974, Appl. P 22 58 366.0, 24 Nov 1972; 11 pp. Heat-stable *PVC* **[9002-86-2]** useful in compns. for bottles was prepd. in the presence of 0.1% [based on CH_2:CHCl (I)] *nopol* (6,6-dimethylbicyclo[3.1.1]hept-2-ene-2-ethanol) (II) **[128-50-7]** as stabilizer. Thus, suspension-polymn. of a mixt. of I 100.0, poly(vinylpyrrolidinone) 0.10, *tert*-Bu peroxypivalate 0.10, II 0.10, and H_2O 200.0 parts as 66° gave stabilized PVC. A molding compn. contg. this PVC had milling stability at 188° 25.0 min and turbidity 2.9° vs. 12.6 min and 5.6%, resp., for a compn. contg. no II.

106670f Propene graft polymer binders containing acids. Henman, Terence J.; Williams, Graham (Imperial Chemical Industries Ltd.) **Ger. Offen. 2,359,063** (Cl. C 08*f*), 06 Jun 1974, Brit. Appl. 54,674/72, 27 Nov 1972; 18 pp. *Maleic anhydride-propene graft copolymer* (I) **[25722-45-6]** (3.6:96.7) contg. 4% boronic, sulfonic, phosphinic, or phosphonic acids was used as a binder in 20:80 glass fiber-*polypropene* **[9003-07-0]** compns. in amts. corresponding to 0.04-0.13% (based on polymers) acid and 0.01-0.04% maleic anhydride (II) to give moldings of improved tensile strength. Thus, injection moldings (240°) from an above compn. contg. 0.1% *sulfamic acid* (III) **[5329-14-6]** and 0.01% II as I had tensile strength 903 kg/cm² vs. 763 or 511 kg/cm² for moldings contg. no III or no I and III.

106671g Microporous, opaque, insoluble, asymmetric polyimide membrane. Alegranti, Constance W. (du Pont de Nemours, E. I., and Co.) **Ger. Offen. 2,337,121** (Cl. C 08*g*), 07 Feb 1974, US Appl. 273,805, 20 Jul 1972; 59 pp. The title membranes, useful as semipermeable hollow fibers, are prepd. by cyclizing a soln. of an arom. polyamic acid by an anhydride and a tertiary amine in the presence of a nonsolvent, which is optionally the amine. Thus, a 10% DMF soln. of *4,4'-oxydianiline-pyromellitic dianhydride polymer* **[25038-81-7]** polyamic acid is coated to 0.375 mm on a glass plate which is heated 30 min at 60-70° in C_6H_6 1*M* in Ac_2O and in Et_3N to give a 0.0575 mm polyimide **[25036-53-7]** membrane having a thin surface layer with higher d.

106672h Inorganic-organic plastics. Dieterich, Dieter (Bayer A.-G.) **Ger. Offen. 2,227,147** (Cl. C 08*g*), 07 Feb 1974, Appl. P 22 27 147.2, 03 Jun 1972; 47 pp. Xerosol composites of ionomers with polysilicate gels, having good strength, flexibility, and resistance to heat and fire, are prepd. from aq. silicates contg. reactive prepolymers and ionic polymers. Thus, mixing 64 g sulfonated *4,4'-diphenylmethane diisocyanate-polyethylene glycol polymer* (I) **[37278-61-8]** (25° viscosity 7500 cP, S content 0.85%, NCO content 26%), 16 g Et_3N salt of I, 160 g soln. of 3640 g 34% *sodium silicate* **[1344-09-8]** (8.6% Na_2O, 25.4% SiO_2) and 980 g Portil A alk. Na Silicate, 9 g H_2O, and 24 g CCl_3F gives a hard, white foam with good flexural elasticity and resistance to heat and fire.

106673j Polyethers containing perfluoroalkyl groups. Meussdoerffer, Johann N.; Niederpruem, Hans; Dahmm, Manfred (Bayer A.-G.) **Ger. Offen. 2,338,740** (Cl. C 07*c*, C 08*g*, C 11*d*), 07 Feb 1974, Appl. P 22 38 740.2, 05 Aug 1972; 15 pp. The title compds. $R^1SO_2N(R^2)CO(OZ)_nOR^3$ (R^1 = C_{1-20} perfluoroalkyl; R^2 = H, alkyl, $CO_2(OZ)_nOR^3$; R^3 = alkyl, cycloalkyl, $CON(R^2)SO_2R^1$; Z = alkylene), useful as stabilizers for polyurethane foams, are prepd. by reaction of $R^1SO_2NR^2H$ with polyalkylene glycol chloroformates. Thus, stirring 250 g *polyethylene-polypropylene glycol* **[9003-11-6]** monobutyl ether chloroformate (mol. wt. ~1500, hydrolyzable Cl 2.2%), 77.4 g *perfluorooctanesulfonamide* **[754-91-6]**, 22 ml Et_3N, and 200 ml PhMe 30 min at ~80° gives an oil, hydrolyzable Cl content 0.05%, solidifying slowly to a wax. A polyester-polyurethane contg. 0.5% this product gives a fine-porous foam, while in the absence of stabilizer the foam collapses.

106674k Ester matrix with improved hydrolytic stability. Phillips, William David; Duke, Angus J.; Birrell, Raymond N. (Ciba-Geigy A.-G.) **Ger. Offen. 2,334,828** (Cl. C 08*g*, C 09*dj*), 31 Jan 1974, Brit. Appl. 32,508/72, 12 Jul 1972; 14 pp. The hydrolytic stability of polyesters, polyester-polyurethanes, ester lubricans, etc. is increased by addn. of 0.01-5% amide $(R_2^2N)_mPX(OR^1)_n$ (R^1 = C_{1-10} alkyl, C_{5-7} cycloakyl, C_{6-18} aryl; R^2 = C_{1-6} alkyl, cycloalkyl, heterocyclic ring; X = -, O, or S; *m* = 1-3; *n* = 3-*m*) or the corresponding pyroacid deriv. and, optionally, an acid acceptor. Thus, heating 5 ml functional fluid (a propylated phenol phosphate contg. 30% polypropylene) contg. 1% *hexamethylphosphoric triamide* (I) **[680-31-9]** and 0.5% *Staboxal 1* [bis(2,6-diisopropyl-4-hydroxyphenyl)carbodiimide] (II) **[52301-21-0]** and 5 ml H_2O 72 hr at 130° results in acid no. 1.37 mg KOH/g, compared with 1.50 in the absence of II and 40 in the absence of I and II.

106675m Vinyl chloride polymer foam containing silicone polymers. Nielsen, John M. (General Electric Co.) **U.S. 3,795,634** (Cl. 260-2.5P; C 08*j*), 05 Mar 1974, Appl. 250,034, 03 May 1972; 10 pp. Esters of polyethers and carboxyalkyl-terminated siloxanes were prepd. and used to control the size and uniformity of the cells of *PVC* **[9002-86-2]** foams (d. <10 lb/ft³, i.e., to prevent over-blowing. Thus, a mixt. of $MeSiCl_3$ 150, Me_2SiCl_2 2600, $Me_2SiCl(CH_2)_3CN$ 480, and water 3000 parts was heated at 70° for 2 hr, cooled, filtered to remove NH_4Cl, dried at 110°, and heated at 100° for 2 hr with 100 parts 87% H_2SO_4 to give a carboxypropyl-contg. polysiloxane which (195 parts) was heated for 8 hr under N with 450 part 50:50 *polyethylene-polypropylene glycol monobutyl ether* **[9038-95-3]** (mol. wt. 1500) and 10 parts p-$MeC_6H_4SO_3H$ in 200 parts refluxing toluene to prep. an ester. This ester (0.2 part) was mixed with PVC 100, Monoplex S-75 (plasticizer) 95, Paraplex G-62 (plasticizer) 5, and Vanstay RRZ Mark 586 (heat stabilizer) 2.5 parts, coated (50 mil) on Al, and heated at 420° F for 3 min, giving a foam (d 6 lb/ft³) having uniform and small cells and good surface appearance, compared with large irregular cells for a foam prepd. without the polysiloxane.

106676n Epoxy resin composition containing aromatic biguanides as latent curing agents. Howsam, Robert W.; Larson, Paul Alan (Dow Chemical Co.) **U.S. 3,795,657** (Cl. 260-47EN; C 08*g*), 05 Mar 1974, Appl. 282,494, 21 Aug 1972; 4 pp. *Bis(4-biguanidylphenyl)methane* (I) **[48217-04-5]**, *bis(4-biguanidyl-2-chlorophenyl)methane* **[52217-49-9]**, or a similar compd. was prepd. and used to cure epoxy resin adhesives and coatings in shorter times, compared with *dicyandiamide* (II) **[461-58-5]**. An epoxy varnish soln. contg. I had good shelf life. Thus, 15.3 lb *bis(4-aminophenyl)methane* **[101-77-9]** was dissolved at 100° in 35 lb water contg. 15.5 lb HCl, refluxed with 13 lb II for 2 hr, dild. with 100 lb water, and treated with 155 lb 5% aq. NaOH to prep. 40% I which (stoichiometric amt.) was mixed with urethane-modified diglycidyl ether of bisphenol A 10, accelerator 0.1, powd. Al 7, and colloidal silica 0.5 g and cured at 120° for 45-60 min, giving peel strength 98 psi (45 min) and lap shear strength 5200 psi (60 min). II did not cure the epoxy resin under these conditions.

106677p Foamed polystyrene materials. Asakura, Hiroshi; Takano, Koshi; Arai, Yashuaki; Kusaka, Masaharu (Denki Kagaku Kogyo K. K.; Toyo Chemical Co., Ltd.) **U.S. 3,795,729** (Cl. 264-54; B 29*df*), 05 Mar 1974, Appl. 789,511, 07 Jan 1969; 8 pp. *Polystyrene* **[9003-53-6]** contg. a foaming agent was extruded through a die having a gas discharge hole and a simple aperture which prevented irregular resin flow, foamed to a cross sectional area ≤6.5 times that of the die aperture, and forced through a sizing gate (1.5-6.5 times the area of the die aperture) while the foaming agent was still actively decompg., giving a foam (sp. gr. 0.2-0.8) having the appearance and characteristics of wood, good surface luster and smoothness, and accurate corner formation. Thus, 100 parts polystyrene and 0.5 part azodicarbonamide was kneaded at 181° (melt zone), extruded through a die (diam. 3.5 mm) at 129°, passed through a trapezoidal sizing gate (4 × 5 × 4 mm) cooled, and set to form a foam (sp. gr. 0.41).

106678q Quick-dissolving composition of water-soluble high polymer compound. Kasahara, Emiko **Japan. 73 36,167** (Cl. C 08*jbf*), 01 Nov 1973, Appl. 69 96,650, 02 Dec 1969; 2 pp. Polymers, e.g. *calcium alginate* (I) **[9005-35-0]**, *poly(acrylic acid)* **[9003-01-4]**, or *carboxymethylcellulose* **[9004-32-4]**, were made water-sol. by treating with shellac, *starch* **[9005-25-8]**, gelatin, or *agar* **[9002-18-0]**, and mixing with a similarly treated alkali metal carbonate or phosphate and a sugar, e.g. *glucose* (II) **[50-99-7]**. Thus, 1 kg I was treated with 20 g shellac soln. in 400 ml MeOH. A mixt. of *Na pyrophosphate* **[7722-88-5]** 0.2, Na decaphosphate 0.4 and *K metaphosphate* **[7790-53-6]** 0.7 kg was treated with 10 g shellac soln. in 200 g MeOH. The 2 materials were mixed with 8 kg II to give polymer which dissolved in water in 3-4 min.

106679r Colored polyethylene terephthalate molding. Chimura, Kazuya; Nakamura, Yasuo (Mitsubishi Rayon Co., Ltd.) **Japan. 73 35,351** (Cl. C 08*g*, D 01*f*), 27 Oct 1973, Appl. 69 73,255, 17 Sep 1969; 3 pp. Pigments were mixed with *poly(ethylene terephthalate)* (I) **[25038-59-9]** powder or pellets and melt-molded to give colored molded articles, fiber, or film. Thus, 2 parts *phthalocyanine blue* **[147-14-8]** and 100 parts C_6H_6 were mixed 1 hr at 79°, 20 parts I powder (20-60 mesh) was added, and the mixt. was stirred 1 hr at 79°. The colored powder obtained was mixed with 80 parts uncolored I chips, dried 10 hr at 100° in vacuo and melt-spun at 235° to give fine blue fiber.

106680j Organosol of poly(vinylidene fluoride). Segawa, Masao; Kawakami, Shinmei (Kureha Chemical Industry Co., Ltd.) **Japan. 73 35,347** (Cl. C 08*f*, C 09*d*), 27 Oct 1973, Appl. 70 28,422, 03 Apr 1970; 3 pp. Organosols having low viscosity, which could be applied to a substrate by spraying or rolling, were prepd. by adding 0.001-1.0 parts of a weakly alk. salt to 100 parts plasticized *poly(vinylidene fluoride)* (I) **[24937-79-9]**. Thus, 0.1 part *Na laurate* **[629-25-4]** was added to a 10% I latex, and the ppt. was washed and dried. The powd. I, Me iso-Bu phthalate 100, and iso-Bu_2CO 25 were mixed and ball milled 24 hr to give an organosol having viscosity 1200 cP compared to 13,500 cP for I organosol prepd. without the additive.

106681k Modified cellulose acetate articles. Wilkinson, William K. (du Pont de Nemours, E. I., and Co.) **Fr. Demande 2,183,857** (Cl. D 01*f*, C 08*b*, D 06*p*), 25 Jan 1974, US Appl. 251,119, 08 May 1972; 21 pp. Cellulose acetate fibers and films with improved basic dyeability were manufd. by inclusion of

Chemical Abstracts Vol. 138, 2003

PATENT INDEX

INTRODUCTION

The Patent Index contains information on patent documents processed by Chemical Abstracts Service (CAS) during the current week. The Patent Index includes entries for all newly abstracted patent documents on an invention, cross-references to the first-abstracted document on an invention when more than one patent document describes that invention, and a listing at the first-abstracted document on a particular invention of all patent documents related to that invention. The primary ordering of entries is alphabetical by a two-character code for the country of issue. Under each country, the patent documents are listed in numerical order.

A patent family is a collection of patent documents concerned with a particular invention. A family member is considered equivalent to the first-abstracted document if the family member and the abstracted document contain only one priority number and that number is common to both documents. Family members containing multiple priority numbers, or a single priority number which is not in common with the first-abstracted document, may not be true equivalents and are designated as such by the term "Related". Family members containing no priority information, but which are found to describe the same invention found in other family members, are termed "Nonpriority". A family may contain more than one abstracted document depending on the various relationships among family members and the order in which such family members are processed at CAS. Family information is listed only at the first-abstracted document for a family. All new entries are highlighted by boldface type.

Domestically related documents are indicated by such terms as "Division", "Continuation-in-part", "Addition", "Continuation", etc. Those countries to which international and regional patent documents and reports are applicable are designated through the use of "Elected States", "Elected Regional States", "Designated States", or "Designated Regional States".

ILLUSTRATIVE KEY

EP (European Patent Organization)

(1) → 169016 A2 (A3, B1) (Designated States:
AT, BE, CH, DE, FR, GB, IT,
LI, LU, NL, SE), 105:128365b
AT 128715 E
AU 592951 B2
CA 1261549 A1
JP 61/036223 A2 (07/094474 B4)
JP 62/255429 A2 (06/008318 B4)
(Related; Nonpriority)
US 34090 E (Reissue; Related)
US 35694 E (Reissue; Related)
US 4774228 A (Division; Related)
US 4774322 A (Continuation; Related)
US 4810691 A (Division; Related)
US 4843063 A (Continuation; Related)

JP (Japan)

(2) → 05/259487 A2 (2645953 B2) [93259487],
120:81565j
(3) → 09/302169 A2, *See* EP 806440 A2

1. Consider the European Patent Document numbered 169016 A2. The A3 and B1 following the main entry in parentheses indicate that later publication stages with the same document number have been issued. All documents "related" or "equivalent" to this first-abstracted document are indented immediately following the main entry. Austrian, Australian, Canadian, and Japanese family members (AT 128715 E; AU 592951 B2; CA 126549 A1; and JP 61/036223 A2) are priority equivalents to the first-abstracted document, EP 169016 A2. Japanese document JP 62/255429 A2 is a nonpriority equivalent as indicated by the parenthetical term "Nonpriority". Absence of a parenthetical term following a patent document number indicates that the patent is a "priority equivalent".

The Patent Index uses terms such as "related", "division", "continuation", "nonpriority", "reissue", "continuation-in-part", etc. to indicate special relationships to another patent document.

The term "related" associated with a patent document indicates that a complex relationship (multiple priority numbers, equivalent-to-equivalent situations, etc.) exists among these members of the family and the first-abstracted member of the family. Because of this complex relationship, technical content may vary considerably and several abstracts may be necessary to completely cover the technical material described in the family. US 4774322 A and US 4843063 A are continuations of another US application—i.e., they are "domestically related documents". CAS may abstract this type of document depending on the laws of each country pertaining to the addition of new technical material in such publications. EP 169016 A2 is a international-type document in which individual countries of applicability are indicated by the two-character code for the country in parentheses. US 4774228 A and US 4810691 A are divisions of another US application.

2. Consider the Japanese Patent Document numbered 05/259487 A2. The Kind of Document Code, A2, immediately following the number indicates that the document is a "Kokai Tokkyo Koho" (See the following section for a complete list of the Kind Codes). The number and Kind of Document Code *in parentheses (i.e., 2645953 B2) is another stage of publication of the first* cited document. Only the Kind of Document Code is given when the document numbers of stages are the same. The number in brackets is a Gregorian calendar version of the first Japanese document number. Both versions are used in all *CA* patent abstract headings for Japanese documents carrying the Japanese number. The *CA* abstract number is the last item after a patent document number. It consists of the volume number, an abstract number (consecutive within a volume), and a computer-generated check-letter by which each abstract number is computer-validated.

3. Consider the Japanese Patent Document numbered 09/302169 A2. The "*See*" reference to EP 806440 A2 indicates the location in the index where the *CA* abstract number and patent family information may be found.

KINDS OF DOCUMENTS COVERED

Abstract coverage of patent documents is described in the Introduction to *CA* which appears in Issue 1 of each volume. Current coverage of equivalents includes documents of chemical interest from all countries which are listed. Later stages of publication for Denmark, Finland, France, Germany, Hungary, the Netherlands, Norway, and Sweden are printed only when some other equivalent causes the family to be printed.

The country codes used in this index are identical to the ISO Alpha-2 Code contained in International Standard 3166 "Codes for the representation of names of countries", published in 1988, 3rd ed., by the International Organization for Standardization (ISO).

On 3 October 1990, the Federal Republic of Germany and the German Democratic Republic were united. DD will continue to be used to indicate applications from the former GDR.

The Kind Codes are derived from the World Intellectual Property Organization (WIPO) Permanent Committee on Patent Information (PCPI) document codes by the International Patent Documentation Center (INPADOC) in conjunction with the issuing patent offices

604998 A2 (A3, B1) (Designated States: AT, BE, CH, DE, DK, ES, FR, GB, GR, IE, IT, LI, LU, MC, NL, PT, SE), 122:58818b
AT 163399 E
AU 653298 B2
BR 93/05271 A
CA 2110878 AA (C)
CN 1094026 A (1042930 B)
ES 2112953 T3
HU 66394 A2 (218869 B)
IN 180122 A (Nonpriority)
JP 07/025802 A2
SG 87737 A1
US 5329051 A
US 5447607 A (Division)
605453 A1, *See* WO 93/04185 A1
605466 A1, *See* WO 93/03770 A1
605509 A1, *See* WO 93/06190 A1
605535 A1, *See* WO 93/06251 A1
605637 A1, *See* EP 400971 A2
605638 A1, *See* EP 400971 A2
605677 A1, *See* WO 94/02425 A2
606217 A1, *See* WO 93/00431 A1
606248 A1, *See* WO 93/07140 A1
606621 A2 (A3, B1) (Designated States: AT, BE, CH, DE, DK, ES, FR, GB, IT, LI, NL), 121:199515s
AT 224949 E
ES 2181681 T3
JP 07/000182 A2
US 5437989 A
US 5916785 A (Continuation; Related)
US 5932463 A (Continuation; Related)
607401 A1, *See* WO 94/04197 A1
608369 A1, *See* EP 416815 A2
608376 A1, *See* US 5173835 A
608789 A1 (B1) (Designated States: DE, FR, GB), 121:233887b
JP 07/048565 A2 (3394807 B2) (Related)
US 5429762 A (Related)
609003 A1, *See* US 5308731 A
609625 A1, *See* CA 2112052 AA
610289 A1, *See* WO 93/08202 A1
610335 A1, *See* WO 91/06571 A1
610446 A1, *See* WO 93/08212 A1
611218 A1 (B1, B2) (Designated States: BE, DE, ES, FR, GB, IT, NL, SE), 121:160296w
AU 660385 B2
CA 2115399 AA
CN 1100514 A (1101924 B)
ES 2124856 T3
FR 2701553 A1 (B1)
JP 06/241650 A2
US 5426947 A
ZA 94/00968 A
611306 A1, *See* WO 90/13645 A1
611376 A1, *See* WO 90/13645 A1
611378 A1, *See* WO 93/09149 A1
611986 A1 (Designated States: DE, FR, GB, NL), 122:92736h
JP 07/005642 A2 (3393264 B2)
612350 A1, *See* WO 91/17245 A1
612790 A2 (A3, B1) (Designated States: DE, FR, GB), 122:57798h
EP 992530 A1 (Designated States: DE, FR, GB; Related)
JP 06/298961 A2 (3378072 B2)
613405 A1, *See* WO 93/08926 A1
613910 A2 (B1) (Designated States: BE, CH, DE, FR, GB, IT, LI, NL), 122:315449v
DE 4306537 A1
JP 06/298865 A2 (3378639 B2)
US 5571872 A (Division; Related)
US 5583184 A (Continuation; Related)
US 5633325 A (Division; Related)
613944 A2, *See* WO 93/00431 A1
614379 A1, *See* WO 92/13572 A1
615157 A2 (A3, B1) (Designated States: DE, FR, GB, IT), 122:42632a
EP 1041432 A1 (Designated States: DE, FR, GB, IT; Related)
JP 06/266032 A2 (3393260 B2)
US 5508158 A
615544 A1, *See* WO 93/10213 A1
615963 A2 (A3, B1) (Designated States: DE, FR, GB), 121:211388n
JP 06/271358 A2 (Related)
JP 06/305837 A2 (3395247 B2) (Related)
KR 97/01266 B1 (Related)
US 5424256 A (Related)
616053 A1 (B1) (Designated States: AT, BE, CH, DE, DK, ES, FR, GB, GR, IE, IT, LI, LU, MC, NL, PT, SE), 121:215937p
AT 199413 E (Related)
CA 2119050 AA (Related)
CA 2222158 AA (C) (Related)
CZ 287924 B6 (Related)
CZ 290390 B6 (Related)
EP 1054081 A2 (A3) (Designated States: AT, BE, CH, DE, DK, ES, FR, GB, GR, IT, LI, LU, NL, SE, MC, PT, IE; Related)
ES 2155075 T3 (Related)
JP 07/011487 A2 (3009326 B2) (Related)
US 5725640 A (Division; Related)
616508 A1, *See* WO 92/22298 A1
616523 A1, *See* WO 93/11743 A1
616524 A1, *See* WO 93/11743 A1
616525 A1, *See* WO 93/11743 A1
616599 A1, *See* WO 93/12030 A1
616616 A1, *See* WO 93/12148 A1
616649 A1, *See* US 5204314 A
617128 A1, *See* WO 91/06653 A1
617666 A1, *See* WO 93/12935 A1
617719 A1, *See* WO 93/13168 A1
617791 A1, *See* WO 93/13423 A1
618831 A1, *See* WO 96/40399 A1
618905 A1, *See* WO 93/12093 A1
618925 A1, *See* WO 91/10671 A1
618973 A1, *See* WO 93/12238 A1
619321 A1, *See* WO 90/15070 A1
619324 A1, *See* WO 93/13133 A1
619524 A1 (B1) (Designated States: BE, DE, FR, GB, NL), 122:303041t
JP 06/316183 A2 (3381209 B2)
US 5639586 A (Continuation-in-part; Related), 127:101797m
619525 A1 (B1) (Designated States: BE, DE, FR, GB, NL), 122:278172b
JP 06/316181 A2 (3381207 B2)
US 5445912 A
619704 A1, *See* WO 93/08688 A1
619730 A1, *See* WO 94/08564 A1
619752 A1, *See* WO 96/40399 A1
619805 A1, *See* WO 93/11106 A1
619806 A1, *See* WO 91/18878 A1
619827 A1, *See* EP 416815 A2
619837 A1, *See* WO 91/16449 A1
619856 A1, *See* WO 93/23247 A1
620502 A1 (B1) (Designated States: BE, DE, FR, GB, NL), 122:303042u
JP 06/316182 A2 (3381208 B2)
US 5462833 A
620825 A1, *See* US 801812 A0
620828 A1, *See* WO 91/11172 A1
620850 A1, *See* WO 93/13202 A1
620860 A1, *See* WO 92/14488 A1
621028 A1, *See* EP 554890 A1
621122 A1, *See* JP 06/155470 A2
622081 A2, *See* WO 92/14488 A1
622335 A1, *See* US 5223238 A
623126 A1, *See* WO 93/14081 A1
623131 A1, *See* WO 93/14091 A1
623168 A1, *See* WO 91/06571 A1
623172 A1, *See* EP 83286 A2
623595 A1 (Designated States: AT, BE, CH, DE, DK, ES, FR, GB, GR, IE, IT, LI, LU, MC, NL, PT, SE), 122:105680n
AU 675981 B2 (Related)
AU 669432 B2 (Related)
CA 2110464 AA (Related)
CA 2122397 AA
CA 2122646 AA (Related)
CA 2130793 AA (Related), 123:199421z
CN 1109468 A (Related; Nonpriority)
EP 601459 A2 (A3) (Designated States: AT, BE, CH, DE, DK, ES, FR, GB, GR, IE, IT, LI, LU, MC, NL, PT, SE; Related), 122:240445e
EP 623596 A1 (Designated States: AT, BE, CH, DE, DK, ES, FR, GB, GR, IE, IT, LI, LU, MC, NL, PT, SE; Related), 123:227995k
EP 648780 A1 (Designated States: AT, BE, CH, DE, DK, ES, FR, GB, GR, IE, IT, LI, LU, MC, NL, PT, SE; Related)
JP 06/211894 A2 (Related)
JP 06/329627 A2
JP 06/340619 A2 (Related)
JP 07/109298 A2 (Related)
US 5583146 A (Continuation-in-part; Related), 126:104429h
US 5741792 A (Division; Related)
US 5741799 A (Division; Related)
US 6534536 B1 (Related), 138:238446t
ZA 94/01932 A (Related; Nonpriority)
623596 A1, *See* EP 623595 A1
624059 A1, *See* WO 90/15070 A1
624261 A1, *See* WO 93/15441 A1
625050 A1, *See* WO 93/09802 A2
625051 A1, *See* WO 91/09974 A1
625056 A1, *See* WO 93/11805 A1
625091 A1, *See* WO 93/15146 A1
625159 A1, *See* WO 94/06814 A1
625168 A1, *See* WO 93/15132 A1
625172 A1, *See* WO 93/15146 A1
625176 A1, *See* WO 93/16142 A1
625206 A1, *See* WO 93/15209 A1
625208 A1, *See* EP 486153 A2
625509 A1 (B1) (Designated States: AT, BE, CH, DE, DK, ES, FR, GB, GR, IE, IT, LI, LU, MC, NL, PT, SE), 122:132987z
CA 2123636 AA
JP 06/340624 A2 (3394819 B2)
US 5521199 A
625999 A1, *See* WO 93/16133 A2
626598 A2 (A3, B1) (Designated States: CH, DE, FR, GB, IT, LI, NL), 122:277669g
CA 2124416 AA
JP 06/337312 A2 (3378296 B2)
US 6235064 B1
626863 A1, *See* WO 91/04058 A2
626864 A1, *See* WO 91/04058 A2
627002 A1, *See* WO 93/17106 A1
627003 A1, *See* WO 93/13206 A1
627381 A1, *See* WO 94/12428 A1
627440 A1, *See* EP 512554 A2
628018 A1, *See* WO 93/05187 A1
628564 A1, *See* EP 512554 A2
628565 A1, *See* EP 512554 A2
628566 A1, *See* EP 512554 A2
628577 A2, *See* EP 512554 A2
628585 A2 (A3, B1) (Designated States: CH, DE, ES, FR, GB, IT, LI, NL), 123:34408n
BR 94/02182 A
ES 2104322 T3
JP 07/010968 A2 (3395023 B2)
629917 A2 (A3, B1) (Designated States: BE, DE, FR, GB, IT, NL), 123:70353z
JP 07/140665 A2 (3393919 B2) (Related)
US 5492790 A (Related)
630187 A1, *See* US 5215768 A
630229 A1, *See* DE 4230876 A1
630265 A1, *See* WO 92/13572 A1
630899 A1, *See* JP 04/226993 A2
632007 A1 (B1) (Designated States: DE, FR, GB, IT), 122:217150w
CN 1101033 A (1049649 B)
JP 06/340576 A2 (3377555 B2)
KR 125303 B1
US 5653853 A (Continuation; Related)
632068 A1 (B1) (Designated States: DE, FR, GB), 123:113991a
EP 838483 A2 (A3) (Designated States: DE, FR, GB; Related)
JP 07/002949 A2 (3380292 B2) (Related)
JP 07/196742 A2 (3350193 B2) (Related)
US 5574121 A (Related)
632327 A1 (B1) (Designated States: BE, DE, FR, GB, IT, NL, SE), 122:278149z
JP 07/295220 A2 (3279059 B2) (Related)
JP 2000/162773 A2 (3394014 B2) (Division; Related)
US 5585218 A (Related)
632723 A1, *See* WO 93/18760 A1
632806 A1, *See* WO 93/19056 A1
633030 A1 (B1) (Designated States: AT, BE, CH, DE, DK, ES, FR, GB, GR, IE, IT, LI, LU, MC, NL, PT, SE), 122:114966n
AT 179334 E (Related)
AU 722742 B2 (Related)
AU 683485 B2 (Related)
BR 94/06993 A (Related)
CA 2166459 AA (Related)
CN 1129910 A (Related)
EP 885615 A1 (B1) (Designated States: DE, ES, FR, GB, IT, NL, IE; Related)
ES 2134321 T3 (Related)
HU 74827 A2 (Related)
IL 110185 A1 (Related)
JP 2905598 B2 (08/509002 T2) (Related)
JP 11/139995 A2 (3285544 B2) (Division; Related)
JP 2002/167338 A2 (Division; Related)
US 5552133 A (Continuation-in-part; Related), 125:241961u
WO 95/01187 A1 (Designated States: AM, AT, AU, BB, BG, BR, BY, CA, CH, CN, CZ, DE, DK, ES, FI, GB, GE, HU, JP, KE, KG, KP, KR, KZ, LK, LU, LV, MD, MG, MN, MW, NL, NO, NZ, PL, PT, RO, RU, SD, SE, SI, SK, TJ, TT, UA, UZ, VN; Designated Regional States: EP(AT, BE, CH, DE, DK, ES, FR, GB, GR, IE, IT, LU, MC, NL, PT, SE); Designated Regional States: OA(BF, BJ, CF, CG, CI, CM, GA, ML, MR, NE, SN, TD, TG); Related)
ZA 94/04810 A (Related)
633721 A1, *See* WO 93/17553 A1
633795 A1, *See* WO 93/17746 A1
633870 A1, *See* WO 93/20026 A1
633871 A1, *See* WO 93/20026 A1
633951 A1, *See* WO 93/20260 A1
634484 A1 (B1) (Designated States: AT, BE, CH, DE, DK, ES, FR, GB, GR, IE, IT, LI, LU, NL, PT, SE), 123:59648d
AT 169667 E
BR 94/07274 A (Related)
CA 2167162 AA (Related)
CA 2167163 AA (Related)
CZ 288245 B6 (Related)
EP 634485 A1 (Designated States: AT, BE, CH, DE, DK, ES, FR, GB, GR, IE, IT, LI, LU, NL, PT, SE; Related)
ES 2121153 T3
HU 73058 A2 (217243 B) (Related)
JP 09/500170 T2 (Related)
JP 09/502742 T2 (Related)
US 2002/0013242 A1 (Continuation; Related)
WO 95/02677 A1 (Designated States: AM, AU, BB, BG, BR, BY, CA, CN, CZ, FI, GE, HU, JP, KE, KG, KP, KR, KZ, LK, LV, MD, MG, MN, MW, NO, NZ, PL, RO, RU, SD, SI, SK, TJ, TT, UA, US, UZ, VN; Designated Regional States: OA(BF, BJ, CF, CG, CI, CM, GA, ML, MR, NE, SN, TD, TG); Related)
ZA 94/05771 A (Related)
634485 A1, *See* EP 634484 A1
634696 A1 (B1, B2) (Designated States: DE, FR, GB, IT, NL), 123:156422h
JP 07/036189 A2 (Related)
JP 07/084359 A2 (Related)
JP 07/084361 A2 (Related)
JP 2001/305727 A2 (Division; Related)
JP 2003/098659 A2 (Division; Related)
US 5629135 A (Continuation; Related)
US 5916729 A (Division; Related)
US 6114086 A (Division; Related)
634780 A1 (B1) (Designated States: DE, FR, GB, NL), 123:44038f
JP 07/130333 A2 (3378361 B2) (Related)
634797 A2 (A3, B1) (Designated States: DE, FR, GB), 122:279985f
JP 07/078997 A2 (3287107 B2) (Related)
JP 3393449 B2 (Related)
US 5932484 A (Division; Related)
US 6150692 A (Related)
634803 A1 (B1) (Designated States: DE, FR, GB), 122:138175e
JP 07/057733 A2 (3393621 B2) (Related)
JP 08/111218 A2 (Related) [96111218], 125:91388w
US 5780185 A (Continuation-in-part; Related), 129:124871m
635017 A1, *See* WO 93/20073 A1
635044 A1, *See* WO 93/20153 A1
635046 A1, *See* WO 93/20161 A1
635057 A1, *See* WO 92/06221 A1
636183 A1, *See* WO 94/18339 A1
636225 A1, *See* EP 1120594 A2
636670 A1 (B1) (Designated States: DE, ES, FR, GB, IT, SE), 123:115577u
AT 174936 E (Related)
AT 183226 E (Related)
AT 198080 E (Related)
AT 199020 E (Related)
AT 209239 E (Related)
AT 209240 E (Related)
AT 210172 E (Related)
AU 737256 B2 (Related)
AU 714285 B2 (Related)
AU 718351 B2 (Related)
AU 733800 B2 (Related)
AU 715306 B2 (Related)
AU 690344 B2 (Related)
AU 710842 B2 (Related)
AU 703033 B2 (Related)
AU 702065 B2 (Related)
AU 702127 B2 (Related)
AU 719187 B2 (Related)
AU 727074 B2 (Related)
AU 716848 B2 (Related)
AU 721833 B2 (Related)
BR 94/02952 A
BR 95/00006 A (Related)
BR 95/05045 A (Related)
BR 95/05057 A (Related)
BR 95/05970 A (Related)

215P *Chemical Abstracts Patent Index Vol. 138, No. 16, 2003* **WO 93/04206 A1**

Related), 131:92509x
US 5935553 A (Division; Related)
US 5985246 A (Division; Related)
US 6001335 A (Division; Related)
US 6033646 A (Division; Related)
US 6039557 A (Division; Related)
US 6071495 A (Division; Related)
US 6146657 A (Division; Related)
US 6315981 B1 (Division; Related)
US 6443898 B1 (Division; Related)
US 6479034 B1 (Division; Related)
US 2002/0150539 A1 (Division; Related)
US 2003/0003055 A1 (Division; Related)
US 2003/0039613 A1 (Division; Related)
WO 91/09629 A1 (Designated States: CA, JP; Designated Regional States: EP(AT, BE, CH, DE, DK, ES, FR, GB, GR, IT, LU, NL, SE); Related)
WO 92/22247 A1 (Designated States: AU, CA, JP; Designated Regional States: EP(AT, BE, CH, DE, DK, ES, FR, GB, GR, IT, LU, MC, NL, SE); Related)
WO 94/28780 A2 (A3) (Designated States: AU, CA, CN, JP; Designated Regional States: EP(AT, BE, CH, DE, DK, ES, FR, GB, GR, IE, IT, LU, MC, NL, PT, SE); Related)
WO 94/28797 A1 (Designated States: AU, CA, CN, JP; Designated Regional States: EP(AT, BE, CH, DE, DK, ES, FR, GB, GR, IE, IT, LU, MC, NL, PT, SE); Related), 122:114999a
WO 94/28873 A1 (Designated States: AU, CA, CN, JP; Designated Regional States: EP(AT, BE, CH, DE, DK, ES, FR, GB, GR, IE, IT, LU, MC, NL, PT, SE); Related), 122:142569d
WO 94/28874 A1 (Designated States: AU, CA, CN, JP; Designated Regional States: EP(AT, BE, CH, DE, DK, ES, FR, GB, GR, IE, IT, LU, MC, NL, PT, SE); Related), 122:170195x
WO 95/15118 A1 (Designated States: AU, CA, CN, JP; Designated Regional States: EP(AT, BE, CH, DE, DK, ES, FR, GB, GR, IE, IT, LU, MC, NL, PT, SE); Related)
WO 95/24184 A1 (Designated States: AU, CA, CN, JP; Designated Regional States: EP(AT, BE, CH, DE, DK, ES, FR, GB, GR, IE, IT, LU, MC, NL, PT, SE); Related), 124:49699c
WO 96/08234 A1 (Designated States: AU, BR, CA, CN, JP, MX; Designated Regional States: EP(AT, BE, CH, DE, DK, ES, FR, GB, GR, IE, IT, LU, MC, NL, PT, SE); Related), 125:41911r
WO 96/28090 A1 (Designated States: AU, CA, CN, JP; Designated Regional States: EP(AT, BE, CH, DE, DK, ES, FI, FR, GB, GR, IE, IT, LU, MC, NL, PT, SE); Related), 125:296298p
WO 96/31196 A1 (Designated States: AU, BR, CA, CN, JP, MX, RU; Designated Regional States: EP(AT, BE, CH, DE, DK, ES, FI, FR, GB, GR, IE, IT, LU, MC, NL, PT, SE); Related), 125:339057d
WO 97/00638 A2 (A3) (Designated States: AU, BR, CA, CN, JP, MX; Designated Regional States: EP(AT, BE, CH, DE, DK, ES, FI, FR, GB, GR, IE, IT, LU, MC, NL, PT, SE); Related)
WO 97/40858 A1 (Designated States: AU, BR, CA, CN, IL, JP, KR; Designated Regional States: EP(AT, BE, CH, DE, DK, ES, FI, FR, GB, GR, IE, IT, LU, MC, NL, PT, SE); Related), 128:16435t

92/22554 A1, *See* EP 518805 A1
92/22641 A1, *See* EP 83286 A2
92/22651 A1, *See* WO 91/10671 A1
92/22805 A1 (Designated States: JP, US; Designated Regional States: EP(AT, BE, CH, DE, DK, ES, FR, GB, GR, IT, LU, MC, NL, SE)), 119:240654k
EP 542962 B2 (Designated States: CH, DE, FR, GB, LI, NL; Related)
JP 3377209 B2 (Related)
ZA 92/04145 A

93/00431 A1 (Designated States: AU, CA, FI, JP, KR, NO; Designated Regional States: EP(AT, BE, CH, DE, DK, ES, FR, GB, GR, IT, LU, MC, NL, SE)), 118:141194h
AT 170562 E
AU 701310 B2 (Related)
AU 661854 B2 (Related)
AU 682325 B2 (Related)
AU 696664 B2 (Related)
CA 2110518 AA
CA 2113744 AA (Related), 121:272171h
CA 2146895 AA (Related), 124:229983z
CA 2181394 AA (Related)
EP 606217 A1 (B1) (Designated States: AT, BE, CH, DE, DK, ES, FR, GB, GR, IT, LI, LU, MC, NL, SE; Related)
EP 613944 A2 (A3) (Designated States: AT, BE, CH, DE, DK, ES, FR, GB, GR, IE, IT, LI, LU, MC, NL, PT, SE; Related)
EP 682039 A1 (Designated States: AT, BE, CH, DE, DK, ES, FR, GB, GR, IE, IT, LI, LU, MC, NL, PT, SE; Related)
EP 757099 A2 (A3) (Designated States: AT, BE, CH, DE, DK, ES, FI, FR, GB, GR, IE, IT, LI, LU, MC, NL, PT, SE; Related), 126:185039f
ES 2123001 T3
IL 108374 A1 (Related)
JP 07/069914 A2 (Related)
JP 08/047391 A2 (Related)
JP 09/202800 A2 (Related)
JP 2002/003399 A2 (Division; Related)
JP 2002/017349 A2 (Division; Related)
JP 2003/096097 A2 (Division; Related)
US 5434131 A (Division)
US 5770197 A (Continuation−in−part), 129:90456n
US 5773253 A (Continuation−in−part; Related), 129:94460g
US 5844095 A (Continuation−in−part; Related), 130:51347d
US 5851795 A (Division; Related)
US 5885579 A (Division; Related)
US 5885796 A (Division; Related)
US 5968510 A (Division; Related)
US 5977318 A (Division; Related)
US 6090914 A (Continuation−in−part; Related), 133:118942b
ZA 92/04782 A

93/01202 A1, *See* WO 89/03837 A1
93/01275 A1, *See* WO 96/09543 A1
93/02184 A1 (Designated States: AT, AU, BB, BG, BR, CA, CH, CS, DE, DK, ES, FI, GB, HU, JP, KP, KR, LK, LU, MG, MN, MW, NL, NO, PL, RO, RU, SD, SE, US; Designated Regional States: EP(AT, BE, CH, DE, DK, ES, FR, GB, GR, IT, LU, MC, NL, SE); Designated Regional States: OA(BF, BJ, CF, CG, CI, CM, GA, ML, MR, SN, TD, TG)), 118:189962j
AU 651727 B2 (Related)
EP 595935 A1 (B1) (Designated States: AT, BE, CH, DE, DK, ES, FR, GB, GR, IT, LI, LU, MC, NL, SE; Related)
EP 1207203 A2 (Designated States: AT, BE, CH, DE, DK, ES, FR, GB, GR, IT, LI, LU, NL, SE, MC; Related)
EP 1298211 A2 (Designated States: AT, BE, CH, DE, DK, ES, FR, GB, GR, IT, LI, LU, NL, SE, MC; Related)

93/02690 A1 (Designated States: CA, JP; Designated Regional States: EP(AT, BE, CH, DE, DK, ES, FR, GB, GR, IT, LU, MC, NL, SE)), 118:183409n
AT 225397 E (Related)
EP 600930 A1 (B1) (Designated States: AT, BE, CH, DE, DK, ES, FR, GB, GR, IT, LI, LU, MC, NL, SE; Related)
EP 1298203 A2 (Designated States: AT, BE, CH, DE, DK, ES, FR, GB, GR, IT, LI, LU, NL, SE, MC; Related)
JP 06/510903 T2 (Related)
US 5538854 A (Continuation−in−part; Related), 125:140539g

93/03061 A1 (Designated States: CA, JP, US; Designated Regional States: EP(AT, BE, CH, DE, DK, ES, FR, GB, GR, IT, LU, MC, NL, SE)), 119:64914j
AT 191501 E (Related)
CA 2092542 AA (Related)
EP 550769 A1 (B1) (Designated States: AT, BE, CH, DE, DK, ES, FR, GB, GR, IT, LI, LU, MC, NL, SE; Related)
ES 2143990 T3 (Related)
JP 3395181 B2 (Related)
US 6221359 B1 (Related)

93/03145 A1, *See* EP 83286 A2
93/03189 A2 (A3) (Designated States: AT, AU, BB, BG, BR, CA, CH, CS, DE, DK, ES, FI, GB, HU, JP, KP, KR, LK, LU, MG, MN, MW, NL, NO, PL, RO, RU, SD, SE, US; Designated Regional States: EP(AT, BE, CH, DE, DK, ES, FR, GB, GR, IE, IT, LU, MC, NL, SE); Designated Regional States: OA(BF, BJ, CF, CG, CI, CM, GA, ML, MR, SN, TD, TG)), 118:172970n
AU 669852 B2 (Related)
BR 92/06327 A (Related)
EP 604452 A1 (B1, B2) (Designated States: NL, SE; Related)
IN 180821 A
JP 06/509390 T2 (Related)
US 5685893 A (Continuation−in−part; Related), 128:24557z

93/03190 A2 (A3) (Designated States: AT, AU, BB, BG, BR, CA, CH, CS, DE, DK, ES, FI, GB, HU, JP, KP, KR, LK, LU, MG, MN, MW, NL, NO, PL, RO, RU, SD, SE, US; Designated Regional States: EP(AT, BE, CH, DE, DK, ES, FR, GB, GR, IE, IT, LU, MC, NL, SE); Designated Regional States: OA(BF, BJ, CF, CG, CI, CM, GA, ML, MR, SN, TD, TG)), 118:172969u
AU 664709 B2 (Related)
BR 92/06328 A (Related)
EP 596992 A1 (B1) (Designated States: AT, BE, CH, DE, DK, ES, FR, GB, GR, IE, IT, LI, LU, MC, NL, SE; Related)
IN 180770 A
JP 06/509391 T2 (Related)
US 5435834 A (Related)

93/03760 A1 (Designated States: AT, AU, BB, BG, BR, CA, CH, CS, DE, DK, ES, FI, GB, HU, JP, KP, KR, LK, LU, MG, MN, MW, NL, NO, PL, *RO, RU*, SD, SE; Designated Regional States: EP(AT, BE, CH, DE, DK, ES, FR, GB, GR, IE, IT, LU, MC, NL, SE); Designated Regional States: OA(BF, BJ, CF, CG, CI, CM, GA, ML, MR, SN, TD, TG)), 118:232267a
AT 140238 E (Related)
AT 144144 E (Related)
AT 213166 E (Related)
AU 717395 B2 (Related)
BR 96/08535 A (Related)
CA 2076744 AA (Related)
CA 2116348 C (Related)
CA 2221242 AA (Related)
CN 1190349 A (Related)
EP 529584 A2 (A3, B1) (Designated States: AT, BE, CH, DE, DK, ES, FR, GB, GR, IE, IT, LI, LU, NL, PT, SE; Related), 118:240921z
EP 601062 A1 (B1, B2) (Designated States: AT, BE, CH, DE, DK, ES, FR, GB, GR, IE, IT, LI, LU, MC, NL, SE; Related)
EP 830142 A1 (B1) (Designated States: AT, BE, CH, DE, DK, ES, FR, GB, GR, IT, LI, LU, NL, SE, MC, PT, IE, FI; Related)
ES 2065303 T3 (Related)
ES 2089316 T3 (Related)
ES 2170234 T3 (Related)
HU 62323 A2 (216311 B) (Related)
HU 69800 A2 (217105 B) (Related)
JP 05/276940 A2 (2750557 B2) (Related)
JP 08/295636 A2 (Division; Related)
JP 11/505248 T2 (Related)
PL 169932 B1 (Related)
PL 169952 B1 (Related)
RU 2166327 C2 (Related)
US 5476778 A (Continuation; Related)
US 5677429 A (Division; Related)
US 5683865 A (Continuation; Related)
US 5840563 A (Continuation; Related)
US 5846805 A (Continuation−in−part; Related)
US 5989563 A (Continuation; Related)
US 6080570 A (Continuation; Related)
US 6110468 A (Continuation; Related)
US 6241990 B1 (Continuation; Related)
US 2001/0021383 A1 (6498008 B2) (Continuation; Related)
WO 93/06211 A1 (Designated States: AT, AU, BB, BG, BR, CA, CH, CS, DE, DK, ES, FI, GB, HU, JP, KP, KR, LK, LU, MG, MN, MW, NL, NO, PL, RO, RU, SD, SE; Designated Regional States: EP(AT, BE, CH, DE, DK, ES, FR, GB, GR, IE, IT, LU, MC, NL, SE); Designated Regional States: OA(BF, BJ, CF, CG, CI, CM, GA, ML, MR, SN, TD, TG); Related)
WO 96/36356 A1 (Designated States: AL, AM, AT, AU, AZ, BB, BG, BR, BY, CA, CH, CN, CZ, DE, DK, EE, ES, FI, GB, GE, HU, IS, JP, KE, KG, KP, KR, KZ, LK, LR, LS, LT, LU, LV, MD, MG, MK, MN, MW, MX, NO, NZ, PL, PT, RO, RU, SD, SE, SG, SI; Designated Regional States: EP(AT, BE, CH, DE, DK, ES, FI, FR, GB, GR, IE, IT, LU, MC, NL, PT, SE); Designated Regional States: OA(BF, BJ, CF, CG, CI, CM, GA); Related), 126:65367q

93/03770 A1 (Designated States: AT, AU, BB, BG, BR, CA, CH, CS, DE, DK, ES, FI, GB, HU, JP, KP, KR, LK, LU, MG, MN, MW, NL, NO, PL, RO, RU, SD, SE; Designated Regional States: EP(AT, BE, CH, DE, DK, ES, FR, GB, GR, IE, IT, LU, MC, NL, SE); Designated Regional States: OA(BF, BJ, CF, CG, CI, CM, GA, ML, MR, SN, TD, TG)), 119:40968d
AT 221913 E (Related)
EP 605466 A1 (B1) (Designated States: AT, BE, CH, DE, DK, ES, FR, GB, GR, IE, IT, LI, LU, MC, NL, SE; Related)
EP 1271146 A1 (Designated States: AT, BE, CH, DE, DK, ES, FR, GB, GR, IT, LI, LU, NL, SE, MC, IE; Related)
ES 2181677 T3
US 5654415 A (Division)

93/04108 A1, *See* US 5057597 A
93/04185 A1 (Designated States: AU, CA, FI, JP, NO, US; Designated Regional States: EP(AT, BE, CH, DE, DK, ES, FR, GB, GR, IE, IT, LU, MC, NL, SE)), 119:7324t
AT 147435 E
AU 675205 B2 (Related)
CA 2115164 C (Related)
EP 605453 A1 (B1) (Designated States: AT, BE, CH, DE, DK, ES, FR, GB, GR, IE, IT, LI, LU, MC, NL, SE; Related)
ES 2098527 T3
FR 2680373 A1 (B1)
JP 07/501208 T2 (Related)
JP 3370670 B2 (Related)
US 5773256 A (Division; Related)

93/04206 A1 (Designated States: AU, CA, JP, KR, US; Designated Regional States: EP(AT, BE, CH, DE, DK, ES, FR, GB, a low-level expression construct for an inosine monophosphate dehydrogenase gene. Inosine is useful in manufg. the flavoring agent 5'-inosinic acid (5'-IMP). Prepn. of a B. subtilis mutant NA6301 that produced inosine 22 mg/mL was demonstrated.

119: 7317t **Purification of streptolysin O by hydrophobic interaction chromatography.** Althaus, Harald; Merle, Peter (Behringwerke Aktiengesellschaft) **Eur. Pat. Appl. EP 536,564** (Cl. C07K3/18), 14 Apr 1993, DE Appl. 4,133,707, 11 Oct 1991; 5 pp. Streptolysin O is purified using hydrophobic interaction chromatog. in the presence of a thiol.

119: 7318u **Manufacture of 3-hydroxybutyric acid-4-hydroxybutyric acid copolyesters with Alcaligenes.** Nozawa, Seiichi; Noguchi, Hiroshi; Mizuno, Sumiko; Ishii, Yukiko (Mitsubishi Chem Ind) **Jpn. Kokai Tokkyo Koho JP 05 64,591 [93 64,591]** (Cl. C12P7/62), 19 Mar 1993, Appl. 91/226,244, 05 Sep 1991; 6 pp. 3-Hydroxybutyric acid-4-hydroxybutyric acid copolymer (I), useful for medical goods, sustained-release pharmaceutical and agrochem. prepns., etc., is manufd. by culturing *Alcaligenes* sp. The O-transfer coeff. (KLa) was controlled at 10–250 h^{-1} at the early stage and 30–300 at the later stage of culture. Moreover, the N was restricted at the late stage of culture. Culture of *Alcaligenes eutrophus* was shown. From 15-L culture broth, I 72 g was recovered.

119: 7319v **Purification of Escherichia coli enterotoxins and preparation of a conjugate.** Gnatenko, Grigorij V.; Sukharev, Yurij S. (Uk niiex veterinarii) **U.S.S.R. SU 1,750,690** (Cl. A61K39/108), 30 Jul 1992, Appl. 4,788,233, 19 Dec 1989. From *Izobreteniya* **1992,** (28), 37. Conjugates of the Escherichia coli heat-labile and heat-stable enterotoxin are prepd with increased immunogenicity by a quicker and simpler process than the prior art. Culture supernatants from overnight cultures (18–24 h) in a defined medium (compn. given) is split into two parts. The heat-labile toxin is pptd. from one fraction with $(NH_4)_2SO_4$ at [illegible]–65% satn. and the heat-stable form is pptd. from the other with $(NH_4)_2SO_4$ at 85–90% satn.; ppts are left to form for 18–20 h at 2–4° whilst being shaken. The ppts. are recovered and the heat stable toxin redissolved in water (0.1 vol) and the heat labile form is redissolved in 0.05 M Tris HCl (0.1 vol). The redissolved ppts. are dialyzed against neutral phosphate buffer. The toxins are then conjugated with glutaraldehyde and dialyzed extensively against phosphate and Tris buffers and made 10 g/L in bovine serum albumin.

119: 7320p **Alcohol dehydrogenase and its manufacture with Pseudogluconobacter.** Oka, Masahide; Yamaguchi, Takamasa; Nogami, Ikuo (Takeda Chemical Industries Ltd) **Jpn. Kokai Tokkyo Koho JP 05 68,542 [93 68,542]** (Cl. C12N9/04), 23 Mar 1993, Appl. 91/233,081, 12 Sep 1991; 12 pp. NAD-independent alc. dehydrogenase (I), which catalyzes the oxidn. of CH_2OH into CHO and has rare earth metals in the mol., is manufd. by culturing I-producing *Pseudogluconobacter* or its mutants and subsequent isolation of I. *P. saccharoketogenes* IFO14484 (FERM BP-1130) was shake-cultured in a medium contg. sorbitol, yeast ext., and peptone at 30° for 2 days, shake-cultured in the same medium at 28° for 2 days, aerobically cultured in a medium contg. yeast ext., peptone, $LaCl_3$, and Actcol at 30° for 3 days, centrifuged, and the cells were processed to manuf. I (~50 U/mg protein). The physicochem. properties of I are given.

119: 7321q **Alcohol dehydrogenase and its manufacture with Pseudomonas.** Adachi, Kazuo; Sanada, Hiroyuki; Sotozono, Katsuhiro; Shinegawa, Emiko; Ameyama, Minoru; Matsushita, Kazunobu (Toyo Boseki) **Jpn. Kokai Tokkyo Koho JP 05 68,543 [93 68,543]** (Cl. C12N9/04), 23 Mar 1993, Appl. 91/261,025, 11 Sep 1991; 11 pp. Alc. dehydrogenase (I), having specific activity against $C_{\geq 3}$ straight-chain aliph. alcs., arom. alcs., and $C_{\geq 1}$ aldehydes, having less activity against ethanol, and having practically no activity against MeOH and polyethylene glycol, is manufd. by culturing *Pseudomonas* sp. *Pseudomonas* sp. TE3493 (FERM P-12298) was cultured in a medium contg. polypeptone, yeast ext., and NaCl at 30° and pH 7.0 for 2 days and aerobically cultured in a medium contg. *n*-octanol, yeast ext., and salts at 30° and pH 7.0 for 36 h to manuf. 72 U/mL I in the supernatant. The physicochem. properties of I and the microbial properties of the *Pseudomonas* are also given.

119: 7322r **Aminopeptidase and its fermentative manufacture.** Kato, Yutaka; Nishimura, Toshihide; Okya, Akihiro; Kato, Hiromichi (Soda Aromatic) **Jpn. Kokai Tokkyo Koho JP 05 68,550 [93 68,550]** (Cl. C12N9/48), 23 Mar 1993, Appl. 91/308,551, 12 Sep 1991; 10 pp. Aminopeptidase (I), which releases amino acids from the N-terminal of peptides and has wide substrate specificity, is manufd. by culturing I-producing microorganisms in nutrient broth and sepn. of I from the culture medium or the supernatant of the culture medium. *Pseudomonas chlororaphis* IAM12354[t] was stationary cultured in a 3 L medium contg. peptone, meat ext., and NaCl at 25° and for 8 days, centrifuged, and the supernatant was processed to manuf. 5.0557 U I. The properties of the enzyme are also given.

119: 7323s **Manufacture of lysine-ε-peptides with serine protease.** Kitaguchi, Hiroshi (Fuji Photo Film Co., Ltd.) **Jpn. Kokai Tokkyo Koho JP 04,299,988 [92,299,988]** (Cl. C12P21/02), 23 Oct 1992, Appl. 91/62,149, 26 Mar 1991; 7 pp. Lysine-ε-peptides are manufd. by treatment of lysine or its derivs. with substrate esters in the presence of serine protease (subtilisin BPN', proteinase K, and alk. protease) of *Bacillus amyloliquefaciens*, *Tritirachium album*, and *Streptomyces griseus*. *N*-Acetyl-L-Phe-OEt was treated with L-lys-OCMe₃ and protease of *S. griseus* in DMF-contg. buffer soln. at 30° for 5 min to manuf. 28% *N*-acetyl-L-Phe-ε-L-Lys-OCMe₃ and 0% α-peptide, vs. 8.4% and 21%, when α-chymotrypsin was used instead, resp.

119: 7324t **Method for the enzymatic production of alpha-glucosides and esters of alpha-glucosides, and utilization of products thus obtained.** Pelenc, Vincent Pascal; Paul, Francois Marie Bernard; Monsan, Pierre Frederic (Bio Initiatives) **PCT Int. Appl. WO 93 04,185** (Cl. C12P19/44), 04 Mar 1993, FR Appl. 91/10,244, 12 Aug 1991; 47 pp. The title α-glucosides are prepd. by contacting ≥1 alc. with starch, maltodextrin, or maltose in the presence of a purified enzyme prepn. having an α-transglucosidation activity. The α-glucosides produced are esterified with fatty acids using a lipase. The α-glucosides are useful as surfactants or emulsifiers in cosmetics, pharmaceuticals, and agricultural products, and may also be used in the plastics industry. Thus, α-Bu glucoside was prepd. in 19% yield from butanol and maltodextrin using the α-transglucosidase of *Talaromyces duponti*. Palmityl esters of α-Bu glucoside were prepd. by incubation of the glucoside with palmitic acid in the presence of *Mucon miehei* lipase.

119: 7325u **Cyanobutyric acids and their manufacture with Rhodococcus species.** Oota, Hiromichi (Nitsuko Kyoseki Kk) **Jpn. Kokai Tokkyo Koho JP 05 25,113 [93 25,113]** (Cl. C07C255/19), 02 Feb 1993, Appl. 91/205,590, 23 Jul 1991; 6 pp. (Optically active) $NCCH_2CHRCH_2CO_2H$ (**I**; R = CH_2Ph, CCH_2Ph, OCOPh) are manufd. by treatment of $NCCH_2CHRCH_2CN$ (**II**; R = same as I) with nitrile-hydrolyzing *Rhodococcus* sp. *R. butanica* ATCC 21197 was precultured in a medium contg. glucose, yeast ext., ε-caprolactam, and salts at 30° for 48 h and incubated with 202 mg II (R = OCH_2Ph) (prepn. given) in phosphate buffer at 30° for 6 h to produce 149 mg I (R = OCH_2Ph) with 90% e.e.

119: 7326v **Bacillus for manufacture of 3α,7α-dihydroxy-12-keto-5β-cholanic acid.** Kimura, Hiromi; Okamura, Akio; Kawaide, Hiroshi (Tokyo Tanabe Co. Ltd.) **Eur. Pat. Appl. EP 539,216** (Cl. C12N1/20), 28 Apr 1993, JP Appl. 91/277,799, 24 Oct 1991; 17 pp. The title compd., useful as an intermediate in the prepn. of gallstone dissolving agent chenodeoxycholic acid, is prepd. from 3α,7α,12α-trihydroxy-5β-cholanic acid with *Bacillus* sp. TTUR2-2, a *Bacillus* mutant capable of growing in a highly alk. culture medium, or its mutants. Prepn. of two mutants, *Bacillus* sp. TTRU2-M4-124 and TTRU 2-M4-336, from the *Bacillus* sp. TTUR2-2 strain by chem. mutagenesis with NTG (N-methyl-N'-nitro-N-nitrosoguanidine) was shown. The conversion rate of cholic acid to 12-keto-cholic acid with these *Bacillus* mutants was ≥96.7%.

119: 7327w **Microbiological manufacture of carboxylic acids from alcohols and aldehydes.** Whitehead, Ian Michael; Ohleyer, Eric (Firmenich S. A.) **PCT Int. Appl. WO 93 08,293** (Cl. C12P7/40), 29 Apr 1993, CH Appl. 91/3,056, 18 Oct 1991; 21 pp. Carboxylic acids are prepd. from RCH_2OH or RCHO [R=(branched; substituted with thioalkyl group)alkyl, aralkyl, alkenyl] with *Saccharomyces*, *Hansenula*, *Pichia*, *Candida*, or *Kluyveromyces*. The microbe is cultured under aerobic conditions until the endogenous carbohydrate reserves are depleted, then the pH of the culture is adjusted to 7.0–9.0 and the alc. or aldehyde is added. After 6 days culture, *H. polymorpha* converted 90% of added isoamyl alc. to isovaleric acid.

119: 7328x **Method of preparing modified starch granules.** Kobayashi, Shoichi; Miwa, Shoji; Tsuzuki, Wakako (National Food Research Institute) **Eur. Pat. Appl. EP 539,910** (Cl. C12P19/14), 05 May 1993, JP Appl. 91/311,509, 31 Oct 1991; 15 pp. Starch granules having modified phys. characteristics, esp. viscosity, are prepd. by incubation of a starch with an amylase to decomp. or degrade 0.1–15% of the starch. These partially hydrolyzed starch granules have low-viscosity and are useful for prepn. of foods when mixed with other starch granules that may or may not have been so treated.

119: 7329y **Manufacture of sorbic acid from sorbic alcohol.** Hasegawa, Masayasu; Yasumoto, Ryoichi (Nippon Synthetic Chem Ind) **Jpn. Kokai Tokkyo Koho JP 05 64,590 [93 64,590]** (Cl. C12P7/40), 19 Mar 1993, Appl. 91/152,442, 27 May 1991; 5 pp. Sorbic acid (**I**) is manufd. by incubation of sorbic alc. (**II**) with microorganisms chosen from *Mycobacterium*, *Rhodopseudomonas*, *Streptomyces*, *Acetobacter*, etc. *Acetobacter ascendens* was shake-cultured in a medium contg. meat ext., peptone, and NaCl at 30° for 24 h. The cells harvested by centrifugation were incubated with a phosphate buffer (pH 7.0) contg. II at 30° for 10 min to manuf. I with an yield of 65%.

119: 7330s **Degradation of chitin with β-1,4-glycoside-degrading enzymes.** Karube, Masao; Morita, Takashi (Akebono Brake Ind) **Jpn. Kokai Tokkyo Koho JP 05 64,595 [93 64,595]** (Cl. C12P19/26), 19 Mar 1993, Appl. 91/130,021, 31 May 1991; 8 pp. Chitin-contg. materials are degraded by heating the materials in org. solvents or mixts. of org. solvents and H_2O then treatment of the materials with β-1,4-glycoside-degrading enzymes. A mixt. of 1:9 acetate buffer-dodecane contg. 2% (wt./vol.) chitin was boiled with stirring for 1 h and incubated with 2% (wt./vol.) lysozyme (E.C. 3.2.1.17) at 40° for 120 h to prep. $(GlcNAc)_{1-3}$ (GlcNAc = *N*-acetylglucosamine) with a conversion rate of ~16%.

119: 7331t **Fuel additive methyl tertiary-butyl ether, and its enzymic preparation.** Kadoya, Hisaji (Fukuda Sakuyoshi) **Jpn. Kokai Tokkyo Koho JP 05 76,377 [93 76,377]** (Cl. C12P7/00), 30 Mar 1993, Appl. 91/268,600, 20 Sep 1991; 4 pp. The title fuel additive for automobile is manufd. from a mixt. of MeOH 40–90 wt.% and BuOH 60–10 1 wt. % with a dehydrase such as fumarase 1/1000–1/500 wt. part. The method is easy and does not require expansive apps. and starting material such as iso-butylene.

119: 7332u **Hirudin-containing fermentation broth, its treatment with acid for enhanced recovery of hirudin.** Matsuda, Hitoshi; Misawa, Satoru; Takaku, Haruo; Furuya, Hideyuki (Nitsuko Kyoseki Kk) **Jpn. Kokai Tokkyo Koho JP 05 68,582 [93 68,582]** (Cl. C12P21/02), 23 Mar 1993, Appl. 91/257,012, 09 Sep 1991; 4 pp. The recovery of hirudin (I) from an I-contg. fermn. broth is

CODEN: CASSI6 1907–1989 1163–2210 (1989)
ISSN: 0001–0634

CHEMICAL ABSTRACTS SERVICE SOURCE INDEX®

1907–1989 CUMULATIVE

H–O

A PUBLICATION OF THE CHEMICAL ABSTRACTS SERVICE
A DIVISION OF THE AMERICAN CHEMICAL SOCIETY

Pharmacol. to form **Ann. Pharm. Fr.**, which see.
AAP; CSt-L; CtY-KS; DNAL; FU; ICRL; ICU; IU; IaAS; IaU; KU; MBP; MH; MiU; MnU; NN; NNC; NNU; NRU; NcD; NcU; NcU-H; OkU; PBL; PPC; WU; WaU; CaOON; GyDaM 1842–1918; SpBaU-SQ 1842–1850,1857*–1873*,1879+

Journal de **Pharmacie Clinique**. JPCLDE. ISSN 0291-1981. In Eng, Fr; Eng, Fr sum. v1 n1 1982+. *q* **7 1988**. *Lavoisier Abonnements.*
JOURNAL DE PHARMACIE CLINIQUE. — PARIS.
Doc. Supplier: CAS.
DNLM; CaOON

Journal of **Pharmacy (Lahore)**. JOUPD7. ISSN 0253-8288. In Eng; Eng sum. v1 n1 1979–v8 n1/2 D, 1987.
JOURNAL OF PHARMACY. LAHORE. Superseded by **Pak. J. Pharm. (Lahore)**, which see.
Doc. Supplier: CAS.
ICRL 1981+

Journal of **Pharmacy** *and* **Pharmacology**. JPPMAB. ISSN 0022-3573 (Supersedes Q. J. Pharm. Pharmacol.). In Eng; Eng sum. v1 n1 Ja. 1949+. [In Dec pub annual unnumbered suppl containing the Transactions of British Pharmaceutical Conference.] *m* **41 1989**. *Royal Pharmaceutical Society of Great Britain, 1 Lambeth High St., London, SE1 7JN, UK.*
JOURNAL OF PHARMACY AND PHARMACOLOGY. LONDON.
Doc. Supplier: CAS.
AAP; ABSR 1957+; AU-M; ArU-M 1951+; AzU; CLSU 1965+; CLSU-M; CLU-M; CMenSR 1959+; CPT 1958+; CSt-L; CU; CU-A; CU-M; CU-S; CoFS; CoU; CoU-M; CtU; CtY-M 1950+; DGU 1965+; DNAL 1969*,1970+; DNLM; DP; DeU 1963+; DeWDJ 1949–1957; DeWDL 1962+; FMU-M; FTaSU 1954+; FU; GEU-M; GU; HU; ICL-M; ICU; ICarbS 1949–1964,1966+; IEN-M; INcA; IU; IU-M; IaAS; IaU 1956+; InIL; InLP; InU; InU-M; KU; KU-M; KyLoU-HS; KyU 1949,1951+; KyU-M; LNT-M 1949–1955,1959+; LU; MBCo; MBP; MBU-M 1950+; MCA 1966+; MMeT 1967+; MWhB; MdU-C 1968+; MeU 1958+; MiDW; MiDW-M 1956+; MiKUp; MiMidD 1953+; MiU; MnRM; MnSU; MnU; MnU-B 1966+; MoKL; MoSU-M; MoU; MtBC 1960+; MtU; N; NBM; NBuU-RP 1960+; NIC; NNCC; NNU 1963+; NRU-M 1949–1952,1954+; NRenSW; NSbSU 1964+; NbOC-M; NbU; NbU-M; NcD-MC; NcRS 1959+; NcU; NcU-H; NdFA; NhD-D 1957+; NjMuA 1986+; NjNbSI; NjP 1968+; NjRahM; OCU; OClW-H 1950+; OCoB 1962+; OTU 1955+; OU; OkS; OrU-M; PBL; PPC; PPPCPh; PPWM; PPiD; PPiM 1954+; PPiU-H; PSt; PU 1960+; PU-Med 1966+; PWpM 1958+; RPB 1962+; RU; ScCleU 1959+; ScU 1953+; SdB 1959+; TNJ; TU 1967+; TxCM 1962+; TxDN 1965+; TxHMC; TxHU; TxLT; TxU; TxU-M; UU; ViBlbV 1972+; ViRCU-H; ViU-H; VtU-Med; WM 1950+; WU; WaPS; WaU; WvU-M 1950–1953,1955+; WyU 1951+; AaBU-C 1951–1952,1954,1958–1962,1965+; AuMU; AuSU; Be; BrSU-Q; CaAEU; CaBVaUW; CaMWU; CaNSHD; CaOKQ; CaOLU; CaOLUM; CaOOAg 1951+; CaOON; CzPS 1950–1959; FrGrU 1956+; FrPU-M; FrPU-OS 1953–1978; FrPU-P; GuGS 1966+; GyDaM; GyHTIB; GyMB; HuBM 1950+; IeDL 1963–1964,1966+; IreDR; ItRC 1952+; JOU 1953+; JTJ 1958+; JTNDL; MxMC 1973+; SaPS 1954–1977; SpBaU-SQ; SwSKM; Uk; UkHA 1958–1965; UkLC; UkLS; UkShU

Journal of **Pharmaceutical Sciences.** JPMSAE. ISSN 0022-3549 (Formed by merger of J. Am. Pharm. Assoc., Sci. Ed. and Drug Stand.). In Eng; Eng sum. v50 n1 Ja, 1961+. *m* **78 1989**. *Am Pharm Assoc.*
JOURNAL OF PHARMACEUTICAL SCIENCES. WASHINGTON, D. C.
Doc. Supplier: CAS.
AAP; ABSR; AU-M; ArU-M; AzTeS; AzU 1961; CL; CLSU; CLSU-M; CLU-M; CLU-P; CMenSR; CPT; CSt-L; CU; CU-M; CU-RivA; CU-S; CoD; CoU; CoU-M; CtU; CtY-M; DLC; DNAL; DNAS-NAE 2yr; DNLM; DP; DeWDJ; DeWDL; FMU-M; FTaSU; FU; GAT; GEU-M; GU; HU 1965+; IArg; ICU; ICarbS; IEN; IEN-M; INcA; IU; IU-M; Ia-M; IaAS; IaU; InIL; InLP; InU; InU-M; KU; KU-M; KyLoU-HS; KyU; KyU-M; LNT-M; LU; MBCo; MBP; MBU-M; MCA 1964+; MCM 1975+; MMeT 1972+; MWhB 1961–1965; MiD 1961–1970; MiDW; MiKUp; MiMidD; MiU; MnRM; MnSU; MnU; MoKL; MoSU-M; MoU; MsSM 1978+; MtBC; MtU; N; NAlU; NBM; NBu; NBuU-RP; NIC; NNCC; NRE 1985*,1986+; NRU-M; NRenSW; NSbSU 1967+; NTR; NTaGF; NUpB; NbOC-M; NbU; NbU-M; NcD; NcD-MC; NcRS 1962+; NcU; NcU-H; NdFA; NhD-D; NhU 1963+; NjDPA; NjMuA 1984+; NjNbSI; NjRahM; NmLcU 1966+; NmU-M 1962+; NvU; OAvG; OCU; OCl; OClW-H; OCoB; OTU; OU; OkS; OrCS; OrU-M; OrU-S 1978+; PPC; PPPCPh; PPWM 1964+; PPi 1961–1964; PPiD; PPiM 1912–1969,1970*; PPiU-H; PSt; PU; PU-Med; PWpM; PrU-M; RU; ScCleU 1962+; ScU; SdB; TNJ; TU; TxCM; TxDN; TxDaM; TxHMC; TxHU; TxU; TxU-M; ULA 1963+; UPB 1971+; UU; ViRCU-H; ViU-H; VtU-Med; WM; WU; WaPS; WaS; WaU; WvU-M; WyU; AaBU-C 1961,1963+; AuMU; AuSU; Be; BrSU-Q; CaAEU; CaBVaUW; CaMWU; CaNSHD; CaOKQ 1966+; CaOLU; CaOLUM; CaOON; FrPU-OS 1961–1964; FrPU-P; GyDaM; GyHTIB; GyMB; HuBM; IeDL 1963–1964,1967+; IsRW; JOU; JTJ; MxMC 1973+; NeDTH 1976+; NeHB; NoTU-T 1975+; RuLA 1961–1964; RuMG 1961–1963; SaPS; SpBaU-SQ; SwSKM 1961; Uk; UkLC; UkLS

Journal de **Pharmacie** *et des* **Sciences Accessoires**. JPSAAO. ISSN 0368-3869 (Formerly Bulletin de Pharmacie). In Fr. s2 v1 1815–s2 v27 1841.
JOURNAL DE PHARMACIE ET DES SCIENCES ACCESSOIRES. PARIS. Changed to **J. Pharm. Chim.**, which see.
CtW; DP; FU; ICRL 1815–1817,1821–1838,1839*,1840–1841; IU; IaU; KU; MBP; MH; MiU; MnU; NN; NNC; NcD; NcU-H *; OkU; PBL; WU; WaU; GyDaM 1925+; SpBaU-SQ

Journal of **Pharmaceutical Sciences (Ankara)**. See **FABAD Farm. Bilimler Derg.**

Journal of **Pharmaceutical Sciences, Mahidol University**. See **Warasan Phesatchasat.**

Journal of **Pharmaceutical Science** *and* **Technology, Japan**. See **Yakuzaigaku.**

Journal of **Pharmaceutical Sciences** *of the* **United Arab Republic**. JPUAAY. ISSN 0022-3557 (Supersedes in pt Egypt. Pharm. Bull.). In Eng; Arabic, Eng sum. v1 1960–v10 n1? 1969.
JOURNAL OF PHARMACEUTICAL SCIENCES OF THE UNITED ARAB REBUBLIC. CAIRO. Changed to **U. A. R. J. Pharm. Sci.**, which see.
AzU 1960; CLSU 1960+; CLSU-M; CLU-M 1960+; CU 1962+; DLC 1960–1964; DNAL 1960–1963,1966+; FTaSU 1964+; FU 1960+; GU 1960–1964; ICRL 1960+; InU 1960–1964; KU 1960+; LU 1964+; MBCo 1967+; MBP 1960–1965; MiU 1960+; MnU 1960+; MnU-B; NNNAM 1968+; NcU-H; OU 1963+; PPC 1961–1963,1969; ScU 1960–1962,1964+; TxU 1960+; UU 1960+; ViU 1964; WU 1960–1964; WaU 1960+; AuSU 1960*,1964*–1969*; BrSU-Q 1963–1965; CaAEU 1961–1962; CaMWU 1967–1969; CaOON 1960+; IiNI 1960–1961; JTJ 1960–1961; NoTU-T 1961+; SpBaU-SQ 1961+; SzZE 1960+; Uk 1960+

Journal of **Pharmaceutical Society** *of* **Hyogo**. See **Hyoyakukai.**

Journal of the **Pharmaceutical** *Society of* **Japan**. See **Yakugaku Zasshi.**

Journal of the **Pharmaceutical** *Society of* **Korea**. See **Yakhak Hoechi.**

Journal of the **Pharmaceutical** *Society,* **Pilani**. JPSPD4. ISSN 0379-5500. In Eng. v1 1962+. *irr* **14 1976/1977** (Pub **1977**)*. *Pharmaceutical Society, Birla Institute of Technology & Science, Pilani, India.*
PHARMACEUTICAL SOCIETY, PILANI. JOURNAL. PILANI, INDIA.

Journal of **Pharmacy Technology**. JPTEEB. ISSN 8755-1225. In Eng; Eng sum. v1 n1 Ja/F, 1985+. *bm* **5 1989**. *Harvey Whitney Books Co., POB 42696, Cincinnati, OH 45242.*
JOURNAL OF PHARMACY TECHNOLOGY : OFFICIAL PUBLICATION OF THE ASSOCIATION OF PHARMACY TECHNICIANS. — CINCINNATI.
Doc. Supplier: CAS.
CtU; DNLM; IaU; InLP; KU; MBP; MnU-B; PWpM; WU; CaOON 1988+; GyHTIB

Journal of **Pharmacy** (*University of* **Karachi**). JPUKDX. ISSN 0257-3865. In Eng; Eng sum. v1 n1 D, 1982+. *sa* **5 1986**. *University of Karachi, Faculty of Pharmacy, Karachi, 32, Pak.*
JOURNAL OF PHARMACY / UNIVERSITY OF KARACHI. — KARACHI.
Doc. Supplier: CAS.
DNLM; HU; ICRL

Journal of **Pharmacy** *of* **University** *of* **Marmara**. See **Marmara Univ. Eczacilik Derg.**

Journal of **Pharmacy (Yaba, Nigeria)**. JPHAD6. ISSN 0331-670X. In Eng. 1970?–v7 n4 Oc/D, 1976.
JOURNAL OF PHARMACY. YABA, NIGERIA. Changed to **Niger. J. Pharm.**, which see.
DNLM

Journal of the **Philadelphia College** *of* **Pharmacy**. PCPJBC. ISSN 0099-4472. In Eng. v1 n1 Ap, 1829–v6 Ja, 1835. [Four preliminary issues were pub from 1825–27.]
PHILADELPHIA COLLEGE OF PHARMACY. JOURNAL. PHILADELPHIA. Superseded by **Am. J. Pharm.** (1835–1936), which see.
CSt-L; CtY-KS; DNAL; GU; IU; IaU; InIL; MH; MiU; MnU; MoU; MsSM; N; NIC; NmU-M 1831–1835; OU; OkU; PU; ScU; WU; WaU

Journal of the **Philadelphia General Hospital**. JPGHAJ. ISSN 0480-2756. In Eng. v1 Ja, 1950–v5 1954. [Disc.]
PHILADELPHIA. GENERAL HOSPITAL. JOURNAL. PHILADELPHIA.
DLC; ICU; IEN-M; IU-M; MiDW; MiU; MnRM; N; NcU-H; OC; TxHMC; ViRCU-H; ViU

Journal of the **Philippine Islands Medical Association**. JPHGAL. ISSN 0368-3605. In Eng. v1 Ja/F, 1921–v19 n12 D, 1939.
PHILIPPINE ISLANDS MEDICAL ASSOCIATION. JOURNAL. MANILA. Changed to **J. Philipp. Med. Assoc.**, which see.
CSt-L 1921,1922*,1923–1939; GEU-M 1922–1939; IU-M; InU-M 1923*–1924*,1925–1939; KyLoU-HS 1922*–1932*,1933,1934*–1937*,1938–1939; MiU; MnU-B 1923,1927,1930,1937; N; NBM; NbU; NbU-M; NcD; OrU-S; PPC 1921–1922,1923*,1924–1939; PrU-M 1929–1939; ViRCU-H 1931–1939; WU-M 1930,1932–1939

Journal of the **Philippine Medical Association**. JPMEA6. ISSN 0031-7748 (Formerly J. Philipp. Isl. Med. Assoc.). In Eng; Eng sum. v20 1940+. *m* **54 1978***. *Philippine Medical Association, PMA Bldg, North Ave, Q.C., Manila, Philippines.*
PHILIPPINE MEDICAL ASSOCIATION. JOURNAL. MANILA.
Doc. Supplier: CAS.
AU-M 1960–1961,1964+; CLU-M 1948+; CSt-L; CU-M; CoU-M 1954*–1955*,1957–1976; CtY-M 1948–1958; DNLM; GEU-M 1940–1954; IEN-M 1949+; IU-M 1940,1946–1948,1951–1953,1955; InU-M; KU-M 1958+; KyLoU-HS; KyU-M 1948–1978; LNT-M 1940–1948,1951–1956,1960–1962,1964+; MBCo; MiDW-M 1954–1958,1963+; MiU 1940*–1977*; MnRM 1963*–1970*; MnU-B 1954–1956,1965+; MoU 1965+; NBM; NNNAM 1940–1976,1977*–1978*; NbU-M; NcD-MC 1963+; OrU-M 1947–1948,1952–1954; PPC 1940,1941*,1946–1962,1963*–1978*; PPiU-H 1948+; PU-Med 1967+; PrU-M; TxU-M 1947+; ViRCU-H; ViU 1958–1960; WU-M; WaU 1940–1941,1946–1950,1952–1953; WvU-M 1954–1955; BrSU-H 1955+; CaBVaUW 1948,1956+

Journal of the **Philippine Pharmaceutical Association**. JPPAA9. ISSN 0368-3826 (Absorbed Rev. Filip. Med. Farm.) [Cover title: Journal of the Philippine Pharmaceutical Association and Souvenir Program.] In Eng. [Occas Engl sum.] v1 1929+. *m* [Multiple numbers] **56 1970***. *1313 M. H. del Pilar, Ermita, PO Box 956, Manila, Philippines.*
PHILIPPINE PHARMACEUTICAL ASSOCIATION. JOURNAL. MANILA.
FU 1948–1951,1953+; ICRL 1947–1958,1961–1962; IaU 1961+; MBCo 1930–1932; MnU 1948+; NNCC 1937–1941; OU 1949–1959; PPC 1931–1932; WaU 1948–1964; FrPU-P 1958; IiNI 1956+

Journal of **Photoacoustics**. JPHODE. ISSN 0278-2901. In Eng; Eng sum. v1 n1 1982–v1 n4 1983/1984. [Disc.]
JOURNAL OF PHOTOACOUSTICS. — NEW YORK.
Doc. Supplier: CAS.
ARaS; ArU; AzTeS; AzU; CLSU; CLU-P; CMenSR; CPT; CSt; CU-A; CU-I; CU-S; CU-SB; CoFS; DBS; DLC; DNAL; DNLM; DeU; GAT; HU; ICU; IaAS; IaU; InLP; InU; LU; MCM; MH-C; MdEdgA; MdU-C; MiDW; MoKL; MoU; MtBC; NNE; NRE 1982–1984; NRU; NcD; NcRS; NcU; NdU; NhU; OCoB; OTU; OkU; OrCS 1982–1984; PPD; PSt; PrU-NS; RPB; ScU; TxDaM; TxLT; UU; ViBlbV; WU; WaU; WvU; WyU 1982*,1983+; CaBVaU; CaMWU; CaOLU 1982; CaOOAg; CaOON; JTJ; SzZE; Uk

Journal of **Photochemistry**. JPCMAE. ISSN 0047-2670 (Absorbed Photobiochem. Photobiophys.). In Eng; Eng sum. [Pap also pub in Fr or Ger.] v1 n1 S, 1972–v39 n2 Ag, 1987.
JOURNAL OF PHOTOCHEMISTRY. LAUSANNE. Divided into **J. Photochem. Photobiol., A**, which see and **J. Photochem. Photobiol., B**, which see.
Doc. Supplier: CAS.
ARaS; AzTeS; AzU; CLU-P; CPT; CSt; CU; CU-A; CU-I; CU-M; CU-Riv; CU-RivP; CU-S; CU-SB; CoU 1975+; CtW; DGU 1979+; DNAL; DeU; DeWH; FTaSU 1973+; GAT; HU; IArg; ICRL 1978+; IU; IaAS; InLP; InU; KMK; KU; KyU; MH-C; MdBJ; MdU-C; MiDW; MiU; MnU; MoKL; MoRM 1976+; MsSM; NBuU-SE; NN; NNC; NNU; NSyU 1972+; NUpB; NbU; NcD; NcRS 1987; NcU; NhD 1983+; NmLcU 1979+; OCoB; OU; OrCS 1977+; OrU-S; PPiM 1979+; PPiU; PU 1981+; RPB; TxCM; TxHR 1984*,1985+; TxHU; TxLT 1976+; TxU; UU; ViBlbV; ViU; WU; WaPS; WvU 1978+; BrSU-Q; CaBVaU; CaMWU; CaNSHD; CaOKQ 1972–1979; CaOLU; CaOLUM; CaOON; GyHTIB; GyKG; IsRW; JOU 1975+; NeDTH; SzZE; Uk; UkHA; UkLC

Journal of **Photochemical Etching**. JPECAS. ISSN 0099-4510. In Eng. v1 n1 Mr, 1966–v3 n9 S, 1968.
JOURNAL OF PHOTOCHEMICAL ETCHING. HOMER, ILL. Changed to **Photo Chem. Mach. - Photo Chem. Etching**, which see.
IU 1966+; MoKL; NAlfC; NBuU-SE 1967; NCorniC 1966+; NSbSU 1967+; PU 1966+; GyHTIB 1968

Journal of **Photochemistry** *and* **Photobiology, A:** *Chemistry.* JPPCEJ. ISSN